应用型本科院校“十三五”规划教材/经济管理类

Financial Applied Writing

财经应用文写作

（第2版）

主　编　李影辉　季冠芳
副主编　牛　静　刘　影

哈尔滨工业大学出版社
HARBIN INSTITUTE OF TECHNOLOGY PRESS

内 容 简 介

本书共十八章，第一章绪论简要阐述了应用文及财经应用文写作的基本知识；第二至十八章涉及专用财经应用文书及在校大学生需要的大学校园文书、就业文书等，能基本满足常用财经应用文写作的需要。

本书适合作为财经类院校财经应用文写作课程的教材，也可作为经济部门从业人员的参考用书。

图书在版编目(CIP)数据

财经应用文写作/李影辉，季冠芳主编. —2版. —哈尔滨：哈尔滨工业大学出版社，2017.6(2019.1重印)

应用型本科院校"十三五"规划教材

ISBN 978-7-5603-6640-1

Ⅰ.①财… Ⅱ.①李…②季… Ⅲ.①经济-应用文-写作-高等学校-教材 Ⅳ.①H152.3

中国版本图书馆CIP数据核字(2017)第111848号

策划编辑　杜　燕　赵文斌

责任编辑　苗金英

出版发行　哈尔滨工业大学出版社

社　　址　哈尔滨市南岗区复华四道街10号　邮编150006

传　　真　0451-86414749

网　　址　http://hitpress.hit.edu.cn

印　　刷　哈尔滨久利印刷有限公司

开　　本　787mm×960mm　1/16　印张24.25　字数522千字

版　　次　2014年5月第1版　2017年6月第2版
　　　　　2019年1月第2次印刷

书　　号　ISBN 978-7-5603-6640-1

定　　价　43.80元

序

哈尔滨工业大学出版社策划的《应用型本科院校"十三五"规划教材》即将付梓,诚可贺也。

该系列教材卷帙浩繁,凡百余种,涉及众多学科门类,定位准确,内容新颖,体系完整,实用性强,突出实践能力培养。不仅便于教师教学和学生学习,而且满足就业市场对应用型人才的迫切需求。

应用型本科院校的人才培养目标是面对现代社会生产、建设、管理、服务等一线岗位,培养能直接从事实际工作、解决具体问题、维持工作有效运行的高等应用型人才。应用型本科与研究型本科和高职高专院校在人才培养上有着明显的区别,其培养的人才特征是:①就业导向与社会需求高度吻合;②扎实的理论基础和过硬的实践能力紧密结合;③具备良好的人文素质和科学技术素质;④富于面对职业应用的创新精神。因此,应用型本科院校只有着力培养"进入角色快、业务水平高、动手能力强、综合素质好"的人才,才能在激烈的就业市场竞争中站稳脚跟。

目前国内应用型本科院校所采用的教材往往只是对理论性较强的本科院校教材的简单删减,针对性、应用性不够突出,因材施教的目的难以达到。因此亟须既有一定的理论深度又注重实践能力培养的系列教材,以满足应用型本科院校教学目标、培养方向和办学特色的需要。

哈尔滨工业大学出版社出版的《应用型本科院校"十三五"规划教材》,在选题设计思路上认真贯彻教育部关于培养适应地方、区域经济和社会发展需要的"本科应用型高级专门人才"精神,根据前黑龙江省委书记吉炳轩同志提出的关于加强应用型本科院校建设的意见,在应用型本科试点院校成功经验总结的基础上,特邀请黑龙江省9所知名的应用型本科院校的专家、学者联合编写。

本系列教材突出与办学定位、教学目标的一致性和适应性,既严格遵照学科体系的知识构成和教材编写的一般规律，又针对应用型本科人才培养目标及与之相适应的教学特点，精心设计写作体例，科学安排知识内容，围绕应用讲授理论，做到“基础知识够用、实践技能实用、专业理论管用”。同时注意适当融入新理论、新技术、新工艺、新成果，并且制作了与本书配套的PPT多媒体教学课件，形成立体化教材，供教师参考使用。

《应用型本科院校“十三五”规划教材》的编辑出版，是适应“科教兴国”战略对复合型、应用型人才的需求，是推动相对滞后的应用型本科院校教材建设的一种有益尝试，在应用型创新人才培养方面是一件具有开创意义的工作，为应用型人才的培养提供了及时、可靠、坚实的保证。

希望本系列教材在使用过程中，通过编者、作者和读者的共同努力，厚积薄发、推陈出新、细上加细、精益求精，不断丰富、不断完善、不断创新，力争成为同类教材中的精品。

第 2 版前言

为适应现代经济与社会发展的需要，财经类院校的大学生应具备相应的财经应用文的写作能力，这对其今后立足岗位、做好本职工作及个人事业的发展都有重要意义。

为满足财经类院校大学生学习的需要，我们在吸取近年来国内财经应用文写作研究成果的基础上编写了本书。本书旨在帮助大学生较全面地了解常用财经应用文体的基本知识，较熟练地掌握写作方法和技巧，从而切实提高财经应用文写作的基本素养和能力。

本书有如下特点：

1. 专业性突出，实用性强。本书针对经管类专业主要选择专门用于财经活动的应用文，即狭义财经应用文。同时根据在校大学生的实际需要，又编入实习报告、毕业论文、求职信和创业计划书等，突出专业性和实用性。

2. 体例科学合理，教学针对性强。本书每章都包括写作基础知识阐述、例文及评析、综合练习等内容，另外每章前都有学习目标提示。既便于把握内容要点，明确学习目标，又能够体现理论知识与写作能力有机结合的编写理念，有利于学生写作能力的提高。

3. 例文典型，示范性强。本书每一文种都选有典型例文，每一例文后都有评析。既能很好地适应教学需要，又能对学生的学习与写作起到示范指导作用。

本书由李影辉、季冠芳任主编，负责全书编写体例的拟定、章节安排和统稿与审校；牛静、刘影任副主编。各章编写分工如下：李影辉编写第一章、第十六章，牛静编写第二章、第八章、第十五章，刘影编写第六章、第十二章、第十三章、第十七章，王洁雪编写第五章、第十四章、第十八章，杨一编写第七章、第九章，李明哲编写第十章、第十一章，潘丹编写第三章，张迪编写第四章。

本书在编写过程中，参考了有关论著和教材，引用了有关报刊和书籍中的资料，未能一一注明，在本书付梓之际，对原作者表示感谢。本书是在黑龙江财经学院及教务处支持与指导下编写的，在此一并表示谢意。

本书中疏漏和不当之处，恳请广大读者批评指正，以便再版时补充和改正。

编　者

2017 年 4 月

目　录

第一章

Chapter 1

绪 论

【学习目标】

· 了解应用文的概念、特点。

· 理解财经应用文的概念、作用、特点及种类。

· 掌握财经应用文的主旨、材料、结构、语言等方面的要求,为财经应用文的写作打好基础。

第一节 应用文概述

一、应用文的概念及沿革

应用文是一种源于社会实践的实用文体,重在“应用”二字上,它是国家机关、企事业单位、社会团体以及个人用以办理公私事务、传递信息、解决实际问题时常用的一种具有惯用格式的文体的总称。

我国应用文写作已有 3 500 余年的历史,可谓历史悠久,源远流长。殷墟出土的甲骨卜辞,商周时期的钟鼎铭文,《周易》中的卦辞、爻辞等,都可以看作是应用文的原始形态。所以,如果说神话是中国文学的“祖先”,那么甲骨文则是应用文的“祖先”。

千百年来,应用文从文种到格式,从内容到风格一直处于发展变化之中。一是使用范围越来越广泛,文种不断增多。新的形式不断产生,与社会需要不相适应的形式逐渐被改造或淘汰。二是各种文体越来越完备,要求越来越明确,特别是官方使用的公文更是日趋完备。不断发展、完善的应用文体系,对于推动社会向前发展起到了不可低估的作用。

先秦的《尚书》是我国最早的一部应用文专集,记载了虞、夏、商、周四代的部分文件,以及训令、誓词和一些历史事迹。春秋战国时期,较为盛行的应用文有四种:书,用于阐明政治主张;檄文,多用于声讨和征召;辞令,用于外交;盟书,用于诸侯之间的盟约。秦汉两代是应用文发展、成熟的重要时期。秦统一六国后,规定了国家机关的文书制度,公文文体分类和公文格式初步确立,有了上行文和下行文的区分。汉承秦制把皇帝对臣下的文书定为制、诏、戒、策四种;臣对君的文书定为章、奏、表、议四种。三国、魏晋、南北朝是应用文继续发展的时期,三国时期,曹丕的《典论·论文》把文章分为四类八样品种,他指出“奏议宜雅,书论宜理,铭诔尚实,诗赋欲丽”,其品种多为应用文体。南朝刘勰的《文心雕龙》中,把文章分为33类,其中属于应用文的就有21类之多。唐宋以后,文学创作日趋发展,不少人致力于诗、词、曲、小说的创作,但应用文写作仍然处于“政事之先务”的主导地位。韩愈、柳宗元、刘禹锡、欧阳修、曾巩、王安石、苏轼等古文大师都有应用文名篇传世。南宋张侃在他的《拙轩集·跋陈后山再任校官谢启》一文中提出:“骈四偶六,特应用文耳。”首次使用了“应用文”之语。明清时期,文体分类更加详细、繁杂,清代刘熙载正式提出了“应用文”这一名称,他在《艺概·文概》中指出:“辞命体,推之即可为一切应用之文。应用文有上行、有平行、有下行。重其辞乃所以重其实也。”从此“应用文”的名称一直沿用至今。

辛亥革命废除帝制,“五四”新文化运动宣传科学民主思想和倡导白话文,使得整个汉语写作进入了崭新的时代,应用文从形式到内容都发生了巨大变化,与旧的政治经济关系相适应的一大批文体被淘汰,新文体和体式纷纷出现。用语上废除了一些带封建等级色彩的称谓,应用文写作使用白话文和新式标点。

新中国成立后,党和政府采取一系列改革措施,1951年4月,中共中央办公厅、政务院秘书厅颁布了《公文处理暂行办法》,这个文件是新中国成立后第一个公文法规。以后中共中央办公厅、国务院办公厅又分别制定了《党的机关公文处理条例》和《国家行政机关公文处理办法》,对党政公文的文种、格式、处理等诸方面的事项作了明确的规定。

近年来,随着我国改革开放的不断深入,社会分工越来越细,各项管理更加规范,应用文的使用变得越来越广,种类也越来越多,不同领域都有适合自身特点和需要的应用文体。

二、应用文的作用、特点及种类

(一)应用文的作用

应用文是一种工具,它在不同的历史时期有着不同的作用。如果认真考察我国的历史,不难看出历代应用文对当时整个国家的政治、经济、文化、军事、外交等方面所起的作用。可以说,任何一个国家,任何一个政党,任何一个部门或组织,使其行政、组织机构正常运作,使其不断发展、壮大,是离不开应用文的。应用文最基本的作用,主要有以下几点。

1. 宣传教育作用

党和政府经常通过应用文,向有关单位和人民群众广泛宣传路线、方针、政策:一方面,党和政府通过应用文下达各种文件、法规制度,向广大干部群众宣传党和国家的方针政策;另一方面,广泛宣传、贯彻路线、方针、政策也需要靠应用文这个载体。与方针、政策相关的各种法律、法令、条例,以及各种命令、决定、决议、制度等同样也要通过应用文来制定和发布,以此指导并推动各项工作的开展。

2. 联系交流作用

在经济全球化、信息网络化的今天,应用文发挥着重要的联系交流作用。作为存在于现实社会之中的人和组织,只有通过不断联系与沟通才能工作与生存,而应用文正是人们联系、沟通的重要媒介与载体。正确使用应用文,可以密切组织之间和个人之间的联系,交流思想信息,协调各方利益,促进了解和团结,从而推动各项工作的开展。应用文中的每一文种,一经成文发布,就是一种信息,及时捕捉、利用这种信息,在激烈的竞争中就有主动权,就能创造和把握更好的机遇发展自己、壮大自己。应用文既有信息的告知作用,又有信息的交流作用。

3. 权威规范作用

应用文是行政管理的工具,党和国家的各级组织和各部门的组织系统以及企事业单位,从上到下都是通过公务文书来传达法律规范、方针政策、意见办法,来部署工作,实现领导职能。如下达的命令、决定、通知、批复、意见等,具有领导和规范作用。

4. 史实凭证作用

应用文作为一种以记录事实为主的书面语体,在记载事物发展状况和反映客观现实的同时,又对已有事实的存在和肯定起到一定的证实作用,为日后查考提供了依据。比如,合同、协议书是确定、变更或终止签约各方面相互间权利义务的一种凭证。聘书、介绍信、公证书、证明信是证明使用人身份、经历的一种凭证。各种法规性文件、公务文书都在各项事务的处理过程中具有引证和参考的价值。

应用文的提供凭证、积累资料作用体现在如下两个方面:一是为现实工作、生活提供凭证和依据;二是为历史提供存档资料。从宏观上看,应用文记载着党和国家发布的方针、政令、法规,反映各个历史时期的政治、经济、文化等方面的情况和成果;从微观上看,党和政府机关、企事业单位的各种记录、会议纪要、报表、会议凭证等都是宝贵的原始资料,对现实工作具有借鉴作用,确实有保存参考的价值。

(二)应用文的特点

应用文同其他文体相比,有共性,也有个性。共性是它们都是对客观事物的反映,都要谋篇布局、用词造句、使用标点符号,讲究条理性、逻辑性,但同时必须体现其个性特征,具体表现在以下几方面。

1. 实用性

随着社会经济的不断发展和信息时代的到来,人们相互间的交往更加频繁,需要传递的信息日益增加,人们几乎随时随地都离不开应用文这个记录、传递信息,商洽、处理问题的工具。可以说,在各种文体中,应用文是使用范围最广、使用频率最高的文体。应用文文种繁多,应用广泛,无论是党政机关、企事业单位、社会团体撰写的公务文书,还是人们在日常生活、学习、工作中撰写的事务类文书,其根本目的都是处理或解决实际问题。

2. 真实性

应用文强调的是方针政策的正确和客观事实的真实。一切从实际出发,按照客观规律行文,事实确凿可信、不虚构,统计数据准确无误、不夸张,有根有据,这是应用文写作对真实性的基本要求。

3. 简明性

应用文的语言在准确得体的基础上必须做到简洁明快、通俗易懂,不能堆砌辞藻、滥用修辞。

4. 时效性

应用文为解决实际问题、应对突发事件、迅速及时地传递信息情报而作,所以务必及时迅捷,否则会贻误时机,错过解决问题的最佳时间,将会给学习、工作和生活带来诸多不利。应用文的处理,即传递、阅读、办理的整个过程都要讲究时效性。

5. 规范性

各类应用文一般都有惯用的格式,即程式性。应用文在漫长的使用和发展过程中,形成了相对稳定的规范格式和语言。各种文体都有特定的适用范围,不可随意交换使用。

(三)应用文的种类

随着社会的发展和科学技术的进步,人们的社会活动领域不断拓宽,应用文的使用范围日益广泛,新的文体不断涌现。应用文涵盖面广,种类繁多,从不同的角度有不同的分类方法,按内容及使用范围可分为以下六类。

1. 行政公文

行政公文指国家行政机关、社会团体、企事业单位使用的公务应用文,统称"公文"。公文是行政机关在行政管理过程中形成的具有法定效力的文书。行政公文规范性强,行文严谨,书写格式完整,管理制度严密。主要有:命令、决定、公告、通告、通知、通报、议案、报告、请示、批复、意见、函、会议纪要等。

2. 事务文书

事务文书是机关、团体、企事业单位在处理日常事务时用来沟通信息、安排工作、总结得失、研究问题的应用文。主要有:规章制度、计划、总结、调查报告、简报、述职报告、会议记录、各类信函、会议材料、演讲稿等。

3. 财经文书

财经文书就是涉及经济内容的应用文。主要有:合同、市场调查报告、经济预测报告、经济活动分析报告、意向书、招标书与投标书、商品说明书等。

4. 礼仪文书

礼仪文书是为礼仪目的或在礼仪场合使用的应用文。主要有:祝辞、贺信、贺电、请柬、欢迎词、欢送词、答谢词、唁电、悼词等。

5. 司法文书

司法文书是司法机关在处理各类案件的各个环节、步骤上形成与使用的应用文。主要有:起诉状、上诉状、申诉状、答辩状等。

6. 科技文书

科技文书是人们用于科学技术、学术研究和科技管理等方面的应用文。主要有:学术论文、毕业论文、实验报告、毕业设计等。

第二节 财经应用文概述

一、财经应用文的概念、作用

(一)财经应用文的概念

财经应用文是以经济活动为主要内容的应用文,是机关、团体、企事业单位及其个人反映经济情况,处理经济事务,传播经济信息,协调经济活动,研究、解决经济实用问题的一种具有特定格式的专业应用文,是应用文的一个重要组成部分。

(二)财经应用文的作用

当前,财经应用文的写作越来越受到人们的高度重视,并在经济建设中被高频率地使用,这是因为财经应用文在帮助人们处理经济业务活动,研究经济领域中的理论和实际问题等方面起着重要作用,同时,财经应用文还具有多种社会实用功能,主要表现在以下几个方面。

1. 规范作用

我国现行的经济体制已从过去的计划经济体制转变为社会主义市场经济体制。在社会主义市场经济条件下,市场主体的自主经营活动以契约的联结为主要方式,这就要求有完备的法律体系和市场监督机制,以此来保证市场经济的健康运行,消除市场经济的负面影响。在这方面财经应用文无疑能发挥出工具的载体作用和规范作用。如招标投标书体现出竞争机制,规范了竞争行为;经济合同、协议书有效地维护了经济秩序,保护了当事人的合法权益,促进了经济建设;经济消息、经济调查、经济评论等文书在抵制不正当的竞争行为、倡导公平交易、利益共享、讲究职业道德方面发挥了不可低估的作用。

2. 联系作用

社会主义市场经济条件下,我国的经济形势呈多元化,必然导致经济关系的多边性、复杂性,而市场经济越发展,对生产专业化要求越高,各专业化部门之间的协作越密切。各经济部门之间,无论是进行一般业务询答,还是协调彼此之间的关系,或者是建立受法律保护的经济协作关系,都需要借助于经济文书。例如,企业开业,要与投资者打交道,商议企业章程与出资人协议;出具验资报告,要向工商管理局打报告;双方合作,需要签订协议及合同;推销产品,需要策划广告;商洽业务,需要互发信函等。这些都需要经济文书搭桥铺路,沟通交流。各单位通过经济文书的沟通交流作用,可以加强联系、互相促进、共同提高,推动社会主义市场经济的繁荣发展。

3. 工具作用

在宏观经济方面,政府为了建立健全宏观经济调控体系,发挥政府的指导和调节作用,要以财经应用文为手段,制订国民经济总体的发展战略和中、长期发展规划,确定各部门经济协调发展的中、近期目标,发布经济改革的有关文件,制作反映总体经济动态的书面报告。

在微观经济方面,企业在生产、分配、交换、流通等过程中,都离不开财经应用文。为了开发新产品,要写可行性研究报告;为了使企业生产经营活动具有计划性,要制订相应的计划方案;为了搞好企业之间、企业与个人之间的协作,就要签订经济合同;为了使产品适销对路,要对市场进行调查,写市场调查报告等。财经应用文适用于企业生产经营活动的各个环节,对企业的生产和经营管理起着指导、监督、保证的作用。

4. 依凭作用

财经应用文以文字形式留存了经济管理的要求和经济业务活动的情况,这种文字记录是从事经济管理和经济业务活动的依据凭证。财经应用文的依据凭证作用主要反映在以下几个方面:一是上级机关、企事业单位在制定经济政策、作出经济决策时,往往是根据下级机关、职能部门上报的各种报告、总结、纪要等有关文字材料来进行的;二是下级机关、企事业单位在开展工作、处理问题时,上级机关发布的有关法规、指示、决定等文件不仅成为他们办事的重要依据,而且成为他们解决矛盾、判断是非的凭证;三是企事业单位内部制定的各种规章制度,是企事业单位开展工作、奖励惩罚的依据;四是不同经营主体订立的契约文书,不仅对当事者的经营行为具有约束作用,而且对经营活动中出现的种种纠纷具有司法裁定的依凭作用。

5. 调查与决策作用

财经应用文的不少文种都离不开调查。调查是行文的必要手段,主要体现在联系实际、分析和研究解决问题、探索规律的应用过程中,没有调查就没有行文的根据。此外,财经应用文还包含经济研究、预测、经济分析等文种。所提出研究和解决问题的计划、措施和方案等,常常表现在汇总情况、研究方法、提出方案、促进实施等各个方面,决策的作用十分明显。

二、财经应用文的特点及种类

(一)财经应用文的特点

1. 内容的专业性

财经应用文种类繁多,涉及范围广,而且每一种都有自己的特性,但无论哪种特性,其内容都离不开"经济"。具体表现在如下三个方面。

(1)内容围绕经济活动。

财经应用文直接服务于经济工作,服务于各类企业的生产经营活动。因此,它不仅要反映经济领域生产、流通、消费等各个环节的动态,而且要总结经济活动中解决各种实际问题的经验。财经应用文必须以经济活动为特定内容,一旦离开经济活动,就不能称其为财经应用文了。

(2)内容讲求经济效益。

财经应用文以经济活动为特定内容,目的就是促进经济活动的开展,提高经济效益,不考虑经济效益,财经应用文写作也就失去了意义。比如,招标书的写作,目的就是通过投标者的竞争,力求以最少的投资取得最佳的经济效益。这样,在招标书中就不能提出超过实际需要的苛刻条件。财经应用文写作还要顾及社会效益,诸如广告词、商品说明书等直接影响到企业在公众中的形象,而良好的社会效益又会赢得更多的经济效益。

(3)内容符合经济规律。

财经应用文要促进经济部门提高经济效益,关键在于内容要符合经济规律,经济规律是不以人的主观意志为转移的,是客观存在的。财经应用文写作只有遵循市场经济规律,才能在经济活动中发挥应有的作用。

2. 政策法规的制约性

政策法规的制约性是财经应用文的突出特点。一方面,因为经济活动要受政府的宏观调控,作为直接服务于经济活动的财经应用文自然要受党和国家方针、政策的制约。简言之,财经应用文的写作只有以党和国家的方针、政策为指导,符合党和国家在一定时期内的经济决策,才能充分发挥其服务于经济活动的作用。另一方面,我国的经济活动必须在社会主义市场经济体制内运行,而市场经济是法制经济,法律对规范市场主体、维护市场秩序起着至关重要的作用。作为直接服务于经济活动的财经应用文必须依法拟制,这样才能得到法律的保护。有些财经应用文,诸如合同、审计分析报告、公司章程、经济广告等,本身就是某些法律明确规定的文种,因而要体现相关法律法规精神。

当然,财经应用文绝大部分文种并非是法律规定的文种,如经济预测报告、市场调查报告、商品说明书等,但这些文书的内容仍然受法规制约,要依法、合法,与所涉及的法律规范保持一致。

3. 经济信息的时效性

财经应用文是经济信息的载体。在市场经济条件下,经济有两个突出特点:一是信息量剧增;二是市场信息瞬息万变。作为信息载体的财经应用文,必须及时、准确地反映急速变化的经济活动情况。否则,时过境迁,财经应用文也就失去了其实用价值。因此,财经应用文要写得及时,发得及时,办得及时。

4. 运用数据的普遍性

运用翔实的数据是财经应用文写作的突出特点之一,因为经济活动本身就与经济数量有着不解之缘,经济活动常常是围绕经济数量的变化而进行的。在生产、交换、分配、消费等各个环节中,无论是企业的产品产量、品种、质量、产值、成本、利润,还是国民经济的工农轻重比例、国家的预算和决算等,无不建立在量化分析的基础上,正是从量化的数据分析中发现问题,从而解决问题的。有时传递给人们的经济信息就是一组数据,因此,财经应用文的写作从材料的收集到选题立意、从框架的谋划到文字表述都少不了数据。一篇财经应用文能否精确描述经济现象、正确反映经济活动,常常与对数据的把握和运用准确与否有关。

5. 文字格式的规范性

财经应用文在文字格式上的规范性与上述几个特点紧密相关,财经应用文要及时传递经济信息,正确反映经济活动的各种情况,以取得相应的经济效益就必须要求文字格式的规范性。

文字格式的规范性体现为行文精当、平实和简明。所谓精当,是指表达的意思准确无误,语言文字用得恰当。财经应用文中常常用到行话术语,这些术语有单义性、客观性的特点,不易产生歧义。所谓平实,就是文风平易、质朴,用语直白。所谓简明,就是简洁明了,既要惜字如金,摒弃一切空话、套话,又要表达清楚明白。为达此目的,常常还需借助图表说明。

财经应用文中有些文种已图表化,图表成为其主要的表达形式。比如许多商品说明书就是图表格式的。图表表述更为准确、高效,便于管理与归档,缩短了行文周期,提高了工作效率。

(二)财经应用文的种类

财经应用文的种类很多,从不同的角度可以有不同的分类。按照应用文使用的具体经济部分可分为工商文书、金融文书、财务文书、税务文书、审计文书等。而综合其内容和使用领域,可分为经济专题报告文书、经济法律文书、财税工商文书、宣传公关文书、涉外商务文书、经济事务文书、经济研究文书等。

本书侧重于经管类学科学生较常用的、使用频率较高的一些具体文种的介绍,即市场调查报告、经济预测报告、经济可行性研究报告、经济活动分析报告、资产评估报告、审计报告、合同、招标书、投标书、授权委托书、商品说明书、经济简报、策划书、综合理财规划建议书、计划、总结、实习报告、毕业论文、求职信、创业计划书。

第三节　财经应用文写作

一、财经应用文的主旨

（一）主旨的概念

财经应用文的主旨又称主题、题旨、立意等。具体地说，财经应用文的主旨就是通过文章的具体材料所表达的中心、基本观点或要说明的主要问题，是作者对经济事务的见解、评价和态度。

主旨是全篇的灵魂、统帅，是衡量写作成功与否的主要依据，也是决定一篇财经应用文价值的首要因素。正确而深刻的主旨有利于指导工作、推动工作，并有利于经济体制；反之，会影响到具体方针政策的贯彻执行。因此，主旨必须做到正确、专一、鲜明、突出、周密、严谨。

（二）主旨的确立

财经应用文主旨确立的过程，就是科学思维的过程，只有按照思维规律对客观事物进行全面、深入的分析研究，才能确立正确的主旨。主旨的确立，主要有两种方法，一是靠分析研究经济活动的实际材料来确立。任何主旨的表达，都要符合现实经济活动的实际，从实际出发确立主旨。二是根据党和国家的政策来确立。中国共产党和国家各级政府制定的经济方针、路线、政策和法规，不但是从经济活动的实践中总结出来的，而且是经济建设的指导和保证，不但是根据某个地区的特殊情况制定的，而且是根据全国的经济发展，根据中国加入世贸组织以后的经济形势来制定的，所以党和国家的各项方针、政策、法律、法规也是我们确立主旨的重要依据。

（三）主旨的要求

1. 正确

主旨正确，是指要符合党和国家的方针政策，符合有关的法律法规，符合实际情况，能够正确反映客观事物的本质规律，对工作起积极指导作用，经得起实践的检验。如一个大型的建设项目要上马，必须对这个项目的资金、设备、人力、技术水平等多方面作出正确的评估，对产品的消费市场作出准确的预测。

2. 鲜明

鲜明是指财经应用文的主旨必须清晰明白，也就是观点明确、态度明朗、是非分明。赞成什么，反对什么，要解决什么问题，怎样来解决，都要立场鲜明、直截了当、一清二楚。切忌态度暧昧，模棱两可，叫人摸不着头脑，无所适从，甚至产生误解。要使财经应用文的主旨鲜明，必须明确写作意图和目的,回答现实生活和实际工作中需要解决的问题,对症下药,有的放矢。

3. 集中

主旨的集中是指一篇文章无论内容多少,篇幅长短,都只能有一个集中的、突出的、单一的主旨。主旨的集中必须做到:坚持一文一事,这是主旨集中的重要保证,可以提高办事效率;坚持一意贯底,作者下笔时,要有明确的写作目的,并且目标始终如一,集中材料充分说明一个问题。

二、财经应用文的材料

(一)材料的含义

财经应用文的材料是指为了写作财经应用文而采取的,用于提炼、确立、表现写作主旨的事实和观念。它包括的范畴分两类:一是作者在写作前收集、积累的各种事实、数据、意见、观点、经验、问题以及上级有关指示精神等;二是经过选择,写进文稿中表现主旨的所有材料,包括具体的情况、措施、意见、数据、图表和有关的法律法规、方针政策等。

(二)材料的作用

1. 材料是财经应用文写作的前提

材料是构成财经应用文内容的物质基础,是写作活动的前提。在写作学中,人们常将文章比喻成一个人,主题犹如人的灵魂,材料犹如人的血肉,结构犹如人的骨骼,语言犹如人的细胞,表达犹如人的外貌衣饰,这是很有道理的。如果没有材料或材料很少,文章必然言之无物,虚而不实,流于空泛。所以,大量地占有材料,是古今写作经验中最基本、最重要、最需要掌握的一个环节。只有能够自如地掌握这一环节,再加上懂得写作方法和技巧,写出来的文章才能言之有物,合乎客观的要求。

2. 材料是形成财经应用文主旨的基础

材料和主旨同属于财经应用文的内容,但主旨从材料中形成,材料是引发感受、提炼观点、形成主题的基础。主旨是对全部材料思想意蕴的高度概括。

3. 材料是说明财经应用文主旨的支柱

材料不仅是形成主旨的前提,而且是说明主旨的支柱。没有材料的支撑,主旨根本无法确立;没有恰当的、能够说明问题的材料的支撑,主旨即使树起来了也立不牢。如果没有材料,财经应用文主旨就无从产生,也根本无法表现。

(三)选择材料的标准

1. 确凿

确凿即真实、准确,是指写进财经应用文里的材料必须做到真实、准确,这是财经应用文选择材料必须坚持的一条基本原则。

2. 切题

切题是指写进财经应用文里的材料必须有针对性，能紧扣写作主旨；有实用性，能具体显示或说明观点。材料是否切题的实质是观点和材料是否统一的问题，我们应当做到观点统率材料、材料表现观点。材料与观点分离是财经应用文写作的大忌。

3. 典型

典型是指写进财经应用文里的材料应该是深刻地揭示经济活动的本质，又具有代表性与说服力的材料。典型的材料能以一当十，令人注目，具有支撑观点的基础作用。

4. 新颖

新颖是指写进财经应用文里的材料必须有强烈而鲜明的时代感。为此，写作者要跟上时代步伐，以科学思维和新的眼光考察经济现象，挑选出新颖的写作材料。

三、财经应用文的结构

（一）结构的基本内容

财经应用文的结构是指文章内容的组合和构成，也就是如何安排材料组织成文的方式。结构的基本内容包括层次和段落、过渡和照应、开头和结尾等几个部分。

1. 层次和段落

所谓层次，是指文章内容的表现次序，体现文章内容相互间的逻辑关系，有时也称“结构段”或“意义段”。

所谓段落是指文章中的一个个自然段，它是文章中最小的可以独立的意义单位。一般来说，层次小于篇章，大于自然段。有时一个层次就是一个自然段，也有的文章因其简短，全篇只有一个自然段，如各种条据、启事、简单的通知等。层次的划分是有其客观依据的，有时按照事物发展的时间来安排层次，有时根据事物的空间来安排层次，有时按照事物的功能和特征的主次来安排层次，有时按照文章的逻辑联系来安排层次。具体如何安排层次，应根据财经应用文不同文种的内容来决定。

2. 过渡和照应

所谓过渡是指层次或段落之间的衔接与转换。过渡犹如桥梁，在文章中起着承上启下、穿针引线的作用，使全文内容组织严密，浑然一体。过渡在有些文章中不明显，因各层次、各段落之间的联系本来就很紧凑，不加过渡词、句，转折的意思也很明确，常称自然过渡。也有的文章需要加上过渡性的语句，衔接才自然。

所谓照应是指文章中一些有关内容在不同位置之间的照顾和呼应。如对前文所交代的内容再加以总结，或给予点明，这就是照应。平时常说“前有交代，后有着落”就是一种照应。

在财经应用文中,常用的照应有两种:一是首尾照应。开头部分将总的观点、主要工作、主要事实等先作概述,然后在结尾部分再作概括和归纳,既做到前后照应,又可以突出文章的主题。二是正文和标题照应。即标题往往能体现其主旨,照应标题有突出主旨的作用。

3. 开头和结尾

(1)开头。

开头担负着统领全文、揭示主旨或全文的作用,开头要求符合主旨,开门见山,自然而然地引入正文。财经应用文的开头并不固定,常用的开头方式有如下几种。

①目的、根据式开头。这种开头方式是将行文的目的或发文的依据放在文章的开头部分写出来。常以"为了""为""根据""遵照""按照"等词语领起下文,鲜明地指出行文的目的及行文依据。

②概述式开头。这种开头要求简明扼要、切题地介绍有关情况或背景。概述式的开头是指将全文的主要内容在开头部分简要介绍出来,总结、调查报告、经济活动分析中经常用到。这种开头先对全文作总的概括,给人以深刻的印象。

③情况、原因式开头。即开头部分交代行文的缘由,或对文章内容的背景、基本情况作简要的介绍。这种开头常用"由于""因为""鉴于"等词领起下文,也可直接陈述发文原因。

④提出问题式开头。这种开头提出问题,提示财经应用文的主旨或主要内容以引起阅读者的注意与思考。各类调查报告常用这种方式开头。

以上四种开头方式较为常用,在实际运用中还有"评论式""建议式""直叙式"等开头方式。具体选用哪一种为好,要根据全文内容表达的需要及结构安排的需要来决定。

(2)结尾。

结尾和开头一样,在文章中具有重要的作用。好的结尾能让人加深印象,更加明确全文的观点和思想。从形式上说,有了结尾,文章才会完美。财经应用文中的结尾方式也是多种多样的,常用的有如下几种。

①强调式结尾。这种方式是在结尾处对文章主旨进行强调说明,以示重视,便于贯彻执行。调查报告、经济论文等常用这种方式。

②希望、鼓励式结尾。在结尾部分提出希望,展望未来,鼓舞斗志。常用于计划、总结、报告等文章中。

③总结式结尾。正文结束时,对文章的主要观点或问题作出归纳或总结,使读者对全文有一个较完整的概念,以加深印象。

④自然式结尾。这种结尾的方式是将文章中的主要内容写完之后,不加任何言外之文。事终墨断,自然收尾。

结尾的方式有多种,具体选用哪一种,也要根据实际情况而定。需要注意的是文章要善始善终,结尾部分既不能草草收场、敷衍了事,也不能当断不断、画蛇添足,要做到简洁有力、恰到好处。

(二)结构的基本类型

财经应用文的种类很多,内容不一,结构不尽相同,各有特点,归纳起来,常用的结构有如下几种类型。

1. 总分式

开头先对全文的内容作简要的概述,然后依次分别对其展开论述。如在总结中,先对全年生产完成的情况作简要介绍,而后对各方面生产情况作具体论述。总分式还可以分为先总后分式、先分后总式以及先总述再分述,最后再总述的总分总式。总分总式通常适用于篇幅较长的财经应用文,如调查报告、经济活动报告、经济论文等。

2. 并列式

文章中几个层次之间的关系是平行的、并列的,这样的结构方式称为并列式,也称横式结构。比如对财务状况进行分析,可以从资产、负债、利润、成本、费用等诸方面展开具体分析,这几个方面的内容就是并列的关系。

3. 递进式

递进式或以时间为顺序,或以由现象到本质、从因到果等逻辑关系为顺序,逐层深入展开的结构形式,也称纵式结构。比如开头提出问题,而后剖析研究问题,再找出原因得出结论,最后提出解决问题的办法或建议,就是一种从因到果的递进式。

4. 条款式

条款式通常在法规文件、规章制度类文章中使用。它又可以分成章条式、条文式两种。还有的文书内容较多且复杂,也采用分条列项式来写,从而显得更加清晰、明确,方便阅读,也便于理解、对照执行。

(三)结构的基本要求

1. 完整性

结构安排要有逻辑性,首先要保证结构的完整。正文的结构中要有开头、主体、结尾、结束语等部分。任何一个部分都不能缺少,不能顾此失彼,残缺不全,造成结构的不完整,影响文章内容的表达。

2. 严密性

严密性是指文章中层次段落的划分要恰当,组织严密,联系紧凑,脉络清楚,这样才能顺理成章,浑然一体。

3. 逻辑性

文章是客观事物的真实反映。因此,文章内容的结构形式必须符合客观事物的发展规律,各层次之间前后上下的连接有其必然性,与主旨有内在的逻辑联系,不能互相矛盾,这样才能准确反映文章的主旨。否则,结构杂乱无章、颠三倒四,就会令人难以理解,达不到行文的目的。

四、财经应用文的语言

语言是最重要的信息交流工具。在财经应用文写作过程中,有了明确的主旨,选择了恰当的材料,掌握了一定的结构方法后,还需要用精确的语言来表达。我们要熟练掌握语言工具,才能写出具有实用目的和应用价值的文章。在撰写财经应用文时,其语言运用要达到以下要求。

(一)准确

财经应用文具有较强的政策性和客观性。因此,语言运用必须准确无误。否则,就会贻误工作,达不到行文的目的。如一份市场预测报告,必须在实事求是地、及时地进行市场调研的基础上,根据所获得的真实的市场信息,用准确的语言表述市场未来的发展趋势,否则,就会影响企业正确决策。财经应用文的语言运用要准确,有以下要求。

①对事实的陈述要准确,符合实际。文章中涉及的数字、名称、时间、地点、引语等都应准确无误,不能模棱两可。

②分析问题、说明事例要准确,分析问题要有理有据,符合相关的原理,符合党的方针政策,符合党和国家的经济法规、规章制度,符合客观事物的发展规律、实际情况。

③运用词语要准确。财经应用文的用词要做到贴切,语句通顺,不出现语法、修辞、逻辑方面的错误,避免产生歧义。

(二)简明

简洁明快的行文风格,便于及时处理实际工作。要做到语言简洁明快,就必须掌握语言运用的规律,下大力气锻炼语言概括能力,遣词造句惜墨如金,用尽可能少的文字表达尽可能丰富、深刻的思想内容。要像鲁迅所言:“竭力将可有可无的字、词、句、段删去,毫不可惜。”力求语言干净利落,精炼流畅。

(三)平实

财经应用文语言应质朴无华、通俗明白,不追求华丽辞藻,因此应多讲实事,不说大话、空话、套话、假话;应直言其事,不拐弯抹角,尽量不用或少用形容词、修饰语,应于平实中见神采;不追求形象的描绘和情感的抒发,不滥用修辞方式,重在词语和句式的选用上下功夫。财经应用文写作常用引用、对比、借喻、借代、排比、层递等修辞格,极少使用明喻、暗喻、比拟等修辞格。

(四)得体

财经应用文的语言运用既要符合事务语体的要求,又要顾及具体的文体要求,要与行文目的、行文对象和语言环境和谐一致。不同的文体,应使用个性色彩不同的语言,力求口吻、语气、情感和色调恰当得体。

五、财经应用文的表达方式

财经应用文写作由于受其固有特点的制约,在表达方式的运用上,有自己的鲜明个性和特殊要求。叙述、说明、议论是财经应用文写作常用的表达方式。在具体运用各种表达方式时,都必须做到概括,要而不繁,即用概括的语言组织文章。

(一)叙述

一般来说,叙述就是把人物的经历和事物发展变化的过程表达出来。各种文体的写作几乎都要用到叙述方式。如议论文中,用叙述的方式概括某些事实,从事实中引出论点。在一般文体中常用叙述的方式交代事件的起因、发展、结果以及人物的经历。财经应用文中的叙述要求直截了当,平铺直叙,抓住主要事实,作概要精当的叙述。而不像文学作品中的叙述,追求情节的起伏,一波三折、巧设悬念、故弄玄虚等,更不能使用意识流等现代派的叙述手法来写。

(二)议论

财经应用文中的议论即对客观事物进行的评论,以此表明某种观点和态度。在财经应用文中,不少文种都离不开议论,如总结、调查报告、经济分析报告、查账报告等;公文中的通报、议案等,都需要通过议论来分析原因、判断是非、发表见解、表明立场观点等。进行议论不能脱离实际,应以事实为根据、以法规为依据,不掺入个人主观情感,抓住要点,不及其余,作简洁、明了的议论。

(三)说明

财经应用文中的说明就是要用简洁、准确、科学、朴实的语言,把事物的性质、范围、形状、特征、功能等方面的情况介绍清楚。最常见的是产品介绍和使用说明书。而在其他财经应用文中也时常用到说明的方式,如财务分析报告中对一些数据、统计资料等所作的说明。

综合练习

一、改错题

以下语句在表达中存在哪些错误,请指出错误并修改。

1. 峨眉山市的矿泉水的主要消费者是前来旅游的港台澳和侨胞、华侨和外国人。

2. 对于纪律松弛现象，经过贯彻中央有关文件，有了显著改变。

3. 应聘的外国专家的工资，一般应高于或维持试用期工资而不低于试用期工资。

4. 年终，某工厂对上级规定的任务已基本上差不多全部完成了。

5. 领导们严肃地研究了这个问题，提出了处理意见。

二、分析题

1. 下面是某篇总结中的两段文字，一段是初稿，另一段是修改稿，请将二者进行比较，并说明修改稿好在哪里。

【原稿】

改革开放30多年以来，我县教育事业发展很快。不但办起了多所中小学，还办起了中专、技校和大学；在校学生人数已占全县的25%，专职教师逾2 000人。还聘请了不少有实践经验的兼职教师。全县乡级以上的领导干部和科技人员中，80%是本县的学校培养出来的。

【修改稿】

改革开放30多年以来，我县教育事业蓬勃发展。1978年以前我县仅有一所中学、十几所小学，现在已有小学635所，普通中学40所，中专技校10所，高等学校4所；各级各类在校学生已达23万人、专职教师共2 300多人，全县2000年已普及初等教育，幼儿教育、特殊教育、成人教育也都有较大发展。

2. 阅读下文并分析其表达方式。

下面是一例《查账说明书》,它综合运用了多种表达方式,请具体指出:何处是叙述?何处是说明?何处是议论?这种议论同一般议论文体的议论有何不同?

查账说明书

关于××厂二〇一一年度的决算报表,已经按照一般的会计原则检查了该厂的有关账务册凭证。对于××等人反映的事项,已向有关单位和人员进行了解,得到解决。该厂财务账目是清楚的,对于会计处理不恰当而影响财务指标的部分,也通过查账作了必要的调整,并重新编制了决算表一份。我们认为表内所列指标较正确地反映了该厂二〇一一年度财务状况及经营成果。

特此证明

查账单位:××市审计局

查账人员:×××

二〇一二年×年×月

第二章

Chapter 2

市场调查报告

【学习目标】

· 了解市场调查报告的概念、作用、特点及种类。

· 掌握市场调查报告的写法和写作要求。

第一节　市场调查报告概述

一、市场调查报告的概念及作用

（一）市场调查报告的概念

市场调查报告是指在对调查得到的资料进行分析整理、筛选加工的基础上，记述和反映市场调查成果并提出作者看法和意见的书面报告，它反映了对市场进行调查研究和分析的结果，是经济领导部门和企业决策者作出经营决策、制订计划的重要依据。

市场调查报告有广义和狭义之分，广义的市场调查报告是对产品从生产到消费的各个营销环节进行全面的调查研究和分析评价；而狭义的市场调查报告则是对销售环节进行详尽的调查研究和分析评价。

（二）市场调查报告的作用

1. 均衡供需

通过市场调查，可以了解供需情况，对商品供需进行预测，制订供应总量计划和品种计划，这对于合理、均衡地组织市场供应，平衡供给需求关系具有重要作用。

2. 指导生产

市场调查报告是以消费需求作为调查的主要内容，使企业及时了解社会购买力及资金投向，根据消费需要，研制和生产适销对路的产品，提高产品的市场占有率，顺利完成商品从生产到消费的转移。

3. 合理定价

通过市场调查，可以了解同类产品的价格，有利于企业在保证经济效益的基础上，确定自己产品的合适价格，使产品具有较强的竞争能力。

4. 改善管理

市场调查报告可以使企业或有关部门充分了解竞争对手以及国内外相关的经济活动状况，使企业找到自身经营管理中存在的问题和与同行业的差距，有的放矢地提出有效的解决方法，提高企业的经营管理水平，求得以最小的劳动消耗取得最大的经济效益。

二、市场调查报告的特点及种类

(一) 市场调查报告的特点

1. 指导性

市场调查报告是根据企业生产经营的需要而撰写的，它是对调查所得到的客观事实的描述，也是对这些客观事实和其内在规律的深入研究，它能给企业提供一些有价值的信息，帮助企业更好地发展，因此，它对企业和市场的发展具有很强的指导意义。

2. 针对性

市场信息错综复杂，需要调查的问题包罗万象，撰写市场调查报告不可能面面俱到，必须目的明确，有很强的针对性。或针对某种产品的质量、价格、包装以及在市场上的占有率等问题，有的放矢地展开调查；或针对有关消费者的数量、分布地区、经济状况以及不同的消费习惯、消费方式等展开调查；或针对某企业的销售能力、销售状况以及影响销售因素等情况展开调查。总之，市场调查报告要有明确的目的性和针对性，这样才能为企业决策提供有力的依据。

3. 真实性

市场调查报告的真实性主要包括两个方面的内容：一是必须如实客观地说明市场状况，揭示存在的问题，实事求是地反映出调查对象的本来面目，不应掺杂个人主观臆断；二是调查所依据的事实材料必须真实，对市场调查报告中涉及的一切材料，如历史资料和现实材料、典型事例、统计数据、图表等信息都要认真核实，务必做到言之有据，准确无误。

4. 时效性

市场调查报告要及时、迅速、准确地反映和回答现实经济中出现的具有代表性的紧迫的问题。市场调查必须迅速，撰写报告应当及时。一旦报告的内容“过时”，失去了现实的意义，报告也就不再有价值。市场的信息千变万化，新的情况和问题会不断出现，这就需要市场调查报告的撰写必须迅速、及时,否则就会落后于市场的变化,失去市场调查报告的参考和指导价值。

(二)市场调查报告的种类

市场调查报告的种类很多,依据不同的标准,可以把市场调查报告分为不同的种类。

1. 按调查内容分

按照调查内容的不同进行分类,市场调查报告可分为市场需求情况调查报告、市场销售情况调查报告、市场产品情况调查报告、市场竞争情况调查报告和市场消费者情况调查报告。

(1)市场需求情况调查报告。

市场需求情况调查报告主要调查市场对本企业产品的需求量和影响需求量的因素。调查需仅仅抓住购买力、购买动机和潜在需求三个方面,具体包括工资水平、货币投放量、储蓄存贷变化、现实的消费、潜在的消费、消费的趋势和购买行为、消费水平等内容。

(2)市场销售情况调查报告。

市场销售情况调查报告着重介绍当前商品供应量、销售情况、市场潜在容量、仓储运输成本、销售渠道是否合理、促销手段是否最优等。主要目的是了解销售市场的现状,尝试发现潜在市场,为今后制定营销策略提供依据。

(3)市场产品情况调查报告。

市场产品情况调查报告以产品调查为主,重点介绍市场对产品的数量、规格、型号、品种、性能、价格、技术服务等方面的评价、建议和要求,从而了解产品的市场地位及其占有率等信息。

(4)市场竞争情况调查报告。

市场竞争情况调查报告的主要内容是调查竞争对手的规模、竞争能力,市场竞争的策略与手段,潜在竞争对手的情况,国内外同行竞争产品的质量、数量、品种、价格、包装,市场占有率和覆盖率等。目的是趋利避害,稳住并开拓产品的市场占有率。

(5)市场消费者情况调查报告。

市场消费者情况调查报告着重介绍消费者的分布地区及经济状况、消费年龄、职业、文化程度的不同造成的消费习惯的差异,消费水平与购买心理的关系,消费者的消费动机、消费习惯、消费数量和次数、购买欲望与购买环境氛围的关系,广告对消费者的心理冲击和消费者认可广告与品牌的程度等内容。

2. 按调查对象分

按照调查对象的范围大小分类,市场调查报告可分为综合性市场调查报告和专题性市场调查报告。

(1)综合性市场调查报告。

综合性市场调查报告是围绕产品市场营销的诸多侧面进行调查,全面系统地收集、整理和分析有关商品流通、销售和服务的情报资料，涉及面比较广，花费的时间也比较长，得出的结论比较全面。

（2）专题性市场调查报告。

专题性市场调查报告是围绕一个专门问题或情况进行专项调查，它的调查涉及面相对于综合性市场调查报告来说要窄一些，重在研究具体问题，具有较强的针对性，从而能使调查深入细致，研究透彻深刻。从事市场营销和管理的部门经常采用这种形式。

3.按表述手法分

按照表述手法的不同进行分类，市场调查报告可分为陈述型市场调查报告和分析型市场调查报告。

（1）陈述型市场调查报告。

陈述型市场调查报告是对有发生、发展、高潮、结局发展过程或状貌形象特征的市场题材，主要运用叙述、说明兼或一些描写的表达方式以给人具体形象，不进行深入分析论证的调查报告。市场状况、典型经验、新生事物等课题常采用陈述型调查报告。该类调查报告重过程、重形象、重细节，呈典型的记叙色彩和说明色彩。其结构一般只有主体情况和对象情况两部分，少有分析结论和意见建议部分。

（2）分析型市场调查报告。

分析型市场调查报告指说明、议论、分析论证色彩很浓的调查报告。该类调查报告注重把一个对象整体分类分解成若干组成部分或各种因素，横向展开，逐一分析其特点、本质、彼此联系，从而找出其规律性。写作中经常采用因果分析、因素分析、本质分析、危害分析、意义分析、对比分析、定性定量分析、数字分析等方法，因而有一定的深度，理论价值较高。

第二节　市场调查报告写作

一、市场调查报告的写法

从严格意义上说，市场调查报告没有固定不变的格式。不同的市场调查报告的格式，主要依据其目的、内容、结果以及主要用途来决定。但一般来说，各种市场调查报告在结构上都包括标题、前言、主体和结尾几个部分。

（一）标题

市场调查报告的标题要求与文章的内容融为一体，是文章内容的高度概括。一般来讲，市场调查报告的标题写法是灵活多样的，有的比较简单只写一个正题，直接说明调查对象、调查内容或文章的主旨；有的则用比较生动形象的语言突出强调调查对象，同时伴有副标题。

总之,标题应言简意赅,清晰醒目。具体来讲,常见的标题格式有以下三种。

1. 公文式标题

这类标题一般由组织市场调查的单位名称、调查对象和文种组成。其中调查对象包括调查时间、范围、所调查的商品等,如《××省农业厅关于农业机械销售情况的市场调查》。其中有的项目还可视具体情况省略,如《关于应届大学毕业生就业情况的调查报告》。

2. 文学式标题

这类标题的内容无固定模式,与一般文章标题的拟定相似。文学式标题通常不要求作者、事由和文种齐全,只要能够突出主题即可,如《电动玩具为何如此热销》。

3. 消息式标题

这类标题说明调查对象的状况、表述调查的结果,或昭示调查中形成的观点。如《红富士苹果在西安市场畅销》《进口彩电依然是销售的热点》。

市场调查报告的标题可以多种多样,但标题无论采用哪一种形式,都要与市场调查报告的内容相符,力求做到准确、简明、新颖。

(二)前言

前言又称为引言、导语,它是市场调查报告的开头,一般包括三个方面的内容:一是调查的目的、缘由,即"为什么";二是调查的对象范围,即"调查谁(什么)";三是调查的经过,包括时间、地点、过程、方法,即"怎样调查"。如《中国的年轻一代过圣诞节已成习惯——2006年公众过圣诞节状况调查》的前言是这样写的:"近十年来,每逢年底,在中国的大中城市,一股热浪扑面而来。圣诞,这个中国人曾经陌生的只在电影中看到的节日,成了中国人重视程度很高的一个节日。某种程度来说,随着生活水平的提高,加上对鞭炮的限制,以及休假旅游的增多,圣诞几乎跟中国最传统的节日——春节平起平坐了。日前,中国社会调查所进行了一次'新年公众过节状况'的调查,以电话调查的形式成功访问了2 000位公众。"前言是对市场调查的简单说明,这部分要高度概括,简明扼要,否则会影响主体部分的表达。需要注意的是,有的市场调查报告不写前言,一开头就直接进入文章主体部分的写作。

(三)主体

主体部分是市场调查报告的核心,也是写作的重点和难点所在。主体部分要用通过市场调查取得的材料,介绍被调查事物的基本情况,预测市场发展趋势,最后提出解决的对策。写作时,要根据材料的性质及其相互之间的联系,将材料进行科学的分类和合乎逻辑的安排,有时可以采用小标题的表达形式。主体一般由以下三个方面组成。

1. 情况说明

情况说明是市场调查报告的基础,一般要用可靠的资料和翔实的数据实事求是地把有关调查对象的基本情况介绍出来,基本情况包括发展历史、现实情况、市场布局、生产情况、销售情况、质量调查等。情况说明部分可以按照时间顺序进行表述，也可以按照问题的性质归纳成几类加以表述，一般以文字说明为主，必要时也可结合数据及图表进行补充说明。

2. 分析与结论

调查报告的撰写不仅仅是客观的情况说明，还要在充分占有翔实的材料、准确的数据、典型的事例的基础上，运用科学的分析方法，全面剖析，综合衡量，以得出正确的结论。有的调查报告在这部分还要介绍预测情况，预测出今后市场发展变化的趋势，从而对市场的前景作出正确的判断。对调查结果的评价正确与否，将直接影响到领导层的决策，关系到企业今后的经济效益和未来的发展。

特别需要注意的是，分析也可以和情况说明结合在一起，在说明情况的同时进行分析，使分析显得有理有据，增强真实性和可靠性。

3. 对策与措施

对策与措施是市场调查报告撰写的落脚点，体现了作者的写作意图。它回答的是“如何解决”的问题，任何市场调查报告经过分析后都要归结到这一点。这部分的写作要注意三点，即针对性、可行性和深刻性。

(1)针对性。

要针对市场现状存在的问题提出对策，而不是漫无边际地夸夸其谈，让人不知面临的问题到底应该如何解决。

(2)可行性。

要拿出切实可行的、有参考价值的意见来，虽然不必列出具体细致的实施方案，但也要在经济运行中能够切实解决实际问题，对企业取得经济效益有切实的帮助，对其日后的发展起到一定的指导性作用，而不是纸上谈兵，虚张声势。

(3)深刻性。

对问题的分析尽量做到切中要害，挖掘出本质和规律，而不是停留在肤浅层面上，空发议论，只做表面文章。

主体部分占有全文的绝大部分篇幅，内容相对较多，应做到条理清楚，重点突出。一般采用编列小标题或序号的分条列项式结构形式。当然，这部分的写法比较灵活，还可采用并列式、因果式、层进式等写法来安排结构。这需要根据调查报告的具体内容以及写作目的来灵活把握。

(四)结尾

市场调查报告的结尾可根据需要来安排，其方式多样，常见的方法有：概括报告的主要内容，深化观点；展望未来，预测发展趋势；强调调查的意义，阐述对存在的问题和可能遇到的风险引发的后果等。这部分的语言要概括精炼，做到适可而止，篇幅不宜过长，绝不可拖泥带水。当然，市场调查报告也可没有独立的结尾，主体写完就戛然而止，自然收尾。一般来说，市场调查报告若有前言部分,通常可考虑安排结尾,以便与前言相呼应,使文章首尾圆合,结构完整。

二、市场调查报告的写作要求

(一)要实事求是

市场调查报告的最大特点是实事求是,以事实为基础是进行市场调查、写好市场调查报告的前提和保证。从事实出发,发现问题,分析问题,得出结论,为企业决策者提供有价值的信息。因此,作者一定要亲自参加调查,在调查中应努力克服主观性,广泛积累资料,尽可能全面地了解情况,力求每一个材料和数据都要做到翔实、可靠,认真分析,得出正确的结论,切忌弄虚作假。

(二)要做到观点和材料的统一

市场调查报告要以陈述市场活动事实为主,由此揭示问题,阐明观点。如果只是堆砌材料和罗列数据,而不进行分析归纳,就把握不住市场活动的本质规律,提炼不出有见地的观点。这样的报告是毫无价值可言的。因此,市场调查报告的撰写必须注重对材料和数据的深入分析,做到深刻透彻,在此基础上才有可能提出有见地的观点。当然,也不能只是空洞地说理而缺乏材料支撑,这样的报告同样不具有说服力。也就是说,要让材料分析为概括观点服务,观点的概括是材料分析的最终目的。只有两者有机统一起来,有理有据,才能实现市场调查报告的目的。

(三)要突出重点

市场调查需要了解或反映的问题错综复杂,调查得来的材料可能很多,但是在一篇有限的调查报告中不可能把所有的材料全部写进去。如果材料过多,貌似面面俱到,其实让人抓不住重点,不清楚所用材料的目的。只有善于对调查来的诸多材料进行反复筛选和比较,认真进行分析研究,辨别真伪,分清主次,从中找出具有内在联系和规律性的东西,选择出最典型、最能够说明问题的材料,才可能把问题分析透彻,阐述清楚,结论才能让人信服,因此,要根据主旨的需要来剪裁取舍材料。另外,一份市场调查报告要突出重点,一般以回答一两个重要问题为宜,切忌面面俱到。如果调查涉及的内容过多,可以分专题写几份报告。这样,每份报告都能突出自己的重点。

(四)要选用恰当的表达方式

市场调查报告是一种兼有说明文、记叙文、议论文的一些特点而又不同于这三种文体的一种应用文体。一方面,它要如实客观地介绍通过调查所了解到的实际情况,因此,要运用叙述、说明的表达方式;另一方面,它又必须有报告者的鲜明观点,而且要通过对材料的分析研究,预测市场的发展趋势,并提出相应的建议和决策,因此,又要运用议论的表达方式。由于市场调查报告往往既要反映情况,又要揭示规律、表述观点、提出解决问题的方法,所以,它常常综合使用叙述、说明和议论三种表达方法。要注意正确把握文体的性质和表达方式。叙述时,选用的事实要确凿,数据和图表要准确;说明时,文思脉络要清晰、完整;议论时,观点要鲜明,符合事理的发展逻辑。

(五)要讲求时效

市场经济是讲求时效的经济,市场的情况瞬息万变,随时会出现新情况、新问题,要想形成有价值的报告,必须抓住时机,迅速调查,及时写作,准确地反映市场变化,为企业和经济管理部门的决策提供信息和参考意见。否则,写出的市场调查报告不是雪中送炭,而是雨后送伞,失去对企业生产和经营决策的指导意义。

第三节　市场调查报告例文及评析

一、市场需求情况调查报告

丽江房地产市场调查报告

经济与社会形态带来的消费形态的变动,使得对于消费趋势、特点变化的研究越来越重要,房地产作为社会消费者一项重要的消费与投资行为,其特点较以往三年已经呈现出显著的变化。一直萦绕在房地产开发商头脑中并百思不得其解的几个疑问是:在房地产置业投资上,消费者究竟是如何作出购买决策的?在与房地产选择与购买相关的多个因素当中,到底哪些因素在起着决定性的、实质的影响,哪些因素又仅仅是表层的和直观的?房地产市场的需求与变化,对房地产供应市场有着极大的影响。在房地产买方市场的条件下,研究购房者的需求具有更加重要的意义。

为了解丽江市消费者对房地产消费的需求,我们借助近年对房地产行业、企业、物业、消费者以及房展会的大量监测跟踪研究,于重庆春季房展会期间对1 000位近两年内打算购房的丽江消费者进行了现场问卷调查,此次调查从丽江市总体购房者的角度出发,对购房者的基本状况、住房需求特点与趋势以及置业特点进行了详细的研究,并从不同角度界定了几个重要的购房群体。本报告对此次的调查结果进行了一些总结和提炼,以求突出房地产的市场需求现状情况和未来发展趋势。

在对近年来房地产市场研究的数据和经验的基础上,力图运用数据挖掘、形态分析和决策研究等方法,通过对消费者的家庭结构变迁、经济阶层变化、事业发展变动等各个阶段的关联分析,有效地揭示出其置业、投资、家庭、生活、事业等多方面之间内在的逻辑与因果关系。

一、目前购房群体的基本状况

(一)大部分购房者目前的事业状态处于起步阶段或发展阶段,总体购买力不高

从调查结果来看,大部分购房者在目前的事业发展中并没有取得很大的成功,其中17%

的购房者处于事业的起步阶段,60%的购房者处于事业的发展阶段,处于事业起步阶段的购房者绝大部分是30岁以下的年轻人,他们的家庭平均月收入大部分在2 000元以下,而且他们在单位的职务多为普通员工。而处于事业发展阶段的购房者大部分为31~45岁的人群,他们的家庭平均月收入大多集中在3 000~5 000元,在单位中的职务多为中层管理者或主管级别。一方面这些人没有太多的积蓄,另一方面他们还需要进一步补充知识,拓展自己的业务,将需要很大的资金投入,所以这部分人群在置业消费上的总体购买力不高。就总体情况来看,购房者的购买力也并不是很高。购房者的平均家庭月总收入约为2 040元,而83.3%的购房者的家庭月总收入都在5 000元以下。采用分期付款的购房者占购房者总数的60%,其中88.3%的分期付款购房者所能承受的首付款额度在18万元以下。

(二)购房者对房地产开发商品牌有一定的认知度,但总体认知水平并不高

随着外地的房地产开发商进军丽江房地产市场,房地产开发商日益增多,房地产开发商的品牌能否被消费者认知或记忆,对房地产开发商的市场拓展以及楼盘销售具有非常重要的意义。在调查结果中,购房者能够说出开发商品牌的数量不等,能够说出三个及三个以上的开发商品牌的购房者所占的比例仅为21.0%,而根本不知道房地产开发商品牌的购房者所占的比例也为21.0%,并且知道一个开发商品牌的购房者所占的比例高达31.2%,这充分表明购房者对房地产开发商品牌的总体认知程度不高。在所有购房者说出的房地产开发商中,消费者认知度较高的是在房地产市场中比较活跃的3~4个开发商,但对它们的认知水平仍然不高。购房者认知度最高的两个开发商,其被知晓的比例分别仅为41.7%和34.8%,而对其他开发商的认知度则更低。

……

(三)置业消费盲区与企业品牌建立

置业投资虽然是家庭的最大消费投资之一,但由于其选择、决策、谈判、购买过程过于复杂,涉及众多环节,因此存在着比较大的认知难度,而消费者在房屋消费过程中的弱势地位,使得非理性决策容易形成,并为今后的纠纷带来了隐患。在房地产市场逐步发育和成熟的同时,购房纠纷也随着增多。业主与物业公司、开发商之间的冲突事件时有发生,并且事态发展有增多和升级的迹象,并且不断有房地产销售人员对开发商的销售内幕进行曝光,这些事件对房地产开发商所形成的负面影响在短期内挽回的可能极小,致使消费者在选择开发商以及楼盘上存在着更多的忐忑不安。

……

二、消费者住房需求特点与趋势

(一)消费者生活需求空间增加,生活居所户型总体上向较大方向发展

调查表明,消费者购房向较大户型发展,这一发展特点可以从以下三个方面来体现:

从购房者生活空间的居室数量变化来看,与目前居所相比,购房者的意向居所向多居室方向发展,对比情况见表2.1。

表 2.1　目前居所与意向居所的居室数量选择比例比较　　单位:%

		意向居所			
		一居室	三居室	四居室	总计
目前居所	一居室	2.7	20.1	3.3	26.1
	三居室	2.7	26.6	20.1	49.5
	四居室	0.6	4.3	3.8	8.7
	别墅	1.6	10.3	3.8	15.7
	总计	7.6	61.4	31.0	100

同时,意向居所的室、厅、卫、阳的平均数量也有所增加,目前居所的室、厅、卫、阳的平均数量为1.84%、1.08%、1.04%和1.07%,而意向居所的室、厅、卫、阳的平均数量上升至2.21%、1.38%、1.4%和1.28%。

……

(二)购房者的意向居所与目前居所相比,同一种格局的套建筑面积有所增加

调查结果表明,购房者的意向居所与目前居所,在格局相同的情况下,平均套建筑面积有不同程度的增加,可见,消费者在购房选择上不论格局、平均套建筑面积、人均建筑面积,还是同一格局居所的平均套建筑面积较以前都有所增加,有向较大户型发展的趋势。

三、购房者置业特点与趋势

(一)绝大多数购房者为自住型购房者

从购房者买房的动机来看,无非是自己居住或投资,或者二者兼有。以满足自己与家人居住为目的的购房为自住型购房,一般属于第一次置业,而二次或多次置业的人买房更多是用来出租或增值,以获得丰厚的回报,通常称之为投资型购房。从本次的调查结果看,自住型购房者仍占据绝对优势,达到了购房者总数的86%,剩余的14%购房者则是将投资作为自己置业的主要目的。调查表明,自住型购房者购房的主要目的是改善生活空间、方便工作生活和满足基本的住房需求,回答包含以上目的的购房者所占自住型购房者的比例依次为53.5%、30.8%和25.4%,作出其他购房目的的回答比例不是很大,均在自住型购房者总数的10%以下。

……

(二)交通配套是购房者最为关注的基础配套设施

工作是人们最重要的生活内容,调查表明,他们不希望被居住地点至工作地点的不便的交通所困扰,因此,绝大多数购房者在对将来生活区域的配套设施的重视程度上,将交通配套放在了首要的位置,这一比例达到了63.3%。事实上,交通状况是衡量地理位置好坏的重要指标,那么购房者对交通配套的极大关注也就说明了地理位置对一个楼盘项目的重要作用,楼盘的地段在很大程度上影响着购房者的选择。因此对开发商而言,在开发楼盘项目时,仍要精心选择地理位置。

……

（三）购房者对居住环境与房价之间的关系的权衡

调查表明，受多方面因素的影响，购房者会在考虑居住环境及价格的基础上作出一定的选择，可以从以下几个方面来考察：购房者在居所地理位置、自然环境、住房面积和房价等方面的权衡，有45.1%的购房者倾向于牺牲一定的房价、住房面积和自然环境来购置距市中心较近的居所，有37.2%的购房者倾向于在保持房价、住房面积和自然环境的优势下，选择距离市城区很远的居所。属于前一种情况的购房者，他们大多数喜欢现代的、热闹的、开放的生活，购物和休闲娱乐是他们重要的生活内容，他们为了能够迎合自己喜欢的生活方式，房价、住房面积和自然环境方面的优势让渡给了居所位置。除此之外，还有相当一部分消费者，现代的、热闹的、开放的生活方式并不是他们所向往的，但工作是他们最主要的生活内容，为了便于工作，他们不得不将居住地点选择在与位于市区的工作地点附近。属于后一种情况的购房者，他们大多数喜欢宁静的、隐秘的、自然的生活，所以会将居所选在自然环境好的离城区很远的区域。同时，也有相当一部分购房者经济实力有限，选择距离城区很远的居所则更看重的是它的价格优势。

（四）投资型购房者的置业特点及购买权衡

购房者的投资意识已经有所提升。从调查中发现，目前已经进行房地产投资的购房者的比例为10.9%，位于储蓄、保险和股票之后，处于投资理财方式的第四位，而今后倾向于选择房地产投资的购房者的比例为21.1%，并且将房地产投资作为第一投资理财方式的购房者的比例也占到了11.8%，仅排在储蓄之后，上升至投资理财方式的第二位。同时，意向进行房地产投资者占21.1%的比例与业已进行房地产投资者占10.9%的比例之间存在一定的差距，这又说明可能存在相当一部分人群有投资房地产的倾向，但经济条件的限制使得他们又无法涉足该领域，但是可以预见今后随着个人经济实力的加强，一部分人会将投资理财方式转向房地产投资。

四、房地产住宅市场中几个具有明显特征的重要购买人群

（一）投资型购房者

投资型购房者的年龄大多在26～45岁之间，并且处于事业的发展阶段或已经取得了一定成功。他们的收入水平较高，总体家庭平均月收入约为4 150元，比所有购房者的平均收入高出1 000元。同时投资型购房者有相当一部分有两处居所，相对于自住型购房者所拥有的两处或更多居所的比例要高，而且其居所全部是已购房屋，这又进一步说明投资者具有相当强的经济实力。多数投资型购房者认为购物和休闲娱乐是自己生活的主要内容，而且认为房地产投资在投资理财中，成为超越储蓄而处于第一重要的方式。他们的生活方式以个性的、简单的、隐秘的、舒适的、现代的而非豪华的、多元的生活方式为主。

（二）郊区型购房者

我们暂且将意向购买市区边缘地带或郊区县地区居所的购房者称为郊区型购房者。调查表明，郊区型购房者主要由两部分人群组成。一部分是年轻人，他们的事业处于刚刚起步

的阶段或者发展的初期，他们的收入水平较低或者一般，家庭平均月收入水平在2 000～4 000元占一半左右的比例，而4 001～6 000元的比例约为30%。他们一般只拥有一处居所，并且多是单位租用房或租用私人房。这部分年轻人将自己的大部分精力用于工作，其次也很注重娱乐。他们认为自己的事业发展仍需要一定的钱财，他们认为有必要进行一定的积蓄，所以储蓄是他们最重要的投资理财方式。他们推崇的生活方式是简单的、朴素的、宁静的、温馨的，但同时又是开放的而又不乏现代气息的生活方式。

另外一部分郊区型购房者是中老年人，他们中的多数人在事业上已经取得了一定的成功，并且收入水平比较高。他们目前都拥有一处或两处居所，并且基本都是自己已经购买的。这部分人的主要生活内容是购物、健身、出游和休闲娱乐，他们很看重生活的质量，他们的生活方式是朴素的、简单的、温馨的、宁静的、自然的，同时还希望是稳定的，所以他们的投资理财方式倾向于风险最小的储蓄。

（三）享受型购房者

享受型购房者与其他购房者相比，他们更加关注生活质量、生活品位的提高。享受型购房者在年龄上没有什么明显的特征，大多数人在事业上已经取得了一定的成功。收入水平较高，家庭平均月收入约为4 292元，而且他们现有的居所基本上都是自己购买的。享受型购房者追求的是宁静的、温馨的、隐秘的、自然的、稳定的生活方式，他们非常看重低密度、低容积率以及优美的园林带来的生活舒适感。除了工作以外，休闲娱乐和购物是他们重要的生活内容。在投资理财方面，他们不喜欢进行风险较大的投资方式，而是更多地采用储蓄和保险。

……

结语

2011年丽江商品房无论在销售或开发方面均是大幅迈进的一年，丽江房地产市场将呈现以下几个主要趋势，丽江近年来城市化进程加快，购房郊区化趋势也逐渐显现出来，房地产开发也逐渐向郊区甚至远郊偏移，因此市场可开发空间仍然较高，从市场销售状况来看，近几年来丽江商品房市场销售量连年增长，按照连续几年市场销售增长幅度预测，2012年的商品房销售量增幅将在20%左右，由于房屋建设成本的提升，商品房总体价格趋于稳中有升的发展态势，开发利润将进一步增加，还有伴随着丽江旅游业的发展，旅游地产还有巨大潜力，吸引外来置业投资的魅力将充分体现。

【评析】

这篇市场调查报告从调查内容来划分，属于市场需求情况调查报告。第一、二、三自然段属于前言部分，简要介绍调查背景、调查目的、调查范围和调查手段。主体分四部分，第一部分从购房者购买力、购房者对开发商品牌的认知度、购房者消费盲区与房地产企业品牌建立三个方面对丽江购房群体的基本情况进行说明，有具体事实和数据。第二部分剖析消费者住房需求特点与趋势，以分析为主。第三部分剖析购房者置业特点与趋势，以分析为主。第四部分归纳了四种购房者，分析论证了这些购房者的特点与趋势。最后是这篇市场调查报告的结语,对丽江2012年的商品房销售情况进行了展望。整篇市场调查报告层次分明,论证充分,是一篇符合规范的市场调查报告,很有参考价值。

二、专题性市场调查报告

对苏州市中小企业贷款融资情况的调查报告

一、背景介绍

世界大多数国家和地区的经济发展经验证明,中小企业作为最为活跃的市场主体,在推动经济发展与经济增长过程中具有不可替代的作用。但同时,无论在理论还是在经验上,中小企业的融资活动通常面临比大企业更多的困境。由于信息不对称以及由此衍生的道德风险与逆向选择行为,使得中小企业在金融机构的信贷配给均衡中总是处于不利地位。

此次对苏州市中小企业融资情况调查通过调查问卷的形式,对苏州地区中小企业贷款融资模式和政策作了典型分析。调查围绕以下两个方面展开,这两个方面依次为:中小企业银行贷款融资的难易程度;中小企业融资的外部环境。调查问卷中设计的具体问题包括:中小企业银行贷款难易程度;企业自身财务因素;银行在贷款时考虑的因素;企业寻求信用担保难的主要原因;企业的税费负担情况;企业融资过程中能获得何种形式的政府服务;企业在发展过程中急需何种形式的服务。

此次调查由人民银行苏州市中心支行组织,向苏州市115家中小企业发放调查问卷。问卷填写不署名,问卷回收时间截至20××年末,总共发放问卷115份,回收有效问卷79份,回收率为68.7%。这些有效问卷的79家中小企业就构成了本次调查研究的分析样本。本次调查的分析样本就所有制类型而言,具体分布为:国有21家,集体5家,私营41家和中外合资12家。从分布情况来看,回收样本基本可以反映整个苏州市中小企业的情况。

二、中小企业银行贷款融资的实证分析

(一)中小企业银行贷款难易程度及影响因素

1.中小企业银行贷款难易程度

79个分析样本均对本题进行了回答,统计结果见表2.2。

表2.2 中小企业银行贷款难易程度情况调查表

	国有	集体	私营	中外合资
A.很难	5(23.8%)	—	2(4.9%)	—
B.较难	7(33.3%)	3(60%)	12(29.2%)	2(16.7%)
C.一般	8(38.1%)	1(20%)	23(56.1%)	4(33.3%)
D.较易	1(4.8%)	1(20%)	4(9.8%)	6(50%)

调查结果显示,不同所有制类型的中小企业银行贷款的难易程度是存在差别的,在向银行

贷款时，国有和集体企业存在较大困难，而中外合资企业则比较容易，私营企业处于两者之间。

2. 导致中小企业银行贷款难易程度不同的原因

(1)企业自身财务因素。

我们选择用来代表企业财务情况的指标主要是反映盈利能力的指标，即盈利能力、销售收入增长率和净利润增长率，并且设计了三个相关问题。79 家企业对这三个问题都进行了回答，见表 2.3 至表 2.5。

表 2.3　不同所有制中小企业的营利能力情况调查表

	国有	集体	私营	中外合资
A. 5%以下	15(71.4%)	4(80%)	7(17.1%)	4(33.3%)
B. 5%～10%	5(23.8%)	1(20%)	23(56.1%)	8(66.7%)
C. 10%以上	1(4.8%)	—	11(26.8%)	—

表 2.4　不同所有制中小企业的销售增长率情况调查表

	国有	集体	私营	中外合资
A. 5%以下	10(47.6%)	3(60%)	5(12.2%)	3(25%)
B. 5%～10%	6(28.6%)	—	15(36.6%)	2(16.7%)
C. 10%～15%	3(14.3%)	1(20%)	8(19.5%)	2(16.7%)
D. 15%以上	2(9.5%)	1(20%)	13(31.7%)	5(41.6%)

表 2.5　不同所有制中小企业的净利润增长率调查表

	国有	集体	私营	中外合资
A. 5%以下	14(66.7%)	4(80%)	10(24.4%)	4(33.3%)
B. 5%～10%	6(28.6%)	—	12(29.2%)	2(16.7%)
C. 10%～15%	—	—	9(22%)	1(8.3%)
D. 15%以上	1(4.7%)	1(20%)	10(24.4%)	5(41.7%)

调查结果显示，三个指标的基本情况是中外合资中小企业最好，普遍维持在较高水平上，私营中小企业次之，国有和集体中小企业最不理想。按财务能力由弱到强其排列顺序为：国有和集体中小企业、私营中小企业、中外合资中小企业。那么不难看出银行贷款难易程度与企业自身盈利能力强弱存在一定关系，即：盈利能力越强，企业银行贷款越容易；而盈利能力越弱，企业银行贷款就越困难。

(2)银行贷款获取的约束条件。

在 79 家样本企业中，有 64 家企业回答了此题，见表 2.6。

表2.6 企业贷款获取的约束条件情况调查表

	国有	集体	私营	中外合资	合计
A. 没有充足抵押品和担保	13(48.2%)	3(37.5%)	18(41.9%)	4(50%)	38
B. 财务报表没有达到要求	3(11.1%)	1(12.5%)	11(25.6%)	—	15
C. 经营业绩不佳	7(25.9%)	2(25%)	3(7%)	2(25%)	14
D. 发展前景不看好	4(14.8%)	2(25%)	5(11.5%)	1(12.5%)	12
E. 与银行不熟,相互不了解	—	—	6(14%)	1(12.5%)	7

表2.6的调查结果表明,银行在进行贷款时所考虑的因素,按照重要度递减的排序依次是:没有充足抵押品和担保;财务报表没有达到要求;经营业绩不佳;发展前景不看好;与银行不熟,相互不了解。而国外相关实证研究显示,经营业绩和发展前景是银行贷款时考虑最多的。目前我国全社会信用体系发展相对滞后很可能是导致不一致的重要原因。由于社会信用制度缺乏,银行在贷款时首先考虑的是企业是否有抵押品和担保,而不是考虑企业的经营状况和企业未来发展的机会,从而使自身的经营风险限定在较低的水平,但是如此一来对许多有很好发展机会的只是资金短缺的中小企业就会有很大的不利影响。

此外,结果还显示出,除去抵押品和担保因素,国有、集体企业银行贷款难是由于经营业绩不佳和发展前景不看好,私营企业银行贷款难则是因为财务报表没有达到要求和与银行不熟,从中可以看出:①国有、集体企业经营机制存在问题,导致自身经营状况普遍不好;②私营企业缺乏健全的财务制度,导致编制财务报表时存在很多问题,而且私营企业金融意识淡漠,缺乏金融知识,平时很少主动与银行等金融机构打交道。

(3)信用担保的原因。

在调查企业克服银行贷款难这一瓶颈而采取的措施时,我们发现只有9家企业选择采用信用担保机构的支持,这就说明信用担保机构没有发挥其作用,见表2.7。

表2.7 信用担保机构不提供担保的主要原因

原因	没有充足的反担保品	财务报表不规范	经营业绩不佳	发展前景不看好	企业法人不愿承担连带责任
样本数	27	1	8	6	20

表2.7表明信用担保机构大多要求企业提供反担保,这实际上没有缓解中小企业的贷款瓶颈,因为中小企业正是由于缺乏担保品而被银行排除在信贷范围之外。另外,信用担保机构要求企业法人承担连带责任,虽然这是担保机构分散风险的途径,但可以反映担保机构风险管理措施不健全,没有创新的风险管理机制,承担风险的意愿性低,从而只能较大程度上依靠与企业法人分担风险,这可能会限制企业的管理创新和经营活动的扩展。

（二）中小企业融资的外部环境分析

1. 税费负担情况

在79个企业样本中，所有样本都对此进行了回答。统计结果见表2.8。

表2.8　企业的税费负担情况调查表

税费情况	国有	集体	私营	中外合资
重	2(9.5%)	1(20%)	8(19.5%)	1(8.3%)
较重	16(76.2%)	2(40%)	26(63.4%)	2(16.7%)
一般	3(14.3%)	2(40%)	7(17.1%)	9(75%)
较轻	0	0	0	0

调查结果显示，大多数中小企业认为税费负担偏重，这不利于中小企业的自我积累。而且，不同所有制的中小企业还表现出不同的情况：国有、集体和私营企业普遍认为税费过重或较重，中外合资企业则认为税负可以接受，这反映税收制度存在所有制歧视，较多地偏向于合资企业。

2. 融资过程中政府服务的情况

调查中，所有样本都对此进行了回答，见表2.9。

表2.9　企业融资过程中获得政府服务形式

服务形式	国有	集体	私营	中外合资
信息服务	1(4.76%)	1(20%)	12(29.27%)	3(25%)
中介服务	1(4.76%)	1(20%)	3(7.32%)	2(16.67%)
咨询服务	7(33.33%)	0	7(17.07%)	1(8.33%)
未提供任何服务	12(57.15%)	3(60%)	19(46.34%)	6(50%)

调查结果显示，样本中有40家认为政府未提供任何服务，这表明政府在中小企业融资过程中未发挥积极作用，政府对中小企业的扶持力度不够，而且政府在对中小企业的有限服务中区分不同所有制而提供不同形式的服务，这表明政府对不同所有制性质的企业实行差别对待，存在政策效应上的差异。

三、政策建议

本文通过问卷调查与分析的方式，研究苏州市中小企业贷款融资及相关的一些问题。研究发现这中间既有中小企业自身的原因，也有银行及整个外部环境的问题，据此我们提出如下政策建议：

①中小企业要提高自身的素质，一方面积极转变经营观念，深化改革，另一方面要健全财务制度、规范财务管理、提高财务信息的可信度，降低银行的信息风险和成本。

②商业银行要认真贯彻人民银行总行出台的有关贷款浮动利率制度，银行为中小企业融

资承担了高风险，如中小企业项目投资成功，银行也应该有权享有高收益，形成企业对金融机构高风险投入的补偿机制。或者由企业与金融机构订立股权让渡和回购协议，回购的资金价格应高于同期贷款利率，项目投资成功后，由企业按协议购回股权，金融机构获得款项归还信贷资金投放的本息后，超值部分应作为对发放信贷资金金融机构的一种风险补偿。

③进一步完善中小企业的信用担保制度，切实解决中小企业担保难的问题。通过政府或有关部门的组织协调，加强对信用担保的推动、扶持和监管，消除商业银行的后顾之忧。同时，担保机构要不断加强与银行的协作，不断提高自己的担保业务能力。

④建立一个统一的中小企业信息平台，将政府各部门及社会各中介机构了解的信息收集、建立数据库，实行信息共享，减少信息的不对称及收集信息的社会成本。

⑤加强对中小企业的政策扶持力度。一方面要进行税费改革，减轻中小企业的税负。比如，放宽一般纳税人的限制，促进中小企业业务范围的扩大；改生产型增值税为消费型增值税，促进中小企业的技术创新和设备更新等。另一方面要取消政策在所有制上的歧视，实行平等的国民待遇。另外，政府要积极为中小企业提供各种形式的服务，帮助中小企业克服信息、技术、人才等方面的不足。

【评析】

这是一篇关于中小企业贷款融资情况的市场调查报告。报告主体分三部分，第一部分是背景介绍，简要介绍调查目的、调查范围和调查方式。第二部分从中小企业银行贷款难易程度及影响因素、中小企业融资的外部环境分析两方面对中小企业银行贷款融资情况进行了实证分析，分析准确，结构完整。第三部分针对苏州市中小企业贷款融资及相关的一些问题提出建议，建议很有针对性，而且切实可行。总地来说，它是一份全面、准确、及时的市场调查报告，对苏州市中小企业贷款融资存在的诸多问题进行了剖析，很有参考价值。

三、市场竞争情况调查报告

苏州市石路餐饮竞争状况市场调查报告

本次调查是受苏州××××餐厅的委托进行的。调查时间为20××年7月7日至8月7日。地点为苏州市石路商业中心，对象是位于石路商业中心内的所有中式和西式餐厅。调查目的是了解石路主要竞争对手的经营状况及石路人流状况，为××××餐厅的开业作准备，包括为产品、价格的定位以及开业营销方案的制订提供决策依据。调查方法主要采用实地走访法、观察法和问卷调查法。

一、石路人流特点调查和分析

石路人流总体结构分析：家人带小孩逛街的比例占25%，情侣以及朋友一起出来玩的，两者占了一半以上的比例，分别为30%和35%，一个人逛街所占比例较小，为10%。

石路人流年龄结构分析：各年龄段所占比例分别为：1～15岁占20%，15～30岁占38%，30～55岁占35%，55岁以上占7%。

人流消费状况分析:大约40%的人流消费层次较低,他们不舍得在饮食方面花大笔钱,这些人一般选择在大娘水饺、顶鼎鸡及其他小餐馆消费。

另外大约35%的人流消费层次稍高,他们一般选择在麦当劳、肯德基等大众中档消费场所消费。

其余25%的人流属于相对高消费层,他们往往阅历丰富,收入较稳定,有品位,注重生活质量,受西方文化的影响较大。他们一般选择名典咖啡、豪客来、休闲小站、必胜客、斐力牛排等店消费。

二、主要竞争对手调查和分析

(一)肯德基(必胜客旁)店情况

位置:必胜客旁

营业时间:7:00~23:00

面积:140平方米左右。餐位80个左右,座位之间挨得较紧,椅子太硬,不舒服。

经营特点:连锁式经营,快餐型消费,方便快捷,可外带。此店还推出早餐产品。较关注儿童,有专门供儿童游玩的区域,在店内贴出明星服务员对员工进行有效激励。翻台率高,一个中午大概4~5次。很注重宣传新推出的产品。

目标客户:小孩,年轻人,上班白领,收入较稳定的家庭。

主要产品:汉堡(香辣鸡腿汉堡,劲脆鸡腿汉堡,田园鸡腿汉堡),鸡翅,鸡腿,汉堡套餐。针对个人消费的汉堡套餐在20元左右。针对家庭消费的有翅桶(48元)、外带全家桶(58元)。早餐产品有海鲜蛋花粥(5元)、雀巢香浓鲜奶(5元)、港式奶茶(6元)、香脆薯棒(3元)。

客户消费水平:一般人均消费20元左右,其中饮料基本都消费。该市场属中档市场。

营业状况:9:30起,客流量开始增多,10:00~10:30客人入座率在50%左右,11:00~13:00入座率达90%,13:30以后客流开始减少。

服务状况:楼面服务员4人(2专2兼),收银台8人(5人收银,3人协助取食品),经理在收银台旁的屋子里值班。服务热情,服务员能较热情地推销新产品,能较好地处理客户遇到的问题。厕所较卫生,无异味,有专人负责,但太小,较拥挤。在用餐高峰期位置不够,只好建议客人外带用餐。

装修特点:餐厅的色调以橙色和蓝色为主。墙壁、桌面和地板均为橙色,凳子为白色(坐起来不舒服,较硬),墙壁和大娘水饺一样镶有镜子,有壁画和肯德基的经营史,柱子为蓝色,地板有点滑。背景音乐为流行音乐。墙壁上还贴有一些提醒顾客妥善保管个人财物的警示牌,较为人性化。

(二)大娘水饺店情况(略)

(三)顶鼎鸡店情况(略)

(四)名典咖啡情况(略)

(五)休闲小站情况(略)

（六）豪客来情况（略）

（七）斐力牛排情况（略）

三、主要竞争对手的客户群及定位分析

名典咖啡：情侣，商务会客，朋友聚会，时尚男女。时尚休闲型消费。

休闲小站：时尚男女，情侣，朋友聚会。时尚休闲型消费。

豪客来：年轻白领，情侣，家庭朋友聚会。时尚实用型消费。

斐力牛排：年轻白领，情侣，家庭朋友聚会。时尚实用型消费。

肯德基：小孩，时尚年轻人，家庭客户。实用型消费。

顶鼎鸡：工薪阶层。大众型消费。

大娘水饺：工薪阶层。大众型消费。

四、经营策略建议

（一）要有好的产品

一个企业能够生存、壮大，其最根本的原因是它有好的产品。无论经营策略如何高明，无论营销手段多么厉害，消费者心中的秤对每个企业来说都是公平的，消费者的眼睛总是雪亮的。我们见到拥有好产品的企业成功了，我们也见过拥有好产品的企业失败了。但是我从来没有见过一家产品质量差的企业成功了，即使是“成功”，那也是短暂的“成功”。

……

（二）要有好的服务

对于餐饮业来说，服务其实是另外一半产品。因此，决定餐厅经营成败的另外一个重要的因素就是服务。为什么有的人愿意花钱买服务，当然是因为消费者很看重服务。随着人们生活水平的提高，目前人们对于用餐的定位也正悄然改变。

……

（三）价格反映价值

在价格方面，菜品的定价要合理适度。一方面产品的价格要反映价值，另一方面产品的价格又要与企业的定位相匹配，即实现4P之间的匹配。因为我们都不会相信在小地摊上能买到真正的金利来西服，也不会相信花两元钱能吃到鱼翅。在品牌打响之后，是可以存在一定程度的溢价的。

（四）创新是一个企业持续前进的动力

如果没有创新，即使现在拥有好的产品、好的服务，那么总有一天也会失去它们。因为产品和服务都是可以模仿和复制的，只有创新是不可模仿和复制的。市场是不断变化的，“大鱼吃小鱼，快鱼吃慢鱼”是市场竞争的不二法则。如果没有创新就意味着落伍，落伍就必定被吃掉。因此餐厅的经营一定要有创新意识。要根据市场变化和客人的需求不断地创出新意，定时增添、更换经营的品种和推出新的服务方式，使客人总有新鲜感，满足客人求新、求奇、求特的需求。但不要只是一味地模仿其他的名店。

【评析】

这篇市场调查报告从调查内容来划分,属于市场竞争情况调查报告。该报告从结构上看由标题、前言、主体三部分组成。标题直接点明调查对象与文种,清晰醒目。前言交代了调查时间、调查地点、调查对象、调查目的和调查方法,信息量大,语言简明扼要。主体分四部分,分别从石路人流特点调查和分析、主要竞争对手调查和分析、主要竞争对手的客户群及定位分析以及经营策略建议四个方面进行分析阐述,调查细致、条理清晰、数据充分、事实清楚,为苏州××××餐厅的产品、价格的定位以及开业营销方案的制订提供了决策依据,具有极高的参考价值。

四、市场消费者情况调查报告

成都市消费者调查报告

本次调查对象为成都市本地居民和外地游客,有效样本为1 200份,调查时间为2010年9月14日至9月20日。调查问卷设计为基本信息部分与问题部分。在基本信息部分,包括被调查者的基本情况以及收入状况;问题部分则针对商品性消费和服务性消费支出结构、消费倾向等设置客观选项,旨在了解成都市消费者的消费水平、结构与倾向。本文以本次调查数据以及相关统计资料为基础,从居民消费的角度,分析成都市消费者消费水平、结构以及形成的原因,最终形成如下调查结果。

一、成都市消费者调查概况

(一)调查对象基本情况

本次调查共获得本地居民有效问卷1 080份,其年龄结构为20岁以下44人,20~30岁326人,30~50岁601人,50岁以上109人;男女比例为542:538;城乡比例为863:217;月收入1 500元以下的279人,1 501~3 000元的373人,3 001~5 000元的214人,5 000元以上的214人。外地游客有效问卷120份,其年龄结构为20岁以下1人,20~30岁47人,30~50岁57人,50岁以上15人;男女比例为62:58。

(二)本地居民消费支出

1. 消费支出总量

在回收的1 200份样本中,消费支出在400元以下的居民占4.9%,400~800元的占17.9%,800~1 200元的占27%,1 200~1 600元的占15%,1 600~2 000元的占12.1%,2 000~2 400元的占6.3%,2 400~3 000元的占6.9%,3 000元以上的占9.7%,月平均消费支出为1 567.9元。

2. 消费支出结构

根据商品性和服务性消费比例数据显示,除去居民用于储蓄及家庭理财投资等方面的支出,成都市居民消费支出中有46%用于商品性消费,54%用于服务性消费。其中,平均消费最大的支出项目是食品消费,占总消费支出比重为16.6%。仅次于食品类消费的是饮食消费,与食品消费支出之和占比为27.1%；排在第三位的则是衣着消费，有10.1%的消费金额用于该项消费；租房支出占比为5.3%，排在第四位。通信、教育、文化娱乐、居住支出占消费的比重分别为4.6%、4.4%、4.3%、4.0%。

（三）本地居民消费倾向

综合考虑居民收入高低的实际差异，我们通过询问“如果月收入增加20%，新增消费的金额为多少?”来测度本地居民的消费倾向，调查显示：如果可支配收入增加20%，有11%的居民不会将增加的收入用于消费，20%的居民会将增加的收入全部用于消费；在选择将部分新增收入用于消费的居民中，有40%的居民会将一半以下的新增收入用于消费，60%的居民会将一半以上的新增收入用于消费，其中，48%的新增收入用于服务性消费，52%的新增收入用于商品性消费。

从新增收入的消费支出分配结构来看，商品性消费支出中衣着支出增加的比重最大，达15.7%；食品消费支出占13.2%，仅次于衣着，排在第二位，其与饮食支出之和占比为22.7%；文化娱乐服务支出占新增消费的8.5%，排在第四位，体现了现代城乡居民家庭对精神文化消费的重视；耐用消费品支出占新增消费的5.1%，较实际消费水平下的比重高出2.2个百分点；教育、医疗、通信、居住支出占增加消费的比重分别为4.4%、3.8%、3.0%、2.9%。

（四）外地游客消费支出

从外地游客在成都的自主消费总量来看，自主消费支出在1 000元以下的占14.2%，1 001~3 000元的占22.5%，3 001~5 000元的占40%，5 000元以上的占23.3%。从外地游客在成都的自主消费结构来看，49%的消费金额用于休闲娱乐，30%的消费金额用于餐饮，而购物消费比重仅占自主消费的21%。

二、成都市消费者行为特征分析

（一）消费意愿强烈，且城乡差异不大

从现有消费情况来看，成都市居民消费率为66.2%，其中城镇居民消费率为66.8%，农村居民消费率为65.1%；从收入增加后的消费情况来看，89%的居民会将新增收入用于消费，潜在消费率为54%，其中城市居民潜在消费率为53.5%，农村居民潜在消费率为52.6%，说明成都市居民的消费意愿较强，且城乡消费意愿差异不大。而从新增收入的消费支出分配结构来看，成都市居民会首先考虑食品和穿着消费，其占比高达40.4%，其次是文化娱乐消费，占比达8.5%，较现有消费结构提高4.2个百分点，说明成都市居民对享乐型消费有了更高的需求。

（二）衣食住行仍是最大消费支出，且享受型特征较为突出

从消费支出结构现状来看，衣、食、住、行仍然是最大的消费支出，所占比重分别为12%、27.1%、11%、10.8%，合计占比高达60.9%。而从内部结构来看，“食”品消费中饮食消费即外出就餐支出占消费总支出比重高达10.5%，占总食品消费的比重为38.7%；“衣”着的成衣化比例高达84.2%；居“住”消费中住房装潢支出占居“住”比重达15.5%；交通和通信消费

中,通信和交通工具维护费占比分别达到4.6%、2.8%,由此可见,成都市居民消费享受性特征较为突出。

(三)以教育、医疗、文化支出为代表的发展型消费已占有一定比重

从消费水平来看,教育消费占消费支出比重为4.4%,通信费占消费支出比重为4.6%,医疗消费占消费支出比重为3.5%。三者占消费支出比例合计为12.5%。从消费倾向来看,如果收入增加20%,居民仍会将收入增加额中的4.4%用于教育消费,3%用于通信消费,3.8%用于医疗消费,合计达到11.2%。由此可见,成都市居民对发展型消费较为重视,即使收入水平提高,其占总消费支出的比重仍然会保持在10%以上。

(四)恩格尔系数总体较低,但内部差距明显

调查显示,成都市约有55.4%的被调查者食品支出比例低于30%,有38.8%的被调查者食品支出比例为30%~60%,约有4.6%的被调查者食品支出比例为60%~75%,而有1.2%的被调查者食品支出比例高于75%。根据联合国粮农组织提出的标准,恩格尔系数在59%以上为贫困,50%~59%为温饱,40%~50%为小康,30%~40%为富裕,低于30%为最富裕。也就是说,成都市有55.4%的居民处于最富裕的状态,比例相当高,而有38.8%的居民生活水平也已达到温饱甚至小康及富裕的状态,但仍然有5.8%的居民处于贫困状态。以上数据说明成都市城乡居民恩格尔系数基本保持在较低水平,但处于富裕状态的居民与处于贫困状态的居民间恩格尔系数存在较大差异。

(五)外地游客消费结构较为合理,但购物消费支出比重偏低

由于餐饮、交通等基本旅游消费支出有限,呈现相对的稳定性和刚性,而休闲娱乐、购物等非基本消费相对来说需求弹性较大,具有较强的增长潜力,因此,非基本消费支出的高低是反映旅游消费结构是否合理的显性指标。本次问卷调查显示,外地游客在成都的餐饮、购物和休闲娱乐三类消费中,购物和休闲娱乐总体占比达到了69.9%,消费结构总体较为合理,但购物消费支出比重仅为20.7%,人均购物消费支出仅为942.5元。

三、成都市消费者行为的影响因素分析

(一)历史文化传统形成了积极的消费观念

成都是一座传统的消费城市。早在两汉时期,成都不仅是西南地区最大的商品经济活动中心,也是“南方丝绸之路”的起点和重要口岸,成为仅次于长安的全国第二大手工业和商业都会,到唐代,成都的工商业进一步繁荣,号称“扬一益二”,其后的五代前、后蜀和宋代,成都的繁荣达到鼎盛,以手工业和商业为主的古典城市经济高度发展。到现代,作为重要的中心城市,成都更是成为西南地区的商贸中心,消费文化传统得到了进一步发扬。

……

(二)收入增长缓慢制约了消费能力的提升

2009年,成都市城镇居民人均可支配收入、农村居民人均可支配收入分别为18 659.4元、7 129元,同比增长分别为9.2%、9.1%,低于同期地方财政一般预算收入和人均GDP增

速(22.3%、14.7%)。由于收入是消费的重要来源,消费增长必须要以收入的增长为根本前提,因此地方财政收入增长明显高于居民收入增长,会使得政府消费快速增加,从而对居民消费形成挤出效应,导致有效需求不足。

……

(三)消费热点不足制约了消费结构的优化

成都市的商贸流通企业虽然数量比较多,但仍以中小企业为主体,大型企业和品牌企业不多,高附加值、多层次、专业化服务业态有待引进,这使得现在的消费市场难以满足本市高收入居民消费结构升级需求,难以满足个性化、时尚化需求,造成本市居民部分高端消费群体到上海、北京、香港等地消费,外地游客在本市的购物消费也偏低。

……

(四)社会保障不完善抑制了消费预期的改善

社会保障覆盖范围窄,总体保障水平还比较低,城乡居民享受的保障水平还有较大差距。基本养老保险、医疗保险等主要社会保险主要针对城镇居民,而且仍未完全覆盖所有城镇居民。在农村地区,除了新型合作医疗基本实现全覆盖外,养老保险制度和最低生活保障制度并没有普遍建立起来,且新型合作医疗保险在应对疾病风险时保障能力有限。

……

【评析】

这是一篇通过问卷调查了解成都市本地居民和外地游客消费情况的市场调查报告。该报告从结构上看由标题、前言、主体三部分组成。标题点明调查对象与文种。前言主要交代调查时间、调查方式、调查内容及调查目的。主体部分从居民消费的角度,分析成都市居民消费水平、结构以及形成的原因,最终形成符合实际的调查结果。例文以调查数据以及相关统计资料为基础,将各个层次的要旨置于每层之前使文章眉目清楚,这种写法可资借鉴。

综合练习

一、改错题

下面是一份关于消费者的市场调查报告,仔细阅读,指出它的不足之处,并试着写出符合要求的修改稿。

女性选手机心理调查报告

手机市场是近年消费市场竞争最激烈的战场之一,目前的流行趋势似乎都是以女性为主,因为凡是和她们相关的产品都能跻身进入销售排行榜,走入热销行列。例如化妆品、衣服、数码产品……手机市场也不例外,如今越来越多的手机制造商专门为女性量身定做手机,据了解,女性手机潜在的市场规模为700亿元左右,但如今女性们想要在众多手机中选出一款自己心仪的手机却不容易。

一家市场调查公司所作的调查显示,中国目前约有3 500万左右的白领女性,如果每部女性手机的售价在2 000元左右的话,这就是700亿元的市场,手机厂商当然不会错过这块大饼。但究竟哪种类型的手机才是现代女孩子的最爱呢？为此小编采访了一些女孩子,她们的观点百花齐放,一起来看看她们是怎么说的:

A小姐(大二学生):假如让我去挑一款自己最爱的手机,那我一定要挑一部外形设计出色可爱的机型。因为女性的爱美之心,所以一部手机想吸引到女性青睐的话,在外形设计上必须有特色。

B小姐(公司白领):手机一定要小巧玲珑。女孩子的手袋一般都很小,如果对手袋按面积来算绝不比广州的房子便宜,小小的袋子放化妆品、钱包、香水等物品后,就没有什么地方空余,所以对女性来说,手机一定要小巧。

C小姐(市场经理):可能自己是属于高薪一族,所以选手机的时候一定要挑最新款的。对外形要求不是很高,最重要的是要新。要不满街的人用的都是同一款手机,那和穿同一款式的裙子、衣服有什么不同？最好一些品牌能出些限量版的手机,当然,我说这话不是显示我自己有钱,而是代表一部分女性而已。

D小姐(文员):我选手机,最看重的是价格。价格适中对一些收入不高的女孩子是可以接受的,1 500元左右的机型才是我的首选。功能和外形一般就可以了,要求不太高。

小编曾听到一位男同事评论女性选手机,他的一番话令笔者记忆犹新,原文如下:女孩子选手机只看外表不看内在,只要外形漂亮就可以了,没有一点内涵。就好像看世界杯,男孩子看的是足球,而女孩子看的则是足球明星。

小编对这种说法持不认同态度,时代不同了,女性也算是半边天。男性、女性一样是驰骋在工作中,不一样的是对手机的偏好。现代女性选手机除了看外表,更注重的是手机的功能。她们大多抱着选男朋友的心态来选手机,外形和内涵要同时兼具。

其实在手机市场逐渐细分化的趋势,激励着手机厂商细分手机产品。但话说回来,"细分"与"结合"是相对的,男性手机与女性手机虽然存在着很大的差异,但如果把它们结合起来将会有更大的市场。小编的意思是,如果手机厂商能推出一些情侣手机,将会有更大的市场。遗憾的是,目前还未见到有手机厂商要在情侣手机上大做文章。

洋洋洒洒地写了一些女性对手机的看法,古话说:"女大十八变",曾经是一位小女孩,逐渐成为一位带有品味而成熟的女性。未来的手机也应该是朝着这个方向发展,手机厂商推出的新机可以引领时尚,在功能上不断改进,这才是现代女性心目中的爱机。要想解读女性千变万化的心可不是一件容易的事,手机厂商面对700亿元的市场看来还得花多点时间去剖析女性的心理。但是不管怎样,没有人会拒绝真正的美丽!

二、写作训练

1. 选择你所熟悉的日常用品,对其在本地的市场销售情况进行调查,并写一篇小型市场调查报告。

2. 根据下述材料,撰写一篇市场调查报告。

中国饮料工业协会统计报告显示,国内果汁及果汁饮料实际产量超过百万吨,同比增长33.1%,市场渗透率达36.5%,居饮料行业第四位,但国内果汁人均年消费量仅为1千克,为世界果汁平均消费水平的1/7,西欧国家平均消费量的1/4,市场需求潜力巨大。

我国水果资源丰富,其中,苹果产量世界第一,柑橘产量世界第三,梨、桃等产量居世界前列。据权威机构预测,到××年,我国预计果汁产量可达150万~160万吨,人均果汁年消费量达1.2千克。2015年,预计果汁产量达195万~240万吨,人均年消费量达1.5千克。

近日,我公司对××市果汁饮料市场进行了一次市场调查,根据统计数据,我们对调查结果进行了简要的分析。

追求绿色、天然、营养成为消费者和果汁饮料的主要目的。品种多、口味多是果汁饮料行业的显著特点,据××市场调查显示,每家大型超市内,果汁饮料的品种都在120种左右,厂家达十几家,竞争十分激烈,果汁的品质及创新成为果汁企业获利的关键因素,品牌果汁饮料的淡旺季销量无明显区分。

目标消费群——调查显示,在选择果汁饮料的消费群中,15~24岁年龄段的占34.3%,25~34岁年龄段的占28.4%,其中,又以女性消费者居多。

影响购买因素——口味:酸甜的味道销得最好,低糖营养性果汁饮品是市场需求的主流;包装:家庭消费首选750毫升和1升装的塑料瓶大包装;260毫升的小瓶装和利乐包为即买即饮或旅游时的首选;礼品装是家庭送礼时的选择;新颖别致的杯型因喝完饮料后瓶子可当茶杯用,所以也影响了部分消费者的购买决定。

饮料种类选择习惯——71.2%的消费者表示不会仅限于一种,会喝多种饮料;有什么喝什么的占了20.5%;表示就喝一种的有8.3%。

品牌选择习惯——调查显示,习惯于多品牌选择的消费者有54.6%;习惯于单品牌选择的有13.1%;因品牌忠诚性作出单品牌选择的有14.2%;价格导向占据了2.5%;追求方便的比例为15.5%。

饮料品牌认知渠道——广告:75.4%;自己喝过才知道:58.4%;卖饮料的地方:24.5%;亲友介绍:11.1%。

购买渠道选择——在超市购买:61.3%;随时购买:2.5%;个体商店:28.4%;批发市场:2.5%;大中型商场:5.4%;酒店、快餐厅等餐饮场所也具有较大的购买潜力。

一次购买量——选择喝多少就买多少的有62.4%;选择一次性批发很多的有7.6%;会多买一点存着的有29.9%。

第三章

Chapter 3

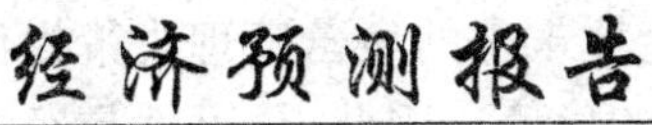

经济预测报告

【学习目标】

- 了解经济预测报告的概念、作用、特点及种类。
- 掌握经济预测报告的基本格式和写作要求。

第一节　经济预测报告概述

一、经济预测报告的概念及作用

(一)经济预测报告的概念

经济预测报告就是依据已掌握的有关市场的信息和资料,通过科学的方法进行分析研究,从而预测未来发展趋势的一种预见性报告。它是在市场调查的基础上,通过已掌握的资料,用科学的方法估计和预测未来市场的趋势,从而为有关部门和企业提供理论根据。它对调控企业行为、减少决策失误、提高决策效率有着十分重要的意义。

(二)经济预测报告的作用

1. 预见作用

企业的成败在于经营,而经营的关键就是预测。现代企业时刻处于激烈的竞争中,要想在竞争中立于不败之地,只能使企业决策更加科学并且具有远见卓识,而经济预测就是市场供求变化的晴雨表,它可以使社会组织和企业增强报警意识,洞察市场变化趋向,提前进行生产经营策划,增强市场竞争能力。

2. 导航作用

在市场经济条件下,企业生产经营首先要面对市场,摸清市场需求和公众需求,然后才能根据市场需求确定生产经营的目标。只有这样生产出的产品才会适销对路，才会为企业创造利润，并拓宽市场、占领市场。

二、经济预测报告的特点及种类

（一）经济预测报告的特点

1. 预见性

经济预测报告是根据市场的历史和现状，推断市场未来的走向和发展变化趋势，预测市场经济活动发展的前景，从而为企业未来的经营管理决策提供科学依据。经济预测报告中预见性的准确度直接决定预测报告的价值。因此，预见性是经济预测报告最突出的特点。

2. 科学性

经济预测报告在内容上必须掌握充分翔实的资料，并运用科学的预测理论和预测方法，以周密的调查研究为基础，充分搜集各种真实可靠的数据资料，才能找出预测对象的客观运行规律，得出合乎实际的结论，从而有效地指导人们的实践活动。由此可见，经济预测报告的科学性是十分鲜明的。

3. 系统性

经济预测是一个复杂的工作系统和工作程序，尤其是宏观预测，更需要进行系统性的调查和分析研究。因为，现在社会经济活动不是孤立的、相互封闭的，而是相互联系和影响的，预测是对社会各种经济活动和经济关系的分析、综合和比较之后做出的。经济活动自有其本身的活动系统，不进行系统性研究，系统性活动中蕴藏着的本质规律就无法去揭示。所以，系统性是经济预测的基本特点之一。

4. 时效性

时效性是指经济预测报告的内容和预测结果存在时间性要求。掌握时机、趋利避害是决胜商场的要诀。能否抓住时机，在激烈的竞争中立于不败之地，和能否正确及时作出预测密切相关。预测好了，知道时机可能在何时出现、在何地出现，就可以从容准备。预测必须要有时间概念，力求抓紧进行，否则会时过境迁，情况大变，预测则会过时。

（二）经济预测报告的种类

1. 按预测的范围分

（1）宏观经济预测报告。

宏观经济预测报告是对大范围或整体现象的未来所作的综合预测，常指有关国民经济乃至世界范围内的各种全局性、整体性的、综合性的经济问题报告。

（2）微观经济预测报告。

微观经济预测报告是某一部门或某一经济实体对特定市场商品供需变化情况、新产品开发前景等分析研究的预测报告。

2. 按预测的时间分

(1)长期预测报告。

长期预测报告是指对超过五年期限的经济前景的预测报告。

(2)中期预测报告。

中期预测报告是指对两年至五年时间内经济发展前景的预测报告。

(3)短期预测报告。

短期预测报告是指对一年内经济发展情况的预测报告。

3. 按预测的空间分

按预测的空间分可分为国际性经济预测报告、国内经济预测报告和地区性市场报告等。

4. 按预测的方法分

(1)定性预测报告。

定性预测报告是在缺少可以利用的历史数据的情况下,依据内行专业的经验和分析判断能力,取得同预测对象相关的各类因素的历史和现实资料,并在对这些资料进行加工整理、分析研究的基础上,判断预测对象未来情况的预测方法。

(2)定量预测报告。

定量预测报告又称数字预测法或统计分析法,是对预测对象的量化分析。它是根据已掌握的比较完备的历史统计数据,运用一定的数学方法进行科学的数量分析和预测,借以揭示整个变量之间的规律性联系,来预测未来经济发展的前景和变动趋势的一种预测方法。定量预测基本上可以分为两种:一种是时间序列预测法,一种是回归预测法。时间序列预测法也叫动态数列预测法,是一种历史资料延伸预测,是以时间数列所能反映的社会经济现象的发展过程和规律性,进行引申外推,预测其发展趋势的方法。这种方法的优点是简单易行,缺点是只考虑时间关系,未考虑因果关系,所以对预测精准度有一定影响。回归预测法是预定客观现象的因变量与自变量之间的一般关系而使用的一种数学方法。选定的因变量是指需要求得预测值的变量,即预测对象;自变量是影响预测对象变化的、与因变量有密切关系的变量。根据反映现象之间相互关系的大量资料,可以找出反映变量之间相互关系的、合适的数学表达式——回归方程式。依据回归方程式,将已知现象的自变量的数值代入方程式,即可推算或预测出因变量的数值。

5. 按预测的内容分

市场需求预测报告,指以市场对企业产品总的需求量为对象的预测报告;市场销售预测报告,指以企业产品的市场占有率为对象的预测报告;资源预测报告,指以企业生产所需原料、能源的来源和供应保证程度为对象的预测报告;生产预测报告,是在综合考虑需求、资源等因素的基础上,以制订企业生产计划为目的的预测报告等。

上述各类预测报告常常相互交叉、互相结合，如宏观预测和微观预测总是结合进行的；同类性和单向性预测，既可以作宏观预测，也可以作微观预测。也只有相互结合起来，预测才可能更全面、更准确。

第二节　经济预测报告写作

一、经济预测报告的写法

（一）标题

完整的经济预测报告的标题，一般包括预测范围、预测时间、预测对象和文体名称四个要素，如《2015～2020年农村金融经济发展的预测报告》《深圳市2015～2020年轿车需求量的预测》。在拟写标题时，可以采用各个要素完备的形式来命题；也可以省略其中的一两个要素，如《上海市家用汽车销售趋势预测》《全国小家电产品产销趋势分析》。有的市场预测标题连“预测”二字也省略了，这类似于新闻报道的标题，如《自行车市场需求持续上升》《我国手表工业发展趋向》等。但无论怎样，“预测对象”不能省略。

（二）前言

前言可以简要地介绍预测的缘起、范围、对象等；也有的是概述预测的主要内容、观点或数据，以领起下文；有的将上述两者结合在一起，作比较全面的介绍；也有的不写前言，而将其放在主体中去说明。前言的写作，语言要十分简洁扼要，突出预测最关键的地方，以引起读者对预测的关注。

（三）正文

经济预测报告的正文是经济预测报告的主体部分，一般由“现状”“预测”“建议”三部分组成。

1. 现状部分

写经济预测报告，首先要从收集到的材料中选择有代表性的资料、数据来说明经济活动的历史和现状，为预测分析提供依据。主要用叙述的方法，也常结合运用恰当的数字、图表来帮助说明。这是分析预测的基础。

2. 预测部分

分析事实、预测发展趋势是预测报告的核心内容。即根据上述各种资料进行深入分析研究，总结规律，形成对预测对象未来前景的估计，为企业产品的技术革新和发展提供依据。利用各种资料进行分析研究，总结规律，预测产品发展趋势，为企业产品的技术革新和发展提供依据。这一部分在写作上既要提出明确的预测结论，又要以充分的证据来论证预测结论；既要预测事物发展的总趋势，又要预测总趋势中会出现的某些变化；既要预测可见因素的影响，又要考虑潜在的、突变因素的影响；既要考虑客观因素，又要考虑主观因素。

3. 建议部分

这是根据对预测对象未来前景的估计，而提出的应变措施。建议应当具体、实在、可行，真正能为解决未来发展趋势中出现的问题，指明方向，提供办法。为适应经济活动未来的发展变化，为领导决策提供有价值的、值得参考的建议，是写经济预测报告的目的。因此，这个部分必须根据预测分析的结果，提出切合实际的具体建议。建议要切实可行，不能写得抽象笼统，要便于企业或领导决策部门作为决策的依据和参考。

（四）结尾

有很多经济预测报告没有专门的结尾，写出建议后就结束全文。若有结尾，这些结尾或者回应开头，或者归纳全文，或者提出应该注意的问题；也可只写上预测单位或个人姓名，并注明时间。因此，应根据报告的内容决定是否需要有结尾。

在写作过程中，上述内容可有所侧重或有所省略。如有的预测报告没有前言，有的把主体部分的历史回顾与现状分析写得十分简略，或予以省略，只把预测结果陈述出来，有的报告不写建议。但分析、预测部分不可缺少，它是预测报告的核心和重点。

二、经济预测报告的写作要求

（一）目标要明确

每一份预测报告都有其考察、分析与预测的特定对象。预测报告要开宗明义，开门见山，说明报告涉及的市场范围、市场构成、问题性质，以及提出这些问题的背景、依据或意义，从而使报告具有明确的针对性。

（二）资料要充分

影响市场供求变化的因素是多方面的，这就要求预测者广泛地收集资料。预测所需资料，有反映历史发展状况的纵向资料，也有反映某一特定时期内预测对象各方面情况的横向资料。预测者既要历史地看问题，又要运用现实资料进行横向比较分析。在广泛占有资料的基础上，还要对资料进行周密的分析，以判断资料的真实性、可靠性，要对资料进行去粗取精、去伪存真的整理。只有根据真实可靠的资料，才能作出正确的判断，才能写出符合实际的经济预测报告。

（三）预测要准确

预测本身带有不确定性，而且由于市场变幻莫测，预测的结果与实际结果始终存在误差，有时甚至会相差甚远。这就要求我们在进行预测时，要全面掌握各方面的情况和科学的预测方法，尽可能地进行周密的论证分析和思考，坚持实事求是、从实际出发的原则，力求减少计算与表述的误差，以克服预测的盲目性，增强预测的准确性。尤其是在提出建议和意见部分，要做到切实可行，避免抽象笼统。这样，预测的结果才能更好地服务于企业，并为其科学决策提供强有力的保障。

（四）语言要严谨

在经济预测报告中，各种专业术语及数据的使用都要做到精准恰当，用语还要讲究分寸，如表述时间常用“近期”“最近”“日前”等模糊词语，表述预测结论常用含“将”字的肯定判断句等带有预警色彩的句子，对此类能够体现文体特点的词语或句子，要在认真推敲其含义的基础上准确使用。另外，无论是描述现状，还是预测未来，都要做到把内容清清楚楚、明明白白地表达出来就可以了，不要进行过度渲染。

第三节　经济预测报告例文及评析

一、财务预测报告

关于明年我厂销售收入、成本、利润、资金需要量的预测

今年，我厂经过技术改造，产品结构有较大的变化，不锈钢复合板、16 锰低合金板、船体结构钢板、普碳板等优质产品的产量逐步提高，1 ~ 9 月份的产品销售收入已达到了 28 763 万元，比上年同期增长 21%。据销售部门计算，全年销售收入预计可达 33 000 万元左右，比上年增长 22%以上；利税总额预计为 8 481 万元，销售收入利税率可达 25.7%。

现按您的指示，对我厂明年的销售收入、成本、利润和资金需要量作如下预测，供作参考。

（一）销售收入预测

1. 预测数据

（1）本年销售收入 33 000 万元（财务科预计）；

（2）预测明年销售量增加 12%（销售科预报）；

（3）预测明年销售单价上升 5%（销售科预报）。

2. 预测方法

按“因素分析法”预测，其计算公式为

$$\text{明年销售收入} = \text{本年销售收入} \times \left[\left(1 + \begin{matrix}\text{预测明年销}\\\text{售量增加\%}\end{matrix}\right) \times \left(1 + \begin{matrix}\text{预测明年销}\\\text{售单价上升\%}\end{matrix}\right)\right]$$

3. 预测明年销售收入

$$\text{明年销售收入} = 33\,000 \times [(1 + 12\%) \times (1 + 5\%)] = 38\,808(\text{万元})$$

(二)利税预测

1. 预测数据

(1)预计明年销售收入38 808万元;

(2)预计明年销售收入利税率为27%。

2. 预测方法

按"相关比率法"预测,其计算公式为

明年利税总额=预计明年销售收入×预计明年销售收入利税率

3. 预测明年的利税总额

明年利税总额 = 38 808×27% =10 478(万元)

(三)成本费用预测

1. 预测方法

按"倒扣计算方法"计算,其计算公式为

预测成本费用=预计销售收入-预计利税总额

2. 预测明年的成本费用总额

明年成本费用总额= 38 808 -10 478 = 28 330(万元)

(四)资金需要量预测(表3.1)

1. 预测数据

(1)基期资产负债表上的资产总额19 880万元;

(2)预测期销售增长率12%;

(3)预测期新增零星开支数额110万元;

(4)基期随销售变动的资产额4 762万元;

(5)基期随销售变动的负债额1 032万元。

表3.1　资金需要量预测

(A)与销售有关的资产		(L)与销售有关的负债	
项目	金额/万元	项目	金额/万元
货币资金	1 635	应付账款	790
应收账款	1 010	应付票据	152
应收票据	283	未交税金	90
存货	1 834		
合计	4 762	合计	1 032

2. 预测方法

按"销售收入百分法"预测,其计算公式为

$$F = F_0 + k \times (A - L) + M$$

式中，F 代表预测期资金需要量；F_0 代表基期资产总额（资金占用量）；k 代表预测期销售收入增长率；A 代表基期随销售变动的资产；L 代表基期随销售变动的负债；M 代表预测期新增的零星开支。

3. 预测明年的资金需要量

明年资金需要量 = 19 880 + 12% ×（4 762 − 1 032）+ 110 = 19 880 + 448 + 110 = 20 438（万元）

明年资金需要增加额 = 20 438 − 19 880 = 558（万元）

（五）综合以上四方面预测情况，明年我厂财务变动的大致轮廓

1. 销售收入有可能达到 33 800 万元，比今年增长 17% 左右。

2. 利税总额预测为 10 478 万元，比今年增长 23% 左右。销售收入利税率可能达到 27%；成本费用利润率达到 37% 左右。

3. 成本费用总额预测为 28 330 万元，比今年（24 519 万元）升高 15% 左右。

4. 资金需要量预计要增加 558 万元，这个数额，尚可由厂内自行解决。

以上几个预测数，尚需与厂内生产、销售部门共同研究论证几次并用其他测算方法加以验证以后，再向厂部汇报。我们认为，明年我厂的财务状况如能按上述测算实现，其前景还是比较可观的。

××中板厂财务科

20××年 10 月 15 日

【评析】

财务预测报告是指企业根据自身财务活动的历史资料，结合现实情况和市场变化情况对企业未来财务活动和财务结果进行的预计和预算。财务预测报告主要包括销售收入、成本、利润和资金预测报告。这份预测报告涵盖了财务预测报告的主要内容，且运用算式、图表等形式进行预测过程的展示，直观清晰，短小精悍。

二、市场需求预测报告

浅析彩色电视机的消费趋势

随着人民生活水平的提高，彩色电视机正在迅速走进我国居民家庭，成为居民生活中不可缺少的一个组成部分。几年来，千家万户想看彩电，各行各业折腾彩电，彩电生产、销售几起几落，市场变幻莫测。今后几年，彩色电视机的生产、销售、消费趋势如何？这将是彩电生产企业、销售部门和广大消费者共同关心的问题，本文试对此做些分析。

（一）历史状况

1. 生产

我国彩色电视机的生产始于 20 世纪 70 年代，至 1981 年才形成较大批量的生产规模，年产量为 15.21 万台，1988 年产量为 1 028 万台，1989 年为 938 万台。至 1989 年我国累计生产

彩电 3 725 万台，由于彩电生产发展过快和市场需求由紧转缓，近年来，国家采取了控制产量的措施，预计今年产量为 630 万台。

目前，我国共有彩色电视机生产线 113 条，年生产能力 1 400 万台以上，在引进并已投产的 66 条中，有 55 条是从日本引进的，所以形成了我国彩电生产对日本的依赖状况。随着需求的变化，近几年彩色电视机生产规格变化也极大，目前，18 英寸彩电的产量已占全部产量的 69%。

2. 市场

根据国家规定，当前，国家对彩色电视机实行专营，主要销售渠道有工业自销、商业订购和出口三种。其中，工业自销占产量的 1/2 以上，商业订购不足 1/2，1989 年商业订购不到产量的 1/4。据推算，到 1989 年末，彩色电视机累计销售约 3 950 万台。自 20 世纪 70 年代以来，彩色电视机的销售价格波动较大。以 20 英寸彩电为例，70 年代每台为 2 400 元，1980 年降到 2 000 元，1981 年降到 1 800 元，1982 年降到 1 500 元，1989 年实行专营后，市场实际价格达 2 900 元，1988 年抢购风潮时，价格更高。

3. 社会拥有量

当前，彩色电视机社会拥有量约为 4 000 万台，据统计，城市普及率 50%以上，农村普及率 5%左右。城市拥有量大大高于农村，而大中城市又高于小城市。沿海地区高于内地。据统计，城市每百户拥有量在 50 台以上的省市有：北京、上海、广东、天津、福建；农村每百户拥有量在 5 台以上的省市有：北京、天津、上海、广东、山东、辽宁。农村拥有量中，直辖市郊县、沿海地区也明显高于内地。

4. 彩电产销存在的问题

（1）市场实际价格偏高，抑制了需求。目前，我国城镇一半家庭及农村 90%以上的家庭尚未购买彩电，这些家庭基本属中、下等消费阶层，目前彩电市场价格对众多家庭来说是难以承受的，价格过高，需求受抑。

（2）配件依赖进口（国产彩管约有 300 万支）；组装分散，百余条生产线遍及 27 个地区，不能形成大批量集中生产，达不到设计的生产能力；牌号繁多，仅 1988 年获全国质量评比一等奖的就有 44 个牌号。

（3）生产成本上升，企业负担极重。据工业部门反映，彩管、元器件价格上涨较多，使彩电成本上升较大，企业内部难以消化。

（4）商业进销差率太小，商业经营没有积极性。现行一般彩电生产厂家给商业的回扣率是 6%，产地批发调给销地的零售回扣为 5%，仅留有 3%的扣率，由于银行利息、运杂费、仓储费等增加，造成商业经营亏损。

（5）彩电消费超前攀比现象严重。据推算，我国大部分职工一年的工资买不了一台彩电（18 英寸以上），这一点不同于国外的情况。

据对我国城镇居民调查表明，不同收入分组的居民彩电拥有量差距较小，消费超前，攀比、雷同现象比较严重。

（二）产销预测分析

1. 需求趋势

据有关分析，彩电发展过程遵循一条萌芽→成长→成熟→衰退的生命周期性演变过程。不同阶段，产品市场需求特征是不同的。在萌芽期，人们对产品性能及用途还有一个了解、适应的过程，产品市场销量增长缓慢；当普及率达到5%时，产品进入成长期，这时需求量迅速上升，成为“流行热”；当普及率超过50%时，标志产品进入成熟期，这时市场销售增长缓慢，消费连锁反应逐步消失；随着新一代产品的出现，产品逐步进入衰退期。从这个理论看，我国彩电消费，城市已进入成熟期，农村进入成长期。城市近年需求量不会有大的增加，农村虽处于成长期，但受自然条件及收入等多方面限制，需求也将是平稳的趋势。

需求变化的趋势是：①造型更新，风靡市场的卧式已始遭冷落，立式、方型脱颖而出；②规格更新，47 英寸以下彩电不再受宠，35 英寸面临淘汰的危险，51 英寸以上大屏幕的彩电将备受欢迎，据北京对500 户居民进行的调查，80%以上的居民选择21 英寸以上遥控彩电；③功能更新，一是要带防爆装置的，二是要电调谐的电脑显示、记忆功能，三是要有遥控的功能。

2. 需求预测

（1）定性预测。

① 购买力因素分析：居民货币收入是购买能力的基础，预计“七五”期间居民消费水平为3.2%，“八五”期间均在3%左右，居民货币收入“八五”期间年均增长12%左右，城乡居民稳定的货币收入使购买力稳定增长。一段时期内，彩电仍是消费者购买的主要耐用消费品。

② 购买动机分析：购买动机的形成与变动，受制于社会、经济、文化、价值观念等多种因素的影响，消费模式起着重要作用。“八五”期间，我国居民消费结构将发生明显变化，吃的比重降至50%以下，用的比重将有较大提高，穿的也增加较多，居住条件有所改善，作为小康水平特征之一的家电普及中的彩电首当其冲。此外，“八五”期间将有部分家庭的彩电进入更新换代阶段。

③ 经济和市场环境分析：目前市场平淡，但彩电销售势头见好，平淡只是相对过热而言，有关方面预测1992 年彩电销售将更加活跃；另外，就目前而言，我国城镇彩电消费始入成熟期，农村刚进成长期，说明彩电市场前景还是广阔的。

④ 购买潜力分析：据统计，我国每年1 000 万对新婚青年，绝大多数城市青年要购买彩电，农村的富裕地区城市化的倾向也比较明显。另外，一些高收入家庭目前和将来都有一户多机（彩电）的消费趋势。

（2）定量分析。

有关方面预测，“八五”期间，彩色电视机产量每年增长13.8%，在1990 年630 万台的基础上，每年增加100 多万台，加上每年有少量进口，就决定了我国彩电的消费规模。

经过分析，与彩电消费相关的众多因素中几个关系密切的是：货币收入（职工平均工资、农民货币净收入）、居民储蓄存款、彩电生产量、社会商品零售额和零售物价五个指标，然后根据不同因素对彩电需求不同程度的影响，采取数学方法进行分析预测。

建立多元线性回归预测模型，我们得出城镇彩电拥有量预测模型：

彩电拥有量(台/百户)=1.4 570 544×零售物价指数+0.0 513 668×城镇居民储蓄存款-6.6 763 942

农村彩电拥有量(台/百户)=0.0 104 716×农民货币收入+0.0 026 222×农户储蓄存款-3.2 965 384

关于各项相关因素的选定，在城镇彩电拥有量中，零售物价指数和城镇居民储蓄存款对彩电拥有量影响较大；在农村彩电拥有量中，农民的人均货币收入及农户储蓄存款对其影响最大，其他因素影响较小。

对城镇和农村的预测结果分别见表3.2和表3.3。

表3.2　对城镇的预测结果

		历史数据					预测结果				
		1981	1983	1985	1988	1989	1991	1992	1993	1994	1995
相关因素	零售物价	2.4	1.5	8.8	18.5	17.8	8	6	6	6	6
	城镇储蓄/亿元	72	125	281	592	479	900	1 000	1 100	1 200	1 300
	彩电/(台·百户$^{-1}$)	0.59	2.57	17.21	43.9	51.5	51.2	53.4	58.5	61.6	68.8

表3.3　对农村的预测结果

		历史数据					预测结果				
		1981	1983	1985	1988	1989	1991	1992	1993	1994	1995
相关因素	农民储蓄/亿元	126	201	239	137	262	450	500	550	600	650
	农民收入/(元·人$^{-1}$)	397	423	462	544	602	650	675	700	730	760
	彩电/(台·百户$^{-1}$)	1.02	1.52	2.34	2.8	3.63	4.6	5.1	5.5	5.9	6.4

以上测算结果表明："八五"期间，彩色电视机的拥有量会稳定增长，"八五"末期，城镇彩电拥有率接近70%，农村接近7%，说明彩电的市场是稳中渐升的趋势。另外，根据有关方面预测，彩色电视机生产量在1990年预计630万台的基础上，今后五年内平均年增长13.8%，每年增加114万台，1995年达到1 200万台；彩色电视机的社会需要量每年约有700万~800万台。

以上测算综合了政策分析等历史推测，并采取了数学方法进行测算分析，是否符合未来的实际状况，还有待于实践的检验。

(三)几点建议

1. 积极调整产品结构，不断适应市场需求的变化。从目前看，市场上18英寸和20英寸规格颇受欢迎，所以，重点要安排这两种规格的生产，但对21英寸平面直角及以上规格的彩电，也要适当安排，国产14英寸的尽可能出口，同时要研制高清晰度的彩电，适应消费需求的不同层次，有些高档次的彩电需求不久将会到来，生产企业要以市场为导向，不断调整产品的结构，增加适销对路新产品，提高产品质量，改进花色、样式、规格，为消费者提供更多的选择余地。

2. 拉开牌誉差价。目前我国彩电牌号繁多,但质量、牌誉差价过小,不利于优胜劣汰,建议可在彩电价格总水平不动的基础上,允许非名牌彩电价格下浮。

3. 适当扩大商业进销差率。商业进销差小,经营困难,甚至亏损,无经营积极性,进销差率要适当提高,才能调动商业经营积极性,又有利于商业企业提高、改善自身经营管理水平,建议商业进销差率扩大到13%~15%。

4. 扩大现行的地区差价。现行彩电地区差省内产品为2.5%,省外产品为4%。彩电实行专营后,包括运杂费在内,省外产品加4%,省内产品加2.5%,在运杂费等各项费用大幅度增加的情况下,这个地区差率显然是不够的,造成经营环节亏损,因此,省、市、区的地区差可在不突破专营前提的要求下,最好由省、市、区自行核定。

5. 目前彩电销售平淡,工商库存增加较多,降价减税都活不起来,建议发挥国营批发商业的"蓄水池"作用,采取专项贷款、财政贴息及商业组织收购的办法,平抑市场,发挥调节市场的作用。

6. 适当进口一点彩电整机,对促进国内生产和调剂市场是必要的,但不能大量进口,主要进口一些技术先进的。另外,要做好彩电的保修、维修工作,加强彩电维修网点的建设,方便广大消费者。

【评析】

从文中预测的内容和时间来看,这是一篇对彩电消费市场进行中期预测的专题市场预测报告。文章采用了新闻消息式的标题,点明了预测的对象和文章的"预测"性质。这虽是一篇旧文,但符合市场预测报告的写作规范,也是值得我们借鉴的一篇范文。

文章采用议论式开头,概述了我国彩电行业的生产和销售情况,然后运用设问的方式,引出作者要分析探讨的问题——"彩色电视机的生产、销售、消费趋势如何?"自然引起下文,转入文章的主体部分。文章的主体包括三个方面的内容,即彩电产销的历史状况、预测分析和对策建议三部分。彩电产销的历史状况,作者从生产、市场、社会拥有量和产销中存在的问题等方面,对我国彩电产销的历史和现状进行了回顾和说明。资料和数据充分具体,定性与定量结合,为后面的预测分析打下了基础。预测分析是本文的主要内容。作者对彩电产销的预测分析,包括需求趋势和需求预测两个方面。作者首先对彩电的需求趋势进行了定性分析,指出未来彩电需求变化的三个趋势。接下来作者从定性和定量两个方面对未来的彩电需求进行了预测分析,并且通过建立多元线性回归预测模型,对未来五年城镇和农村的彩电拥有量作了预测,从而得出"彩电市场是稳中渐升趋势"的预测结论。方法科学,数据确凿,预测结论令人信服。对策建议部分在前文分析预测的基础上,有针对性地提出了彩电产销的六条合理化对策建议。建议全面、具体、可行。

三、市场前景预测报告

2014 年耳机市场发展前景预测

随着信息时代的发展,各种影音设备相继产生。从以前的随身听、CD 机,到如今的 MP3、

MP4、iPod，影音设备不仅越来越多，且越来越普及。耳机，作为其配件，已经不单单是传递声音的工具，也逐渐摆脱了附属配件的尴尬位置，越来越被其使用者重视。

一、耳机使用现状

（一）数量方面

2012 年国内耳机市场销量 4.7 亿只，而有数据显示 2013 年耳机的销量将超过 7.5 亿只，占据全球市场销售额的 1/3，一个小小的耳机竟然拥有如此庞大的市场，难怪连漫步者和三诺等多媒体音箱企业也毅然进军耳机领域。随着消费人数的增多，消费者越来越重视耳机的品牌和音质。耳机市场的用户可以分为四类：网吧使用者、学生、耳机发烧友和其他普通消费者。

（二）品牌方面

耳机使用品牌数量增多而且集中度开始上升。2012 年用户使用率位于前三位的品牌合计占 55.72%，比去年提高了 4%。森海塞尔、飞利浦和索尼这三个品牌排名与去年相比没有变化，其中森海塞尔以 26.43% 的用户使用率位居榜首，如图 3.1 所示。

（三）耳机佩戴方式方面

根据用户佩戴耳机的方式，市场上的耳机主要可以分为耳挂式、耳塞式和头戴式三种。使用这三种耳机的用户占全部用户的 67%。耳挂式是综合耳塞式和头戴式的优点的一种耳机，不仅便于携带而且音乐表现能力强，以 31% 的用户使用率位居第一位。耳塞式耳机体积小、携带方便，主要用于 CD 机、随身听、MP3 等播放器。头戴式耳机结构坚固，音乐表现力强但是体积较大，因此在家庭等固定场所使用率较高。耳塞式耳机和头戴式耳机分别有 20% 和 16% 的用户选择使用。

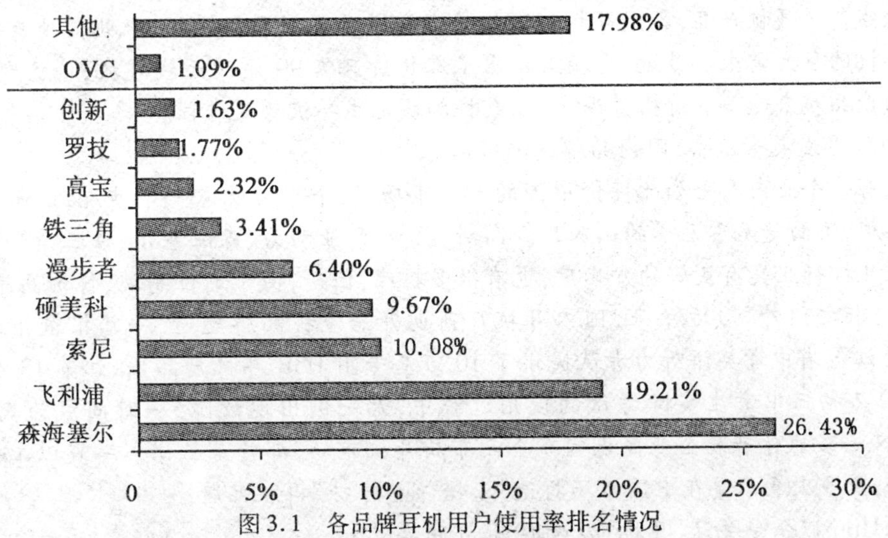

图 3.1　各品牌耳机用户使用率排名情况

（四）耳机购买价格方面

2010 年的耳机市场以中低端产品为主，价格不菲的高端产品主要是针对耳机发烧友的。

调查显示，约84%的用户会选择200元以下的耳机产品，而300元以上的高档耳机产品，仅有约6%左右的用户会考虑购买，如图3.2所示。

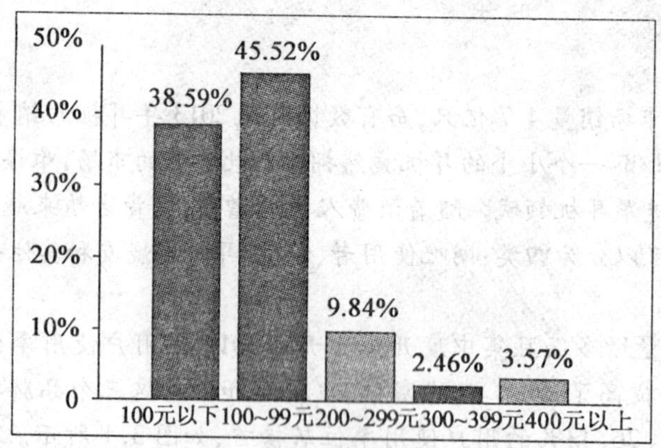

图3.2　耳机产品价格及用户购买意愿

二、2014年耳机市场预测

(一)无线耳机2014年将继续加快普及进程

随着无线耳机售价越来越低，大部分无线耳机市场售价降至100元以下，使消费者花费不多就可以享受舒适的无线音频生活，无线耳机以我们所无法预想到的速度成为市场焦点，2014年，相信市场对无线耳机的需求量还将继续增大。

CES2012展览会上，众多2.4G无线耳机、蓝牙无线耳机纷纷参展，漫步者更是一次性发布多款无线蓝牙耳机产品，各大耳机厂商纷纷大举进攻无线耳机市场，很明显地反映了市场对无线耳机的巨大需求。最近，雷柏又推出了零售价只需99元的无线耳机，价格定位在100元以下的产品越来越多。价格普遍走低，或将加快无线耳机普及进程。

(二)跨界发展者追击，国内品牌逐渐崛起

曾经有一个业内人士如此评价中国的耳机市场：这个市场就像一个沙漏，上面是高高在上的洋品牌，下面是无穷无尽的山寨厂。高斯、歌德、拜亚动力、森海塞尔、铁三角和索尼等外资品牌在耳机行业具有良好的知名度，也有很多粉丝，但是，由于定位高端、售价高昂，往往将普通用户"拒之门外"。近年来，国内耳机厂商也开始重视品牌塑造，一篇报道指出漫步者2012年为江苏省中考英语听力考试提供了10万套专用USB耳机产品，在江苏13个市2500个考点90万初三中考生实际考试的使用过程中，无一例出现故障，一时间成为舆论焦点。2013年，又一多媒体音箱企业高调宣布全面布局耳机市场，那就是三诺。一直以工艺设计出名的三诺，曾多次表示要在中国市场打造"三诺"和"乐味"耳机品牌。

(三)HiFi概念受关注，耳机市场细分越发明显

2013年白天鹅HiFi展上，铁三角和森海塞尔都展出了不少HiFi级别的耳机，售价千元级别的耳机产品备受参会者关注。其实，市场早在2009年以前就开始对发烧级别的耳机表现

出浓厚的兴趣，翻查过去的资料，发现当时就有一些厂商积极投入发烧耳机的开发，在耳机和耳塞上投入了很多精力和财力。

其实，耳机和音箱有很多共同之处，反映在音乐享受上这种共同点就更为明显，因为消费者通过耳机和音箱都能够享受到音乐所带来的乐趣。然而，专业级别的音响和耳机还是有很大区别的，例如一套专业的音响所需要的成本以及对环境的要求都是非常高的，近年来 HiFi 音响市场有萎缩的迹象，与上述原因不无关系；而一套专业的耳机系统所需要的成本就相对较小，而且对用户所处的环境因素要求也较小。随着人们生活水平的提升，以及对生活品质要求的提高，相信 HiFi 级别的高品质耳机将会成为市场上备受关注的产品之一。

市面上充斥着各种不同定价的产品，包括售价百元以内的无线耳机、售价千元以上或者万元以上的 HiFi 级别耳机，但是，由于不同级别的耳机音质方面的表现相差太大，所以，消费者可以根据自己的需求轻松地选择适合的产品。

(四)苹果新宠专用耳机市场或将更繁荣

苹果公司对世界的影响，不是单纯地以 iPad 的热销就能够言明，苹果的伟大之处远胜于此。或许目前仍然有很少的耳机企业专门针对 iPod、iPhone、iPad 等苹果产品设计专用的耳机。但是，音响企业对苹果音响市场一致看好的态度让我们不得不深思：苹果产品到底会对耳机市场带来怎样的震撼？

CES2013 展览会上，高级音频周边设备及配件领先制造商 steelSeries(赛睿)推出了专为 iPod、iPhone 以及 iPad 设计的西伯利亚后挂耳机。对苹果产品专用的西伯利亚后挂耳机的设计缘由，赛睿相关负责人是这样介绍的：他们相信玩家是最挑剔的消费者，因此需要为 iPod、iPhone 以及 iPad 用户提供一个新的高质量的耳机选择。

随着拥有苹果产品群体的不断扩大，我们有理由相信苹果专用耳机市场也会不断扩大。众所周知，iPhone 手机的耳机接口处采用了别具一格的设计，与其他手机的耳机接口存在很大差别，一般耳机无法全部放入，从而使得 iPhone 手机用户必须要选购专门为苹果产品设计的耳机。

相对于苹果音响厂商的热情和推广力度，苹果耳机厂商之间的竞争还处于较为“低调”的阶段，可能有些耳机品牌还只是“暗地里”设计苹果产品的耳机接口制式，但是，CES2013 展上亮相的无数苹果音响产品却告诉我们，总有一天苹果耳机市场也会同样火爆。

三、建议

(一)抓住机遇，打造国内较具号召力的耳机品牌

国内耳机品牌的发展并不是一帆风顺的。最初针对国外品牌价格高的问题，就有很多国内企业推出低价、质量一般的耳机产品，刚开始的时候确实有很多消费者愿意购买低价产品，但是久而久之，市场不再相信名气不大的耳机品牌。有数据显示，中国已占据全球耳机产量 90%以上的市场份额，但几乎都是中低端耳机，这意味着中国缺乏具有市场号召力的自主品牌。

中国耳机市场还拥有巨大的市场空间，同时中国还缺乏较具号召力的耳机品牌，任何一个有实力并且有信心做好耳机产品的企业，只要抓住机遇，奋起直追，就有可能成为耳机市场的本土“老大”。

（二）加强技术开发，突破技术障碍

无线技术能够为用户提供更便携的服务、生活以及更灵活的耳机使用方式，无线技术给耳机行业所带来的影响将非常深远。目前，大部分无线2.4G耳机都是通过USB无线发射器实现耳机无线化，存在较大缺陷，大大降低了耳机的使用范围，这也成为摆在厂商面前难以跨过的“坎”。至于蓝牙技术，普遍认为被业界看好，因为蓝牙设备早已从手机、电脑和耳机扩展到更多元化地应用，蓝牙耳机也将成为消费者接触最多、最熟悉的无线耳机，但是售价较低的蓝牙耳机音质表现较差，如果购买音质较好的蓝牙耳机一般花费较高，并非所有消费者都能够承受。如果能够突破这些技术障碍，整个无线耳机的市场前景将会非常乐观。

2014年耳机行业趋势将会围绕以下热点展开：无线耳机将继续加快普及进程，国内耳机品牌逐渐崛起，耳机市场细分明显，HiFi概念深入民心，苹果专用耳机市场或将更繁荣。我们相信，耳机市场在2014年将是变革的一年，新兴元素在耳机行业的表现或将更加突出，让我们一同期待吧。

【评析】

这份市场前景预测报告包括前言、现状部分、预测部分、建议部分和结尾，符合经济预测报告的格式要求，结构完整，要素齐全。现状部分运用定量统计法对已搜集到的数据进行整理和统计，并且运用图表的方式将其直观地表现出来，说服力强；预测部分有理有据；建议部分切合实际；结尾重新归纳总结耳机市场的行业趋势和市场前景，紧扣主题。

综合练习

一、改错题

下面是一篇关于中国冰箱工业的经济预测报告，请仔细分析该报告在结构内容、语言表达等方面存在的问题，并加以修改。

冰箱工业的隐忧

近几年，中国冰箱工业通过全面引进生产线而迅速发展起来。但是，冰箱工业的迅速发展却潜伏了不少隐忧。

一、市场趋于饱和。目前中国冰箱的生产能力已超过本世纪的市场需求量。根据发展趋势，两年后市场将出现供求平衡，四年后必将饱和。冰箱生产投资庞大，专用设备多，一旦市场饱和，对整个冰箱工业的打击将难以估计。

二、机型庞杂，难以国产化。中国现在组装的冰箱几乎包罗了世界各国的主要机型。这种“万国牌”状况给零件国产化、通用化造成了极大困难，并使维修服务成为严重的社会问题。

三、偏重引进生产装配线，背上沉重外汇负担。由于整个引进基本是从引进“后工序”开始，即从引进装配开始，并且忽视了对引进技术的消化、吸收，忽视了引进冰箱工业方面的基础工业，因而使整个冰箱工业实际上是一种加工装配工业，大多数冰箱厂的零部件仍须年复一年地从国外进口。在中国外汇短缺的情况下将造成沉重的外汇负担。据统计，长三角经济区5省1市的16个定点厂已花费外汇8 000万美元。而要使这些生产线达到批量生产，每年还将耗费外汇2亿美元。

同时，由于引进的生产线基本上属于同一代产品，多为国外20世纪70年代中期水平，整个冰箱工业的技术老化将异常迅速。届时又需从国外大规模引进新的生产线，形成恶性循环。

二、写作训练

结合日常生活中的经济见闻，选择自己感兴趣的预测报告类型，依据教学中的写作要求和写作格式，撰写一份完整深入的经济预测报告。

第四章

Chapter 4

经济可行性研究报告

【学习目标】

· 了解经济可行性研究报告的概念和作用。

· 理解经济可行性研究报告的特点及分类。

· 掌握经济可行性研究报告的写法和要求。

第一节　经济可行性研究报告概述

一、经济可行性研究报告的概念及作用

（一）经济可行性研究报告的概念

经济可行性研究报告是一种用于拟建项目最终决策研究的文书。可行性研究是指在某一项目实施之前，以全面的调查研究和对有关信息的分析为基础，对其技术的先进性、经济的合理性、实施的可能性等进行具体、深入、细致的准确评价，从而确定该项目实施的可行性和有效性。

经济可行性研究建立在对科技、市场、经济情报、信息研究、技术评价、方案实施、管理系统等进行深入研究的基础上，是一种社会化大生产过程中生产不断专业化的社会分工的产物，是一种提供咨询服务的工作，涉及国际投资、金融、法律、经济、技术、财务会计、管理、市场等多个专业领域。

经济可行性研究是在项目投资管理的基础上发展起来的，出现在20世纪20年代的美国。我国的项目可行性研究工作几乎与改革开放同步展开。1981年1月13日国务院常务会议通过的《技术引进和设备进口工作暂行条例》规定，凡是技术引进和设备进口项目必须进行前期可行性研究。1987年9月1日国家（发展）计划委员会又发布了《建设项目经济评价方

法与参数》，填补了我国建设项目经济评价的空白，是各工程咨询公司、规划设计单位进行投资项目评价、评估的指导性文件，也是各级计划部门审批设计任务书和金融机构审查投资贷款的重要依据。

（二）经济可行性研究报告的作用

经济可行性研究是随着技术进步和经济管理科学的发展而兴起的一整套科学工作方法，目前已经日趋完善，并广泛地使用在各种科学管理的实际工作中。国外的实践经验证明，凡是经过可行性研究的建设项目，成功者多，失误者少，因此，世界各国把可行性研究作为项目建设必不可少的一道程序。具体来说，其作用主要有以下几个方面。

1. 为拟建项目的企业决策提供科学依据

每个单位或部门，常常会遇到新项目的建设、旧项目的改造、科学实验、技术开发等情况。由于每个企业的具体环境条件不同，即使在同样的发展趋势下，对每个企业的影响也是不同的。项目实施是否有必要、何时实施、能否顺利、怎么去实施等一系列问题，这需要通过技术和经济等方面深入、客观、科学地分析论证，进行可行性研究来决定。可见撰写符合本单位情况的可行性研究报告，是拟建项目企业进行科学决策的依据，是企业适应市场竞争并在竞争中立于不败之地的重要保证。

2. 为项目审批提供重要依据

重大项目的建设，都需要主管部门或上级领导机关审批后方能实施。在一个项目的立项、审批过程中，撰写可行性研究报告是最后、最重要的一个环节。该报告需要大量收集、掌握各种资料，反复进行技术、经济分析认证，认真比较各种方案，因此它能全面地反映一个完整的调查研究、分析预测过程，并得出科学、可靠的结论，也因此成为主管部门或领导机关对企业申请项目进行审批、管理、监督的重要依据。

3. 为申请贷款和多渠道融资提供必要依据

上项目就需要资金。资金的来源有国家拨款、贷款、上级拨款、银行贷款、外商投资等多种形式。保证资金投入是离不开可行性研究报告的。相关部门会对可行性研究报告进行审核、评估，从全局考虑经济效益和社会效益，要综合项目投资数额及建成后带来的效益回报情况，要考虑项目执行者的信誉和资金偿还能力等。

4. 制订国民经济规划的重要依据

国民经济规划关系国家经济的发展与走向，意义十分重大，如我国的五年规划、科研类的“863”计划、西气东送工程、三峡水利枢纽工程等。这些国家经济计划规模宏大，必然要进行可行性研究，从多方面分析、听取意见和深入论证，最后形成可行性研究报告作为国民经济规划实施的重要依据。

二、经济可行性研究报告的特点及分类

(一)经济可行性研究报告的特点

1. 前瞻性

前瞻性又称预见性。可行性研究报告的研究对象是拟建项目,是在领导决策和项目实施之前进行的,而未来的事物总是带有某些不可知的因素,可行性研究报告就是运用科学的理论、方式和手段对这些未见因素作出科学的预测和估计,从而判断拟建项目的未来发展前景、可能遇到的问题和结果等。可以说可行性研究报告有极强的前瞻性。

2. 科学性

可行性研究报告的形成是建立在科学的调查、研究、分析、预测上的,要运用科技手段、科学原理、经济理论来说明项目的必要性和科学性。同时还要运用大量真实的资料、数据来具体说明项目在技术上、经济上的优势和需要注意的情况,以保证可行性研究报告的成立。只有坚持科学性,可行性研究报告才能为领导决策和项目实施提供准确可靠的依据,才能具有实用价值。科学性是可行性研究报告的生命,要求撰写者深入调查研究,全面获取客观事实材料、各种相关资料、数据和计算方法。

3. 系统性

可行性研究报告是一个全面系统的工程,必须对影响拟建项目的各种因素进行综合分析。它是集思广益的论证,有宏观的和微观的、有现实的和长远的、有政治的和经济的、有表面的和深入的、有动态的和静态的,既要进行定性分析,更要进行定量分析。可行性研究报告必须靠充分的系统论证,依靠深入的调查分析得出正确的结论。可行性研究报告的完成是各种论证的集中体现,没有系统的论证就无法形成报告。

4. 实证性

可行性研究报告的研究对象大多数属于耗资巨大的项目,需要通过大量的局部试验来确定最佳的方案,避免出现遗漏和偏差,造成不必要的经济损失,通过投入最少的资金和设备获取最大可能的经济效益。通过必要的试验,可行性研究报告才具有实际应用的价值。

5. 及时性

可行性研究报告有时限的要求。明确时限可以减少费用,节约人力、物力;可以防止"形象工程""烂尾工程"的出现;可以提高运用先进技术和使用先进设备的效率;项目可以尽快完成,实现效益的回报,促进经济更快发展。可见,可行性研究报告要及时研究、及时编写、及时审批、及时落实,体现经济发展和社会发展对可行性研究报告的时限要求。

6. 比较性

可行性研究报告,要按项目任务同时设计多个方案,逐个进行论证分析,讲清各自的优

势，供决策者选择、评价、决定。只有一个方案的报告，不是可行性研究报告，而是计划书。

（二）经济可行性研究报告的分类

可行性研究报告使用范围广，类型多。根据不同的分类标准，可行性研究报告可分为以下几种类型。

1. 按项目规模划分

按项目规模划分，有一般可行性研究报告、大中型可行性研究报告。前者主要指规模小、投资少、牵涉面不大的常规性项目，后者主要指规模大、投资多、涉及面广、工程复杂的项目。

2. 按项目建设性质划分

按项目建设性质划分，有新建项目可行性研究报告、扩建或改建项目可行性研究报告。

3. 按经济活动的对象划分

按经济活动的对象来划分，包括以下几种：

（1）科技类。

科技类包括高科技开发项目、技术引进项目的可行性研究报告等。

（2）生产类。

生产类包括开发新产品、建设项目的可行性研究报告等。

（3）经营类。

经营类如合资经营可行性研究报告等。

4. 按行业划分

按行业划分，几乎可以说一个行业就是一类，如工业经济可行性研究报告、农业经济可行性研究报告等。

5. 按引进技术方式划分

按引进技术方式划分，有技术引进项目经济可行性研究报告、设备进口项目经济可行性研究报告等。

第二节　经济可行性研究报告写作

一、经济可行性研究报告的写法

可行性研究报告一般由标题、封面、正文、落款、附件等组成。另外，摘要、目录、图表目录、术语表、参考文献等可根据实际情况进行添加。

（一）标题

标题位于封面第一行居中，常见的有以下两种形式。

1. 完整式

完整式标题通常由建设单位名称、项目名称、文种三项内容构成。如《×××汽轮机厂关于扩建生产线的可行性研究报告》《×××第二制药厂中药材开发可行性研究报告》。

2. 简略式

简略式标题是在完整式标题的基础上省略建设单位名称，只由项目名称和文种两项内容构成。如《关于筹建××加工厂的可行性研究报告》《经济开发可行性研究报告》《××股份有限公司募集资金运用的可行性报告》。

标题中的文种名称可以写成"可行性研究""可行性报告""可行性研究分析""可行性研究经济评价"等不同形式，如《××电机厂新建第三生产系统可行性研究经济评价》。由于经济评价是可行性研究的核心内容，是项目或方案抉择的主要依据，因此，有些可行性研究报告的写作是以经济评价为主的，标题中就突出这一点，写成"可行性研究经济评价"，或者直接写成"经济评价"，如《××合资化工项目经济评价》等。

(二)封面

可行性研究报告封面的内容和格式没有固定的要求，但标题、申报单位、项目名称、申报日期等内容不可缺少，常见封面格式如图4.1所示。

××××可行性研究报告(封面)

项目名称：××××

申报单位：××××

地　　址：××××

邮政编码：××××

联 系 人：××××

电　　话：××××

传　　真：××××

主持部门：××××

申报日期：××××年×月×日

图4.1　常见可行性研究报告封面

(三)正文

可行性研究报告的正文在结构上无固定格式,可根据内容的需要灵活安排层次段落。通常包括开头、论证、结论三部分。

1. 开头

开头主要包括项目的名称、范围、规模、目的、意义、社会效益和经济效益,提出的背景、依据,工作概况的分析,存在的问题与建议,研究结论的简要概述等。这些内容可以根据项目本身的性质、特点以及分析的实际需要,有所取舍。开头部分是为下文的分析和论证打基础的,写作上要求条理清楚,文字简练,中心明确,起到提纲挈领的作用。

2. 论证

论证可以说是可行性研究报告的核心部分,围绕产生效益和影响项目投资的各种因素,运用各种数据资料全面、系统地分析论证拟建项目的可行性。项目是否必要可行,就看这部分论证分析内容是否充分有力。论证部分是研究报告的结论产生的基础,这部分直接关系到研究报告质量的高低。论证一般包括以下几方面内容。

①市场调查分析。通过分析市场现状与未来趋势,考察本项目实施后的发展状况,包括对国内外的市场需求、价格、竞争力作出分析。

②合理设计项目实施技术方案,分析其技术上的可行性。

③资金来源分析。包括资金来源方式,投资数额估算,资金到位时间、偿还办法等情况的分析。

④财务、经济效益的分析。主要针对项目投资的收支、盈亏等财务问题,评价该项目的经济效益。

⑤对影响项目的风险因素进行评价。

根据国家计委《关于建设项目进行可行性研究的试行管理办法》(以下简称《办法》)的规定,可行性研究报告一般要求具备以下主要内容。(下文为《办法》节选)

(1)总论。

A. 项目提出的背景(改扩建项目要说明企业现有概况),投资的必要性和经济意义。

B. 研究工作的依据和范围。

(2)需求预测和拟建规模。

A. 国内、外需求情况的预测。

B. 国内现有工厂生产能力的估计。

C. 销售预测、价格分析、产品竞争能力,进入国际市场的前景。

D. 拟建项目的规模、产品方案及发展方向的技术经济比较和分析。

(3)资源、原材料、燃料及公用设施情况。

A. 经过储量委员会正式批准的资源储量、品位、成分以及开采、利用条件的评述。

B. 原料、辅助材料、燃料的种类、数量、来源和供应可能。

C. 所需公用设施的数量、供应方式和供应条件。

(4)建厂条件和厂址方案。

A. 建厂的地理位置、气象、水文、地质、地形条件和社会经济现状。

B. 交通、运输及水、电、气的现状和发展趋势。

C. 厂址比较与选择意见。

(5)设计方案。

A. 项目的构成范围(指包括的主要单项工程)、技术来源和生产方法、主要技术工艺和设备选型方案的比较,引进技术、设备的来源国别,设备的国内外分交或与外商合作制造的设想。改扩建项目要说明对原有固定资产的利用情况。

B. 全厂布置方案的初步选择和土建工程量估算。

C. 公用辅助设施和厂内外交通运输方式的比较和初步选择。

(6)环境保护。

调查环境现状,预测项目对环境的影响,提出环境保护和三废治理的初步方案。

(7)企业组织、劳动定员和人员培训(估算数)(略)。

(8)实施进度的建议(略)。

(9)投资估算和资金筹措。

A. 主体工程和协作配套工程所需的投资。

B. 生产流动资金的估算。

C. 资金来源、筹措方式及贷款的偿付方式。

(10)社会及经济效果评价。

要进行静态和动态分析,不仅要计算项目本身微观经济效果,而且要分析项目对国民经济宏观经济效果的贡献和项目对社会的影响。

可行性研究报告的经济评价可分为财务评价和国民经济评价两方面。财务评价是根据国家现行财税制度和现行价格,分析测算项目的效益和费用,考察项目的获利能力、清偿能力及外汇效果等财务状况,以判断建设项目财务上的可行性。而国民经济评价则是从国家整体角度考察项目的效益和费用,用影子价格、影子工资、影子汇率和社会折现率,计算分析项目给国民经济带来的净效益,评价项目经济上的合理性。国民经济评价是项目经济评价的核心部分。如果是以经济评价为主的可行性研究,其结构一般可简化为五个部分,即概况、基本数据、财务评价、国民经济评价和结论。

3. 结论

结论是正文的结束部分,是对全文内容作总结性的概括,并得出结论。结论部分除对项目建设的必要性、可行性明确表态外,还可以对拟进行的项目的各种建设能力、经济效益、社会效益、抗风险能力等有关指标进行综合分析评价,提出方案和措施。

（四）落款

落款在正文右下方，包括两方面内容：一是署名，主要是经济可行性研究报告的撰写单位或分析论证的技术负责人、经济负责人等相关人员的签名盖章；二是日期，注意经济可行性研究报告的成文日期。

有些经济可行性研究报告，也在结尾处附加一些补充说明的内容，诸如此报告批准后要做什么工作，或者相关附件，附件的数量和页数等。

（五）附件

附件主要是指那些有一定的参考价值，却又不宜安排在正文中的书面材料，如上级有关批文的全文、统计图表、设计图纸、明细清单、项目建议书、项目批准书、协作意向书、可行性研究委托书、试验数据、论证材料、选址报告、环境调查报告、市场预测资料、工程项目时间表，以及篇幅较长的专题性文字材料等。

附件的有无，依实际情况的需要而定。附件一律附于文后，并在落款之后写明附件名称；附件多的，要编号并在正文部分的相应位置加括号注明，如“（见附件××）”。

二、经济可行性研究报告的写作要求

（一）深入调查，真实客观

可行性研究报告是个复杂的工作，要以实事求是的态度，认真、全面、细致地做好调查研究工作，才能获得全面、准确、可靠的资料。调查还要深入，要有高度的责任心，用不同的调查方法对市场、经济规模、原材料、能源、投资、建设步骤、技术要求、效益回报等进行深入的调查研究。任何的主观臆断或弄虚作假都有可能造成研究结果的失误，给投资带来不可挽回的损失。

（二）研究内容，全面完整

可行性研究报告的内容往往关系到多个专门领域，既有工程技术方面的专业内容，也有经济、管理、市场、财务等方面的专业知识，这是一个从多方面、多角度出发的研究过程。一份可行性研究报告要想全面完整，必须占有大量的各方面相关数据和材料。这些材料的获得需要各方面专门人才共同参与研究，相关的专家、技术人员、财务人员、市场调研人员、计划管理人员等分别对各自业务内的相关内容进行整理、分析，然后对各方面意见进行综合、归纳，得出结论。

（三）论证分析，严谨准确

可行性研究报告要想获得正确的研究结果，首先要明确研究对象，设计可行的研究方案，选择好论证方法。可行性研究报告的写作，由于涉及面广，内容复杂，所以论证上常会分为几个层次，作者要运用系统的分析方法，围绕影响项目的各种因素进行全面、客观的分析研究，做到论证严密、有序。其次,要注意定性分析与定量分析相结合,以定量分析为主,摆脱任何形式的个人主观偏见,要做到客观公正,结论科学合理。再次,要把问题放到广阔的经济背景下去考察,既要作微观分析,又要作宏观的论证。最后,在用语言文字表达的同时,还要善于使用图表,使内容表达准确、简洁、直观、清晰。

可行性研究报告是市场经济发展的需要。在计划经济体制下,我国企业是没有可行性研究报告的。目前我们的企业进行的一些可行性研究报告往往是"可批性研究",写报告的人研究的不是项目在哪些方面可行,而是研究怎么写可以得到领导的批准。一般来说,经济可行性研究报告不能采用洽谈、请示、联系、计划、报告、建议等形式去完成,更不能像下达任务那样,由主管部门定夺,通过会议、指示、公文下达,再编制任务书。另外,可行性研究报告工作量很大,所需要的时间和精力都较多,最终投资成本预算精确度一般允许误差在10%左右。

三、经济可行性研究报告与其他文种的关系

(一)可行性研究报告与调查报告的关系

可行性研究报告可以说是一种特殊的调查报告,但与一般的调查报告相比,具有十分明显的专业性、整体性、综合性、科学性和规范性。调查研究的方法可称为是可行性研究报告的主要方法之一。

①可行性研究报告与调查报告对时间的要求不同。可行性研究报告带有期限性,调查报告强调及时性。

②二者的侧重点不同,前者分析经济运行指标,重点分析某种经济情况的产生;后者内容更广泛,更为灵活多样,涉及的面更大。

③二者的表达方式不同,前者多与一定的数据分析有关,或有表格,或有运算公式;后者的语言生动,用事实说话,简明扼要,观点表达多以叙述为主,兼有说明或议论。

(二)可行性研究报告与经济预测报告的关系

可行性研究报告侧重于对过去与当前经济发展进行分析,其主要目的不在于预测,而是论证项目建设是否可行,是要找可行方案,以避免或减少决策的失误,提高投资的效益。经济预测主要是市场需求预测,是可行性研究报告的主要内容之一。

可行性研究的结论是在综合所有因素,包括预测后才获得的。经济预测报告只是以历史和现状的分析研究为基础,而可行性研究的结论则应该在综合所有因素后获得。

(三)可行性研究报告与项目计划的关系

可行性研究报告也是一种指导未来行动的文书,其性质与计划相似。但是可行性研究报告的主要任务是认证项目建设的可行与否,则又与计划有根本性的区别。

计划写作通常是先目标后措施,而可行性研究报告则先要通过对建设项目的全部条件、因素、各方面的分析、论证,最后才能得出正确的结论。

（四）可行性研究报告与申请报告的关系

可行性研究报告是由具有资质的单位完成的用于批准立项的书面依据，有该项目的市场进度、规模、财务、风险等方面的全面分析；项目申请报告是拟增上项目单位向有关项目管理部门申报的项目申请。

①二者的侧重点不同，前者注重建设方案和投资，是要国家相关部门进行评审批准的；后者注重对环境、资源、社会、国民经济、区域经济的影响，一般属于自建自投的项目。

②二者的时序不同，可行性研究报告在先，项目申请报告在后，二者有着明显的差异。

第三节　经济可行性研究报告例文及评析

一、项目建设可行性研究报告

××酒店建设项目可行性研究报告

第一部分　总论

一、酒店项目背景

（一）项目名称（在本地工商行政机关注册的酒店建设工程项目的全称）

（二）项目拟建地址（与房（地）产证书和工商注册上相一致的项目建造地址）

（三）项目业主方（参与工程项目的合法投资企业和业主名称）

（四）项目法人代表（酒店建设工程项目的企业法人代表姓名）

（五）工商注册资金（酒店在本地工商行政管理局注册登记的注册资金）

（六）项目建设资金来源（工程建造项目资金的出资企业名称）

（七）企业性质（说明在工商机关登记的企业性质）

（八）企业业绩（说明企业的财务状况，如前一年的累计利润和前一年的经营利润、前一年的经营收入和累计经营收入、固定资产情况、各方面贷款情况以及企业的人员状况等）

（九）承担可行性研究的公司和法人代表

二、项目可行性研究依据

三、项目可行性研究分析

从项目建设的必要性、项目建设的可行性、项目未来发展潜力三方面入手。

四、项目可行性研究结论

在项目可行性研究中，对项目定位、建筑概念及规模、经营管理策略、劳动用工、投资总额及资金筹措、项目经济效益和社会效益、项目综合评价结论等都应得出明确的结论。

五、主要技术经济指标表

在总论部分，可将研究报告中各部分的主要技术经济指标汇总，列出主要技术经济指标表，使审批和决策者对项目全貌有一个综合了解。

六、存在问题及建议

对可行性研究中提出的项目的主要问题进行说明并提出解决的建议。

第二部分　酒店项目背景和发展概况

一、项目提出的背景

二、项目发展概况分析

三、项目发展分析

四、投资的必要性

投资的必要性可从区域的规划预期、项目的发展预期、项目的投资时机预期等方面考虑。

第三部分　项目市场分析

一、城市宏观经济分析

二、城市酒店行业分析

城市酒店行业分析包括中国酒店业现状分析、城市酒店业现状分析、酒店业客源市场调查分析、酒店业整体经营绩效调查分析、酒店业竞争环境调查分析、典型性竞争对手调查、酒店业未来趋势调查分析、酒店消费者研究及需求、消费者对各类型（商务和度假）酒店的需求差异、替代产品调查分析等。

三、项目分析

项目分析可从项目区位分析、项目周边配套分析、项目周边环境分析、项目周边个案分析、项目地块价格分析等方面入手。

第四部分　项目定位分析

项目定位分析一般包括项目 SWOT 分析、项目市场定位、项目客源定位、项目类型定位、项目档次定位、项目形象定位、项目产品定位、项目服务定位、项目竞争定位、项目价格定位、项目技术指标定位。

第五部分　项目建筑设计规划

项目建筑设计规划包括项目实施准备，资金筹集安排，勘察设计和设备订货，施工准备，施工和生产准备，试运转直到竣工验收和交付使用等各工作阶段。

一、设计规划

设计规划可以从项目功能规划、项目建设规模、项目建设标准、项目建筑方案设想、项目环境保护等方面着手。

二、工程施工计划

三、项目建设投资估算

第六部分　项目环境保护与劳动安全

项目环境保护与劳动安全可以从建设地区的环境现状、项目主要污染源和污染物、项目拟采用的环境保护标准、治理环境的方案、环境监测制度的建议、环境保护投资估算、环境影响评价结论、劳动保护与安全卫生等方面着手。

第七部分　项目经营策略

一、项目核心竞争力设计

二、项目运营模式

三、项目运营策略

四、项目营销推广策略

第八部分　项目组织和人力资源(略)

第九部分　项目投资分析

建设项目的投资估算和资金筹措分析，是项目可行性研究内容的重要组成部分。每个项目均需计算所需要的投资总额，分析投资的筹措方式，并制订用款计划。

一、项目总投资估算

(一)固定资产总额

(二)流动资金估算

二、资金筹措

(一)资金来源

(二)项目筹资方案

三、投资使用计划

第十部分　项目财务评价及社会效益

财务评价是考察项目建成后的获利能力、债务偿还能力及外汇平衡能力的财务状况，以判断建设项目在财务上的可行性。

一、项目财务评价

(一)项目营业收入、税金及附加

(二)项目营业成本费用估算

(三)项目借贷还本付息计算

(四)项目损益估算

(五)项目财务评价

(六)项目财务现金流量计算

(七)项目盈亏平衡点分析

(八)项目投资回收期计算表

(九)项目投资收益率计算表

(十)项目财务内部收益率计算表

(十一)项目敏感性分析

二、项目社会效益分析

第十一部分　项目投资风险分析

项目投资风险分析包括市场风险与对策、经营风险与对策、资金风险与对策、其他风险与对策等。

第十二部分　可行性研究结论及建议

一、结论和建议

(一)对拟建方案的建设条件、项目定位、经济效益、社会效益、环境影响提出结论性意见

(二)针对可行性研究中尚未解决的主要问题提出解决办法和建议

(三)针对问题进行说明,提出修改意见

(四)针对可行的项目,提出不可行的主要问题及处理意见

(五)针对可行性研究中主要争议问题得出结论

二、附件(略)

三、附图(略)

四、附录(略)

××酒店建设项目筹备组

××酒店建设项目研究小组

××年××月××日

【评析】

这是一篇酒店项目建设经济可行性研究报告。由于篇幅巨大,我们只能把部分内容省略。全文由标题、正文、落款构成。正文根据建设该项目的具体情况分为12个方面,以充分的事实和数据作论据,围绕着酒店建设项目的必要性和可行性进行了有力的论证分析,最后得出可行性的结论。全文格式规范,内容充实,论证严谨,文字表述清楚顺畅,不失为一篇范文。

第一部分总论作为可行性研究报告的首要部分,要综合叙述研究报告中各部分的主要问题和研究结论,并对项目的可行与否提出最终建议,为可行性研究的审批提供方便。

第三部分,市场分析在可行性研究中的重要地位在于,任何一个项目其生产规模的确定、技术的选择、投资估算甚至厂址的选择,都必须在对市场需求情况有了充分了解以后才能决定。而且市场分析的结果,还可以决定产品的价格、销售收入,最终影响到项目的盈利性和可行性。在可行性研究报告中,要详细阐述市场需求预测、价格分析,并确定建设规模。

第四部分为项目定位分析,市场分析在可行性研究中的地位十分重要,而且市场分析的结果,可以决定产品的价格、销售收入,最终影响到项目的盈利性和可行性。在可行性研究报告中,要详细阐述市场需求预测、价格分析,并确定建设规模。

第七部分的项目经营策略,在扩大市场份额、提高产品竞争能力方面不容小觑。

第十部分中的项目财务评价是考察项目建成后的获利能力、债务偿还能力及外汇平衡能力的财务状况,以判断建设项目在财务上的可行性。

第十二部分的可行性研究结论及建议,是对项目在规划、定位、经济效益等方面的评价,

对建设方案进行全面总结，提出结论性意见和建议。

××县××镇××沙石厂建设项目可行性研究报告

第一章　项目概况

一、项目由来

××镇是×阳市的边远地区，依照镇政府"十二五"计划目标和总体构想，以发展为主题，以结构调整为主线，以基础建设为重点，以新农村建设为载体，以新区建设为依托，以提高人民生活水平和全面建设小康社会为根本，抓住×阳市建设的历史机遇，建设一批对经济发展起较大作用的项目……

二、项目目的

当前政府狠抓安全生产工作，对易爆物品管理严格，严禁私自开采非煤矿山……通过开办该项目，保证石料供给，解决基础设施建设物资和人民群众的生活需要，既解决实际问题，又实现了经济效益，有效促进经济的稳步发展，早日实现脱贫致富奔小康的夙愿。

三、项目方式

该项目由镇人民政府主管，采取集体所有制，实行村自行管理，自负盈亏，自求发展。

四、项目内容

年产三十万吨。（略）

第二章　项目实施的有利条件

一、电力条件

××村已通过50千瓦电力，从××村到沙厂仅500米，只需安装300千瓦变压器2台，架通500米输电线路即可解决。

二、资源条件

1. ××村至×村山多、石山分布广，为沙厂的开办提供了物质保障。

……

三、技术条件（略）

四、劳动条件（略）

五、交通条件（略）

第三章　建设规模

一、建设规模

年产三十万吨

二、建设地点

×阳市××镇××村

三、用工人员（略）

第四章　投资估算

一、输电线路

架设输电线路500米,300千瓦变压器2台,约需资金40万元。

二、办工用房及工人住房

办工用房200平方米,工人住房500平方米,约需资金50万元。

三、机械设备

1. 制沙设备2套,约需资金300万元。

……

4. 挖机3台,约需资金400万元。

该项目机械设备共投入约880万元,该项目总投资约1 200万元。

第五章　投资效率分析

一、经济效益

该项目投入使用后即可产生经济效益……资源补偿费按标准上交,年总成本在550万元,年利润为250万元左右,效益可观。

二、社会效益

1. 该项目建成后,可为地方基础设施建设和群众提供物质保障,满足建设和生活需要,加快基础设施步伐,改善生活条件。

2. 直接可为村级集体增加经济收入,解决部分劳动力的就业问题,带动其他产业发展。

……

三、生态效益

该项目建在远离村寨群众生活区,对环境污染小,影响不大,利用地表资源,不会造成生态破坏。

第六章　项目进度安排计划

该项目力争在二〇一一年十一月前做好前期准备工作,协调有关部门办理相关手续,十二月份开始动工建设,机械安装等,同时组织人员参加技术培训,办理相关证件,次年元月竣工投产。

××镇××村村民委员会

二〇一一年六月二日

【评析】

这是一篇小型的沙石厂建设项目可行性研究报告。全文由封面、标题、正文、落款和日期构成。标题由常见的单位、项目名称、文种三项内容构成。正文根据本村、镇的实际情况,以较简洁的语言和内容作论据,在项目建设的有利条件和效益上作了较全面的分析,可行性的论证是充分而有说服力的。全文目标明确、条理清晰、语言准确、分析深入到位,是一篇值得学习的范文。

二、技术引进可行性研究报告

××公司关于引进××××成套设备技术可行性研究报告

××××公司：

根据××市委下达的利用外资项目的通知精神，我厂××××成套设备、技术的引进已纳入市级项目计划中。为便于同贵公司共同进行合资引进，现将××××有关情况的可行性研究向贵公司汇报如下：

一、概况

××××是国外90年代发展起来的新产品，是××××配套的主要组成部分，这种设备具有使用方便、不用××，不用木材、便于××、××等多种用途，深受消费者的欢迎。

当前，我国木材供应紧张，仅我厂一年就耗用木材××立方米。为此我国××的研制一直受到省、市有关部门和轻工部的重视。我厂××研制是2000年轻工部重点厂（四个）之一，在市领导重视和大力支持下，由市科委组织我厂和×市化工所自××年××月开始进行共同研制，于××年××月初步研制成功，在国内第一家完成试筹建工作，并投入了批量生产。

二、目前生产状况及存在问题

按照×××工艺要求，配齐了全部生产设备。设备总计××台。

上述设备中部分设备属于代用设备。为了对××设备进行选型和定型，轻工部于××年××月组织了大连、北京、上海××一厂、二厂、上海××机械厂进行设备调研工作，分别对布点的4个厂进行循环检查。检查结果，目前生产××的4个厂生产设备各有不同，无论在设备上、技术工艺上都不同程度存在一些问题。效率上不来，迟迟形成不了生产能力，质量也不稳定，轻工部对此尚未得出准确的结论。

从全国统计资料来看，国内4个厂生产的××总计不超过××。我厂从××年××月正式开始生产，至今仅仅生产了××（原设计能力年产××），远远满足不了国内××配套需要和国内外对××要求。

主要问题：

1. ××技术配方，虽经过反复试验研究，取得了初步成功，但通过一年生产实践来看，存在着很多弊病。采用的××剂，由于××对温度敏感性很强，受温度影响很大，因此××速度很低，××仅达×米/分。

2. ××和××采用××进行溶解，其含量约××%。××是一种有毒物质，对工人身体健康是有影响的。

3. ××压力要求比较高，（一般要求××～××千克/平方米）对设备性能要求很高，操作极难控制，由于××压力波动性大，××质量也不稳定，××质量合格率仅能达到××%左右，强度达××千克/平方米左右。

4. 代用的真空××炉耗电量太高，每炉装量××，耗电量就达××余度。

5. 经济效益上不来,处于亏损生产状态。

三、同日方厂商水平比较

据参阅和了解日方几个生产厂家的技术和设备情况,其先进性有如下几个方面:

1. 技术配方先进,质量高。经测定几个厂家的××,其中××公司××强度××平方米左右,××公司××平方米左右,××公司××平方米左右,特别是××均较我厂生产的××好。

2. ××率高,×速度均为×米/秒以上,较我厂高××余倍。

3. 根据日方提供的成套设备和劳力使用情况,其状况基本和我厂目前生产条件相同,引进全部设备,包括技术绝招,可形成生产能力为××,提高效率××倍左右。

4. 按日方提供的年产××,从经济效益来看产值××元,利润××元,税金××元。

目前,我国木材供应紧张,××专用材××资源逐年减少。根据轻工部指示,××产量今后几年要逐渐压缩,扩大发展××生产。所以近一二年来××发展很快,目前国内已有××个厂生产××,现在急需××的配套,由于××生产问题较多,技术不过关,质量不稳定,迟迟形成不了生产能力,远远满足不了××的配套和国内外对××的需求。

鉴于上述情况,经××市××总公司决定,同意引进××成套设备和技术,也指示我厂同贵公司共同合资进行引进。我厂愿意同贵公司双方合资进行引进,同时对贵公司的大力支持表示感谢。

其他事宜,另行商定。

上述报告当否,请提出宝贵意见。

同时,请贵公司对下述情况加以了解:

1. 据情况反映,目前生产××的最好的国外厂家有:

日本:××公司,××公司,××公司。

德国:××,××。

了解上述厂家的经营情况、设备技术情况、产品质量水平及能否愿意同我们合作。

2. 重点了解××(株)厂商。

此厂经营情况,设备、技术先进性,在日本的经济地位,提供的设备台数、报价,在日本与其他厂家比较报价是否合适,有无更先进的设备、报价情况。

3. 引进全套生产××设备及技术,除××(株)厂商外,咨询其他厂能否愿意和我们合作。

4. 全套引进需要厂地面积、劳力、能源情况。

附××(株)厂商成套设备台数、技术报价单一份,供咨询参考。

大连××厂

××年××月××日

【评析】

这是一篇小型的技术引进可行性研究报告。全文由标题、正文、落款构成。标题由常见的单位、项目名称、文种三项内容构成。正文根据自身的实际情况，以较精练的语言和内容作论据，并与国内外企业均作了较全面的对比，可行性的论证是充分而有说服力的，最后得出可行性的结论。全文条理清晰，语言准确简明，分析全面深入，是一篇值得借鉴的范文。

综合练习

一、改错题

（一）下文是一篇可行性报告的目录，请你从全文整体出发，找出其中结构的不足和不合理之处，并加以修改。

目　录

第十二章　政策需求

（二）以下案例为江苏省某集团赴非洲某国开展境外加工贸易的可行性研究报告提纲，其内容包括下述十个方面，请尝试运用所学知识分析结构、内容、论证等方面是否合理，并说明原因。

第一章　项目概况，包括企业名称、性质、总投资规模、注册资本、资金来源、项目负责人、项目背景、可行性报告的内容简介。

第二章　合资经营各方的情况。

第三章　市场预测和生产经营计划，包括市场销售预测（近期和远期）、生产规模（一期、二期、三期）、经营规模（分期的销售计划、销售方式）。

第四章　物料供应计划，包括原材料供应（分年度、来源）、电、水等基础设施的保障。

第五章　合营地点确认，包括厂房的地理位置（平面图）、各种有利的生产经营条件（各种优惠条件）、费用核算。

第六章　项目的设计，包括生产设计、设备选择、环保、土建工程要求、消防设施。

第七章　管理机构和职工，包括公司的法律形式、公司领导机构的设置、管理机构的形式、职工人数、工资水平、福利、待遇的确定（社会保险、医疗费的确定）。

第八章　项目的实施计划，从项目启动到竣工的具体布置。

第九章　投资总额和资本的筹备（总投资、投资比例、出资形式、流动资金）。

第十章　项目的财务与经济评价，包括投资收益率、投资回收期、产品的销售计划表、总成本费用表、利润分析表和盈亏平衡分析表和外汇平衡表。在此基础上得出相应的结论。

二、写作训练

通过对大学生家教市场活动的观察，某同学意识到家教市场有着较大利润空间，然而目前家教行业处于自发状态，缺少有实力的、较规范的、有知名度的中介公司，该同学决定筹措资金成立一家家教中介服务公司，请代为拟一份可行性研究报告。

第五章

Chapter 5

经济活动分析报告

【学习目标】

· 了解经济活动分析报告的概念、作用及特点。
· 理解搜集整理经济活动分析报告写作资料的方法。
· 掌握经济活动分析报告的写作方法和要求。

第一节　经济活动分析报告概述

一、经济活动分析报告的概念及作用

（一）经济活动分析报告的概念

经济活动分析报告是国家经营管理部门或企事业单位以科学的经济理论和经济政策为指导，在遵循市场规律的前提下，以计划指标、会计核算、统计数据和调查反馈所获得的真实经济资料为依据，对特定地区、行业或部门在一定时期内的经济活动状况进行科学分析评价而写成的书面报告，它是有关部门进行现代经营管理决策时常用的一种重要的指导性文书。

（二）经济活动分析报告的作用

开展经济活动分析对经济管理部门或企业具有十分重要的作用。

1. 有利于经济管理部门掌握情况，把握规律，为经济决策提供依据

经济活动分析报告是在了解一定时期的经济现状、找出经济问题、预测未来发展趋势等基础上形成的综合分析报告，它为经济活动以及经济决策提供了基本依据：一是确定经济问题；二是分析经济问题多种成因；三是抓住问题核心，对主要经济矛盾、难点等提出多种解决方法或相关标准；四是进行必要的调查；五是多预案选择并进行评估，选出最佳解决方案；六是对选定的方案进行可行性预测、组织、投入、实施等的综合配套；七是具体实施；八是对实施

的全部过程进行跟踪,并解决过程中出现的新问题;九是利用反馈对各项指标进行效果比对;十是建立必要的资料档案。这些依据具有相当的代表性:它揭示了经济的发展规律,为实现科学的决策提供了可靠的保证,有利于经济管理部门或相关单位了解情况,修订原有的计划、决策,从而制定更符合实际的经济决策。

2. 有利于企业经营管理者提高管理水平,增强竞争力

经济活动分析报告贯彻着管理的要素和管理内容,是管理的重要组成部分。它反映经济活动的进程,提示现代管理的新模式、新体系,丰富管理的多元化、立体化和决策化模式,必然会增强经济实体的竞争力,实现自身的整体性跨越。例如汽车工业革命的里程碑——美国福特公司请工程师沃尔特·弗兰德建立的世界上第一条流水生产线,该生产线生产汽车由每22小时18分生产一辆变为9分多钟生产一辆,实现了500美元一辆车的销售目标。这就是"管理-决策-竞争"的极好体现。

3. 有利于财经、统计等部门发挥职能作用以及政府部门发挥监督管理作用

财税、金融、统计等部门可以通过经济活动分析报告了解各种经济实体的现状、生产经营、技术改造等情况,作出宏观经济分析,掌握国民经济现时的运行状态,采取措施,求得国民经济协调平衡发展。同时,经济活动分析报告又为政府部门对国民经济的监督管理和宏观调控提供了重要依据,特别是对带有垄断性、经济市场高占有率、产生高效益的国家大型企业或集团进行有效的监督管理,提供了最直接的保证。

4. 有利于经济实体了解经济动态,采取积极对策

经济活动分析报告还是预测经济变化趋势的晴雨表,能真实地反映经济现状和动态,揭示其发展趋势。经济实体可以将经济活动分析报告作为导向,不失时机地采取相应对策,从容面对经济现状,提升自己经济持续健康发展的能力。把握经济发展的积极对策多种多样,关键在于务实高效,为我所用。

5. 有利于单位、部门、地区互通信息,促进经济交流

信息互通是社会进步的一个标志,也是经济发展的重要推动力。传播一般可以分为告知传播、说服传播与娱乐传播三种。传播信息,促进经济交流,可以加快经济发展,带来经济进步,经济活动分析报告就是信息传播和经济交流的极好形式。它打破封闭,激活各种经济要素,各相关单位可以从经济活动的形式、方法、计划、对策等不少要素中相互融合,取长补短,丰富自己的经济活动内容,提高经济创新质量,创造更多的经济活动模式,推动单位、部门、地区强强联手,形成规模经济的发展势头。

二、经济活动分析报告的特点及种类

(一)经济活动分析报告的特点

1. 定期性

经济活动分析报告是对一定时期内已经完成的企业的生产经营活动的分析与总结,通常在年终或者企业自定的生产周期内或者一个经营环节后进行,具有明显的定期性。

2. 检验性

经济活动分析报告是对一定时期内企业生产经营活动的检验评估,检验的标准是企业自行地根据国家相关的方针政策、法令法规以及经济理论及自身的资源禀赋情况制订的计划指标。

3. 对比性

经济活动分析报告的形成在于使用大量的真实数据的对比分析,不同的经济活动由不同的经济技术指标构成,有不同的分析要求和计算方法,专业技术性强。检验每一项经济指标的完成情况,以及相关因素等,必须通过数字对比(包括图表等)来加以表示、说明。有比较才有鉴别,才能明辨得失优劣,确定方向。

4. 指导性

经济活动分析报告的目的在于通过对现在的分析去影响未来的工作,通过对现有状况的分析,找出成绩取得或者不足产生的主要原因,找出薄弱和优势环节,提出解决的建议和具体措施,具有承前启后的效用,指导作用突出。

5. 综合性

经济活动分析报告一般要对企业分散的经济现象进行分析,用简明扼要的语言反映和说明企业经济活动的状况,揭示经济活动的规律,使企业领导及有关方面掌握行情,了解有关部门和本单位的生产情况、计划完成情况、库存状况、资金周转状况、供销情况以及利润情况等。可见,要对企业的经济活动给予判断,必须要对经济活动进行全面的、综合的考察。

(二)经济活动分析报告的种类

根据不同的分类标准,经济活动分析报告主要有以下类型:

1. 根据时间划分

根据时间划分,有定期经济活动分析报告和不定期经济活动分析报告两大类。

2. 根据分析对象的范围划分

根据分析对象的范围划分,有宏观经济活动分析报告与微观经济活动分析报告两大类。

(1)宏观经济活动分析报告。

宏观经济活动分析报告是从整体或全局的角度,对一个国家国民经济全局性问题或行业共性问题进行分析而撰写的报告。

(2)微观经济活动分析报告。

微观经济活动分析报告是从一个局部或部分对个别企业的生产经营活动进行分析而撰写的报告。

3. 根据分析内容的广度和特点划分

根据分析内容的广度和特点不同,通常将经济活动分析报告分为以下三种:

(1)全面经济活动分析报告。

全面经济活动分析报告是就一定时期内经济活动的整体情况进行全面、系统的分析研究之后写成的报告,又称综合性经济活动分析报告或系统性经济活动分析报告。这类报告通常是在全面把握各项任务指标完成情况的基础上,重点分析经济活动中具有全局性的一些关键环节或重要影响因素,深入研究其中具有普遍意义的重点问题,从而对分析对象作出系统评价和全面总结,揭示经济活动发展变化的特点及其规律,有针对性地提出今后改进的对策和发展方向。这类报告的内容涉及面广泛,所做工作较多,通常用于年度、季度或半年末的定期经济活动分析。

全面经济活动分析报告的特点在于综合性、全面性,要求对重要项目或指标进行较系统的分析研究,不要遗漏重要内容,避免得出片面的结论,以确保意见或建议的科学性。写这类报告又要有所侧重,重点放在直接影响经济效益的方面,不能主次不分,抓不住重点,分不清关键问题和一般问题、主流问题和支流问题,眉毛胡子一把抓,就会让人摸不着头绪,因而失去报告应有的指导意义。

(2)单项经济活动分析报告。

单项经济活动分析报告是根据经营管理部门或企事业单位经济活动的实际需要,对其中某一重要的经济指标或重点存在的问题进行专项调查之后写成的书面报告,又称专题性经济活动分析报告或专项经济活动分析报告,如成本核算分析、产品质量分析、贷款使用情况分析、资金运营情况分析、财务收支和损益情况分析、经济效益状况分析等。它不受时间限制,可以根据需要随时进行不定期的分析。

单项经济活动分析报告的特点在于内容专一,主旨突出,针对性强,分析透彻及时,形式灵活。写作时确定的分析目标一定要集中明确,一般是针对某一部门或单位在某一时期内出现的新变化、新情况或急需解决的带有普遍性的问题等特定方面进行专门分析,具有较强的操作性。

(3)简要经济活动分析报告。

简要经济活动分析报告是由有关的职能部门或相关专业人员,结合所分管的业务范围,对某些重要问题或经济指标进行分析,用来说明经济指标执行过程中的变化发展情况或完成情况的书面报告,又称部门经济活动分析报告或说明性经济活动分析报告。

简要经济活动分析报告的特点在于篇幅简短,内容涉及单一,文字简明扼要,分析切合实际,具有明显的针对性和较强的业务性。它是财务部门经常使用的一种分析报告。

(三)经济活动分析报告与相关文种的区别

1. 经济活动分析报告与调查报告的区别

一是时间要求不同。经济活动分析报告时间性较强,带有定期性特点,即在年终、季末、生产或经营告一段落后写成;调查报告则要求及时发现、及时调查、及时写出,时间上可不定期。

二是内容侧重点不同。经济活动分析报告是专门分析经济活动情况,重在对各项经济指标的分析,提出建议和对策;调查报告的内容较为广泛,不仅仅限于经济活动。

三是表述方式不同。经济活动分析报告有指标、数据、表格的分析说明,常用特定的经济术语、数字演算、专业性用语等;调查报告的形式和内容更灵活多样,叙述为主,兼议论和说明,语言生动,可使用一些修辞手法。

2. 经济活动分析报告与经济预测报告的区别

一是内容侧重点不同。同样是以调查分析为基础,同样要使用大量的数据和资料。但是经济活动分析报告侧重于对过去和当前的经济活动分析;经济预测报告则重在预测未来一段时间内的经济活动状况。

二是表达方式不同。经济活动分析报告重在分析,多议论、评价、说明;经济预测报告重在预测,多说明、测算、评估。应该注意的是,以上两种报告在文体上可以合二为一,称为“经济活动分析与预测报告”。

第二节　经济活动分析报告写作

一、经济活动分析报告的写法

(一)经济活动分析报告资料的搜集、整理和分析

充分占有资料是写好经济活动分析报告的基础和前提。经济活动分析报告要做到分析有理有据,结论真实准确,就必须做好资料的搜集、整理工作。

1. 资料的来源

经济活动分析报告所用的资料一般可以从本单位或本部门一定时期的各种会计核算资料、统计资料中获得,也可以从本单位或本部门作为经济活动分析重要指标的各项计划资料、考核企业经济效益比率的历史资料中获得,还可以从实地调查掌握的用于说明企业经营情况

的第一手资料获得。

2. 资料分析的方法

经济活动资料的分析要掌握科学的分析方法。常用的分析方法有比较分析法、因素分析法、综合归纳法、预测分析法等。通过这些方法的综合运用可以清楚地了解本单位现阶段存在的问题和差距,探求出各种因素之间的相互关系,找到影响经济活动开展的原因,对经济活动状况进行科学分析,从而明确写作思路,为提出改进措施和建议奠定基础。

(1)比较分析法。

比较分析法又称对比分析法、指标分析法。它是将两个以上具有可比性的数字资料加以对比,根据对比的结果来研究经济活动状况的方法。这种方法,在定量分析中最为常用,并且指标存在可比性,是比较分析的基本特征。

运用比较分析法可以从以下几个方面来进行:

①比计划:是把本期的实际完成数与计划数相比较,说明计划的执行情况,确定分析的主要方面,找出计划完成或未完成的原因。

②比历史:是以本期的实际完成数与上期或一年同期的完成数相比较,或与同行或本单位历史上最好或最差的水平相比较,借以反映经济活动的发展变化,以便进一步做好经济工作。

③比先进:又称类比法,是以本期实现数与基本条件大致相同的先进单位的实现数相比较,或与国外先进的同行、同类产品相比较,从中发现问题,找到差距,从而促进自身的转化。

④总体与部分比较:这种比较常用部分经济指标与总体经济指标进行比较,把握计算构成的比率来说明指标的变化,如部分销售指标与总体销售指标的比较等。

⑤不同性质的指标比较:这种比较就是用性质不同却又相关的指标比较,如生产员工的人数与生产成果的比较来反映生产效率等。

⑥不同时期的同类指标比较:将同类指标放在不同时期的状态中比较,从中计算出动态性的比率,借以反映这项指标的增减和发展方向。

(2)因素分析法。

因素分析法又称连锁替代法。它是对某一项经济指标是否完成的诸多原因进行分析后,从中找到根源所在,进而解决问题。这种分析法,一方面可以选取各项因素变化的数据,了解它对综合指标所产生的影响;另一方面可以在各项因素分析中找到主要因素,再进一步找到问题的关键所在。运用因素分析法要注意:

① 抓好主要因素作重点分析。因素多种多样,生产性的、销售的、资金的等等,并且这些因素常常交织在一起。在分析因素时,不能主次不分,要抓住反映本质的、在诸多因素中起决定作用的主要因素。对主要因素的分析要抓住本质,反映结果,说明根本原因是什么,这些都是通过重点分析来获取的。

② 抓好倾向性因素作预测分析。倾向性因素是指有明显倾向性,有可能发展成为主要

因素的因素。对它的预测分析，目的在于引起领导和有关部门的重视，有利于制定对策。

③ 抓好分析的主观和客观因素。因素变动既有主观原因，也有客观原因。因此，不能以客观原因掩盖主观因素，也不能以主观因素代替客观因素。结合以上因素，请看这样的事例：新的研究表明，经常看电视或报纸的人常常对一些已经明确的问题存在偏高估计的现象，例如电视中有20%以上的角色与法律有关，于是会认为实际从事法律工作的人数比电视报纸报道的从业人数高出2%以上；联合国1999年10月12日公布世界人口突破60亿，并确定这天为“世界60亿人口日”，而经常看报纸的人却认为实际总人口数应该在61亿至63亿之间；看到电视、报纸等对犯罪的报道，不少人会不自觉地认为社会犯罪率提高3% ~5%；对某些自然灾害、人为事故的损失率，也常常会有偏高的估计。由此，我们可以对一些经济活动这样分析：其一，以抓好主要因素作为重点分析，过分依赖主观判断或客观条件会出现“经济活动的估计偏差”；其二，以抓好倾向性因素作为预测分析，估计偏高的现象还会存在，要对此作出科学的分析与预测；其三，人们对经济活动的选择存在倾向性、偏好性等主观原因，而某些客观环境或条件会影响自我的接受效果，两者不能相互替代或掩盖，要特别注意两个因素的客观影响。

(3)预测分析法。

预测分析法又称动态分析法、趋势分析法，是通过对经济活动发展趋势的分析和判断，来研究某种经济活动或现象出现变化与未来前景的分析方法。它是按分析对象的特点和分析目的，将有关经济指标或反映发展的动态指标，按时间顺序排列为动态序列加以分析。这种分析法关键是积累和掌握各时期统计资料，编制动态数列，用增长量、发展水平、增长速度等有可比性的指标进行分析。

预测分析法又可分为统计分析法、经验预测法和计划预测法。

①统计分析法：是用过去的实际统计资料，分析其发展趋势，以此来预测未来。

②经验预测法：是用以前在经济活动中所取得的成就、经验和教训，对所遇到的新问题进行预测和判断。

③计划预测法：是参照国民经济计划和上级主管部门制定的指标或指导性计划来预测经济发展的趋势和变化，或根据这种趋势和变化来制订计划。

(4)综合归纳分析法。

综合归纳分析法又称综合评价法，是对各项指标的执行情况进行对比、计算和评价的方法。这种方法从整体上权衡得失，全面判断分析，然后得出高效、低效、无效、最佳、一般、低劣等综合性评议或选择建议。这种分析方法全面可靠，但在运用中要避免主观性、片面性，防止把次要因素当作主要因素，把偶然因素当作必然因素。

(5)调查分析法。

调查分析法是通过个别交谈、座谈会、电话、网上查询等形式，收集必要的数据资料，结合实际情况进行分析研究的方法。这种调查分析法易于了解经济运行和发展的实际状况，来源真实，被广泛使用。请看下面一个调查分析的范例。我们经常看到商家的价格战风起云涌，降价宣传铺天盖地，这是真的降价吗？经过对中国南京等城市的调查分析，世界著名营销大师、原美国市场营销学会会长、美国的世界科特勒营销集团总裁米尔顿·科特勒道出了价格战的实质：价格战是商家应该让出的价格空间，是获取了利润后的"形象广告"，绝非是对消费者的真正优惠；商品价值人为偏高，与价值不符应该降价；为了排挤同类商品或同行的竞争而降价；商品换季、积压、经营转向、经营不善等降价；标高价再打折销售是一种"美丽的欺骗"。米尔顿·科特勒认为，价格战是企业领导与管理层出现了问题，是一种低级的营销竞争，是一种没有前途的短期行为，是很多商家没有去认真研究的一种危险信号。

为使报告分析得更为透彻，结论更为准确，一篇报告中往往不止运用一种分析方法，而是综合运用多种分析方法，以其中一种方法为主，其他方法为辅。这样可以互为补充，扬长避短，使分析能够由此及彼，由表及里，更加全面深刻，更具说服力。

3. 资料搜集整理的注意事项

资料的搜集整理要注意三个方面的问题：一是时效性，二是典型性，三是系统性。

时效性是指搜集材料要及时，报告要快速。对于任何企业来说，把握住时间就是把握住了商机和效益，分析报告如果跟不上形势发展，满足不了需要，就会失去其应有的价值。因此，对所需的各种资料平时就要注意随时搜集，不能临时抱佛脚。这样便于平时就发现问题，写起来自然得心应手，能够找准症结所在。

典型性是指善于筛选，去伪存真，选择最能反映本质问题的材料。通过各种方法和渠道搜集来的大量资料，毕竟还是零散的、表面化的，还需要进一步认真筛选、分类，舍弃非本质的材料，保留可靠的、典型的、最能反映本质问题的材料。

系统性是指对选取好的材料要进行分析、比较，要认真合理归纳，使之形成有机的整体，以便透过现象把握本质和规律，从而得出科学的结论。

（二）经济活动分析报告的结构形式

经济活动分析报告的形式具有多样性：有的是前部分是文字分析，后部分是数字图表说明的"前文后图"式；有的是以文字分析为主，数字图表穿插其中的"文中插图"式；有的是以数字图表为主，文字分析作为数字图表的解说附在后面的"数字图表说明"式；有的是文字分析后再加上数字图表说明，接下又是文字分析加数字图表说明的循环排列，构成"文图递进"式。但不管采取何种形式，其基本结构一般都包括标题、前言、正文、结尾、落款及日期等部分。

1. 标题

经济活动分析报告的标题有不同的写法，常见的形式如下：

（1）完整式标题。

完整式标题一般由单位名称、期限、分析内容和文种四项要素构成，类似于公文标题。其中"关于"一词通常可以省略，文种可以写成"情况分析""分析报告""状况分析""完成情况"等。如《北京市建设银行 2011 年年终存款余额的数字分析报告》《中国西部地区 2010 年农村劳动力转移的情况分析》。这种写法运用比较广泛。

(2)简要式标题。

在完整式标题中,可根据具体情况,省略其中的单位名称或期限,或者两项同时省略,只保留分析内容和文种,这种标题称为简要式标题。这种形式以专题性分析报告使用居多。如《上海市税务局关于税收任务完成情况的分析报告》《上半年空调销售情况分析》《××集团股份有限公司流动资金使用情况的分析》等。需要注意的是,标题中省去的要素,在正文中必须交代清楚。

(3)观点式标题。

在标题中直接揭示观点,使人一看就能把握报告的中心,这种标题称为观点式标题,又称论文式标题,如《提高管理水平,改善成本管理》《对扩大消费拉动经济增长的几点思考》等。这类标题比较醒目,让人一看就能了解撰写报告的目的。

(4)问题式标题。

为使标题新颖醒目,分析报告的标题也可以采用提问的方式,引发悬念,发人深省。如《××公司产品质量为何走下坡路》。

(5)正副结合式标题。

为使标题内容更为具体,表意更加清楚,分析报告也可用论点式标题为正标题,直接突出主题,再加上副标题进一步补充说明分析的对象和内容。如《宏观调控重在力度——房价上涨与回落透析》《质量稳定提高,问题依然不少——关于××公司2009年度产品质量的经济分析报告》等。

分析报告的标题样式多样,因报告的种类不同,标题在内容上会有所侧重,但是无论采用哪种标题形式,都要注意准确概括报告的核心内容,做到文题相符,精炼明确。

2. 前言

前言又称开头、导语、引言。从经济活动分析报告基本情况、评估分析、建议对策三部分内容来看,前言部分是基本情况的介绍。这部分主要包括分析对象、目的、意义、内容等要素。其写法上主要是有针对性地提出问题,交代基本情况。此外,有些前言是先提出分析内容、范围,或说明分析的目的,再针对分析的问题介绍基本情况。

3. 正文

正文部分是分析报告的核心部分,主要阐述经济活动运行的情况及出现这种态势的主要原因及解决建议,基本遵循"怎么样——为什么这样——应该怎么办"的写作思路。主体部分一般包括以下几方面内容:

①说明情况,作好铺垫。这部分立足于全局,全面介绍经济活动在一定时期的基本情况,如财务指标的完成情况、资金周转情况、利润增减情况、产品质量达标情况等,让读者了解到这一时期各项经济活动指标的整体状况到底"怎么样",做到心中有数,以便为下文分析原因

作好铺垫。在表达上,情况说明要简要概括,准确清楚,通常采用概述和说明的表达方式,运用大量的统计数据,有时还辅以图表加以说明。

②分析原因,评价效益。分析是经济活动分析报告的核心所在,在前面列举材料,介绍情况的基础上,要运用多种分析方法对影响经济效益的各种因素和有关数据进行科学的分析和评价。一般要把本年各项经济指标完成的数据与上年同期或本年计划相比,以揭示期间的差异,然后依据调查所得的资料,分析产生差异的原因。如果只列举材料,缺乏深入细致的分析与评价,那么分析报告就会流于肤浅,其参考价值就会大打折扣。

③内容上,由于经济活动分析报告类型不同,对简要分析报告,一般只抓主要的指标进行重点分析;对专题分析报告,则要抓住专题分析的对象,有针对性地进行分析。

④写法上,可以把情况和分析分开写,也可以把两者放在一起写,即边写情况边进行分析。具体采用什么方法,可根据具体需要灵活把握。

4. 结尾

结尾是安排建议和对策内容部分。大体有分析的结论、改进意见或建议、具体的措施、办法、要求等内容。这部分要清楚表明建议和对策等以突出最后的重点。

所以这部分在写法上应提出建议,指明方向。主要是根据分析中存在的问题,有针对性地提出今后改进的意见和办法。撰写分析报告的目的就在于通过分析找出解决问题的有效方法,明确回答“应该怎么办”的问题。它是分析报告价值的集中体现,在指导企业改善经营管理、为企业作出科学决策提供参考方面起着重要作用,应着力写好。

表达上,建议应简明概括,篇幅不宜过长。可以用条款式简要分条归纳,也可用一两段文字概括陈述。要注意针对性强,具有可行性,这样才便于决策者参考采纳。

5. 落款及日期

在正文右下方注明撰写者的姓名或单位名称以及写作日期,以备查考。如分析报告需公开发表,撰写者的姓名或单位名称则要置于标题之下。

二、经济活动分析报告写作要求

(一)问题准确,观点鲜明

经济活动分析报告虽然是从指标入手,以经济数据作为主要的分析依据,但不能“纸上谈兵”,把它作为唯一的依据,只能作为深入分析的向导。所以,还要根据经济数据,深入调查研究,做到心中有数,把指标数据的分析和掌握的具体情况紧密联系起来,相互印证和补充,去粗取精,使分析的结果既能正确说明问题,又能有效解决问题。

(二)深入调查,科学分析

经济活动分析报告要确保分析全面和观点正确,就必须围绕分析目的深入实际展开调查,充分掌握各项经济指标和经济活动的具体材料。只有深入调查,才能获得更多资料,同时验证已有材料的真实度。经济活动分析是一门科学,撰写经济活动分析报告必须掌握科学的分析方法,这样写出的分析报告才能具有严密的科学性,从而能够正确指导经济活动。

(三)材料典型,数据精确

材料是分析的基础,分析报告的撰写必须要运用好材料。材料的运用要注意以下几个方面:一是收集已有的资料,如计划资料、统计资料、会计核算资料、相关原始记录上年同期资料、同类先进单位资料等;二是要典型,具有代表性,要注意对现有材料的核实、鉴别与筛选,及时发现与计划指标存在差异的情况,这样才能把好材料关,提高分析质量,为结论的准确性奠定基础;三是数据精确,做到科学无误。经济活动分析报告的写作要运用大量的数据,运用数据要善于从它的变化中找出问题,进行分析,对于数据的抄录要慎重,不能出错,审核要严格,尤其是各种绝对数、相对数、平均数、百分比等,切忌数据的堆砌而无分析。只有采用的数据准确、科学,才能说明问题,得出符合客观实际的结论。

(四)措施建议,切实可行

提出措施、建议、对策等是经济活动分析后的结果。所提措施一定要"点面结合",所谓"面"就是要有意见、有建议、有对策的具体方案;还要有突出主要措施,对策的"点",这是对"面"的深化。一定要在分析、评价的基础上提出切实可行的对策,以指导经济工作或为经济决策提供参考,所提对策不能空、大、套,不能泛泛而谈,而要具体实在,有理有据,切实可行。

(五)语言简明,结构清晰

经济活动分析报告内容宽泛,并且具有很强的专业性,所以在语言表达上要求准确、朴实、深入浅出、通俗易懂,关键性用语要确定,不可含糊,表达要精炼、中肯。清晰的结构有利于安排材料,翔实的材料有利于分析,深刻的分析有利于写出优质的报告,所以,结构所反映的具体格式一定要清晰,才能产生良好的写作效果。

第三节 经济活动分析报告例文及评析

一、财务分析报告

二〇一一年××省财务状况分析报告

二〇一一年全省纯购进总价值××亿元,比上年增长××%;纯销售××亿元,比上年增长××%;企业全部流动资金周转为××天,比上年加快×天;费用水平为××元,比上年下降××元;全员劳动效率为×万元,比上年提高××%;百元流动资金和固定资产提供利润为××元,比上年增长××元。

一、财务指标分析

二〇一一年除去返利、价格补贴外,净实现利润×亿元,比上年增长××万元,提高××%。在购销扩大的情况下,局、公司两级利润分别比去年上升××%和××%。从环节上看，实现利润额××万元，比上期增加×%。本期中，我省广大农村虽然遭受了严重的自然灾害，但由于经济政策的落实，调动了农民生产的积极性，××公司××工厂的多种经营仍然发展较快。棉、麻、烟、茶、茧和畜产品的收购量都超过了上年。土特产品中××、××等二十多个品种也比上年有较大增长。由于农民收入增加和农村货币的增多，农村商业购销两旺。农业生产资料的销售比上年增长××%，生活资料的销售比上年增加××%，达到了××亿元，带来了积极的财务效果。××公司销售总额达××亿元，比上年增长××%，利润上升××%，每百元销货的利润从××元上升到××元，增加利润×百多万元。主要原因是：

1. 进销毛利增加。从二〇〇六年以来的五年间，毛利大多为××%～××%，今年上升××.×%，增加××.×%。

2. 费用水平下降。由于采取了较多措施，除少数公司外，绝大部分公司的费用水平平均有不用程度的下降，全省费用水平由同期的××%下降到××%。

3. 财产损失减少。各公司的财产损失×××万元，比去年同期减少×百万元，节约××万元。

4. 其他支出节约。全省各公司共支出×百万元，比上年减少×百万元，节约××万元。

5. 亏损状况好转。由于加强了企业管理，亏损面比上年大大减少，亏损额由上年的××万元，减少到××万元，其次是县以上企业利润比上年增加××万元。

二、资金运用的分析

××年底，我省流动资金占用××亿元，在销售增加的情况下，资金周转加快×天，每百元资金占用所提供的利润由上年的××元，提高到××元，资金利润率提高的主要原因有：

1. 自有流动资金的扩大。（略）

2. 结算资金占用减少。（略）

3. 产品资金继续下降。（略）

二〇一一年虽然取得了较好的成绩，但也存在很多问题，特别是少数地区，问题较严重，其主要表现在：

1. 费用水平回升。在连续五年的下降后，少数地区开始回升。

2. 利润完成不平衡，不实在。××市和××地区的利润上半年就完成了一年的计划，但因怕“鞭打快牛”，财政年年加码，所以下半年无利反亏，出现了历史上少见的虎头蛇尾状况。

3. 库存高，“肚子大”，周转不灵。我省少数地区周转一次××天，比全省平均的××天慢××天。因库存长期积压，造成损失较大。

4. 企业亏损，尤其是××公司的亏损，金额在增加。

二〇一二年要在保证完成各项财务指标的前提下，积极扩大营销业务，做好各项工作。

1. 要认真贯彻执行国务院“关于严肃财政管理八项规定”，大力节减企业管理费用和行政经费。

2. 要善始善终地搞好清产核资工作。

3. 要提高会计核算质量，结合“拨货计价实物负责制”建立健全各项规章制度，提高经营管理水平。

4. 继续搞好会计人员技术职称的考核、评审工作，以此调动广大财务人员的积极性。

附：二〇一一年全省若干财务指标执行情况表“三份”（略）

二〇一二年十二月二十日

【评析】

本例文是经济活动分析报告，文章从具体的财务指标入手，针对各个指标的变化情况，分析了由此而引起的资金变动情况，在此基础上，指出了经济活动可能存在的问题；其后，为更好地完成各项财务指标，提出了相应的具体改进措施及工作任务；最后，附上财务指标执行情况表。整篇分析报告结构完整，内容全面，语言流畅，完全符合经济活动分析报告写作的要求。

二、财务报表分析

徐工机械2008～2010年偿债能力指标计算

徐州工程机械科技股份有限公司（以下简称公司）原名徐州工程机械股份有限公司，系1993年6月15日经江苏省体改委苏体改生(1993)230号文批准，由徐州工程机械集团公司以其所属的工程机械厂、装载机厂和营销公司1993年4月30日经评估后的净资产组建的定向募集股份有限公司。公司于1993年12月15日注册成立，注册资本为人民币95 946 600.00元。1996年在深圳证券交易所挂牌上市。截至2010年12月31日徐工机械注册资本为1.031 4十亿元。公司主要从事工程机械及成套设备、专用汽车、建筑工程机械、矿山机械、环卫机械、环保设备、商用车、载货汽车、发动机、通用基础零部件、家用电器、仪器、仪表、电子产品制造、加工、销售以及环保工程。

徐工机械控股股东徐州工程机械集团有限公司在2011年度"中国机械500强"获得96.988 8分，排名第14位，比2010年上升了一位；工程机械行业第1位。"中国机械品牌100强"排名第7位，"世界机械品牌100强"排名第84位。

偿债能力是指企业偿还到期债务（包括本息）的能力。能否及时偿还到期债务，是反映企业财务状况好坏的重要标志。通过对偿债能力的分析，可以考察企业持续经营的能力和风险，有助于对企业未来收益进行预测。企业偿债能力包括短期偿债能力和长期偿债能力两个方面。

一、偿债能力指标（表5.1）

表5.1　徐工机械2008～2010年度偿债能力指标表

偿债能力指标	2008年	2009年	2010年
营运资本/十亿元	0.86	0.63	8.01
流动比率	1.07	1.06	1.64
速动比率	0.57	0.73	1.18
现金比率	0.2	0.48	0.72
资产负债率	0.64	0.71	0.51
产权比率	1.76	2.42	1.06
有形净值债务率	1.88	3.16	1.17

二、偿债能力主要竞争者及同业比较

1. 2008 年度偿债能力比较(表 5.2)

表 5.2 徐工机械 2008 年度偿债能力主要竞争者及同业比较指标表

偿债能力指标	徐工机械	排名	中联重科	太原重工	行业均值	行业最高	行业最低
营运资本/十亿元	0.86	13	1.02	1.20	0.53	5.50	-3.99
流动比率	1.07	37	1.08	1.18	1.48	4.17	0.41
速动比率	0.57	37	0.68	0.84	0.98	3.40	0.29
现金比率	0.2	20	0.26	0.22	1.08	2.51	0.04
资产负债率	0.64	11	0.77	0.73	0.54	0.82	0.19
产权比率	1.76	11	3.33	1.85	1.50	4.65	0.24
有形净值债务率	1.88	15	5.84	1.53	2.17	25.92	0.26

2. 2009 年度偿债能力比较(表 5.3)

表 5.3 徐工机械 2009 年度偿债能力主要竞争者及同业比较指标表

偿债能力指标	徐工机械	排名	中联重科	太原重工	行业均值	行业最高	行业最低
营运资本/十亿元	0.63	20	1.04	1.81	0.83	6.06	-2.02
流动比率	1.06	39	1.05	1.25	1.67	9.58	0.66
速动比率	0.73	41	0.73	0.99	1.21	9.17	0.40
现金比率	0.48	18	0.23	0.23	1.49	7.65	0.07
资产负债率	0.71	7	0.77	0.72	0.52	0.77	0.09
产权比率	2.42	7	3.43	2.52	1.33	3.43	0.10
有形净值债务率	3.16	3	4.93	1.15	1.56	4.93	0.11

3. 2010 年度偿债能力比较(表 5.4)

表 5.4 徐工机械 2010 年度偿债能力主要竞争者及同业比较指标表

偿债能力指标	徐工机械	排名	中联重科	太原重工	行业均值	行业最高	行业最低
营运资本/十亿元	8.01	3	18.39	4.06	1.72	18.39	-1.65
流动比率	1.64	25	1.71	1.46	2.85	19.94	0.78
速动比率	1.18	25	1.37	1.24	2.34	18.55	0.48
现金比率	0.72	23	0.79	0.35	1.63	17.31	0.06
资产负债率	0.51	19	0.56	0.64	0.44	0.77	0.05
产权比率	1.06	19	1.29	1.77	105.75	3.40	0.05
有形净值债务率	1.17	20	1.42	1.77	1.18	3.76	0.05

三、偿债能力指标分析

1. 营运资本

营运资本是指流动资产总额减流动负债总额后的剩余部分，也称净营运资本，它意味着企业的流动资产在偿还全部流动负债后还有多少剩余。见表5.5和图5.1。

表5.5　徐工机械营运资本

单位：十亿元

项目	2008年度	2009年度	2010年度
徐工机械	0.86	0.63	8.01
排名	13	20	3
中联重科	1.02	1.04	18.39
排名	12	14	1
太原重工	1.2	1.81	4.06
排名	10	8	12
行业均值	0.53	0.83	1.72
行业最高	5.50	6.05	18.39
行业最低	-3.99	-2.01	-1.65

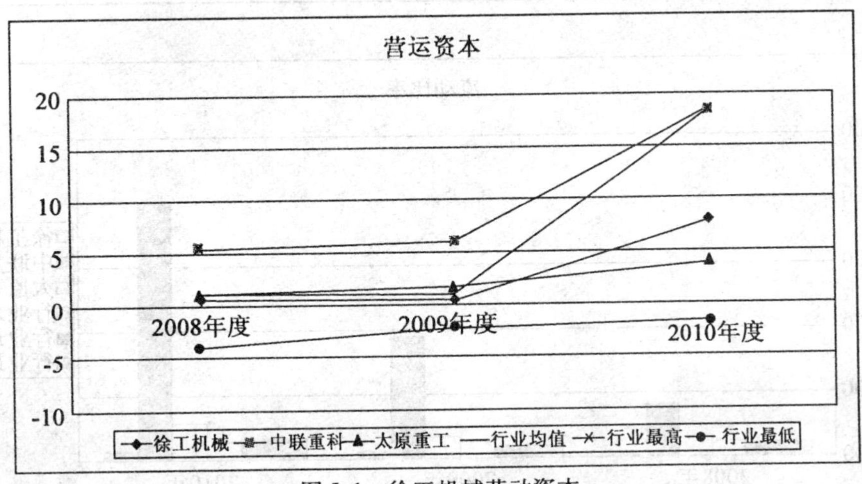

图5.1　徐工机械劳动资本

从表5.5和图5.1所列数据可以看出，徐工机械的营运资本2009年比2008年减少了0.23十亿元，降幅达26.74%。营运资本下降的主要原因在于应付股利增加了1.37十亿元。营运资本2010年比2009年增加了7.38十亿元，增幅达1 174%。其主要原因在于市场环境逐渐转好，经营扩大了。从行业数据来看，行业排名在不断上升，2010年更是上升到了第三名，但与主要竞争对手中联重科相比差了10.28十亿元。其主要原因是中联重科当年A股非公开发行募集5.479 4十亿元，H股发行募集10.717 9十亿元。

由以上资料来看，徐工机械的短期偿债能力在不断增强，并且在行业中的地位逐步提高。

2. 流动比率

流动比率是流动资产与流动负债的比值。流动比率的内涵是每元流动负债有多少元流动资产作保障，反映企业短期偿债能力的强弱。见表5.6和图5.2。

表5.6　徐工机械流动比率

项目	2008年度	2009年度	2010年度
徐工机械	1.07	1.06	1.64
排名	37	39	25
中联重科	1.08	1.05	1.71
排名	40	40	23
太原重工	1.18	1.25	1.46
排名	32	30	30
行业均值	1.48	1.67	2.85
行业最高	4.17	9.58	19.94
行业最低	0.41	0.66	0.78
标准值	2	2	2

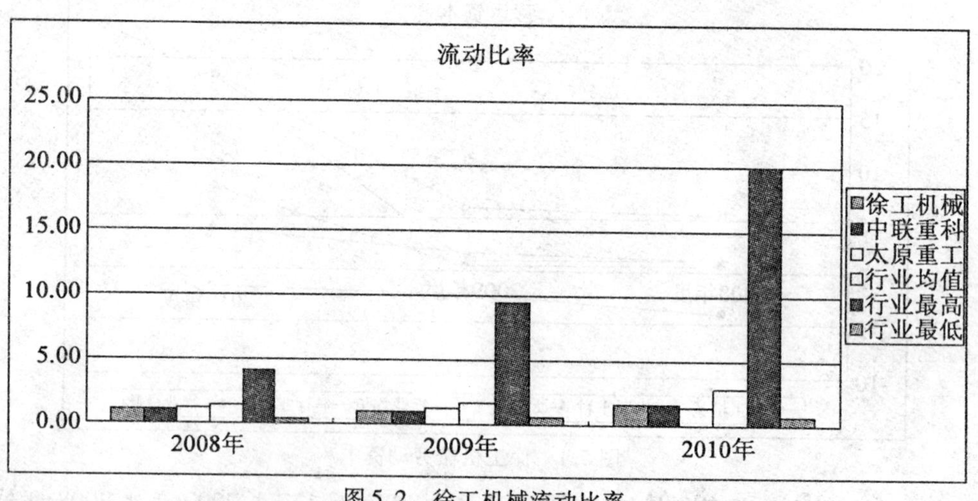

图5.2　徐工机械流动比率

从表5.6和图5.2的数据可以看出，徐工机械的流动比率2009年比2008年降低了0.05，降幅为4.5%。流动资产比流动负债多增加了0.47十亿元，流动资产中存货增加了2.35十亿元，占流动资产增长率的26.80%。流动负债中短期借款增加了0.84十亿元，占流动负债增长率的10.1%。这些项目的上升主要是2009年徐工机械收入和成本的增加。2010年比2009年流动比率增加了0.58，流动资产比流动负债多增加了6.34十亿元。除了扩大了销售之外，还有非公开的发行股票募集资金。从行业的数据可以看出，徐工机械的流动比率三年来均低于行业平均值，但10年流动比率的大幅增加，使其排名从第39位，上升到了第25位，上升了14个名次，达到了行业中的中上水平，与同行业中的中联重科处于相似水平，而太原重工一直保持不变。综上所述，徐工机械的短期偿债能力是在不断增强的。见表5.7和图5.3。

3. 速动比率

速动比率是速动资产与流动负债的比值。所谓速动资产是流动资产扣除存货后的数额，速动比率的内涵是每元流动负债由多少元速动资产作保障。

表5.7　徐工机械速动比率

项目	2008年度	2009年度	2010年度
徐工机械	0.57	0.73	1.18
排名	40	41	30
中联重科	0.68	0.73	1.37
排名	35	40	18
太原重工	0.84	0.99	1.24
排名	32	30	25
行业均值	0.98	1.21	2.34
行业最高	3.40	9.17	18.55
行业最低	0.29	0.40	0.48
标准值	1	1	1

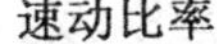

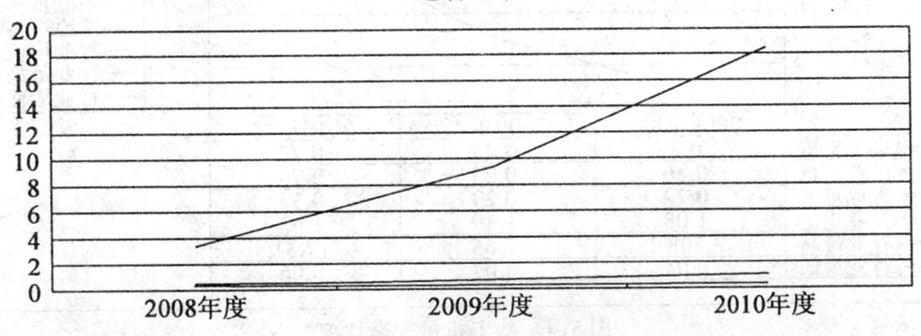

图5.3　徐工机械速动比率

从表5.7与图5.3所列示的数据可以看出，徐工机械速动比率三年来是逐年上升的，2009年比2008年上升了0.16，2010年比2009年上升了0.45。速动比率与流动比率的差距主要是在存货上。最近三年来，存货占流动资产的比率分别为46.38%、31.65%、27.86%，逐年在减少。从行业数据中可以看出，徐工机械的速动比率与流动比率的排名是基本相似的。

综上所述，徐工机械的短期偿债能力在不断提升。

4. 现金比率

现金比率是现金类资产与流动负债的比值。现金类资产是指货币资金和短期投资净额。这两项资产的特点是随时可以变现。见表5.8和图5.4。

表5.8 徐工机械现金比率

项目	2008年度	2009年度	2010年度
徐工机械	0.20	0.48	0.72
排名	33	18	23
中联重科	0.26	0.23	0.79
排名	31	36	19
太原重工	0.22	0.23	0.35
排名	32	35	38
行业均值	1.08	1.49	1.63
行业最高	2.508 1	7.65	17.31
行业最低	0.04	0.07	0.06
标准值	适当看高	适当看高	适当看高

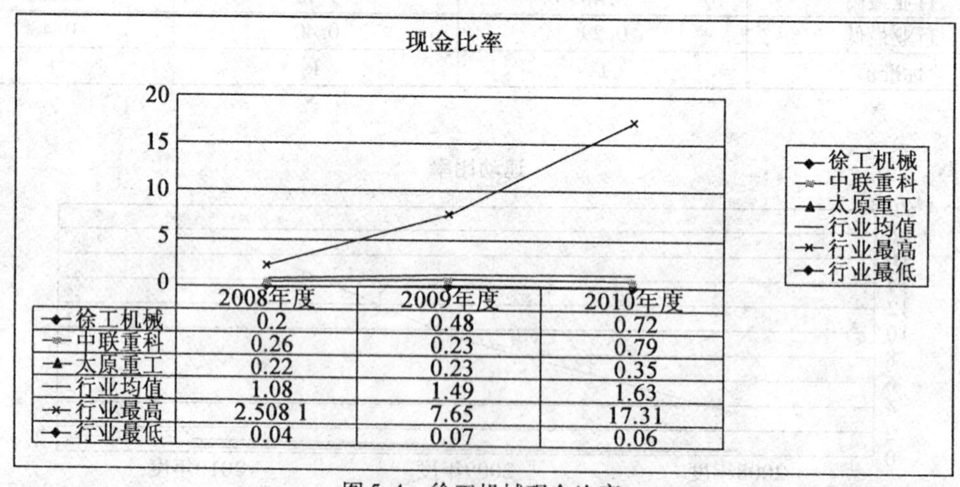

	2008年度	2009年度	2010年度
徐工机械	0.2	0.48	0.72
中联重科	0.26	0.23	0.79
太原重工	0.22	0.23	0.35
行业均值	1.08	1.49	1.63
行业最高	2.508 1	7.65	17.31
行业最低	0.04	0.07	0.06

图5.4 徐工机械现金比率

从表5.8和图5.4所列示的数据可以看出，徐工机械的现金比率2009年比2008年上升了0.28，增幅达140%。2010年比2009年上升了0.24，增幅达33.33%。徐工机械的现金类资产大部分是由货币资金组成的，现金比率的不断上升，说明徐工机械即时付现能力不断增强，适时还债的能力增强了。从行业指标来看，徐工机械与其主要竞争对手中联重科的排名相当，在行业中处于比较低的位置。现金比率过高或过低都不一定是好事，企业只要保持一定的合理的现金比率就可以了。

5. 资产负债率

资产负债率是全部负债总额除以全部资产总额的百分比，也就是负债总额与资产总额的比例关系，也称之为债务比率。资产负债率反映在资产总额中有多大比例是通过借债筹资的。用于衡量企业利用债权人资金进行财务活动的能力，同时也能反映企业在清算时对债权人利益的保护程度。见表5.9和图5.5。

表5.9　徐工机械资产负债率

项目	2008年度	2009年度	2010年度
徐工机械	0.64	0.71	0.51
排名	11	7	19
中联重科	0.77	0.77	0.56
排名	2	1	16
太原重工	0.73	0.72	0.64
排名	5	9	12
行业均值	0.54	0.52	0.44
行业最高	0.82	0.77	0.77
行业最低	0.19	0.09	0.04
标准值	低于0.7	低于0.7	低于0.7

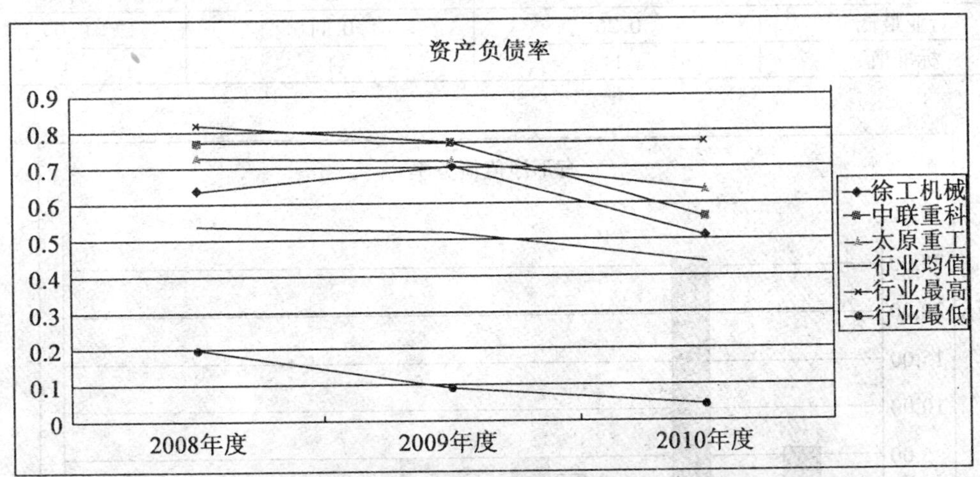

图5.5　徐工机械资产负债率

从表5.9和图5.5所列示的数据可以看出，近三年来徐工机械的资产负债率先升后降，是总资产与总负债之间的关系。资产总额2009年比2008年增加了11.4十亿元，同比增长314.27%。2010年比2009年增长了9.73十亿元，同比增长39.23%。负债总额2009年比

2008 年增长了 8.34 十亿元,同比增长 359.54%;2010 年比 2009 年增长了 2.08 十亿元,同比增长 119.52%。资产和负债总额的大幅增长主要是徐工机械扩大了经营规模以及股票的增发所导致的。徐工机械的资产负债率 2008 年和 2009 年均高于行业的平均值,企业的财务风险比较高,但是 2010 年有所回落,使其经营风险降低了,长期偿债能力增强。

6. 产权比率(略)

7. 有形净值债务率

有形净值债务率是企业负债总额与有形净值的百分比。有形净值是所有者权益减去无形资产净值后的净值。即所有者具有所有权的有形资产净值。有形净值债务率用于揭示企业的长期偿债能力,表明债权人在企业破产时的被保护程度。见表 5.10 和图 5.6。

表 5.10　徐工机械有形净值债务率

项目	2008 年度	2009 年度	2010 年度
徐工机械	1.88	3.16	1.17
排名	15	3	20
中联重科	5.84	4.93	1.42
排名	2	1	16
太原重工	1.53	1.15	1.77
排名	27	30	11
行业均值	2.17	1.56	1.18
行业最高	25.92	4.93	3.76
行业最低	0.26	0.11	0.05
标准值	1	1	1

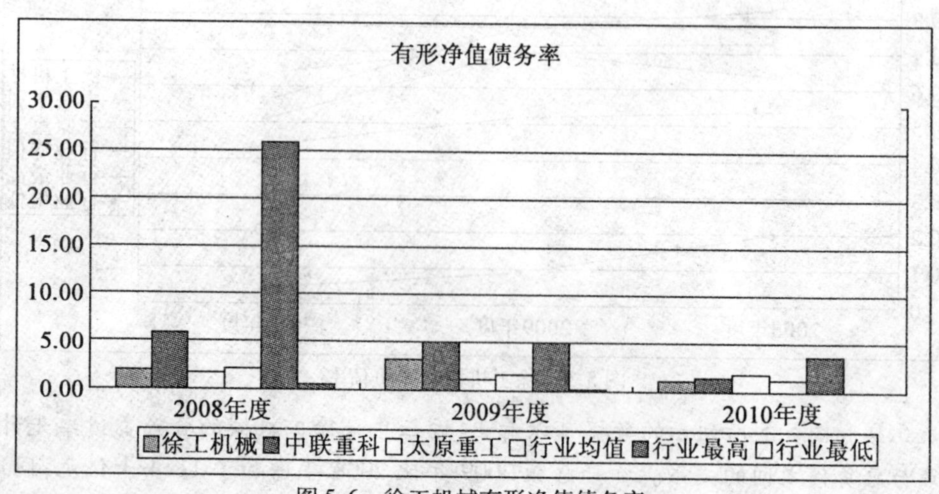

图 5.6　徐工机械有形净值债务率

从表5.10和图5.6的数据可以看出,徐工机械的有形净值债务率2009年比2008年上升了1.28,同比增加了68.09%。增加的主要原因是应付股利增加了近十亿元,负债增长速度超过了所有者权益,使指标大幅上升。2010年比2009年下降了1.99,同比减少了63%。减少的主要原因是未分配利润2010年比2009年增加了近2.5十亿元,使该指标大幅的下降了。从行业指标来看,2010年的该指标超过行业的平均值,说明徐工机械的长期偿债能力增强了。

四、徐工机械偿债能力小结

徐工机械在不断地扩大规模,调整产品的结构,优化资源配置,加强管理水平,并增加了起重机占公司主要销售业务的地位,加快了新型起重机设备的研制。

从上述分析比较数据可以看出,徐工机械的偿债能力正在逐步地提高中,且一部分指标达到了行业中的优秀水平,使得债权人的权益得到了更好的保障,为企业更好更快地发展提供了强有力的后盾。

【评析】

本例文主要是通过财务报表与图表,对徐工机械2008~2010年的偿债能力进行分析。企业偿债能力是企业财务目标实现的稳健保证,通过比较分析和因素分析等方法,结合其他有关的补充信息,为财务会计报告使用者提供管理决策和控制依据。全篇例文分析方法恰当准确,分析结论真实可信,语言简明扼要,报表精确,重点突出。

三、经济运行分析报告

××有限责任公司经济运行分析报告

××××年对于××公司来说是充满商机、极具挑战的一年。由于受国际磷铵价格和海运费上涨带动以及国内市场需求的增长,预期磷铵市场将出现旺销势头;而原材料供应紧张、价格上涨和电力不足又严重制约了企业生产。如何抓住机遇,把握商机,去年底××公司对外部市场环境和企业内部的状况进行了充分的研究,提出以"管理重严、生产重稳、经营重效、挖潜重实、员工重责、发展重谋"作为××年度经营工作方针,制定了年度经营计划。经董事会批准,××××年度的经营目标是生产磷铵22万吨,实现销售收入4.13亿元,年度亏损额控制在8 500万元以内。

一季度在股东单位和政府有关部门的支持下,公司董事会正确领导,经营班子积极组织实施,克服了原材料供应紧张及电力不足等困难,狠抓工艺、设备管理,做好平衡调度,想方设法解决原材料供应和电力不足等问题,使生产实现稳产高产。同时抓住国际市场价格上涨机遇,加大产品出口力度,取得了较好的销售收益。一季度共计生产磷铵64 197.55吨,完成年度销售收入的32%;经营亏损957.32万元。与上年一季度相比,磷铵产量增长72%,销量增长43%;亏损额下降74.07%。一季度可说是产销两旺,产销率达110%,资金回笼率100%,实现开门红,为全面完成年度经营目标带来了良好开端。以下将有关情况分别分析汇报。

一、一季度经营状况

（一）生产稳定、产量增加、消耗下降

一季度强调生产稳重，进一步加强生产设备管理和工艺指标分析、控制，并针对上年四季度高负荷生产运行出现的一系列问题，多次召开专题会议，解决制约生产的瓶颈问题。同时加强对员工的岗位培训和安全教育，强调员工重责，提高员工责任心，杜绝重大安全事故发生，使设备完好率、开工率、工艺指标合格率不断提高，各装置基本实现了长周期、安全、稳定运行，产量大幅上升，消耗明显下降。除氟化铝外，液氨、硫酸、磷酸、磷铵全部达到并超额完成产量计划。其中：

产量（略）

消耗（略）

（二）原材料供应紧张、价格上涨

一季度两煤两矿供应因铁路运输紧张，原材料采购价格上涨。其中（略）

（三）产品销售量及销售收入大幅增长

在销售方面，由于今年国际磷铵价格和海运费价额上涨及国内需求增长影响，带动国内磷铵市场销量增加，价格上涨。主产品磷铵国内销售量和出口量均比上年同期有较大幅度增长。尤其是磷铵出口价格涨幅较大，一季度出口离岸价与上年同期的160美元／吨相比，上升了近60美元／吨，平均达220.5美元／吨，3月底已升至260美元／吨。我公司抓住契机，加大产品出口力度，出口量和创汇大幅增长，磷铵出口量由上年同期的2.54万吨增加至3.31万吨，增加0.77万吨，增长31%；出口创汇由上年同期的425万美元增加至730万美元，增加305万美元，增长72%。

（四）成本持续下降

一季度由于生产实现长周期、安全、稳定运行，生产工艺控制较好，除氟化铝因原材料价格上涨较大、产量下降等影响成本大幅上升外，磷铵、磷酸等制造成本均比去年同期有较大幅度下降，在原材料采购价格上涨15%的状况下，主要产品磷铵的制造成本降至1 472.47元／吨，与上年同比降低258.35元／吨，下降15%。磷铵工厂完成成本降至1 735.48元／吨，与上年同比降低了237.62元／吨，下降12%，同时消化原材料涨价因素57.90元。

制造成本大幅下降（略）

管理费用（略）

销售费用（略）

财务费用（略）

（五）财务成果显著，减亏幅度较大（略）

二、现金流量分析

今年上半年公司的现金流入量为21 743.34万元，现金流出量为21 641.24万元，净现金流量增加102.10万元。

三、财务指标综合分析

(一)偿债能力分析

1. 长期偿债能力(略)

2. 短期偿债能力(略)

(二)营运能力分析(略)

(三)盈利能力分析(略)

四、其他指标说明

(一)税金缴纳情况

一季度共计缴纳增值税10.62万元,房产税20万元,城建税及教育费附加0.53万元,获取批准出口退税339.52万元,获取批准免抵税款318.78万元,3月末已申报待审批退税款3.53万元,3月末进项税留底税额6.07万元。

(二)工业总产值、期末职工人数及劳动生产率(略)

五、主要管理措施

(一)工业总产值

工业总产值(1990年不变价)17 000万元

(二)产品产量计划(略)

(三)产品销售计划(略)

(四)财务成果(略)

为了全面完成年度目标计划,公司采取了一系列措施,进一步加大了管理力度。

一是在去年整顿改革的基础上,进一步开展企业整顿和“三项制度改革”工作,对生产工艺设备、供应、销售、财务等各个环节进行整顿,建立完善各项管理制度,实现管理流程再造。(略)

二是以成本管理为核心,进一步完善经济责任考核制度,对分厂、部室实行经营承包责任制,以加强对分厂成本和部门费用的控制。(略)

三是加强供应环节的管理,对供应部门实行采购费用包干责任制,以降低采购费用。采购材料的质量与效能工资挂钩,使材料质量得到有效保证。(略)

四是加强销售管理,促进资金回笼,减少财务压力。(略)

五是强化生产工艺、设备管理,确保生产长周期运行。(略)

六、存在问题及建议

(一)存在的主要问题

1. 流动资金问题(略)

2. 缺口资金问题(略)

3. 工艺、设备管理问题(略)

(二)建议

1. 继续抓好流动资金贷款,加强与金融部门联系,拓宽融资渠道。同时抓好中间产品和副产品销售，多渠道回收资金，加快资金回笼。

2. 继续努力想方设法落实基建缺口资金，减轻基建债务负担。

3. 抓好债转股和资产缩水工作，争取国家批准债转股和资金缩水，改变资本结构，以减少负债及降低财务费用和折旧等费用负担，减少还贷压力，降低产品成本，使公司的产品能以低成本参与国际竞争。

4. 加强生产管理，加强设备维护工作，提高设备利用率，降低消耗。

5. 进一步加强财务管理，严格控制成本费用支出，增收节支，提高经济效益。

6. 加强质量管理，推行成本否决制度，对不符合质量要求的原材料及中间产品，禁止进入下道工序，严把质量关。不合格产品禁止出厂销售，要以优质产品参与市场竞争，实现优质优价。

7. 开展 ISO 9001 质量认证工作，促进企业标准化的实施，全面提升企业管理水平。

××公司

××××年×月×日

【评析】

本例文是典型的企业经济活动分析报告，首先文章从企业的产量、成本、销售、现金流量及利润几方面对企业的经营活动进行了分析，并结合具体的各类财务指标，具体分析了企业的盈利能力、营运能力、清偿能力等，最后针对企业可能存在的问题提出了企业以后在经营管理方面应该切实采取的具体措施。企业的经济活动分析报告一般都按照这个既定的框架，结合自己的具体情况来进行分析，为企业经济活动分析报告提供了一个蓝本。

四、股票投资分析报告

登海种业（002041）股票投资分析报告

宏观经济分析：宏观经济因素主要包括国民经济总体状况、经济周期、国际收支、宏观经济政策以及消费与物价指数等，它们对证券市场的影响主要是通过公司经营效益、居民收入水平、投资者对股价的预期和资金成本四个途径来完成的，而且这种影响是根本性、全局性和长期性的。只有对宏观经济状况进行准确的分析和判断，才能把握证券市场运行的大背景和大环境。

一、宏观经济变量分析

（一）国民经济总体分析

与去年相比，今年第一季度国内生产总值增长脚步放缓但是仍然保持了 9.70% 的增长率。第一产业同比增长 3.50%，第二产业同比增长 11.10%，相比之下第三产业增长率与去年同期相比下降幅度最小为 9.10%，见表 5.11。

表 5.11　2011 年我国第一季度以及去年 GDP 情况(来源同花顺资讯中心)

季度	国内生产总值		第一产业		第二产业		第三产业	
	绝对值/亿元	同比增长	绝对值/亿元	同比增长	绝对值/亿元	同比增长	绝对值/亿元	同比增长
2011 年第一季度	96 311.00	9.70%	5 980.00	3.50%	46 788.00	11.10%	454.00	9.10%
2010 年第四季度	129 322.80	10.30%	14 897.00	4.30%	57 156.40	12.20%	57 269.30	9.50%
2010 年第三季度	95 820.40	10.60%	12 233.00	4.00%	4 494.60	12.60%	40 092.90	9.50%
2010 年第二季度	91 217.50	11.10%	8 228.00	3.60%	46 586.50	13.20%	6 403.00	9.60%

作为第一产业的农林牧渔业,其所属的产业发展情况不容乐观,在去年大好的情况下,今年初开局不利。我们知道股票价格是宏观经济的晴雨表,经济增速放缓社会需求放缓,通货膨胀加剧,股票价格下降,所以从这点上来说,农林牧渔股票价格上涨不容乐观。

(二)消费者物价指数分析(表 5.12)

消费者物价指数反映了与人民生活有关的产品及劳务价格统计出来的物价变动指标,作为观察通货膨胀的指标。

通过统计数据可以看到年初 GPI 指数即有小幅度的上扬,等到了 3 月份的时候一下上涨 5.38%,总体上涨的情况也是比较明显的,农村的增长比率更是远远超过了全国平均水平,以及城市水平。通货膨胀宣告上升到一个新的阶段。美国实行量化宽松的货币政策之后,国际市场大部分商品价格在急剧上涨,石油涨到 87 美元,棉花、糖涨幅很大。这些信贷资金成为炒作热钱,全面掀起一轮炒作老百姓基本生活用品的新高潮。同时国内各种消费品,油价,更是直线上升。在这种环境下,国内大型日化、白酒、方便面企业对日益上涨的成本价叫苦不迭,但是在国家"强制性的压制下"目前还没有上调价格,但是这似乎解决不了问题。

表 5.12　我国 CPI 总体情况(来源:同花顺资讯中心)

月份	全国			城市			农村		
	当月	同比增长	累计	当月	同比增长	累计	当月	同比增长	累计
2011-04	105.34	5.34%	105.10	105.18	5.18%	105.00	105.85	5.85%	105.60
2011-03	105.80	5.8%	105.00	105.22	5.22%	104.90	105.86	5.86%	105.50
2011-02	104.94	4.94%	104.88	104.75	4.75%	104.73	105.52	5.52%	105.35
2011-01	104.91	4.91%	104.91	104.81	4.81%	104.81	105.23	5.23%	105.23
2010-12	104.59	4.59%	103.32	104.39	4.39%	103.20	105.07	5.07%	103.61
2010-11	105.12	5.12%	103.21	104.92	4.92%%	103.09	105.61	5.61%	103.48
2010-10	104.37	4.37%	103.01	104.24	4.24%	102.91	104.66	4.66%	103.26
2010-09	103.61	3.61%	102.86	103.50	3.50%	102.76	103.86	3.86%	103.11
2010-08	103.48	3.48%	102.77	103.39	3.39%	102.67	103.70	3.70%	103.01
2010-07	103.30	3.30%	102.67	103.22	3.22%	102.57	103.49	3.49%	102.91
2010-06	102.95	2.95%	102.56	102.84	2.84%	102.46	103.22	3.22%	102.82

5月26日午盘,货币市场指标利率——7天质押式回购加权平均利率为5.029%,虽然较上一交易日下跌29个基点,但依然处于最近3个月来的高位。央行此前宣布,自5月18日起上调存款准备金率,为年内第五次上调。至此,大型机构存款准备金率达到21%的历史新高。中行上调利率一定程度上是抑制通货膨胀,也会对股市产生一定的积极影响,通过准备金上调来收紧流动性是相对温和的手段,一方面相对于公开市场受制于市场的需求存款准备金利率这种数量型的货币政策工具更为直接达到收紧信贷投放,收紧流通性的功能;另一方面避免利率上调带来企业成本上涨,平衡经济增长和流动性泛滥之间的关系,最后也避免了国内国际息差加大引发热钱涌入带来的压力。但是对于一些贷款企业来说会受到打击,特别是一些中小型企业。所以持有大盘股会有优势,登海种业作为大型企业,相队来说在这种大的经济环境下有发展前景。

(三)利率分析(表5.13)

表5.13 利率分析

次数	调整时间	调整内容	股市情况(第二、三交易日)
13	2008年9月16日	一年期贷款基准利率下调0.27个百分点	2.90%%↓,1.72%↓
12	2007年12月21日	一年期存款基准利率上调0.27个百分点 一年期贷款基准利率上调0.18个百分点	1.15%↑,2.60%↑
11	2007年9月15日	一年期存款基准利率上调0.27个百分点 一年期贷款基准利率上调0.27个百分点	2.06%↑,0.07%↑
10	2007年8月22日	一年期存款基准利率上调0.27个百分点 一年期贷款基准利率上调0.18个百分点	1.49%↑,1.05%↑

利率的上升,不仅会增加公司的借款成本,而且会使公司难以获得必需的资金,这样,公司就不得不削减生产规模,而生产规模的缩小又势必会减少公司的未来利润。因此,股票价格就会下跌,反之,股票价格就会上涨。利率上升时,投资者评估股票价值所用的折现率也会上升,股票价值因此会下降,从而,也会使股票价格相对下降;反之,利率下降时,股票价格则会上升。利率上升时,一部分资金会从投向股市转向银行储蓄和购买债券,从而会减少市场上的股票需求,使股票价格下跌。反之,利率下降时,储蓄的获利能力降低,一部分资金又可能从银行和债券市场流向股市,从而,增大了股票需求,使股票价格上升。

上述利率与股价运动呈反向变化是一种一般情形。在股市发展的历史上,也有一些比较特殊的情形。当形势看好,股票行情暴涨的时候,利率的调整对股价的控制作用就不会很大。同样,当股市处于暴跌的时候,即使出现利率下降的调整政策,也可能会使股价回升乏力。当然,这种利率和股票价格同时上升和同时回落的现象至今为止也还是比较少见的。国际金融市场的利率水平,往往也能影响国内利率水平的升降和股市行情的涨跌。在一个开放的市场体系中,金钱是没有国界的,如果海外利率水平降低,一方面会对国内的利率水平产生影响,另一方面,也会引致海外资金进入国内股市,拉动股票价格上扬。反之,如果海外利率水平上升,则会发生与上述相反的情形。见表5.14。

表5.14　贷款存款基准利率(来源:同花顺资讯中心)

数据上调时间	存款基准利率			贷款基准利率			消息公布次日指数涨跌	
	调整前	调整后	调整幅度	调整前	调整后	调整幅度	上海	深圳
2011-04-06	3.00%	3.25%	0.25%	6.06%	6.31%	0.25%	1.14%	0.3%
2011-02-09	2.75%	3.00%	0.25%	5.81%	6.06%	0.25%	-0.89%	-1.5%
2010-12-26	2.50%	2.75%	0.25%	5.56%	5.81%	0.25%	-0.70%	-0.69%
2010-10-20	2.25%	2.50%	0.25%	5.31%	5.56%	0.25%	0.07%	1.23%

从表5.14中可以看出我国贷款存款利率平均涨了0.25%。从理论上讲利率上调会使股价并不适合买入股票。但是加息对股市影响有两面性,温和膨胀下的加息对股市有正向影响,一是意味着“利空”山尽,二是意味着经济具有活性,三是意味着资金有可能向股市转移。当然,连续的加息会对股市产生负面影响,但是从目前的情况来看影响是短暂的。因此这样的环境下买入股票还是合理的。

二、经济周期分析(略)

【评析】

本例文是股票投资分析报告,文章从宏观经济分析入手,采用比较分析的方法,从国民经济、消费水平、利率等方面进行了分析。主体部分针对性强,通过表格形式,对股票投资提供了很好的参考。整篇分析报告文字简明概括,使读者一目了然,有很强的参考价值。

五、成本分析报告

××公司电子商务的成本分析报告

一、电子商务的定价目标

网上购物的成本包括上网费、信息费、网上支付、信息安全以及送商品到客户家庭等所有费用的总和。这种费用的总和只有在低于传统方式购物的情况下,顾客才会乐于采用。此外,商品的外观、质量保证、送达时间和售后服务等一系列购物操作,必须能够满足顾客的购物心理,而且这种满足感至少不能低于传统方式购物的度量指标。

但总地来说,电子商务必须要让所有的用户体会到“更快捷、更方便、更价廉”的基本特点,必须满足网上交易用户“放心、满足”的购物心态,这是电子商务定价的终极目标。

二、电子商务的成本分析

电子商务的成本指客户应用其中的软硬件配置、学习和使用、信息获得、网上支付、信息安全、物流配送、售后服务以及商品在生产和流通过程中所需的费用总和。

（一）技术成本

1. 软、硬件成本；

2. 学习成本；

3. 维护成本等。

（二）安全成本

1. 软、硬件的安装使用；

2. 安全协议规章的学习；

3. 培训；

4. 技术学习等。

（三）配送成本

1. 存储费用；

2. 运输费用；

3. 配送人员的开支等。

（四）客户成本

1. 上网费；

2. 咨询费；

3. 交易成本；

4. 操作学习费用等。

（五）法律成本

1. 网上交易纠纷的司法裁定、司法权限；跨国、跨地区网上交易时，法律的适用性、非歧视性等；

2. 安全与保密、数字签名、授权认证中心（CA）管理；

3. 网络犯罪的法律适用性：包括欺诈、防伪、盗窃、网上证据采集及其有效性；

4. 进出口及关税管理；各种税制；

5. 知识产权保护：包括出版、软件、信息等；

6. 隐私权：包括对个人数据的采集、修改、使用、传播等；

7. 与网上商务有关的标准统一及转换：包括各种编码、数据格式、网络协议等。

（六）风险成本

风险成本是一种隐形成本，成本的形成是由不好确定、不易把握的因素构成的，如网站人才的流失，病毒、黑客的袭击，新技术的迅速发展所导致的硬、软件的更新换代等。

三、问题分析（略）

四、建议与意见（略）

××公司

二〇一×年×月×日

【评析】

本例文是成本分析报告，文章从当前成本项目数据及其比例、当前成本数据与历史平均（或上期）成本数据的变动，成本数据变动率及其原因等搜集了大量的资料进行综合分析，分析方法使用多样准确，文字简明扼要，结构紧凑，内容全面，是一篇典型的经济活动分析报告。

综合练习

一、改错题

××纸业有限公司财务部需每月向总经理递交一份财务情况分析报告，下面是新进员工财务助理小王所作的2007年11月财务分析报告初稿，分析其存在的问题并进行修改。

××纸业有限公司2007年11月财务情况分析报告

一、利润

（一）基本情况

11月份实现利润66 876.89元，累计实现利润435 205.73元，上年同期累计实现利润800 251.24元，比上年同期减少了455 045.51元，降低51.1%。

（二）实现利润增减因素

1. 利润增加因素

（1）产品销售价格提高（扣除包烟纸降价因素）使利润增加37.8万元（包烟纸降价减少利润5万元）。

（2）税金变化，免税因素使利润增加22.4万元。

（3）烟纸销售数量增加使利润增加8.2万元。

（4）其他因素使利润增加1.8万元。

合计利润：增加70.2万元。

2. 利润减少因素

（1）产品成本提高使利润减少90.9万元。

（2）打孔纸销量下降使利润减少15.7万元。

（3）营业外支出增加（退休统筹基金）使利润减少9.1万元。

合计减少利润115.7万元。

增减利润相抵使利润比去年同期降低45.5万元。

二、成本

产品	单位成本/元	本期累计
打孔纸	5 622.72	5 826.68
激光纸	7 169.57	6 807.73

三、资金情况	本期	累计
(1)定额流动资金周转天数	201 天	195 天
(2)定额流动资金平均余额	342 万元	296 万元
(3)定额流动资金期末余额	353 万元	
(4)期末储备资金余额	56 万元	
(5)期末成品资金余额	132 万元	

四、存在问题及分析

(1)利润比去年同期减少的主要因素是产品生产成本的提高,即主要是因为原材料价格的上涨。

(2)打孔纸销售数量低于去年同期160吨,使利润减少15.7万元。

(3)成品资金占用高达132万元,使定额流动资金占用额增加,周转天数延长。

××纸业有限公司财务部

二〇〇七年十二月五日

二、写作训练

阅读下列材料,增写标题、引言、原因剖析和措施对策(可适当想象补充),写成一篇图表与文字结合式的经济活动分析报告。

(1)本年度实现利税总额×××万元,超额10.1%完成上级下达任务。

(2)年末商品资金总额××××万元,比去年同期××××万元下降×××万元,即16.5%。比前年同期××××万元下降×××万元,即30.44%。库存结构得到进一步的调整,布局逐步趋向合理。

(3)整个年度进货正常,销售达到预期效果,库存下降,费用降低,经济效益较为理想。

(4)本年度商品流通费总额×××万元,比去年同期×××万元下降××万元,即17.32%。费用水平为5.16%,比去年的5.55%下降0.39%,其下降幅度为7.03%。

(5)本年销售总值××××万元,与去年同期的××××万元相比下降×××万元,即0.06%,其中,批发销售比去年同期有所增长,调往省内外的货物都略有下降。

(6)本年度进货总值××××万元,与去年的××××万元相比下降×××万元,即13.97%。其中,本地收购总额×××××万元,省内调入××××万元,外省进货××××万元。

第六章

Chapter 6

资产评估报告

【学习目标】

· 了解资产评估报告的概念、作用、特点及种类。

· 掌握资产评估报告的写法和写作要求。

第一节　资产评估报告概述

一、资产评估报告的概念及作用

(一)资产评估报告的概念

在日常生活中,人们经常听到教育评估、风险评估、工程质量评估、项目评估、资产评估、绩效评估等,可见,评估已经是一个应用范围较广的概念。所谓评估,从字面上看,"评"是评价,"估"是估量。评估的结果用书面形式固定下来便是评估报告。

资产评估报告是指注册资产评估师根据资产评估准则的要求,在履行了必要的评估程序后,对评估对象在评估基准日特定目的下的价值发表的、由其所在评估机构出具的书面专业意见。它是按照一定格式和内容来反映评估目的、假设、程序、标准、依据、方法、结果及适用条件等基本情况的报告书。资产评估报告有广义和狭义之分。广义的资产评估报告不仅是一种书面文件,而且还是一种工作制度。它规定评估机构在完成评估工作之后必须按照一定的程序和要求,用书面形式向委托方报告评估过程和结果。我国目前实行的就是这种资产评估报告制度。狭义的资产评估报告即资产评估结果报告书,它既是资产评估机构与注册资产评估师完成对资产作价,就被评估资产在特定条件下价值所发表的专家意见,也是评估机构履行评估合同情况的总结,还是评估机构与注册资产评估师为资产评估项目承担相应法律责任的证明文件。

（二）资产评估报告的作用

1. 资产评估报告为被委托评估的资产提供作价意见

资产评估报告是经具有资产评估资格的机构根据委托评估资产的特点和要求，组织评估师及相应的专业人员组成的评估队伍，遵循评估原则和标准，按照法定的程序，运用科学的方法，对被评估资产价值进行评定和估算后，以报告形式表达的专业意见。该意见不代表任何当事人一方的利益，而是一种独立的专业人士提供的价值意见，具有较强的公正性和客观性，因而成为被委托评估资产作价的重要参考依据。

2. 资产评估报告是反映和体现资产评估工作情况，明确委托方、受托方及有关方面责任的依据

资产评估报告是以文字的形式，对受委托资产评估业务的目的、背景、范围、依据、程序、方法等过程和评定的结果进行说明和揭示，体现了评估机构的工作成果。同时，资产评估报告也反映和体现了受托的资产评估机构与执业人员的权利和义务，并以此来明确委托方、受托方及有关方面的法律责任。在资产评估现场工作完成后，评估机构和评估人员就要根据现场工作取得的有关资料和估算数据，撰写评估结果报告，并向委托方报告。负责评估项目的评估师也同时在报告书上签字，并提出报告使用的范围和评估结果实现的前提等具体条款。当然，资产评估报告也是评估机构履行评估协议和向委托方或有关方面收取评估费用的依据。

3. 资产评估报告是管理部门进行审核、完善资产评估管理的重要对象和手段

资产评估报告是反映评估机构和评估人员职业道德、执业能力水平以及评估质量高低和机构内部管理机制完善程度的重要依据。有关管理部门通过审核资产评估报告，可以有效地对评估机构的业务开展情况进行监管，并对评估中出现的问题给予指导，使评估工作得以不断完善。

4. 资产评估报告是建立评估档案、归集评估档案资料的重要信息来源

评估机构和评估人员在完成资产评估任务之后，都必须按照档案管理的相关规定，将评估过程中搜集的资料、工作记录以及资产评估过程的工作底稿进行归档，以便进行评估档案的管理和使用。资产评估报告是对整个评估过程的总结，其内容包括评估过程的各个具体环节和各有关资料的收集和记录。因此，不仅评估报告的底稿是评估档案归集的主要内容，而且撰写评估报告过程中采用的各种数据、各个依据、工作底稿和资产评估报告制度中形成的有关文字记录等都是资产评估档案的重要信息来源。

二、资产评估报告的特点及种类

（一）资产评估报告的特点

资产评估报告要全面、准确、客观地反映资产评估的过程、评估的依据、评估的目的、评估的对象及评估的结果。这就决定了资产评估报告具有以下几个特点：

1. 证明性

资产评估报告是一种证明性文书,为委托评估单位被评估资产所具有的实际价值提供证明,具有公证作用和法律效力。

2. 真实性

资产评估牵涉各方面的切身利益,所以评估报告要从实际出发,实事求是。评估报告所依据的数据材料必须真实可靠,对数据资料的分析必须客观,一是一,二是二,这样所得的结论才经得起检验。这就要求被评估的单位应在评估工作开始之前,进行财产清查盘点,做到账实相符,不得隐瞒亏损和夸大盈余。评估人员在评估时,必须进行核实、调查,不能只见账目,不见实物,要客观、真实地反映资产的实际情况。

3. 科学性

在资产评估中,应根据不同的评估对象各自的特点,选用恰当的评估方法和标准,以获得准确、合理的评估结果。资产评估是一个评判、估算和推测资产现值的过程,具有较强的预测性。评估人员的知识、经验和能力以及环境等因素,都会对评估结果产生影响。这就要求在评估时,评估人员必须采用科学的评估规范、标准、程序和方法,以保证评估结果的合理性、准确性。

4. 独立性

资产评估机构和评估人员,要依据国家制定的法规、政策和可靠的数据资料对被评估资产的价值,站在独立的立场进行完全独立的评定。为了保证资产评估的独立性,资产评估的收益不应与被评估资产的价值大小挂钩,而应以评估工作所花费的劳动和实际支出为依据,以防止人为地高估资产价值。

5. 规范性

资产评估工作必须遵循公认的原则和规范、按照法定的程序进行,不能随意改变。因此,资产评估报告的内容和格式方面较为固定,具有比较严格的规范性。

(二)资产评估报告的种类

1. 按评估的范围划分,资产评估报告可分为整体资产评估报告和单项资产评估报告

(1)整体资产评估报告。

整体资产评估报告即对整体资产进行评估所出具的资产评估报告,如企业价值评估报告。

(2)单项资产评估报告。

单项资产评估报告即仅对某一部分或某一项资产进行评估所出具的资产评估报告,如机器设备评估、无形资产评估等。

虽然资产评估报告的基本格式一样,但因整体资产评估与单项资产评估在具体业务上存在一定差别,两者在报告的内容方面也必然会存在不同之处。一般情况下,整体资产评估报告的内容不仅要包括资产,而且要包括负债和权益,甚至有些还要考虑由整体资产综合产生的无形资产。而单项资产除在建工程外，一般不考虑负债和综合产生的无形资产等。

2. 按评估报告所提供信息的详细程度划分，资产评估报告可分为完整型评估报告、简明型评估报告和限制型评估报告

(1)完整型评估报告。

完整型评估报告是指向委托方或客户提供最详尽的信息资料的评估报告。

(2)简明型评估报告。

简明型评估报告是评估机构在保证不误导评估报告使用者的前提下，向委托方或客户提供简明扼要的信息资料的评估报告。

完整型和简明型资产评估报告只是在其披露内容的详尽程度上有别，其法律地位和作用是一样的。注册资产评估师可根据评估对象的复杂程度及委托方的要求，调整评估报告的详略程度。

(3)限制型评估报告。

限制型评估报告是对报告使用者有限制的评估报告，即当评估报告的使用者不包括委托客户以外的其他方时，可以使用限制评估报告。限制评估报告应当包括的内容与完整型评估报告基本相似，区别在于限制型评估报告的部分资料和数据只体现在工作底稿中，而不体现在评估报告中。当评估师使用限制评估报告时，必须提供一个突出的注释，用以提示其他阅读者，如果没有评估师工作档案中的其他信息资料的支持，该评估报告将无法被正确理解。

3. 按评估基准日的选择不同划分，资产评估报告可分为追溯性评估报告、现时性评估报告和预期性评估报告

(1)追溯性评估报告。

追溯性评估报告适用于需要确定资产过去价值的评估，即评估基准日早于报告日，通常是早于报告日一年(法规规定有效期为一年)以上，在资产纳税、司法诉讼等情况下，需要进行此类型评估。

(2)现时性评估报告。

现时性评估报告适用于基准日与上报日期相同(或接近)的评估，大多数评估项目都是要求评估资产的现时价值。

(3)预期性评估报告。

预期性评估报告适用于对资产未来价值的评估，评估基准日晚于评估报告日期，如对正在开发的房地产项目的资产权益进行评估，就是要确定资产的未来价值。

从表面看，三类评估的差别在于时间上的不同，而实质则是评估时经济行为是否发生。

4. 按评估工作的内容划分，资产评估报告可分为正常资产评估报告、评估复核报告和评估咨询报告

(1)正常资产评估报告。

正常资产评估报告是指评估人员接受客户委托，为客户提供的关于资产价值的估价意见的书面报告。

(2)评估复核报告。

评估复核报告是指评估机构内部人员对其他评估师出具的评估报告进行合理评判分析、发表意见的书面报告。

(3)评估咨询报告。

评估咨询报告是指评估机构在提供评估对象利用价值、利用方式、利用效果等咨询意见时出具的书面报告。

第二节　资产评估报告写作

一、资产评估报告的写法

(一)资产评估报告的组成

根据《资产评估准则——评估报告》(2007)的规定,资产评估报告应当包括下列主要内容:标题及文号、声明、摘要、正文和附件。

评估报告的标题及文号是指资产评估报告书上载明的评估项目名称和资产评估机构的评估报告编号。

评估报告的声明是指资产评估机构和注册资产评估师承诺遵守职业道德,独立、客观、公正执业的书面保证,以及对评估报告使用者正确使用评估报告的提示和要求。声明应置于评估报告摘要之前。声明通常应当包括:

①注册资产评估师恪守独立、客观和公正的原则,遵守有关法律、法规和资产评估准则的规定,并承担相应的责任。

②提醒评估报告使用者关注评估报告特别事项说明和使用限制。

③其他需要声明的内容。

评估报告摘要一般要提供评估业务的主要信息及评估结论。

评估报告正文一般包括:

①委托方、产权持有者和委托方以外的其他评估报告使用者。

②评估目的。

③评估对象和评估范围。

④价值类型及其定义。

⑤评估基准日。

⑥评估依据。

⑦评估方法。

⑧评估程序实施过程和情况。

⑨评估假设。

⑩评估结论。

⑪特别事项说明。

⑫评估报告使用限制说明。

⑬评估报告日。

⑭注册资产评估师签字盖章、评估机构盖章和法定代表人或者合伙人签字。

评估报告附件通常包括：

①评估对象所涉及的主要权属证明材料。

②委托方和相关当事方的承诺函。

③评估机构及签字注册资产评估师资质、资格证明文件。

④评估对象涉及的资产清单或资产汇总表。

（二）资产评估报告的基本内容

1. 资产评估报告封面的基本内容

资产评估报告封面应载明资产评估项目名称、资产评估机构出具评估报告的编号、资产评估机构全称和评估报告提交日期等内容。有服务商标的，评估机构可以在报告封面载明其图形标志。

2. 资产评估报告摘要的基本内容

注册资产评估师应当在评估报告正文的基础上编制评估报告摘要，并置于评估报告正文之前。摘要应简明扼要地反映经济行为、评估目的、评估对象和评估范围、价值类型、评估基准日、评估方法、评估结论及其使用有效期、对评估结论产生影响的特别事项等关键内容。

评估报告摘要应采用下述文字提醒评估报告使用者阅读全文："以上内容摘自评估报告正文，欲了解本评估项目的详细情况和合理理解评估结论，应当阅读评估报告正文。"

3. 资产评估报告正文的基本内容

(1)首部。

评估报告正文的首部应包括标题和报告书序号。

标题一般采用"企业名称 + 经济行为关键词 + 评估对象 + 评估报告"的形式，如"××公司拟受让横店集团家园化工有限公司部分设备项目资产评估报告"。

报告书序号包括评估机构特征字、种类特征字、年份和文件序号。例如"深资评报字[2008]第 15 号"，"深资评报字"是"深圳市资产评估事务所资产评估结果报告书"的代字，[2008]是年份，15 是事务所评估结果报告的序号。

(2)绪言。

绪言一般采用包含下列内容的表述格式：

×××(委托方全称)：

×××（评估机构全称）接受贵单位（公司）的委托，根据有关法律、法规和资产评估准则、资产评估原则，采用×××评估方法（评估方法名称），按照必要的评估程序，对×××（委托方全称）拟实施×××行为（事宜）涉及的×××（资产——单项资产或者资产组合、企业、股东全部权益、股东部分权益）在××××年××月××日的价值（价值类型）进行了评估。现将资产评估情况报告如下：

(3)委托方、产权持有者和委托方以外的其他评估报告使用者。

评估报告应当介绍委托方、产权持有者和委托方以外的其他评估报告使用者的概况。在这一部分中一般应包括名称、法定住所及经营场所、法定代表人、注册资本及主要经营范围等。

(4)评估目的。

评估报告应当说明本次资产评估的目的及其所对应的经济行为，并说明该经济行为获得批准的相关情况或其他经济行为依据。评估目的应当唯一，且与资产评估业务约定书中约定的评估目的保持统一。

(5)评估对象和范围。

评估报告应当对评估对象进行具体描述，以文字、表格的方式说明评估范围。当评估对象与评估范围不一致的时候，评估报告还要对评估范围进行必要的说明，提示评估报告使用者注意评估对象与评估范围之间的差异。

(6)价值类型及其定义。

价值类型是指评估结论的价值属性及其合理性指向。价值定义则是用文字对评估价值内涵进行描述和界定。如果评估结果的价值类型是市场价值，可以直接对其进行定义；如果评估结果属于市场价值以外的价值，评估人员则需要明确本次评估结果的具体价值类型和价值定义，不允许笼统地用市场价值以外的价值表示。

(7)评估基准日。

评估基准日是评估的时间基准。评估报告应当说明评估基准日及确定评估基准日的理由或成立条件，也应揭示确定评估基准日对评估结论的影响程度。评估基准日可以是现在时点，也可以是过去或者将来的时点，一般由委托方确定。

(8)评估依据。

评估报告应当说明本次评估业务所对应的经济行为、法律法规、评估准则、权属、取价等依据。

①经济行为依据应当为有效批复文件，以及可以说明经济行为及其所涉及的评估对象与评估范围的其他文件资料。

②法律法规依据包括与国有资产有关的法律、法规等。

③评估准则依据包括本次评估中依据的相关资产评估准则和相关规范。

④权属依据包括国有资产产权登记证书、基准日股份持有证明、出资证明、房屋所有权

证、采矿许可证等。

⑤取价依据包括企业提供的财务会计、经营方面的资料,国家有关部门发布的统计资料、技术标准和政策文件等。

⑥其他参考依据。

(9)评估方法。

评估报告应说明所选用的评估方法以及选择评估方法的理由。对某项资产采用一种以上评估方法的,还应说明原因并说明该项资产价值的最后确定方法。对采用特殊评估方法的,应适当介绍其原理和适用范围。

(10)评估程序实施过程和情况。

评估报告应说明评估机构自接受评估项目委托起至出具评估报告的主要评估工作过程,一般包括以下内容:

①接受项目委托,确定评估目的、评估对象及范围、评估基准日和拟定评估方案等过程。

②指导被评估单位清查资产、准备评估资料,核实资产与验证资料等过程。

③选择评估方法、收集市场信息和估算等过程。

④评估结果汇总、评估结论分析、撰写报告和内部审核等过程。

(11)评估假设。

评估报告应当披露评估假设,并说明评估结论是在何种评估假设的前提下得出的,以及评估假设对评估结论的影响。

(12)评估结论。

评估结论是评估报告正文的重要部分。应以文字和数字形式清晰说明评估结论。一般情况下,评估结论为一个确定的数值。经与委托方沟通,评估结论也可使用区间值表达。

(13)特别事项说明。

评估报告应当说明对特别事项的处理方式、特别事项对评估结论可能产生的影响,并提示评估报告使用者关注其对经济行为的影响。这部分通常包括以下内容:

①产权瑕疵。

②未决事项、法律纠纷等不确定因素。

③重大期后事项。

④在不违背资产评估准则基本要求的情况下,采用的不同于资产评估准则规定的程序和方法。

(14)评估使用限制说明。

评估使用限制说明通常包括以下内容:

①评估报告只能用于评估报告载明的评估目的和用途。

②评估报告只能由评估报告载明的评估报告使用者使用。

③未征得出具评估报告的评估机构同意,评估报告的内容不得被摘抄、引用或披露于公

开媒体,法律、法规规定以及相关当事方另有约定的除外。

④评估报告的使用有效期。

⑤因评估程序受限造成的评估报告的使用限制。

(15)评估报告日。

评估报告应当载明评估报告日。评估报告日通常为注册资产评估师形成最终专业意见的日期。

(16)签字盖章。

评估报告正文应由两名以上注册资产评估师签字盖章,并由评估机构盖章。有限责任公司制评估机构的法定代表人或者合伙制评估机构负责该评估业务的合伙人应当在评估报告上签字。声明、摘要和评估明细表上一般不需另行签字盖章。

(17)附件。

评估报告的附件通常包括:

①有关经济行为文件。

②评估对象涉及的资产清单或资产汇总表。

③委托方与资产占有方营业执照复印件。

④委托方和相关当事方的承诺函。

⑤产权证明文件复印件。

⑥资产评估机构资格证书复印件。

⑦评估机构营业执照复印件。

⑧评估机构及签字注册资产评估师资质、资格证明文件。

⑨资产评估业务约定合同。

⑩重要合同和其他文件。

二、资产评估报告的写作要求

(一)客观、公正

客观、公正是指在资产评估报告的编写过程中,评估人员必须保持客观、公正的立场,做到评估有原则,计算有依据,方法合理,数据准确,如实反映评估工作的整体情况。切忌弄虚作假,评价不公正。

(二)系统、综合

系统、综合是指对数据材料的甄别和取舍。在评估过程中,评估人员会接触到大量的数据资料,这些资料大多处于杂乱无章的初始状态,其中还会存在一些虚假和没有价值的资料。这就要求评估人员对这些资料进行整理、分析,去粗取精,去伪存真,保证评估报告的编写质量。

(三)准确简练,完整全面

资产评估报告所涉及的内容比较广泛,因此应根据评估对象的复杂程度、委托方要求,合理确定评估报告的详略程度。但无论详略程度如何,报告所提供的信息都应全面、清晰、准确,不会引起误解。

第三节　资产评估报告例文及评析

一、企业价值评估报告

声　明

本项目签字注册资产评估师郑重声明:注册资产评估师在本次评估中,恪守独立、客观和公正的原则,遵循有关法律、法规和资产评估准则的规定。资产评估师根据在执业过程中掌握的事实,出具评估报告,并按照相关法律规定承担相应的责任。

评估对象涉及的资产、负债清单由委托方、被评估单位申报并经其签章确认。根据《资产评估准则——基本准则》第二十三条的规定,遵守相关法律、法规和资产评估准则,对评估对象在评估基准日特定目的下的价值进行分析、估算并发表专业意见,是注册资产评估师的责任;提供必要的资料并保证所提供资料的真实性、合法性、完整性,恰当使用评估报告是委托方和相关当事方的责任。

我们已对评估报告中的评估对象及其所涉及资产进行现场调查;我们已对评估对象及其所涉及资产的法律权属状况给予必要的关注,对评估对象及其所涉及资产的法律权属资料进行了查验,并对已经发现的问题进行了如实披露,且已提请委托方及相关当事方完善产权以满足出具评估报告的要求。根据《资产评估准则——基本准则》第二十四条和《注册资产评估师关注评估对象法律权属指导意见》,委托方和相关当事方应当对所提供评估对象法律权属资料的真实性、合法性和完整性承担责任。注册资产评估师执行资产评估业务的目的是对评估对象价值进行估算并发表专业意见,对评估对象法律权属确认或发表意见超出注册资产评估师执业范围。本评估报告不对评估对象的法律权属提供任何保证。

根据《资产评估职业道德准则——基本准则》第二十六条,本报告受本评估机构和注册资产评估师执业能力限制,相关当事人决策时应当有自身的独立判断。注册资产评估师有责任提醒评估报告使用者理解并恰当使用评估报告,但不承担相关当事人的决策责任。

我们出具的评估报告中的分析、判断和结论受评估报告中假设和限定条件的限制,评估报告使用者应当充分考虑评估报告中载明的假设、限定条件、特别事项说明及其对评估结论的影响。根据《资产评估准则——评估报告》第十三条,评估报告使用者应当全面阅读本项目评估报告,应当特别关注评估报告中揭示的特别事项说明和评估报告使用限制说明。

杭州××××通信技术股份有限公司拟向特定对象发行股份购买资产涉及的上海××通信技术有限公司39%股东部分权益价值评估报告

沪东洲资评报字[2012]第8961××号

摘　要

一、委托方

杭州××××通信技术股份有限公司、上海××通信技术有限公司

二、其他报告使用者

根据评估业务约定书的约定，本次经济行为涉及的特定对象，及国家法律、法规规定的报告使用者，为本报告的合法使用者。

三、被评估单位

上海××通信技术有限公司

四、评估目的

杭州××××通信技术股份有限公司拟向特定对象发行股份购买上海××通信技术有限公司39%股权

五、评估基准日

2012年8月31日

六、评估对象及评估范围

本次评估对象为被评估单位股东部分权益价值，评估范围为被评估单位的全部资产及负债，具体包括流动资产、非流动资产（包括长期股权投资、固定资产、无形资产、递延所得税资产）及负债等。资产评估申报表列示的账面净资产为90 847 516.94元。

七、价值类型

市场价值

八、评估方法

主要采用收益现值法和资产基础法，在对被评估单位综合分析后最终选取收益现值法的评估结论。

九、评估结论

经评估，被评估单位股东全部权益价值为人民币264 780 000元。大写：人民币贰亿陆仟肆佰柒拾捌万元。被评估单位39%股东部分权益价值为人民币103 264 200元。大写：人民币壹亿零叁佰贰拾陆万肆仟贰佰元。

十、评估结论使用有效期

为评估基准日起壹年，即有效期截止到2013年8月30日。

十一、重大特别事项

具体请关注评估报告“特别事项说明”。

特别提示：本报告只能用于报告中明确约定的评估目的。以上内容摘自评估报告正文，欲了解本评估项目的详细情况和合理理解评估结论，应当阅读评估报告正文。

杭州××××通信技术股份有限公司拟向特定对象发行股份购买资产涉及的上海××通信技术有限公司39%股东部分权益价值评估报告

沪东洲资评报字[2012]第××号

杭州××××通信技术股份有限公司、上海××通信技术有限公司：

上海东洲资产评估有限公司接受贵单位的委托，根据有关法律、法规和资产评估准则、资产评估原则，采用收益现值法、资产基础法，按照必要的评估程序，对杭州××××通信技术股份有限公司拟向特定对象发行股份购买其持有的上海××通信技术有限公司39%股权涉及的上海××通信技术有限公司股东部分权益在2012年8月31日的市场价值进行了评估。现将资产评估情况报告如下：

一、委托方、产权持有者及其他报告使用者概况

（一）委托方

1. 委托方一

（1）委托方概况。

公司名称：杭州××××通信技术股份有限公司（以下简称"××××"，股票代码：3000××）

注册地址：杭州市西湖区××路×××－×××号浙江省中小企业科技楼×楼

法定代表人：程××

注册资本：人民币15 600万元

公司类型：股份有限公司（上市）

经营范围（略）

（2）公司设立及历史沿革（略）。

（3）主营业务发展情况（略）。

2. 委托方二

公司名称：上海××通信技术有限公司（同被评估单位）

（二）产权持有者

根据本次评估目的，本次评估项目的产权持有者为持有上海××通信技术有限公司39%股权的自然人杨×、陈××、徐××、林×。

（三）其他报告使用者

据评估业务约定书的约定，本次经济行为涉及的特定对象及国家法律、法规规定的报告使用者，为本报告的合法使用者。

二、被评估单位及其概况

（一）基本情况（略）

（二）历史沿革（略）

(三)主营业务发展情况(略)

三、评估目的

为完善××××移动通信技术服务产业链、提升业务规模并增强盈利能力、促进公司业务整合及拓展,根据《发行股份购买资产协议》、××××董事会决议及××通信股东会决议等,××××拟向自然人杨×、陈××、徐××、林×发行股份购买其拥有的××通信39%股权。本次评估即对上述经济行为所涉及的××通信股东部分权益价值提供参考。已取得的经济行为依据文件有:

1. 杭州××××通信技术股份有限公司发行股份购买资产协议;

……

四、评估范围和评估对象

1. 本次评估对象为被评估单位股东部分权益价值,评估范围为被评估单位的全部资产及负债,具体包括流动资产、非流动资产(包括长期股权投资、固定资产、无形资产、递延所得税资产)及负债等。(略)

……

五、价值类型及其定义

本次评估选取的价值类型为市场价值。市场价值是指自愿买方和自愿卖方在各自理性行事且未受任何强迫的情况下,评估对象在评估基准日进行正常公平交易的价值估计数额。

……

六、评估基准日

1. 本项目资产评估基准日为2012年8月31日。

2. 资产评估基准日在考虑经济行为的实现、会计核算期等因素后与委托方协商后确定。

3. 评估基准日的确定对评估结果的影响符合常规情况,无特别影响因素。本次评估的取价标准为评估基准日有效的价格标准。

七、评估依据

(一)经济行为依据

1. 杭州××××通信技术股份有限公司发行股份购买资产协议;

……

(二)法规依据

1.《中华人民共和国企业国有资产法》;

2.《国有资产评估管理办法》(国务院令第91号)及其施行细则;

……

(三)评估准则

1.《资产评估准则——基本准则》;

……

（四）取价依据

1.《最新资产评估常用数据与参数手册》（中国统计出版社）；

……

（五）权属依据

1. 房屋租赁协议；

2. 投资合同、协议；

……

（六）其他参考资料

1. 被评估单位提供的评估基准日会计报表及账册与凭证；

2. 被评估单位提供的资产评估明细表；

……

八、评估方法

（一）概述

资产评估的基本方法有三种，即成本法、收益法和市场法。

1. 成本法（略）

2. 收益法（略）

3. 市场法（略）

（二）评估方法选取理由及说明

根据《资产评估准则——企业价值》，注册资产评估师执行企业价值评估业务，应当根据评估对象、价值类型、资料收集情况相关条件，分析收益法、市场法和成本法三种资产评估基本方法的适应性，恰当选择一种或多种资产评估基本方法。经分析：被评估单位适宜采用成本法及收益法评估。

1. 成本法是以资产负债表为基础，从资产成本的角度出发，以各单项资产及负债的市场价值替代其历史成本，并在各单项资产评估值加和的基础上扣减负债评估值，从而得到评估单位净资产的价值。被评估单位资产产权清晰、财务资料完整，委估资产不仅可根据财务资料和购建资料确定其数量，还可通过现场勘查核实其数量，可以按资产再取得途径判断其价值，所以适用成本法评估。

2. 被评估单位的整体获利能力的大小不完全是由构成其全部资产及负债的各单项要素的价值之和决定的。作为一个有机的整体，除单项资产能够产生价值以外，被评估单位拥有的账面未反映的品牌形象、专利技术、企业资质、客户资源等综合因素形成的各种无形资产也是不可忽略的价值组成部分。另外，被评估单位销售毛利率、净利润率等财务数据均处于行业同类上市公司的中游水平，经营收益水平较高，未来发展能力较强，因此也适用收益法评估。

……

（三）收益法介绍（略）

(四)资产基础法介绍

企业价值评估中的资产基础法即成本法,它是以评估基准日市场状况下重置各项生产要素为假设前提,根据委托评估的分项资产的具体情况,选用适宜的方法分别评定估算各分项资产的价值并累加求和,再扣减相关负债评估值,得出股东全部权益的评估价值。

1. 货币资金:对货币资金按核实后的账面值评估。

2. 应收款项:对于有理由相信能全部收回的应收款项,按核实后的账面值评估,同时原被评估单位计提的坏账准备评估为零。对于费用性的支出评估为零。

3. 存货:对于现行市价与账面单价相差不大的库存商品,按账面单价作为重置单价,再结合存货数量确定评估值;对正在施工中的或已完工尚未结算的项目成本,通过分析计算上一会计年度的审计报告数据计算平均项目税后成本利润率,以核实后的账面成本加税后成本利润率确定评估值。

4. 其他流动资产:根据其尚存受益的权利或可收回的资产价值确定评估值。

5. 长期股权投资:对评估基准日当月设立、尚未正常经营的长期股权投资单位,核实其投资合同、验资报告后,按账面投资成本确定评估值。

6. 固定资产(略)

7. 其他无形资产(略)

8. 递延所得税资产(略)

9. 负债(略)

九、评估程序实施过程和情况

我们根据国家资产评估的有关原则和规定,对评估范围内的资产进行了评估和产权核实,具体步骤如下:

1. 与委托方接洽,听取委托方有关人员对被评估单位情况以及委估资产历史和现状的介绍,了解评估目的、评估对象及其评估范围,确定评估基准日,签订评估业务约定书,编制评估计划;

2. 指导被评估单位填报资产评估申报表;

……

十、评估假设

(一)基本假设

1. 公开市场假设(略)

2. 持续使用假设(略)

3. 持续经营假设(略)

(二)一般假设

1. 本报告除特别说明外,对即使存在或将来可能承担的抵押、担保事宜,以及特殊的交易方式等影响评估价值的非正常因素没有考虑。

……

(三)收益法假设(略)

十一、评估结论

(一)概述

经评估,被评估单位股东全部权益价值为人民币264 780 000元。大写:人民币贰亿陆仟肆佰柒拾捌万元。被评估单位39%股东部分权益价值为人民币103 264 200元。大写:人民币壹亿零叁佰贰拾陆万肆仟贰佰元。(略)

(二)结论分析

××通信作为提供网络建设之室内分布系统工程、室内分布系统销售为主的轻资产类高新技术企业,其净资产规模较小。本次评估虽已对商标、专利技术、客户资源等无形资产单独评估,但对不符合会计资产定义、不能准确计量的资源,如被评估单位拥有的资质、研发及管理团队等人力资源及商誉等对被评估单位收益形成贡献的其他无形资产价值没有单独评估。收益法能将被评估单位拥有的各项有形和无形资产及盈利能力等都反映在评估结果中,故选取收益法评估结果作为本次评估结论。

本次评估增值较高的主要原因在于:

1. 按照国家的"十二五规划",未来几年是通信服务行业大发展再上一个新台阶的时期,通信行业面临着新的发展机遇与挑战。信息技术的飞速发展与客户需求的不断提升促使通信运营商不断进行业务转型及服务升级,对提高通信网络质量及其相关解决方案的需求也不断增强,相关子行业的市场容量持续大幅增长,呈现较好的发展趋势。

……

(三)其他(略)

十二、特别事项说明

1. 特别事项可能对评估结论产生影响,评估报告使用者应当予以关注。

2. 本报告中一般未考虑评估增减值所引起的税赋问题,委托方在使用本报告时,应当仔细考虑税赋问题并按照国家有关规定处理。

……

十三、评估报告使用限制说明

1. 评估报告使用范围

(1)本报告只能由评估报告载明的评估报告使用者所使用,并为本报告所列明的评估目的和用途而服务,以及按规定报送有关政府管理部门审查。

……

2. 评估结论使用有效期(略)

十四、评估报告日

本评估报告日为2012年11月6日。

评估机构法定代表人:王××
签字注册资产评估师:於××　武×
上海东洲资产评估有限公司
二〇一二年十一月六日

附件:

1. 杭州××××通信技术股份有限公司发行股份购买资产协议
2. 杭州××××通信技术股份有限公司第二届董事会第十八次会议决议
3. 上海××通信技术有限公司2012年度第三次临时股东会决议
4. 杭州××××通信技术股份有限公司营业执照

………

【评析】

这篇评估报告由声明、摘要、正文和附件四部分组成。摘要概括和浓缩了正文的核心内容,可以帮助评估报告使用人用较短的时间了解报告的主要内容。正文的前言写明了评估报告委托方的全称、受委托评估事项及评估工作的整体情况,结尾用过渡语转入下文。接下来依次介绍了委托方、产权持有者及其他报告使用者概况、评估目的、评估范围、评估基准日、评估方法、评估过程、评估结论等内容,最后辅以附件完善、补充正文内容。报告评估目的、对象明确,有原则有依据,能够针对不同类型资产选取合适的评估方法,内容充实,逻辑严密,语言简明准确。

二、无形资产评估报告

江苏××××股份有限公司拟受让无形资产项目评估报告

苏中资评报字[2010]第××号

江苏××××股份有限公司:

江苏中天资产评估事务所有限公司接受贵公司的委托,根据有关法律、法规和资产评估准则、资产评估原则,采用收益法,按照必要的评估程序,对贵公司拟受让的无形资产——生物蛋白舌下给药技术的中国独家使用权(目前主要涉及IL-2[白介素-2]、EPO[红细胞生成素]、G-CSF[粒细胞刺激因子]、IFN[干扰素]四类产品)在2010年6月30日的市场价值进行了评估,现将资产评估情况报告如下:

一、资产评估委托方、产权持有者、项目实施企业及其他评估报告使用者概况

(一)资产评估委托方(略)

(二)产权持有者(略)

（三）项目实施企业（略）

（四）委托方以外的其他评估报告使用者（略）

二、评估目的

本次评估目的是确定江苏××××股份有限公司拟受让的无形资产——生物蛋白舌下给药技术的中国独家使用权（目前主要涉及IL－2［白介素－2］、EPO［红细胞生成素］、G－CSF［粒细胞刺激因子］、IFN［干扰素］四类产品）市场价值，为其拟受让无形资产提供价值参考意见。

三、评估对象和评估范围

本次评估的范围和对象为北京××××科技有限公司持有的无形资产——生物蛋白舌下给药技术的中国独家使用权（目前主要涉及IL－2［白介素－2］、EPO［红细胞生成素］、G－CSF［粒细胞刺激因子］、IFN［干扰素］四类产品），其简要情况如下：（略）

四、价值类型和定义

根据本次特定的评估目的，本次评估选取的价值类型为市场价值。

市场价值是指自愿买方和自愿卖方在各自理性行事且未受任何强迫的情况下，评估对象在评估基准日进行正常公平交易的价值估计数额。

五、评估基准日

经与委托方协商，确定本项目资产评估基准日为2010年6月30日。评估中所采用的价格标准为评估基准日的价格标准，评估结果为委估资产在评估基准日所表现的市场公允价值。

六、评估依据

（一）法律依据（略）

（二）准则依据（略）

（三）权属依据（略）

（四）取价依据（略）

七、评估方法

资产评估的基本方法包括市场法、成本法和收益法。市场法是以现实市场上的参照物来评价评估对象的现行公平市场价值；成本法（或称资产基础法）是从资产重置的角度间接地评价资产的公平市场价值；收益法是通过估算委估资产在未来的预期收益，并采用适当的折现率折现成现值，然后累加求和，得出被评估资产的评估值的一种资产评估方法。

本次委托评估对象为专利技术限定地区独家使用权，评估目的为作价交易，类似的可比交易案例非常少，难以取得足够有效的案例，故本次评估不适合采用市场法。同时，通常而言无形资产的获利能力与其成本呈弱对应性，如果采用成本法来评估，很可能无法准确揭示该无形资产的获利能力，因此对无形资产评估一般也不适合采用成本法。在本次评估中，由于应用该无形资产在未来年度的产生的收益及成本情况可进行合理估计，因此，本次评估采用了收益现值法对委估无形资产进行评估。

收益现值法是从收益的角度估算被评估资产未来预期收益，并用特定的折现系数估算出无形资产价值的一种方法。

……

八、评估程序实施过程和情况

本公司接受资产评估委托后，选派资产评估人员，组成评估项目小组，于2010年9月8日开始评估前期准备工作，2010年9月30日出具评估报告书，具体过程如下：

（一）明确评估业务基本事项（略）

（二）签订业务约定书（略）

（三）编制资产评估计划（略）

（四）现场调查（略）

（五）收集资产评估资料（略）

（六）经营分析（略）

（七）盈利预测（略）

（八）评定估算（略）

（九）编制和提交资产评估报告（略）

九、评估假设

1. 国家现行的有关法律法规及政策、国家宏观经济形势无重大变化，本次交易各方所处地区的政治、经济和社会环境无重大变化，无其他不可预测和不可抗力因素造成的重大不利影响。

2. 针对评估基准日资产的实际状况，假设企业持续经营。

……

十、评估结论

综上所述，截至评估基准日，江苏××××股份有限公司委估无形资产在本评估报告中所述假设前提下其评估价值为人民币11 400万元，大写为人民币壹亿壹仟肆佰万元（取整）。

十一、特别事项说明

1. 生物蛋白舌下给药技术在澳大利亚已申请专利，专利号为2007901333，澳大利亚全球专利PCT号为AU2008/000350，并于2008年进行专利申请，申请号为200800035679.4，到报告出具日尚未取得专利权证书。本次评估的无形资产为与上述专利技术相关的中国独家使用权。

2. 产权持有者承诺委估无形资产不存在侵犯他人专利权等任何受国家法律保护权利的行为，如因委估无形资产侵犯他人专利权等任何受国家法律保护的权利而引起的责任由产权持有者承担，与承担评估业务的中介机构无关。

3. 产权持有者承诺，委估无形资产不存在抵押、质押及对外担保等或有事项。

十二、评估报告使用限制说明(略)

十三、评估报告日

评估报告日为2010年9月30日。

评估机构法定代表人:何××

注册资产评估师:樊××　李×

江苏中天资产评估事务所

二〇一〇年九月三十日

【评析】

这是一篇关于无形资产价值的评估报告,写作方面有很多成功之处。从形式上看,报告要素齐全,结构安排合理,符合资产评估报告的编写要求;从内容上看,报告全面地反映了整个评估过程,能够根据无形资产的性质和特点,选择收益现值法进行评估,方法科学得当,同时,充分考虑了影响资产价值的因素,最后对评估对象作出了符合专业标准,并反映客观情况的资产评估结论。报告运用定义、限定等方法对有关根据加以规范和限制,用语严密、明确。

三、机器设备评估报告

××××股份有限公司拟处置部分闲置设备评估项目资产评估报告

致远评报字[2010]第×号

××××股份有限公司:

安徽致远资产评估有限公司接受××××股份有限公司(以下简称"××××")的委托,根据国家有关资产评估的规定,本着客观、独立、公正、科学的原则,按照公认的资产评估方法,对××××拟处置的部分闲置设备进行了评估工作。评估人员按照必要的评估程序对委托评估的资产实施了实地查勘、市场调查与询证,对委估资产在2009年12月31日所表现的市场价值做出了公允反映。现将资产评估情况及评估结果报告如下:

一、委托方、被评估企业(或者产权持有单位)和业务约定书约定的其他评估报告使用者(略)

二、评估目的

对××××拟处置的闲置设备于评估基准日的价值进行资产评估,以提供价值参考。

三、评估对象和范围

本次评估资产对象和范围为××××拟处置的闲置设备。

委估设备在评估基准日的账面原值为85 929 637.47元,账面净值为51 018 144.36元。

委估资产的具体明细由××××提供,详见清查评估明细表。

经核实,纳入评估范围的资产与经济行为确定的范围及资产评估业务约定书所约定的评估范围一致。

四、评估价值类型及其定义

本次评估的价值类型为市场价值。

本次评估采用在现有用途不变、非原地持续使用前提下的市场价值作为选定的价值类型，具体定义如下：市场价值是指自愿买方和自愿卖方在各自理性行事且未受任何强迫压制的情况下，某项资产在基准日进行正常公平交易的价值估计数额。

五、评估基准日

资产评估基准日是2009年12月31日。一切资产的评估计价标准均为评估基准日的价格标准，以人民币为记账本位币。

以2009年12月31日为评估基准日是为了与经济行为实现日尽可能接近，更好地反映资产现时状况，同时便于企业资产清查盘点，由委托方确立。

六、评估依据

（一）经济行为依据

委托方与安徽致远资产评估有限公司签订的“资产评估业务约定书”。

（二）主要法律法规依据（略）

（三）评估准则依据（略）

（四）产权证明文件（略）

（五）取价依据（略）

（六）其他依据

1. 委托评估的资产评估申报明细表；

2. 被评估企业关于“进行资产评估有关事项的说明”；

……

七、评估方法

（一）评估方法的选择

主要采用市场法，以与委估资产相同或类似的全新资产为参照物，考虑参照物与委估设备在设备功能、新旧程度、交易条件等方面的差异，通过对比分析和调整后得出评估价值。计算公式为：

评估价值 = 市场购置全价 × 市场差异及新旧程度综合调整系数

（二）闲置设备价值的具体评估方法

根据本次评估目的，鉴于目前国内市场条件及所评估资产特点，结合委估设备的特点和收集资料情况，委估闲置设备的评估价值的确定采用现行市价类比调整法，以评估基准日全新相同设备当地市场价格为基础，考虑委估设备与全新相同设备功能、市场条件等方面的差异，通过对比分析和量化差异后调整估算得出评估值，计算公式为：

评估价值=市场购置全价×市场差异及新旧程度综合调整系数

其中:

市场差异及新旧程度综合调整系数=新旧程度差异调整系数×市场条件差异调整系数

由于委估的拟处置设备系××××因进行产品结构调整而闲置的设备(基本为织布生产线设备),故其价格组成中不考虑设备购建时的安装费、前期费用及资金成本。

1. 设备现行市场价格的确定

(1)通过向设备原生产制造厂询价;(2)机械工业出版社出版的《2009机电产品价格信息数据库查询系统》、北京中和明讯数据咨询有限公司《2009年北京中和明讯机电设备价格信息系统》等资料查询取得;(3)对无法询价及查询到价格的设备,用类似设备的现行市价进行修正后加以确定。

设备到厂价=设备购置价+国内运杂费

其中,进口设备的购置价为:

设备购置价格=CIF价+关税+增值税+外贸代理费+银行手续费+商检费等

2. 新旧程度差异调整系数

由于委估设备为已经使用设备,本次评估对全新设备的现行市价进行新旧程度差异调整。

新旧程度差异调整系数的确定根据设备成新率确定:

闲置设备成新率采用综合成新率。

$$综合成新率=N_0\times K_1\times K_2\times K_3\times K_4\times K_5\times K_6\times K_7\times K_8$$

N_0 为年限法成新率。

年限法成新率=尚可使用年限÷(尚可使用年限+已使用年限)×100%

$K_1\sim K_8$ 为对设备在原始制造质量、设备利用率、维护保养、修理改造、故障情况、运行状态、环境状况、设备精度(处置状态下考虑)等方面的修正系数。

3. 市场条件差异调整系数

本次评估以设备到厂价作为全新相同设备的现行市价,系设备所在地评估基准日设备正常交易价格,与资产负债表日假定处置资产存在一定的市场条件差异,因此,本次评估考虑市场条件差异调整系数。

市场条件差异调整系数的确定系在假设资产正常有序处置的前提下,根据设备类型、当地市场需求、个别因素等综合考虑价格折扣率。

$$市场条件差异调整系数=a_1\times a_2\times a_3\times a_4$$

$a_1\sim a_4$ 为考虑设备处置变现时在交易时间、交易情况、市场需求、个别因素等方面的修正系数,根据委估机器设备在上述各方面的实际状况对以上各项修正系数进行取值。

八、评估程序实施过程和情况

按照委托单位的要求,我公司组织评估人员(包括工程技术人员、财务会计人员等)组成评估小组，在委托方和被评估企业的财务会计人员、工程技术人员和其他有关人员配合下，进行了资产评估工作。评估过程简述如下：

1. 接受委托(略)

2. 资产清查(略)

3. 评定估算(略)

4. 评估汇总(略)

5. 形成并提交资产评估报告。

九、评估假设

本次评估中，评估人员遵循了以下评估假设：

(一)一般假设

1. 交易假设

交易假设是假定所有待评估资产已经处在交易的过程中，评估师根据待评估资产的交易条件等模拟市场进行估价。交易假设是资产评估得以进行的一个最基本的前提假设。

2. 公开市场假设

公开市场假设，是假定在市场上交易的资产，或拟在市场上交易的资产，资产交易双方彼此地位平等，彼此都有获取足够市场信息的机会和时间，以便于对资产的功能、用途及其交易价格等作出理智的判断。公开市场假设以资产在市场上可以公开买卖为基础。

(二)特殊假设

1. 国家现行的宏观经济不发生重大变化。

2. 公司所处的社会经济环境以及所执行的税赋、税率等政策无重大变化。

……

十、评估结论

经实施上述资产评估程序和方法，在设定的评估前提和假设条件下，采用市场法，对拟处置的部分闲置设备进行评估，得出如下评估结论：

截至评估基准日 2009 年 12 月 31 日，资产账面原值为 8 592.96 万元，账面净值为 5 101.81万元；评估后的评估原值为 8 891.17 万元，评估净值 5 120.15 万元，净资产增值 18.34万元，增值 0.36%。

资产评估结果汇总表(略)

十一、特别事项说明

(一)本次评估结果是依据本项目经济行为和评估目的，鉴于目前国内市场条件及所评估资产特点，以公开市场为前提，确定的现行市场价值，没有考虑将来可能承担的抵押、担保事宜，以及特殊的交易方式可能追加付出的价格等对其评估价值的影响，也未考虑国家宏观经济政策发生变化以及遇有自然力和其他不可抗力对资产价格的影响。

（二）本次评估范围及采用的由被评估单位提供的数据、报表及有关资料，被评估单位对其提供资料的真实性、完整性负责。

……

（五）评估报告评估基准日期后重大事项

1. 在评估基准日后、有效期内，如果资产数量及作价标准发生变化，应按以下原则处理：(1)当资产数量发生变化时，应根据原评估方法对资产额进行相应调整。(2)当资产价格标准发生变化，对资产评估价产生明显影响时，委托方应及时聘请有资格的评估机构重新确定评估值。(3)对评估基准日后资产数量、价格标准的变化，委托方在资产实际作价时应给予充分考虑，进行相应调整。

……

十二、评估报告使用限制说明

1. 本评估报告所揭示的评估结论仅供委托方为实现本评估报告所载明的目的和用途；

2. 评估报告只能由评估报告载明的评估报告使用者使用。评估报告的全部或者部分内容被摘抄、引用或者披露于公开媒体，需评估机构审阅相关内容，法律、法规规定以及相关当事方另有约定的除外；

……

十三、评估报告日

本评估报告提交委托方日期为：2010 年 1 月 9 日。

评估机构法定代表人：××

注册资产评估师：××　××

安徽致远资产评估有限公司

二〇一〇年一月九日

【评析】

这是一篇关于机器设备价值的评估报告。报告同样根据机器设备的特点，对闲置设备的价值评估选取了适合的方法和依据，实事求是地反映了资产评估工作的情况，使评估报告使用者能合理理解评估结论，所得结论真实、客观、准确，真正体现了评估报告的专业性和权威性。报告内容组织详略得当，语言表述准确，格式规范。

综合练习

一、改错题

从资产评估报告写作主体、要素等方面,指出下面这篇报告存在的问题,并进行修改。

关于我厂资产评估情况报告书

会计师:

为转换企业经营机制作准备,我们按厂部的决定,于××月委托××会计师事务所对本厂全部资产重新进行了评估,现将评估结果报告如下。

一、资产总额

经评估验资后确认:本厂××××年××月××日的资产总额为××万元,比账面原有××万元增加××万元。

二、固定资产

经评估确认:本厂××××年××月××日的固定资产总值为××万元,比账面原值××万元增加××万元,其中:

1. 生产使用的固定资产××万元;
2. 未使用的固定资产××万元;
3. 闲置未用的固定资产××万元;
4. 待处理的固定资产××万元。

三、流动资产

经验资确认:本厂的流动资产为××万元,同账面值相符。其中:

1. 现金与银行存款××万元;
2. 应收账款××万元;
3. 待摊费用××万元;
4. 存货××万元;
5. 其他应收款××万元。

四、流动负债

经验资确认:本厂的流动负债为××万元,同账面数值相符。其中:

1. 短期借款××万元;
2. 应付账款××万元;
3. 应交税金××万元;
4. 应付工资××万元;
5. 其他应付款××万元;

6. 应付福利费××万元。

五、所有者权益

经验资确认:本厂××××年××月××日所有者权益为××万元,比账面原值××万元增加××万元。

附件:资产评估报告书一份(略)

××××厂财务科

××××年××月××日

二、写作训练

与某企业合作,对所属的资产进行评估,撰写一篇资产评估报告。

第七章

Chapter 7

审计报告

【学习目标】

- 了解审计报告的概念、特点、种类及作用。
- 掌握审计报告的写法和写作要求。

第一节　审计报告概述

一、审计报告的概念及作用

（一）审计报告的概念

审计报告是指具体承办审计事项的审计人员或审计组织在实施审计后，就审计工作的结果向其委托人、授权人或其他法定报告对象提交的书面文件。它具有法律效力，是审计工作及其结果的综合反映，是体现审计成果的主要形式。

（二）审计报告的作用

1. 鉴证作用

审计报告对被审计单位会计报表中所反映的财务状况、经营成果和现金流量情况的合法性及公允性具有鉴证作用。

2. 保护作用

审计报告在一定程度上对被审计单位的财产、债权人和股东的权益及企业的利益起到保护作用。

3. 管理作用

审计报告可以提供准确的审计信息，能够及时促进或改进有关单位经营管理状况。

4. 证明作用

审计报告,可以证明注册会计师在审计过程中是否完成预定的审计程序,是否以审计工作底稿为依据客观地表示审计意见。

5. 社会作用

审计报告是社会经济信息的客观反映,可以为政府部门加强宏观经济调控提供有用的信息。

二、审计报告的特点及种类

(一)审计报告的特点

1. 合法性

合法性一是指从事审计活动的机关或机构必须具有合法的地位和职能,二是指审计活动必须以合法为前提。

2. 客观性

审计的内容和结论都必须真实可靠、准确无误。审计报告所述内容,都应该经过取证,以充分的事实为依据。

3. 权威性

审计结论带有强制性和指令性。这种权威性,是保证有效行使审计权的必要条件。

4. 公正性

与权威性密切相关的是审计的公正性。从某种意义上说,没有公正性,也就不存在权威性。审计的公正性,反映了审计工作的基本要求。

(二)审计报告分类

1. 审计报告按使用目的或公开程度分类,可以分为公布审计报告和非公布审计报告

(1)公布审计报告。

公布审计报告是指公之于世,供社会大众阅读,不具有保密性的审计报告。

(2)非公布审计报告是指为特定目的而撰写的审计报告。

2. 审计报告按内容的详细程度分类,可以分为简式审计报告和详式审计报告

(1)简式审计报告。

简式审计报告是指简单地说明审计范围、审计意见以及其他事项的审计报告,主要适用于公布目的的审计报告,也称标准审计报告。

(2)详式审计报告。

详式审计报告是指对审查的事实和结果都要进行详细叙述、分析、评价,并提出改进意见或建议的审计报告,主要适用于非公布目的的审计报告。

3. 审计报告按签发主体的不同，分为政府审计报告、注册会计师审计报告和内部审计报告

（1）政府审计报告。

政府审计报告是指国家审计机关对中央和地方政府各部门及其他公共机构财务报告的真实性、公允性，运用公共资源的经济性、效益性、效果性，以及提供公共服务的质量进行审计的一种文体。如离任审计报告，是全面总结离任经济责任审计过程和结果的文件，它起着对被审计人任职期内经济责任履行情况进行公证的作用。

（2）注册会计师审计报告。

注册会计师审计报告是指注册会计师根据中国注册会计师审计准则的规定，在实施审计工作的基础上对被审计单位财务报表发表审计意见的书面文件。注册会计师审计报告包括无保留意见审计报告和非保留意见的审计报告。无保留意见审计报告分为标准无保留意见和带强调事项的无保留意见；非保留意见的审计报告分为保留意见的审计报告和否定意见的审计报告。

（3）内部审计报告。

内部审计报告是指内部审计人员，根据审计计划对被审计单位实施必要的审计程序后，就被审计单位经营活动和内部控制的适当性、合法性和有效性出具的书面文件。

4. 审计报告按其审计内容的不同分为财务审计报告、财经法纪审计报告和经济效益审计报告

（1）财务审计报告。

财务审计报告是具有审计资格的会计师事务所的注册会计师出具的关于企业会计的基础工作，即计量、记账、核算，会计档案等会计工作是否符合会计制度，企业的内控制度是否健全等事项的报告，是对财务收支、经营成果和经济活动全面审查后作出的客观评价。其基本内容包括资产、负债、投资者权益、费用成本和收入成果等。

（2）财经法纪审计报告。

财经法纪审计报告是对国家政府机关和企事业单位严重违反财经法纪行为所进行的专案审计报告，是政府审计的形式之一。对严重违反国家现金管理、结算制度、信贷制度、成本费用开支范围、税利上交规定等所进行的审计，均属于财经法纪审计。财政财务审计和财经法纪审计是我国国家审计机关主要的审计目标。

（3）经济效益审计报告。

经济效益审计报告是审计人员在经济效益审计工作结束时发表审计意见、作出审计评价和提出审计建议的一种书面文件，它是经济效益审计过程中一项最为重要的文件。

5. 审计报告按其范围的不同，分为综合审计报告和专项审计报告

（1）综合审计报告。

综合审计报告是各级审计机关通过对统一组织审计项目的审计并对审计中发现的问题进行汇总、分析和提炼，对审计成果进行深加工，从中找出普遍存在的问题，并分析产生问题的原因，提出审计建议来提升审计价值的一种文体。

(2)专项审计报告。

专项审计报告是指注册会计师根据中国注册会计师审计准则的规定,在实施审计工作的基础上对被审计单位的专门某一项目款项的财务报表发表审计意见的书面文件。

6. 按审查的财务会计报表不同,分为年度审计报告,中期审计报告和清算审计报告

(1)年度审计报告。

年度审计报告是会计师事务所根据《中国注册会计师审计准则》在实施审计工作的基础上对企业一个年度的财务报表的合法性和公允性发表审计意见的书面文件。通常用于工商年检、企业投标、股东了解公司的运营情况等。会计师事务所对所出具的审计报告要承担法律责任。

(2)中期审计报告。

中期审计报告是内部审计人员在现场审计过程中就某些领域的审计发现与被审计单位适当层次管理人员进行交流,并要求他们在规定期限内给予书面答复的一种报告形式。通常,中期审计报告也称作"审计备忘录"。

(3)清算审计报告。

清算审计报告是指企业由于各种原因终止,对其清算期间的债权债务清偿情况,资产变现情况,清算期间的收益、损失,费用支出情况及清算截止日净资产分配情况进行审计的一种文种,以确认清算企业是否合法、公开、公正进行全部清算活动,对清算结果发表合法、公允的审计意见。

第二节　审计报告写作

一、审计报告的写法

一般审计报告应包括以下基本要素:

(一)标题

标题应能反映审计的性质,力求言简意赅并有利于归档和索引。其主要包括:被审计单位名称、审计事项(类别)、审计期间和文种。如:《××食品厂××年财务收支审计报告》。

(二)主送单位

主送单位应当是与审计项目有管理和监督责任的机构或个人。其一般应当包括:被审计单位适当管理层;董事会或其下设的审计委员会或者组织中的主要负责人;组织最高管理当局;上级主管部门的机构或人员;其他相关人员。注意要写全称或规范化简称,写在标题下一行的左起顶格处。如:××市审计局、××进口公司等。

(三)正文

正文是审计报告的核心内容。一般应当包括以下项目:

1. 审计工作概况

审计工作概况的基本情况包括:审计的依据,说明在审计过程中遵守的国家制定的相关法律、法规、上级单位制定的制度等外部依据;被审计的对象;审计工作的起止时间;审计的内容、范围、方式及其他有关情况。

2. 被审计单位的基本情况

被审计单位的基本情况一般包括被审计单位的性质、规模、经营范围、内部组织管理情况、人员配备情况、相关项目的财务经济情况及规定指标完成情况等。如在企业的利润审计中主营业务收入、支出情况,其他业务收支情况,营业外收支情况。

3. 审计事实

明确与审计工作相关的事实,或指出被审计单位的工作成绩和经验,或者阐述查处的主要问题和出现问题的原因,这是审计报告的主要内容。审计中发现的问题要分门别类地列出,并且要分析问题的性质、原因、造成的不良影响、经济损失及后果等。

4. 审计建议

审计建议是针对审计发现的主要问题提出的处理、处罚意见或合理化建议。审计建议要确保可行性,不仅要体现一定的政策性和指导性,符合有关法规和制度要求,同时也要结合实际情况,需有较强的针对性和可操作性,否则被审计单位难以达到整改要求。

(四)附件

附件是对审计报告正文进行补充说明的文字和数字材料。一般应当包括:相关问题计算及分析性复核审计过程;审计发现问题的详细说明;被审计单位及被审计责任人反馈意见;记录审计人员修改意见、明确审计责任、体现审计报告版本的审计清单;需要提供解释和说明的其他内容。

(五)签章

在正文右下方由主管的内部审计机构盖章,并由以下人员签字:审计机构负责人;审计项目负责人;其他经授权的人员。

(六)报告日期

一般采用内部审计机构负责人批准送出日作为报告日期。

二、审计报告的写作要求

(一)客观公正、实事求是

审计报告要尊重事实,客观公正;报告中提出的问题必须有经过验证的根据,并有充分可靠的材料作为佐证。事实材料既不夸大也不缩小,对于证据不足或未经查明的事项可暂时搁置，不要轻率地写入报告。

（二）抓住重点、分析典型

审计工作中收集到的资料信息庞杂，写作审计报告时不可面面俱到，要抓住重点，通过典型事例说明问题。

（三）准确定性、建议切实

审计报告不但要写明审计中发现的问题，而且要根据有关规定确定问题的性质，提出审计决定。同时要具体写出切实可行的建议，帮助审计对象改进工作。

（四）语言准确、平实精炼

审计报告语言必须准确、精炼，合乎逻辑和语法；数字准确无误，一般不用分数；结论性的意见和评价观点要鲜明，措辞要适当、严谨，如是“贪污”还是“挪用”，是“疏忽”还是“有意”，定性应准确，不能含糊。

第三节　审计报告例文及评析

一、财务收支审计报告

×××有限公司财务收支审计报告

×××有限公司：

因对贵公司进行清算处置的需要，我们接受委托对贵公司 2008 年 1 月 1 日至 2011 年 4 月 30 日的财务收支及资产负债情况进行了审计。贵公司对提供的会计资料的真实性、完整性负责，我们的责任是发表审计意见。我们的审计是依据《中国注册会计师独立审计准则》进行的。在审计过程中，我们结合贵公司实际情况，实施了包括抽查会计记录等我们认为必要的审计程序。

一、基本情况

贵公司于 19××年××月××日领取××××××号企业法人营业执照，注册资本 275 万元，法人代表×××，经营范围：销售通信器材、承揽通信工程设计、施工、通信设备维修、汽车维修、物业管理、餐饮娱乐、职业中介、通信信息服务、室内装饰、工业与民用建筑工程。

贵公司下设通讯器材分公司、通信工程分公司、物业管理分公司、通信工程设计分公司、建筑工程分公司。其中，建筑工程分公司于 2010 年 4 月注销。

二、审计情况

（一）财务收支情况

1. 收入情况

2008 年 1 月 1 日至 2011 年 4 月 30 日，贵公司累计实现销售收入 147 054 009.46 元，其中

2008年实现销售收入72 526 202.29元,2009年实现销售收入67 487 365.46元,2010年实现销售收入6 636 173.51元,2011年1至4月实现销售收入404 268.20元。

收入组成:①通信工程及设计收入34 087 848.26元,②器材销售收入111 579 734.68元,③物管收入250 590.60元,④委托代办收入1 135 835.92元。

2.成本费用情况

2008年1月1日至2011年4月30日,贵公司累计发生销售成本129 447 433.49元,营业费用6 155 423.65元,管理费用5 558 272.94元,财务费用204 072.14元,主营业务税金及附加1 731 217.02元,营业外收支净额465 371.54元,所得税2 123 677.78元。

销售成本组成:通信工程及设计成本29 272 638.82元,器材销售成本99 032 073.54元,物管成本92 064.50元,委托代办成本1 050 656.63元。

3.利润实现情况

2008年1月1日至2011年4月30日,贵公司累计实收净利润3 623 055.73元。其中:2008年实现净利润3 988 783.46元,2009年实现净利润630 414.82元,2010年实现净利润322 925.97元,2011年1至4月净利润1 319 068.52元。

(二)资产负债及所有者权益状况

1.资产情况

截至2011年4月30日,贵公司资产总额21 213 892.78元。其中:货币资金428 431.46元,应收账款7 127 652.12元,其他应收款3 103 547.00元,坏账准备1 351.68元,长期投资2 000 000.00元,固定资产原值1 838 418.70元,净值1 368 780.52元,土地使用权5 386 833.25元。

固定资产、应收账款及其他应收款明细表见附件。

2.负债情况

截至2011年4月30日,贵公司负债总额12 560 076.12元。其中:应付账款4 270 229.53元,应付福利费228 774.18元,未交税金86 905.45元,其他应交款3 093.01元,其他应付款7 971 073.95元。

应付账款及其他应付款明细表见附件。

3.所有者权益情况

截至2011年4月30日,贵公司所有者权益总额8 653 816.66元。其中实收资本2 180 000.00元,资本公积3 121 365.37元,盈余公积906 061.96元,未分配利润2 446 389.33元。

资本公积的形成情况:2008年1月1日至2011年4月30日增加资本公积3 037 952.31元,均系所得税减免金额,2007年结转83 413.06元,系劳服司遗留。

盈余公积的形成情况:2008年1月1日至2011年4月30日增加盈余公积874 537.28元,均系从利润中提取,2007年结转31 524.68元,系劳服司遗留。

三、存在问题

1.截至2011年4月30日,应付款项中应付工资余额4 651 107.52元,工会经费

248 164.48 元,教育经费 202 632.60 元,劳动保险费 1 102 819.53 元,福利费 147 168.00 元,共计 6 351 892.13 元。经审计,系 2008 年至 2011 年 4 月从成本费用中计提,其中应付工资大部分按 1 800 元/(月·人)的标准计提,计提依据不充分,与实际支付情况亦不相符。

2. 截至 2011 年 4 月 30 日,应收款项中个人所得税余额 155 254.77 元。经审计,系贵公司代职工支付的所得税。根据税法及会计制度,应按个人所得税法规定进行核算。

3. 截至 2011 年 4 月 30 日,实收资本 2 180 000.00 元,营业执照注册资金 2 750 000.00 元,两者不一致。

四、审计意见

1. 我们认为,除上述问题造成的影响外,贵公司 2008 年 1 月 1 日至 2011 年 4 月 30 日财务收支及资产负债情况在重大方面符合企业会计准则和《邮电通信企业会计制度》的规定。

2. 对审计报告所述问题按相关法规制度规定处理。

附件:

1. 2011 年 4 月 30 日资产负债表

2. 2008 年 1 月 1 日至 2011 年 4 月 30 日损益表

3. 固定资产明细表

4. 应收账款及其他应收款明细表

5. 应付账款及其他应付款明细表

××审计公司

二○一一年九月十六日

【评析】

这是一份财务收支审计报告。在"基本情况"部分,简要说明了被审计单位的性质、经营范围及经营现状等;在"审计情况及存在问题"部分,分条列项地指出被审计单位存在的问题,并对其性质及程度加以准确定论,思路清晰,有条不紊;在"审计意见"部分,注意提出有关依据,具有很强的说服力。行文主旨明确,语言平实,层次清晰,条理分明。

二、内部审计报告

××司审计报告

公司领导:

××集团审计部××审计组于 2011 年 3 月 1 日——2013 年 3 月 1 日对××公司进行了全面审计,经过审计,我们发现××公司在财务工作、物流程序等方面极其不规范,总体工作质量低下,财务对公司的业务失去控制,并严重地影响到××公司正常业务的开展。究其原因,与物流程序错误、财务人员素质不高、上一次审计现场整改诸多不当等直接相关。现将审计的情况汇报如下:

一、××省××公司概况

1. ××公司于1999年5月19日登记注册,注册资本为人民币×××万元。经营范围为:批发西药制剂、中成药、中药材、中药饮片、生化药品、生物制品、医疗器件。

2. 机构设置:公司领导、办公室、质管部、业务部、财务部、××路批发部、××大药房、××办事处、××办事处、××办事处。

3. 领导班子成员三人:总经理×××、副总经理×××、业务处长×××,公司现有职工(包括办事处)××人。

4. 截至2013年3月1日,××公司资产总额×××万元,负债总额×××万元,净资产×××万元,库存存货×××万元;2013年1~3月,主营业务收入××万元,成本费用总额××万元,亏损××万元;发货××万元,回款××万元(其中清欠××万元);××大药房资产总额××万元,负债总额××万元,净资产××万元;2013年1~3月,销售收入××万元,费用总额××万元(包括在公司发放的工资××万元),亏损××万元。

二、审计发现

(一)财务方面存在的问题

××公司的财务整体工作质量低下,个别会计人员甚至不能胜任本职岗位的工作,尤其是在物流账务的处理上极不规范,财务起不到起码的监督和控制作用,不仅不能很好地为业务服务,很多时候甚至阻碍着业务的正常开展。具体表现为:

1. 财务工作方面极不规范。表现在:

(1)部门工作混乱。物流会计×××在工作上与主管会计不合作,出纳因承担了大量的应该由物流会计承担的工作,而造成本职工作积压,有时也不服从主管会计的工作安排。加上主管会计财务管理水平有限,最终形成部门人员之间不能进行有效的沟通,主管会计对部门工作不能有效实施管理的不良局面。

(2)会计岗位职责分工不合理。物流会计不记录物流相关的往来账,而由费用会计负责。物流会计职责范围内的大量工作或由出纳、业务处代为完成,影响工作效率和工作质量。

(3)上一次审计人员对财务的规范整改意见不合理,违背《会计法》的准则,要求出纳整理并保管会计凭证。现在出纳尽管没有保管凭证资料,但仍承担着整理会计凭证的烦琐工作。

(4)出纳当日的现金、银行存款收支不能当日处理入账,做不到日清月结,不仅不利于日后的对账,也为截留和挪用货币资金留下隐患。

(5)账簿登记不规范:封面启用登记不全,物流台账甚至无封面,月末没有本月合计、累计,没有结出月末余额,造成取数困难的情况。

2. 物流账务不全且不准确。表现在:

(1)财务处没有发货收款手工台账和库存商品进销存手工台账:入库出库时,物流会计只登记电脑账不登记手工台账,且出库是根据“发货申请表”而不是“出库单”登记电脑账。电脑账跟不上业务进度,物流会计自己也表示准确率只能保证90%以上,曾多次出现所提供的数据出现异常偏差的情况。

(2)入库商品仅在收到发票后，才登记库存商品手工台账，出库商品仅在开出发票后，才登记库存商品手工台账，库存商品台账的作用仅仅是为了在月底作结转成本之用。

(3)由于财务处没有发货收款手工台账和库存商品进销存手工台账，电脑进销存账又不准确，当经营公司领导或总公司要求提供物流相关的报表数据时，财务处不能直接提供，每次均是财务处向业务处索取，由业务处根据业务处的台账提供最终的数据，并且是由出纳而不是物流会计完成最后的上报工作。

3. 电算化分工不合理。由于只对×××一人进行了电算化的培训，未让费用会计×××参与，导致费用会计至今不能操作财务电算化，人为造成财务职责分工不合理。而物流会计虽经在××市15天的集中培训和×××公司软件操作员实地50多天的培训，但收效甚微，仍不能对财务电算化进行有效的操作。具体情况如前面所述。

(二)物流程序方面存在的问题

1. 入库不规范。业务处将股份公司寄到的发货回执交仓库保管员，收到货物后，不经质检检验签字，由仓库员直接入库，填开入库单。入库单无质检联。而目前集团公司要求的规范做法是：经营公司业务处接到货物后清点与订购单及供货单位的发货回执无误后，立即填开入库单，质量部门验收合格签字后，仓库保管员根据入库单验货无误入库后签字，分别交至业务处及财务处记账(入库单上须注明生产批号)。

2. 盘库方法不正确。

(1)盘库前不对账，不预作盘点清单。

(2)现场盘点没有业务处人员参加。

(3)不能现场发现是否存在账实不符情况。

三、审计意见

本着尽快解决××公司目前的问题，使××公司的物流、财务尽快走上正轨的原则，××公司的整改工作应该继续进行下去。

1. 鉴于××公司不规范的习惯做法根深蒂固，且许多工作质量低下与财务人员的低素质密切相关。仅凭审计组人员的现场进行整改，短时间很难从根本上得到彻底扭转，所纠正的东西也可能很快恢复原样。出于尽快解决问题的目的，审计组在审计期间直接向集团财务和主管财务人事的××总监作了电话汇报，并按要求于4月1日书面向××总监汇报了××公司财务存在的问题，且提出了如下建议：

由××集团选派一名精通物流账务、熟悉物流规范化管理程序、同时具备一定的财务管理水平的人员，于审计组完成审计任务前入驻××公司主持财务工作，从理顺财务管理关系入手，处理具体事务，对其他财务人员进行传、帮、带，从提高人员专业水平着手，根本上对××的财务进行规范和整改。

为保证其工作不受来自××公司方面的干扰，并提出建议将其人事挂靠集团财务部，工资由××集团直接发放,并授予一定的财务人事处置权。同时为保证××公司的财务工作能够顺利延续,亦建议××现有的财务人员的岗位及待遇暂时保持不变,视今后的变化由主持工作的财务人员再行申报调整。

2. 由于××公司现有的领导对物流的规范化管理缺乏正确的认识,对于整改工作,如果单纯靠财务来监督进行,效率不会太高,效果也不会理想。但在这次审计工作中发现,××公司专门从事 GSP 认证工作的质检处经理××由于过去在大型国有医药行业长期从事物流管理工作,对于物流的规范化操作具有较深刻的理解,其本人也具有改变××不规范的现状,进行规范化管理的强烈意识,因此在此次现场整改中,特别强调了质检的重要性,要求在整改中要发挥质检的重要作用。

但是,由于审计的权限限制,不可能明确地直接要求×××集团选派的财务人员和质检处经理两人对整改工作具体负责。因此建议,由×××集团考虑对以上两人专门授权,由他们对××公司的整改工作全面负责,以使××的物流、财务尽快走上正轨。

附件(略)

×××公司审计部

××审计组

二○一三年四月四日

【评析】

这是一份内部审计报告。首先介绍了公司的概况,被审计单位的性质、经营范围及经营现状等;在"审计问题"部分,分条列项地指出被审计单位存在的问题,并对其性质及程度加以准确定论,思路清晰,有条不紊;"审计意见"部分,注意提出有关依据,具有很强的说服力。行文主旨明确,语言平实,层次清晰,条理分明。

三、专项审计报告

关于"新疆××××××中心基础设施建设"项目资金的专项审计报告

新疆××××研究所:

我们接受委托,组成审计组,对新疆××××研究所(以下简称贵所)所承担的新疆××××××中心基础设施建设项目进行了专题财务验收专项审计,我们重点审计了该项目的"课题经费支出情况表"等有关财务资料,这些报表的编制是贵所的责任,贵所对提供的这些报表和有关专项资金使用情况资料的真实性、合法性、完整性承担责任,我们的责任是在实施专项审计工作的基础上,以这些报表发表审计意见。

我们的审计是按照《中国注册会计师审计准则》、"关于修订《新疆维吾尔自治区科技专项经费管理办法(试行)的通知》"(新财教【2009】133 号)以及国家有关财经法规、批复任务书要求进行的。在专项审计过程中,我们结合贵所的实际情况,实施了包括对实物进行实地

盘点、抽查会计记录等我们认为必要的审计程序,现将审计情况报告如下:

一、项目基本情况

1. 项目承担单位基本情况

新疆××××研究所在新疆维吾尔自治区事业单位登记管理局注册,领取事证第1650000×××××号的事业单位法人证书。法定住所:乌鲁木齐市×××路××号副×号;法定代表人:牛××;开办资金:人民币1 098万元;经费来源:全额拨款;有效期:自2009年2月19日至2012年3月31日;宗旨和业务范围:开展科技情报研究,促进科技发展,科技情报研究,科技信息服务,科技信息网络建设与管理;举办单位:新疆维吾尔自治区科学技术厅。

2. 项目立项基本情况

(1)贵所申报新疆××××××中心基础设施建设,并与新疆维吾尔自治区科学技术厅于2009年6月18日签定了《自治区科研院所改革与发展专项资金合同书》。项目编号:2009×××。取得自治区科研院所改革与发展专项资金60万元人民币。合同书规定该课题由新疆××××研究所承担。

(2)项目计划投资总额为145万元,其中,自治区科研院所改革与发展专项拨款60万元,自筹经费85万元。

(3)项目主要内容

本项目通过加强对新疆××××××中心基础设施的建设,改变现有科技档案贮藏的环境,提升科技档案中心的规范化管理,为开发利用档案信息资源,推进科技档案信息化进程创造有力的条件。

3. 项目实施情况

(1)改造档案室面积达120平方米,从而改善了科技档案的贮藏环境和信息化工作环境,安装了防火、防盗报警装置,去湿机,计算机,服务器,交换机等设备,达到了国家档案局标准。同时加大了硬件投入,扩大了机房面积,全面提升了档案网络化、信息化、数字化系统服务能力。

(2)购置档案专用设施。配备了现代化密集架32列和图书资料架8列,档案贮藏场地达到了“防火、防盗、防灾”三防要求。

(3)购置了科技档案数字化、信息化处理设备,大大提高了科技档案数字化、信息化工作效率,为进一步运用网络技术、计算机管理科技档案奠定了基础。

4. 单位内部财务管理制度建设及执行情况

新疆××××研究所设有财务室,职能独立。新疆××××研究所执行《事业单位财务制度》及有关规定,按相关规定设置会计科目进行核算和财务管理。

(1)内控制度建设情况。

为加强财务管理,新疆××××研究所制定了《财务收支审批制度》《国有资产管理办法》等制度,规章制度基本健全,财务管理情况较好。

(2)内控制度执行情况。

在专项资金管理方面,新疆××××研究所执行国家颁布的科研项目专项资金的管理办法,科研经费统一由财务部门负责管理,单独设立科研经费账户,按项目立户,专款专用,科研项目支出按照规定程序审批,课题核算比较规范。

二、项目预算安排及执行情况

1. 专项经费预算安排情况

根据新疆××××研究所签订的《自治区科研院所改革与发展专项资金合同书》,本项目的专项经费预算为60.00万元。

2. 专项经费到位情况

截至2011年7月,该项目已到位的专项经费为60.00万元,专项经费足额到位,与预算批复一致。

3. 专项经费拨付情况

截至2011年7月,该项目已到位的专项经费为60.00万元,与预算数相符。

4. 专项经费使用情况

截至2011年7月,本项目实际使用专项经费60.00万元。

5. 专项经费结余情况

经审计,截至2011年7月,本项目专项经费累计支出59.521 750万元,实际净结余为0.478 25万元。

6. 自筹经费预算安排情况

根据新疆××××研究所签订的《自治区科研院所改革与发展专项资金合同书》,本项目的自筹经费预算为85.00万元。

7. 自筹经费到位情况

截至2011年7月,该项目已到位的自筹经费为85.183 88万元。

8. 自筹经费使用情况

截至2011年7月,新疆科技情报研究所使用自筹经费共计90.196 47万元。

9. 自筹经费结余情况

截至2011年7月,自筹经费结余为0元。

三、项目经费管理和使用中存在的主要问题及建议

1. 自筹经费未设专账核算,上述事项不符合《新疆维吾尔自治区科技专项经费管理办法(试行)》第四条"……(四)单独核算、专款专用。项目经费应当纳入单位财务统一管理,单独核算,确保专款专用……"的规定。

建议贵所严格执行《新疆维吾尔自治区科技专项经费管理办法(试行)》的规定,对自筹资金设专账核算。

2. 没有严格按照预算使用专项资金,设备购置费超支297.52%,燃料动力费、会议费、专

家咨询费、管理费、劳务费等项目节约100%,并且未按规定履行报批手续。

四、审计意见(综合评价)

经审计,除了前段所述事项造成的影响外,我们认为新疆××××研究所项目的经费支出符合自治区科技专项经费的有关规定,财政拨入的专项经费做到了专款专用、专户核算,已抽查的项目经费支出情况与项目任务目标相关、与有关政策法规相符,并符合经济合理的原则,未发现违规、超范围及不合理使用项目经费的现象,审定的项目经费支出情况表,真实地反映了项目经费的支出情况。

五、其他需要说明的事项

截至结题财务验收申请日,本项目专项经费账面结余0.478 25万元。按照合同书的年度工作计划,项目将于2011年7月底完成所有工作,本项目专项经费净结余为0.478 25万元。

附表:

1. 课题基本情况表
2. 课题经费拨付情况审计表
3. 课题经费支出情况汇总审计表
4. 劳务费支出情况审计表
5. 仪器设备支出情况审计表
6. 材料费支出情况审计表
7. 测试化验加工费支出情况审计表
8. 国际合作交流费支出情况审计表
9. 课题专项经费净结余审计表
10. 课题经费支出情况附表

新疆××有限责任会计师事务所　　　　中国注册会计师:

(盖章)　　　　(签名并盖章)

中国注册会计师:

中国·乌鲁木齐市　　　　(签名并盖章)

二〇一一年十月十七日

【评析】

这是一份项目资金专项审计报告。首先介绍了此项目基本情况和项目预算安排及执行情况;然后说明了项目经费管理和使用中存在的主要问题及建议;最后概括性地阐述了审计意见,又补充说明了其他需要说明的事项。行文主旨明确,语言平实,层次清晰,条理分明。

四、离任审计报告

关于××学校洪××同志离任经济责任的审计报告

××学校：

根据《中华人民共和国审计法》《教育系统内部审计工作规定》和相关法律法规，我们于2011年10月17日至10月25日对你校原任校长洪××同志2006年9月至2011年8月履行校长经济责任的情况以就地和送达两种相结合的方式进行了审计，现出具如下审计报告：

一、基本情况

洪××同志于2006年8月至2011年8月任××学校校长，负责学校全面工作，受托履行财务、会计、经营、管理、社会、财经等经济责任。任期末，学校共有班级数40个，在籍学生4 000人，其中住宿生2 000人；教职工300人；离退休人员125人。

二、审计情况

（一）资产负债情况（2011.08.31）

1. 资产：现金10 000.00元、银行存款161 653.43元、应收及暂付款603 134.44元、固定资产8 859 465.45元，合计9 634 253.32元。

2. 负债：应付及暂存款157 837.11元，合计157 837.11元。

3. 净资产：资产减去负债，净资产为9 476 416.21元。

（二）财务收支情况（2006.09～2011.08）

1. 收入：37 559 216.78（见表7.1）

表7.1　财务收入

项目	时期						合计
	2006.9～12	2007	2008	2009	2010	2011.1～8	
1. 教育经费拨款	1 501 812.00	6 330 652.60	6 882 445.50	6 840 180.71	6 889 364.00	6 222 610.00	34 667 064.81
2. 教育附加拨款	27 500.00	20 000.00					47 500.00
3. 上级补助收入		90 000.00	140.00				90 140.00
4. 事业收入	250 000.00	470 000.00	270 000.00	793 438.08	300 000.00	40 000.00	2 123 438.08
5. 其他收入	28 513.17	279 285.30	10 000.00	263 275.42	10 000.00		591 073.89
6. 拨入专款			40 000.00				40 000.00
合计	1 807 825.17	7 189 937.90	7 202 585.50	7 896 894.21	7 199 364.00	6 262 610.00	37 559 216.78

2. 支出:36 960 277.33(见表7.2)

表7.2 财务支出

项目	时期						合计
	2006.9～12	2007	2008	2009	2010	2011.1～8	
1. 事业支出	1 279 394.14	6 025 130.18	7 362 762.21	7 835 251.46	7 435 065.84	7 022 673.50	36 960 277.33
①工资福利支出	1 020 018.00	5 248 397.04	5 353 560.65	6 074 804.74	5 627 663.00	5 231 694.00	28 556 137.43
②商品和服务支出	157 451.14	638 633.14	1 030 101.58	1 011 218.83	1 106 531.24	852 295.40	4 796 231.33
③对个人和家庭补助支出	101 925.00	17 620.00	727 547.50	210 438.00	219 927.00	71 130.00	1 348 587.50
④其他资本性支出		120 480.00	251 552.48	538 789.89	480 944.60	867 554.10	2 259 321.07
2. 专款支出							
合计	1 279 394.14	6 025 130.18	7 362 762.21	7 835 251.46	7 435 065.84	7 022 673.50	36 960 277.33

3. 结余:收入减去支出,5年间学校收支结余总额为598 939.45元,其中:2006年9～12月结余528 431.03元;2007年结余1 164 807.72元;2008年结余－160 176.71元;2009年结余61 642.75元,2010年结余－235 701.84;2011年1～8月结余－760 063.50元。

(三)商品和服务支出分析(2006.09～2011.08)

在日常公用经费支出中,其他费用、办公费用、维修费用所占比例较大,教师培训费所占比例为3.88%,不足5%,偏低。

支出:36 960 277.33(见表7.3)

表7.3 商品和服务支出

项目	时期							各项支出所占比例
	2006.9～12	2007.1～12	2008.1～12	2009.1～12	2010.1～12	2011.1～8	合计	
办公费	59 574.90	127 362.50	272 704.42	414 372.28	292 787.25	132 107.09	1 298 908.44	27.08%
水电费	27 333.44	85 421.65	88 628.88	79 057.12	85 326.90	51 429.87	417 197.86	8.70%
邮电费	1 675.00	6 070.00	21 997.35	15 722.00	11 095.00	1 512.00	58 071.35	1.21%
差旅费	4 486.00	9 974.00	15 948.50	5 868.00	2 217.00	198.00	38 691.50	0.81%
租赁费				10 125.00			10 125.00	0.21%
会议费	1 300.00			2 540.00	1 425.00		5 265.00	0.11%
培训费	9 625.00	12 889.00	69 491.00	27 478.00	60 691.00	5 959.00	186 133.00	3.88%
劳务费		3 980.00	5 589.00	11 600.00	3 200.00		24 369.00	0.51%
招待费	3 181.17	11 285.11	8 528.30	17 905.00	21 743.00	15 766.00	78 408.58	1.63%
维修费	49 048.04	206 183.48	50 038.14	218 288.91	234 664.89	323 985.54	1 082 209.00	22.56%
其他	1 227.59	175 467.40	497 175.99	208 262.52	393 381.20	321 337.90	1 596 852.60	33.30%
合 计	157 451.14	638 633.14	1 030 101.58	1 011 218.83	1 106 531.24	852 295.40	4 796 231.33	100.00%

(四)账外欠款情况:213 748.74

①理化生仪器等 34 943.00 元;②电脑配件等 1 980.00 元;③牌匾 15201.00 元;④多媒体设备 50 000.00 元;⑤招待费 6 477.00 元;⑥LED 显示屏 53 511.84 元;⑦塑胶跑道 37 635.90元;⑧监理费 14 000.00 元。

(五)伙食收支余情况(见表 7.4)

表 7.4　××学校伙食收支统计表

时间	收入	支出			结余
		合计	伙食支出	其他支出	
2007 春季	730 510.50	730 357.95	544 143.70	186 214.25	152.55
2007 秋季	744 620.00	744 431.36	589 880.16	154 551.20	188.64
2008 春季	650 075.00	649 900.15	495 557.89	154 342.26	174.85
2008 秋季	659 805.00	659 309.80	556 875.70	102 434.10	495.20
2009 春季	596 330.50	596 155.80	509 401.80	86 754.00	174.70
合计	3 381 341.00	3 380 155.06	2 695 859.25	684 295.81	1 185.94

(六)结算情况

截至 2011 年 8 月 31 日,学校结余 421 857.29 元。

三、审计评价

审计认为,××学校提供的 2006 年 9 月至 2011 年 8 月间的会计凭证、账簿、报表等资料基本真实地反映了学校的财务收支情况,财务收支基本符合财经法规的规定。

四、存在问题

1. 大额支出化整为零,逃避监管。如账外欠款中制作牌匾费用共计 15 201.00 元,分成 4 次开票列支。

2. 大额支出无局领导审批。如 2011 年 8 月 17 日凭证,订购《初中生世界》支出 6 480.00 元、2010 年 12 月购理化生仪器支出 34 943.00 元均未经局领导审批。

3. 发票报销手续不齐全。该校一些较大数额的支出发票均无经手人,仅有几个副校长在大额支出审批表上签字,且很大一部分支出发票未注明事由。

4. 部分合同条款没有得到履行,主要表现在:(1)2010 年 4 月 21 日所订立的塑胶跑道工程建设合同约定:工程竣工验收合格后付至合同价的 70%,余款在工程验收合格经审计部门审计结束后付至总价的 90%,余款作质量保证金,待保修期满无质量问题一次性付清(质保两年)。而实际情况是该工程未经审计部门审计,保修期未届满、保证金未扣除就在 2011 年 7 月一次性提前结清余款 158 351.90 元,同时至审计时止会计中心也未就该项支出相应增加固定资产;(2)D 级危房拆迁工程合同约定:签订拆迁合同时付清拆迁款。该合同是 2010 年 8

月25日签订的,理应于当日缴清折迁款,而实际情况是至2010年12月13日才由陆伟业上缴该款项至国库;(3)2007年2月和2007年6月应交的商店承包费均为68 750.00元,2008年3月的商店承包费35 600.00元,三笔合计173 100.00元,直至2009年8月才上交。

5. 会计核算不准确。如2008年有拨入专款40 000.00元,却无专款支出。

6. 学校伙食方面存在的问题主要是挤占学生伙食费,主要表现为:(1)2007年2月支付蒸笼、绞肉机5 900.00元,碗、盆等8 735.00元,2007年5月支付班级活动费7 740.00元,2007年9月支付8人固定式餐桌30张,每张350.00元,合计10 500.00元;(2)2008年1月支付菜补助,每人400.00元,合计2 000.00元,支付餐棚、餐厅漏雨维修费5 000.00元,2008年3月支付食堂改水及材料用4 205.00元,餐厅玻璃门2 100.00元,2008年4月支付软皮帘3 181.00元,涂墙费800.00元,敌敌畏2 250.00元,涂料1 420.00元。

五、意见及建议

1. 严格执行大额支出审批制度。5 000.00元上的大额支出要报经局领导审批,未经审批不得支出。

2. 严格发票管理制度,完善发票报销手续,每张发票都要有经办、审批等相关人员签字并且要写清事由等事项。

3. 严格按照合同规定的各项条款履行合同,及时、完整地收缴承包金等,保证学校的合法利益。

4. 进一步加强会计核算,提高核算质量。

5. 针对学校伙食账方面存在的问题,要严格执行福建省省教育厅、财政厅《关于加强中小学食堂财务管理的意见》和有关文件规定,不克扣学生伙食费,确保伙食质量。

审计组长(签名):

××教育系统内部审计室

××年×月×日

【评析】

这是一份离职审计报告。主要由引言、基本情况、审计情况、审计评价、存在问题和处理意见构成。引言部分介绍了此次审计工作依据、时间、范围和内容;基本情况介绍了被审计人及所在单位的总体情况;审计情况主要说明债权、债务及财务收支情况;审计评价是对审计结果进行了客观的评价;存在问题部分分条指出审计过程中发现的问题;处理意见部分有理有据,易于接受。行文规范、重点突出、真实具体。

综合练习

一、病文修改

××会计师事务所的注册会计师A和B,于2012年3月10日完成了对××股份有限公司(上市公司)2011年度财务报表的审计工作,下面是草拟的一份审计报告:

财务审计报告

××股份有限公司董事长:

我们审计了后附的××股份有限公司(以下简称××公司)××财务报表,包括资产负债表、利润表、股东权益变动表和现金流量表以及财务报表附注。

一、管理层对财务报表的责任

编制和公允列报财务报表是××公司管理层的责任。这种责任包括:按照企业会计准则的规定编制财务报表,并使其实现公允反映。

二、注册会计师的责任

我们的责任是在执行审计工作的基础上对财务报表发表审计意见。我们按照中国注册会计师独立审计准则的规定执行了审计工作。中国注册会计师独立审计准则要求我们遵守中国注册会计师职业道德守则,计划和实施审计工作以对财务报表是否不存在重大错报获取合理保证。

审计工作涉及实施审计程序,以获取有关财务报表金额和披露的审计证据。选择的审计程序取决于注册会计师的判断,包括对由于舞弊或错误导致的财务报表重大错报风险的评估。在进行风险评估时,我们考虑与财务报表编制和公允列报相关的内部控制,以设计恰当的审计程序,但目的并非对内部控制的有效性发表意见。审计工作还包括评价管理层选用会计政策的恰当性和作出会计估计的合理性,以及评价财务报表的总体列报。

三、审计意见

我们确认,××公司财务报表在所有重大方面已经按照企业会计准则的规定编制,真实地表达了××公司2010年12月31日的财务状况以及2010年度的经营成果和现金流量。

中国注册会计师:(盖章)

二〇一二年三月十日

要求:根据编写财务报表审计报告的要求,指出上列审计报告中的不恰当之处。

二、写作训练

×××会计师事务所的注册会计师张×已于2012年2月15日完成对××股份有限公司2011年度会计报表的实地审计工作,已草拟了无保留意见的审计报告。该会计师事务所

主任会计师李×在复核审计工作底稿时,发现以下情况:

1. ××公司不愿提供2010年度和2011年度比较会计报表。

2. ××公司不愿公开任何年度的现金流量表。

3. 2011年××公司变更了存货的计价方法,并将变更的影响适当地反映在本年度的会计报表内。注册会计师张×认可××公司的变更理由。此项变更揭示于会计报表附注1。

4. 注册会计师张×不能执行正常的应收账款函证程序,但可利用替代程序查明应收账款的真实性。

5. 在某诉讼案中,××公司被列为被告,胜负目前难以预料。一旦原告胜诉,××公司将要支付400万元的赔款。诉讼案和可能的影响均已适当地揭示于会计报表附注2。

要求:根据上述情况,请你代张×编制一份审计报告。

第八章

Chapter 8

合　同

【学习目标】

· 了解合同的概念、作用、特点及种类。

· 掌握合同的写法和写作要求。

第一节　合同概述

一、合同的概念及作用

（一）合同的概念

合同行为古已有之，合同作为一种文体样式，可以说是一种非常古老的应用文。古代的各种民间契约，从文体归属看，均属合同。随着社会的发展和时代的进步，合同行为逐步纳入法律的范畴，成为一种法律行为，而作为合同行为表现形式的书面合同（包括各种契约、协议、合同书等）也就成为一种法律文书。为此国家制定了规范合同行为的相应法规，这就是各种合同法。1999 年以前，我国关于合同的法规主要有三个，即《中华人民共和国经济合同法》、《中华人民共和国涉外经济合同法》和《中华人民共和国技术合同法》。1999 年 3 月 15 日第九届全国人民代表大会第二次会议通过了我国新的合同法，即《中华人民共和国合同法》（以下简称《合同法》），并规定了从 1999 年 10 月 1 日起施行。新合同法将上述三个合同法合并为一个，通常称之为统一合同法。这是我们目前签订合同的依据，也是合同写作的依据。新《合同法》第一章第二条规定："合同是平等主体的自然人、法人、其他组织之间设立、变更、终止民事权利义务关系的协议。"

从这个概念中我们可以看出以下四点。

第一，合同的行为主体（或称当事人）有三种：一是自然人，即公民；二是法人，即依法成立并能独立参与民事活动的社会组织，包括各种企业、公司、社会团体等；三是法人以外的社会组织。这是一个非常宽泛的范围,几乎无所不包。

第二,合同行为是一种民事法律行为,这种行为包括设立、变更和终止当事人之间的权利义务关系。

第三,合同关系是一种协议关系,应由当事人协商确立。

第四,书面合同就是将上述合同行为书面化的应用文体。

(二)合同的作用

1. 约束作用

依法订立的合同一经签署,就具有法律的约束力,当事人既可以充分享受合同规定的权利,又必须全面履行合同所规定的义务。任何一方不得擅自变更或解除合同中的内容。如果订立合同的某一方不经同意,擅自变更或解除合同,要罚以违约金;因一方没有遵守合同的规定所造成的对方的损失,要罚以赔偿金,等等。

2. 保障作用

当事人签订合同,不仅是为了实现特定的目的,同时还是为了保证某一项经济活动的顺利完成,更是为了取得一定的经济效益。而合同所规定的内容恰恰反映着双方当事人的权益,是为双方当事人经济目的的实现服务的。因此,市场经济条件下的合同对当事人实现经济目的起着保障作用。

3. 凭据作用

在商业信誉出现严重危机的今天,利用合同的方式维护当事人之间的合法权益是行之有效的方法。在劳动合同中,当用人单位违反劳动合同,侵犯劳动者权益的时候,劳动者就可以以劳动合同为依据,通过法律途径获得救助。在销售合同中,将经营者对商品的介绍、服务的承诺以合同的方式记录下来,当事各方以此为据,就可以减少纠纷,保障交易的顺利完成。

4. 维护作用

合同是商品经济的产物,是社会关系、经济关系在法律上的表现,合同的签订、履行是维护社会经济秩序的重要措施。所谓社会经济秩序,是指社会活动、经济活动所应具有的规范性、稳定性和安全性。只有社会经济活动规范、有序,合同当事人才能最大限度地实现各自目的,获取最大利益,整个社会才能高效运行、稳步发展。合同的平等、自愿、公平、诚实守信、公序良俗、必须信守原则等,使合同成为维护社会经济秩序的重要方式。

二、合同的特点及种类

(一)合同的特点

1. 合法性

合同是常见的具有法律效力的文书,合法是合同生效发挥作用的首要前提,如果合同的内容存在不合法的情况,则签订的合同只能视为无效合同。合同的签订涉及经济活动当事人的个人合法行为,因此合同的签订必须严格遵守国家相关的法令、条文和规章制度。《中华人民共和国合同法》(以下可称《合同法》)对合同的制定和履行、解除和变更,以及其他相关的违约责任等都作了明确的规定。合同的合法性可以从以下几个层面来理解:第一,当事人必须具有相应的合法主体资格,即当事人必须在国家法律允许的范围内具有相应的权利能力和行为能力;第二,合同的相关内容以及具体条款等必须符合相关的法律、法规;第三,签订合同的手续必须合法,当事人之间要经过反复协商,在双方意见达到一致之后方可签订。

2. 公平性

合同的公平性首先表现在当事人的法律地位平等,无论是法人,还是自然人,均为平等的民事主体;无论是大单位,还是小单位,无论是国有经济企业,还是集体经济企业或个体经济企业,均有权平等地同对方当事人签订合同,享受平等的权利,不允许一方有超越对方法律地位的行为。其次,表现在当事人双方应采取自愿协商、自主自由的方式来达成合约,不允许以大压小、以强凌弱,任何一方均不得把自己的意志强加给对方。有失公平的合同、乘人之危情况下签订的合同、以胁迫手段签订的合同,都存在着被撤销的可能。

3. 制约性

合同双方当事人地位平等,其相互间权利、义务是对等的,又是相互制约的。当事人享受这个权利,就应尽相对的义务;规定有这个义务,就应享受相应的权利。一方的权利又体现为另一方的义务,一方的义务又体现为另一方的权利,互为因果,相互产生作用与影响。故合同依法成立,即具有法律约束力,当事人必须全面履行合同,任何一方不得拒绝履行或不适当履行。如遇特殊情况,需要变更或解除合同,必须按照法律规定的条件和程序,经当事人各方协商,达成新的协议;反之,将承担违约责任。

4. 完备性

合同的完备性主要是指条款的完备性。在合同中,当事人双方的责任、义务、权利等都要交代清楚,任何可能出现的问题在制定合同的过程当中都要有所顾及。如果有需要的话,合同还需要加上相关的附件。很多经济纠纷的产生都是因为合同在早期的制订过程中,条款以及一些相关的事项没有交代清楚。

5. 规范性

为了保证合同的合法性、公平性和完备性,撰写合同应当符合规范化的要求。《合同法》明文规定:"法律、行政法规规定采用书面形式的,应当采用书面形式。当事人约定采用书面形式的,应当采用书面形式。"合同的书面形式是较为统一、固定的,即内容的构成、先后顺序都有一定的要求。为规范合同的体式,国务院曾于1990年3月20日批准在全国推行合同统一文本格式。原国家工商行政管理局编制的《中国合同范本》为各类合同的正确制作提供了依据,当事人可以参照各类合同的范本订立合同。只有规范的合同,才能真正做到有章可循,有据可查，防止疏漏或歧义，避免矛盾和纠纷，确保合同双方的合法权益真正落实。

6. 严密性

合同使用的语言都具有较强的严密性，它的语言不同于一般的其他文书，十分注重词语运用的准确与严谨。在合同当中切忌雕饰词藻，绝对不能有模棱两可或含糊不清的情况出现。为避免在合同履行中产生不必要的争执，避免造成不必要的经济损失，合同的语言表达必须严密，要科学地使用语言，准确地运用词语，要精确到每个词、每个字，每个标点符号的用法都要规范。

（二）合同的种类

合同按照不同的标准可以分成不同的种类，按合同适用范围划分，《合同法》规定了15类合同：买卖合同，供用电、水、气、热力合同，赠与合同，借款合同，租赁合同，融资租赁合同，承揽合同，建设工程合同，运输合同，技术合同，保管合同，仓储合同，委托合同，行纪合同，居间合同。

1. 买卖合同

买卖合同是出卖人转移标的物的所有权于买受人，买受人支付价款的合同。买卖是经济生活中最普遍的交换行为，买卖合同也是经济生活中运用最为广泛的合同类型。而且，买卖合同的许多原则也可以适用于其他有偿合同，根据《合同法》第一百七十四条："法律对其他有偿合同有规定的，依照其规定；没有规定的，参照买卖合同的有关规定。"因此，买卖合同是最基本的合同。

买卖合同的基本条款内容有：买卖货物名称、品种、型号、规格、等级、花色等；买卖货物数量和计量单位；标的物的质量标准；买卖货物包装标准和包装物的供应与回收；买卖货物的交货单位、交货方式、运输方式和到货地点；接货单位、提货单位、交货期限；货物验收方法及提出异议的期限；货物价格及总价款；结算方式；违约责任。由于买卖合同是以转移标的物所有权为基本特征，所以在买卖合同的写作中一定要围绕买卖合同的基本条款，重点将标的物转移过程中双方权利义务容易产生矛盾纠纷的地方约定清楚。

2. 供用电、水、气、热力合同

供用电、水、气、热力合同是指一方提供电、水、气、热力供另一方利用，另一方支付价款的合同。其内容包括供应电、水、气、热力的方式、质量、时间，使用电、水、气、热力的容量，地址，性质，计量方式，单价，费用的结算方式，供用设施的维护责任等条款。

供用电、水、气、热力合同具有公共利用性质，是一种提供基础设施性质的合同。它对整个社会经济的发展和人民生活水平的提高，有着十分重要的作用。因此，立法对其加以规定显得十分必要。我国《合同法》将该章称为"供用电、水、气、热力合同"，在条文中仅就供用电合同作出规定，其余几种合同可参照供用电合同的相关规定。

3. 赠与合同

赠与合同是指赠与人将自己的财产无偿给予受赠人,受赠人表示接受赠与的合同。赠与合同通常是一种无偿合同,但有时也会对受赠人附加义务。《合同法》中规定:“赠与附义务的,受赠人应当按照约定履行义务”。

赠与合同中,受赠人系无偿地接受财产之馈赠,因此无须具备完全行为能力。但对于附加义务的赠与合同来说,由于受赠方也要相应地承担一定的义务,需要受赠人具备一定行为能力。对于赠与人一方来说,赠与他人财产属较为重要的法律行为,一般要求赠与人应具备完全行为能力。无行为能力人或限制行为能力人在其监护人同意下也可以为赠与。赠与人不限于本国人。

4. 借款合同

借款合同是指借款人向贷款人借款,到期返还借款并支付利息的合同。其中向对方借款的一方称为借款人,出借钱款的一方称为贷款人。《合同法》中规定:“借款合同的内容包括借款种类、币种、用途、数额、利率、期限和还款方式等条款。”

根据我国的社会生活实践和有关法律规定,借款合同主要包括银行借款合同和自然人之间的借款合同。银行借款合同,又称为贷款合同或信贷合同,是银行等金融机构作为贷款人,将金钱出借给借款人使用,在合同期满后借款人返还借款并支付利息的合同。我国《合同法》将银行借款合同作为规制的重点。

5. 租赁合同

租赁合同是出租人将租赁物交付承租人使用、收益,承租人支付租金的合同。其中,将租赁物租出的一方称为出租人,使用租赁物并支付报酬的一方称为承租人,支付的报酬称为租金。《合同法》中规定:“租赁合同的内容包括租赁物的名称、数量、用途、租赁期限、租金及其支付期限和方式、租赁物维修等条款。”

租赁期限如果在6个月以下的,无论采用书面形式还是口头形式,当事人可以自由选择合同的形式。租赁期限在6个月以上的,最好能够采用书面形式,如果没有采用书面形式,无论当事人是否对租赁期限作出了约定,都可以视为不定期租赁。根据租赁物的不同,租赁可以划分为动产租赁和不动产租赁。不动产租赁主要包括房屋租赁和土地使用权租赁等。另外,根据法律对租赁是否具有特殊的规定,可以将租赁划分为一般租赁和特殊租赁。特殊租赁,指在法律上有特殊要求的租赁。比如房地产管理法律对房地产的租赁、海商法对船舶的租赁,以及航空法对航空器的租赁等都有特殊的规定。

6. 融资租赁合同

融资租赁合同是指出租人根据承租人对出卖人、租赁物的选择,向出卖人购买租赁物,提供给承租人使用,承租人支付租金的合同。《合同法》中规定:“融资租赁合同的内容包括租赁物名称、数量、规格、技术性能、检验方法、租赁期限、租金构成及其支付期限和方式、币种、租赁期间届满租赁物的归属等条款。”

融资租赁将借贷、租赁、买卖集于一身，它的交易方式可以是融资也可以是融物。融资租赁合同是由出卖人与买受人之间的买卖合同和出租人与承租人之间的租赁合同构成的，但值得注意的是其法律效力并不是买卖和租赁两个合同效力的简单相加。租赁合同的主体包括三方当事人：出租人（买受人）、承租人和出卖人（供货商）。承租人要求出租人为其融资购买承租人所需要的设备，然后由供货商将设备交给承租人。

7. 承揽合同

承揽合同是承揽人按照定作人的要求完成工作，交付工作成果，定作人给付报酬的合同。其中，完成工作并将工作成果交付给对方的一方当事人为承揽人，接受工作成果并向对方给付报酬的一方当事人为定作人。《合同法》中规定，“承揽包括加工、定做、修理、复制、测试、检验等工作”；“承揽合同的内容包括承揽的标的、数量、质量、报酬、承揽方式、材料的提供、履行期限、验收标准和方法等条款”。

8. 建设工程合同

建设工程合同是指承包人进行工程建设，发包人支付价款的合同。《合同法》中规定：“建设工程合同应当采用书面形式。”建设工程合同包括工程勘察、设计、施工合同，属于承揽合同的特殊类型，因此，法律对建设工程合同没有特别规定的，适用法律对承揽合同所作出的相关规定。

9. 运输合同

运输合同，又称运送合同，是指承运人将旅客或货物从起运地点运输到约定地点，旅客、托运人或收货人支付票款或运输费用的合同。运输合同包括客运合同、货运合同和联运合同三种。

（1）客运合同。

客运合同是承运人与旅客关于承运人将旅客及其行李安全运输到目的地，旅客为此支付运费的协议。《合同法》中规定：“客运合同自承运人向旅客交付客票时成立，但在一些特殊情况下，客运合同非自承运人向旅客交付客票时起成立，而是按照当事人约定或者交易习惯确定合同成立时间。”

（2）货运合同。

货运合同是指承运人将托运人交付运输的货物运送到约定地点，托运人支付运费的合同。《合同法》中规定：“托运人办理货物运输，应当向承运人准确表明收货人的名称或者姓名或者凭指示的收货人，货物的名称、性质、重量、数量，收货地点等有关货物运输的必要情况。因托运人申报不实或遗漏重要情况，造成承运人损失的，托运人应当承担损害赔偿责任。”

（3）联运合同。

联运合同是指托运人和两个或两个以上的承运人通过衔接运送，用同一凭证将货物运送到指定地点,托运人支付各承运人运输费用而订立的协议。

10. 技术合同

技术合同不是单一类型的合同,而是当事人之间就技术开发、技术转让、技术咨询或服务所订立的确立相互之间权利和义务的合同的总称。

(1)技术合同的内容。

与其他合同一样,技术合同的内容是通过技术合同的条款体现出来的。而技术合同的特殊性也正是通过技术合同条款的特殊性来表现的。技术合同一般应包括以下内容:项目名称;标的的内容、范围和要求;履行的计划、进度、期限、地点、地域和方式;技术情报和资料的保密;风险责任的承担;技术成果的归属和收益的分成办法;验收标准和方法;价款、报酬或者使用费及其支付方式;违约金或者损失赔偿的计算方法;解决争议的方法;名称和术语的解释。

在当事人有明确约定的情况下,与履行合同有关的技术背景资料,可行性论证和技术评价报告、项目任务书和计划书、技术标准、技术规范、原始设计和工艺文件,以及其他技术文档,如图纸、表格、数据和照片等,可以作为合同的组成部分。在当事人就此没有约定时,以上内容仅能成为履行合同的参考。

技术合同涉及专利权的,应当注明发明创造的名称、专利申请人和专利权人、申请日期、申请号、专利号以及专利权的有效期限。之所以作此要求,最主要的目的是便于受让人向有关机关查询,防止假冒专利的欺骗活动。

(2)技术合同的种类。

技术合同通常包括四种:有技术开发合同、技术转让合同、技术咨询合同和技术服务合同。

技术开发合同,是指当事人之间就新技术、新产品、新工艺和新材料及其系统的研究开发所订立的合同。《合同法》中规定:"技术开发合同包括委托开发合同和合作开发合同。"

技术转让合同,是让与人与受让人就技术转让事项订立的合同。《合同法》中规定:"技术转让合同包括专利权转让、专利申请权转让、技术秘密转让、专利实施许可合同。"

技术咨询合同,是委托人与受托人就技术咨询事项订立的合同。《合同法》中规定:"技术咨询合同包括就特定技术项目提供可行性论证、技术预测、专题技术调查、分析评价报告等合同。"

技术服务合同,是指当事人一方以技术知识为另一方解决特定技术问题所订立的合同,不包括建设工程的勘察、设计、施工合同和承揽合同。

11. 保管合同

保管合同,又称寄托合同或寄存合同,是指双方当事人约定一方当事人保管另一方当事人交付的物品,并返还该物的合同。其中保管物品的一方为保管人,或称受寄托人,其所保管的物品为保管物,交付物品保管的一方为寄存人,或称寄托人。《合同法》中规定:"寄存人应当依照约定向保管人支付保管费。"但当事人对保管费没有约定或者约定不明确,依照《合同法》的有关规定仍不能确定的,保管是无偿的。

12. 仓储合同

仓储合同,又称仓储保管合同,是指保管人储存存货人交付的仓储物,存货人支付仓储费的合同。

仓储合同是一种特殊的保管合同,它具有保管合同的基本特征,除此之外仓储合同又有其特殊性。

①仓储的货物所有权不发生变化,只是货物的占有权临时转移,而货物的所属权仍归存货人所有。

②仓储保管的对象必须是动产,不动产不可以作为仓储合同的保管对象,这也是仓储合同区别于保管合同的最为显著的特征。

③仓储合同的保管人,必须依法取得从事相关仓储保管业务的经营资格。

④仓储合同是诺成合同。仓储合同自成立时生效。

13. 委托合同

委托合同,又称委任合同,是指一方委托他人处理事务,他方允诺处理事务的合同。委托他方处理事务的,为委托人,允诺为他方处理事务的,为受托人。委托合同与委托授权不同,委托合同是双方当事人的合意,委托授权是委托人单方的法律行为。委托合同是典型的劳务合同,委托事项就是劳务,受托人一般要亲自处理委托事务。

14. 行纪合同

行纪合同,又称信托合同,是指一方根据他方的委托,以自己的名义为他方从事贸易活动,并收取报酬的合同。其中以自己名义为他方办理业务的,为行纪人;由行纪人为之办理业务,并向行纪人支付报酬的,为委托人。

15. 居间合同

居间合同,是指双方当事人约定一方为他方提供、报告订约机会或为订立合同的媒介,他方给付报酬的合同。在民法理论上,居间合同又称为中介合同或中介服务合同。在居间合同中,提供、报告订约机会或提供交易媒介的一方为居间人,给付报酬的一方为委托人。

第二节　合同写作

一、合同的写法

合同的种类不同,其写法也不尽相同。按照《合同法》的规定,各有关行业主管部门大都发布各类合同的示范文本。签订合同,可按照统一的示范文本书写。这里只介绍合同书最基本的结构形式。就书写形式而言,合同书有“格式合同”和“普通合同”之分。格式合同是指有关部门事先印制好的合同样式,也称“制式合同”,最常见的买卖合同,供用电、水、气、热力合同等都是制式合同,签订合同时只需将当事人协商一致的条款填入其中即可;普通合同则是指签订合同时现写的合同书。就总体格式而言,两种形式的合同书并无不同,都由三大部分组成,即首部、正文和尾部。

(一)首部

合同的首部一般应写明如下内容。

1. 标题

标题,即合同的名称,它一般要写明合同性质、内容、类别等,越具体越好,而且要与内容紧密相连,切忌文不对题。标题有以下几种写法:可以直接将合同的种类作为合同标题,如“借款合同”“赠与合同”;将合同内容与合同种类结合起来作为标题,如“农副产品买卖合同”“自行车租赁合同”;将合同执行时间与合同种类结合起来作为标题,如“2009 年第二季度电脑购销合同”;将签约单位名称与合同种类结合起来作为标题,如“××市铁路局货物运输合同”。标题在合同文本中应写在首页上方居中的位置,字体要稍大。

2. 当事人名称或姓名

在合同标题的左下方,分别并列写明签订合同当事人双方的名称或姓名。当事人为法人或其他组织,要求写其法定全称,不应写简称;当事人为自然人,则写其姓名。另外,还要分别给双方当事人规定代称,代称可在名称或姓名前面注明,也可在名称或姓名的后面用括号注明。代称的规定因合同种类的不同而不同,如买卖合同中当事人的代称为“出卖人”(或“卖方”)和“买受人”(或“买方”),借款合同中当事人的代称则为“贷款人”(或“贷方”)和“借款人”(或“借方”)等等;有时也可简单地规定为“甲方”和“乙方”等。例如:

针棉织品买卖合同

××商场(以下简称甲方)

××厂(以下简称乙方)

3. 当事人的住所

当事人的住所指单位地址或家庭住址。

以上三项为首部的必备项目。

4. 合同编号

写合同编号的目的是便于管理,一般是合同当事人根据自己的合同管理制度和方法填写,如:“编号:001”或“NO. 001”等。编号位置一般在标题下一行靠右位置。这一项有时根据实际情况可省略不写。

5. 签订合同的时间和地点

通常在合同标题的右下方,分行并列写明此份合同签订的时间和地点。此项也可放在尾部。

(二)正文

正文可分为引言、主体、附则三部分。

1. 引言

引言简要地说明签订合同的依据或目的,常用的表达句式为:"根据……"或"为了……"。例如,"根据我国《合同法》的有关规定,本着互利原则,经双方协商一致,签订本合同"。再如,"为了增加甲乙双方的责任感,加强经济核算,提高经济效益,确保双方实现各自的经济目的,经甲乙双方充分协商,特订立本合同,以便共同遵守"。引言体现了合同是遵照法定程序并具有法律效力的,是正文的有机组成部分。一般来讲,条款式合同都应有引言部分,表格式合同有的没有引言部分。

2. 主体

主体是反映合同正文内容的核心部分,是双方行使权利、履行义务的法律依据,所以要逐条写明双方议定的各项条款。按照《合同法》的规定,合同应具备以下主要条款。

(1)标的。

合同的标的是指双方(或多方)当事人为实现一定的目的而确立的权利和义务所共同指向的对象,一般以货物、劳务、工程项目、智力成果等名称表示,它反映了当事人订立合同的要求。任何合同都必须有标的,没有标的或标的不明确,双方的权利和义务也就缺乏依据,合同就不能履行。合同的标的分为有形物、无形财产和经济行为。

有形物,包括自然财富和人类劳动的产品、固定充当一般等价物的货币和有价证券等。例如:买卖合同的标的是某项产品;借款合同的标的是货币或有价证券。商品货物的标的包括商品的名称、规格、型号或代号、牌号、商标等。合同的一个显著的特点就是"合法性"。因此,只有国家允许的流通物才能作为合同的标的;国家限制的流通物不能作为合同的标的,如国有森林、迷信物品、淫秽物品、武器弹药、毒品等等。

无形财产,是指人类智力劳动的成果。例如,技术合同中的"技术"等。

经济行为,是指合同主体为达到一定的经济目的所进行的活动,包括完成一定的工作、提供一定的劳务等。例如:承揽合同的标的是完成一项工作;运输合同的标的是提供一定的劳务,即承运方利用运输设施为托运方提供具有特殊使用价值的劳动;行纪合同的标的是从事一定的贸易活动。

(2)数量。

数量条款是合同标的量的规定,它是衡量标的的指标,是确定双方权利和义务的重要尺度,也是计算价款或酬金的依据。特别是买卖合同中数量条款是基本的条款,是合同的核心,无此条款,交易就无法进行。数量多少一般以国家规定的度、量、衡为计算单位,如米、公斤、件、只、吨等,不能使用"车""箩""套""堆"等含糊不清的量词。对数量的基本要求是数字准确,要避免使用"大约""若干""左右"等字眼。但有些标的的数量比较难做到十分精确,就要在确定具体数额的前提下规定标的数量可有一定的超欠幅度、合理的磅差、正负尾差和在途中的自然减增量。

(3)质量。

质量是标的的特征,反映着标的的产品或劳务的优劣程度,是标的内在质量和外观质量的综合指标,它往往通过标的的名称、品种、性能、规格、样式、型号、包装等体现。确定质量条款时,有国家标准的,按国家标准执行;没有国家标准而有专业标准的,按专业标准执行;没有国家、专业标准的,按地方标准或企业标准执行,或者按协商标准执行。执行国家标准、专业标准、企业标准的在合同中必须写明执行的标准代号、编号和标准名称;执行协商标准的,除在合同中注明协商内容外,还应共同封存样品,作为验收和处理纠纷的依据。实行抽样检验质量的产品,在合同中也应写明采用什么样的方法和抽样检验的具体比例。对某些干、鲜、活产品,还应根据国家有关规定,商定检验、检疫方法。

(4)价款或报酬。

价款或报酬是指取得对方的产品或劳务等成果所支付的代价,以实物为标的的叫"价款",以劳务为标的的叫"报酬",也叫"酬金"。例如:价款在买卖合同中是指产品的价格款,在租赁合同中是指租金,在借款合同中是指利息;报酬在承揽合同中是指加工费,在保管合同中是指保管费,在运输合同中是指运输费等。价款和报酬通常由价格、总额和支付方式三部分组成。在确定价金时应严格按照国家有关法律和国家价格政策办理。应遵循国家物价管理规定。有国家定价的,按国家定价执行,或按物价主管部门规定的价格执行。凡不属于国家定价的产品,应按当事人双方商定的价格执行。要明确价金的数额(包括单价和总价),还要明确计算标准,并规定价金支付、结算方式、开户银行及账号。

(5)履行期限、地点和方式。

履行期限是当事人实现权利和履行义务的起止时间,是确定合同是否按期履行或延期履行的客观标准,也是确定应否承担违约责任的依据,它对当事人双方都有约束力。确定合同的履行期限应视具体情况而定。例如,在买卖合同中供方的交货日期、需方支付货款的日期都要明确规定,需要分期分批履行的也要规定具体日期;在建设工程合同中,则要明确规定开工日期、竣工日期、验收日期、支付酬金日期等;仓储合同则要规定入库、出库的具体日期及支付保管费的日期等。

履行地点是指履行合同的具体地点,即交付、提取标的的地点。这是分清双方责任的重要依据之一。例如:建设工程合同的履行地点就是建设工程所在地。买卖合同的履行地点则取决于当事人双方约定的产品交货方式:如果是提货,那么提货地点就是履行地点;如果是代办托运,那么托运地点就是履行地点;如果是送货,那么接货地点就是履行地点。地点不明确,势必会给履行合同造成一定困难。所以,书写此条款时,必须写明交(提)货、付款、验收或服(劳)务等的具体地点,以便按约定地点履行合同。

履行方式是当事人双方履行合同的方式,一般包括交付方式(自提、送货)、验收方式(验收规范、验收标准、质量检验标准)、价款结算方式(采用何种银行转账结算方式)。不同种类的合同,因内容不同,其履行方式也有所不同。如买卖合同中,支付标的物是分期分批,还是一次性支付;是由卖方送达,还是由买方自提,或代办托运。在履行结算义务时,是转账还是现金支付;是分期付款,还是一次性付清等。在我国,结算的方式一般用人民币计算和支付,且通过银行转账或票据结算。

履行期限、地点和方式是合同中最容易引起纠纷的地方,因此,当事人双方在签订合同时,对这三点规定得越具体、越明确越好。

(6)违约责任。

违约责任是指合同当事人一方或双方由于自己的过错不能履行或不能完全履行合同中规定的义务时所承担的经济和法律责任。在合同实践中,违约责任的规定有着非常重要的意义,它是合同得以顺利履行的重要保证。

根据《合同法》规定,由于合同当事人一方有过错,造成合同不能履行的,应由有过错的一方承担责任;如果双方有过错,应该以实际情况为准,由双方分别承担各自应当承担的违约责任。承担违约责任的主要方式有两种:一是违约金,一方违约,无论给对方造成怎样的损失,都必须向对方支付违约金;二是赔偿金,如果违约一方给对方造成的损失超过违约金,应该进行适当的赔偿,以弥补违约金不足的部分。至于如何支付违约金,如何计算赔偿金,支付的办法怎么样,都要在合同中规定清楚。

(7)解决争议的方法。

《合同法》明确将"解决争议的方法"写进了合同的主要条款。合同纠纷产生的原因异常复杂,有客观原因,也有主观原因。

客观原因,如当事人一方由于受"不可抗力"的影响,不能按期履行合同,像遭遇地震、风暴,发生火灾、水灾等,这方当事人应当及时向对方当事人说明不能按期履行或需要延迟履行合同的理由;对方当事人在取得有关证明以后可允许其免除部分或全部违约责任。

主观原因,如当事人一方有欺诈行为、经营不良等,导致合同不能如期履行,对方当事人有权要求违约方承担违约责任。如果违约方由于违约给对方造成的损失超过违约金数额,还应当付给对方赔偿金,以补偿违约金不足的部分。如果受损失一方要求继续履行合同,那么,合同应继续履行。

为解决可能在合同履行过程中出现的上述问题,应将合同的变更、解除、争议仲裁在签订合同时商定清楚,明确写进条款中。当事人之间发生合同纠纷,首先是通过双方充分协商的办法解决;如果不能自行协商一致,可以通过非诉讼调解的办法解决;如果非诉讼调解不成,可以按照双方合同中的约定向仲裁机构申请仲裁,或者依法直接向有管辖权的人民法院提起诉讼。

以上七条是《合同法》中明确规定的必备条款,通常称为备款。七条之外,不同种类的合同会有不同的内容要求,这在每一类合同中都有明确规定。

3. 附则

附则为合同正文的结尾部分，一般写明合同的份数及分送情况，合同未尽事宜的解决，修订合同的程序等。有时也将合同的履行期限写在此处。如：

本合同如有未尽事宜，须经合同各方当事人共同协商，做出补充协议。补充协议与本合同具有同等效力。

本合同正本一式三份，贷款人、借款人、保证人各执一份；合同副本一式两份，报送公证机关和签证机关各留存一份。

（三）尾部

合同的尾部一般包括如下内容。

（1）当事人签章。

当事人签章有两种情况，若当事人为法人或其他组织，要写明其法定名称并加盖公章，还要由法定代表人（或委托代理人，经办人）签名盖章；若当事人为自然人，则写明其姓名并加盖私章。

（2）关系人盖章。

所谓关系人，是指直接当事人之外，与本次合同签订有关联的部门或人员，如公证机关、合同代书人等。如果有关系人，也要签名盖章。

（3）当事人的住所、电话、邮编、银行账户等。

这项内容有时写在首部。

（4）签订合同的日期和地点。

这项内容有时也写在首部。

二、合同的写作要求

合同是当事人双方履行义务的依据，也是双方发生纠纷后当事人依法维护自己权益的依据，因而对当事人来说是最具法律效力的文书。一诺千金在合同中体现得最为明显，当事人必须重视合同的写作，不可有疏忽和疏漏，以免造成经济损失。

（一）遵守法律法规

合同是根据当事人的意愿依法订立的，与其他的应用文书有着本质的不同。合同的内容和程序都必须严格遵守《合同法》中的条款。根据《合同法》规定，凡与国家法律法规和《合同法》内容相违背的合同属于无效合同，不受法律保护。

（二）格式严格规范

无论是使用表格式还是条款式，均应按照有关规定和相关要求，以合同示范样本为范本，认真填写或书写。合同如有错误或遇到特殊情况需要修改时，应将双方同意的意见作为附件附上。如在原件上修改，应加盖双方印章。

（三）条款完备具体

条款是合同的主要内容，是当事人双方权利义务的具体规定。我国《合同法》第 60 条规定："当事人应当按照约定全面履行自己的义务。"因此，签订合同必须严肃认真，做到项目完整，即合同所必需的条款不得缺少，合同所必备的各个部分不得遗漏；内容具体，即标的，标的的数量和质量，履行的期限、地点和方式，双方的权利和义务，以及经济上、法律上的责任等都要写明确。

（四）表达准确严密

条款式合同写作内容应周密严谨、言简意赅、概念准确、条目清晰。切忌词不达意、含糊不清、模棱两可。避免使用"尽可能""基本上""差不多""大概"等模糊词语，不说空话、套话。合同的数字应核对无误，金额应大写。同时还要注意正确使用标点符号，防止句号、逗号用错或点错而造成不必要的纷争或造成损失。

第三节　合同例文及评析

一、借款合同

抵押借款合同

借款人即抵押人（简称甲方）：王××，现住××市××路××号××栋××单元××室。

贷款人即抵押权人（简称乙方）：李××，现住××市××路××号××栋××单元××室。

甲方因经商资金短缺，向乙方借款，并以自有房产作抵押。经甲乙双方协商一致，就有关事项达成协议如下：

一、借款金额：甲方向乙方借款人民币叁十万元整（￥30 万元），签订本合同后，甲方实际收到乙方付给的款项后，出具借条。借条为本合同的附件。

二、借款期限及利息：借期为十个月，自 2011 年 11 月 2 日起至 2012 年 9 月 1 日止，实际放款日以甲方出具借条为准。利率按月息 2%计算，即每月月息 6 000 元，每月支付一次。

三、甲方自愿以其自有的坐落于××市××路××号××栋××单元××室的房产（详见产权证：城关镇字第××号《中华人民共和国房屋所有权证》，国用［2005］第××号《中华人民共和国国有土地使用证》）抵押给乙方作为借款的保证。

四、抵押担保范围为本合同项下的借款本金、利息、损害赔偿金和实现抵押权的费用。

五、抵押期间从抵押登记之日起至债务履行完毕止。抵押人在本合同抵押确定并登记完毕之日，将该抵押物的各项权利证书交存于抵押权人保管。

六、本合同赋予强制执行条款，甲方同意如到期不归还借款，愿意接受依法强制执行。乙方有权向公证处申请出具强制执行许可证书，依法向人民法院申请强制执行。

七、违约责任：甲乙双方任何一方违约均应承担违约责任，并支付对方违约金人民币贰万元整（¥2 万元）。

八、解决合同纠纷的方式：如执行本合同发生争议，由当事人双方协商解决。协商不成，双方同意由××仲裁委员会仲裁。

九、本合同经甲、乙双方签字，办理抵押登记手续，并从借款实际提供日起生效。甲方按期偿还借款后，本合同终止，双方应办理抵押注销登记手续。

十、本合同一式四份，甲、乙双方各执一份，公证处存档一份，房管部门备案一份。

借款人（抵押人）：王××（章）
贷款人（抵押权人）：李××（章）
××公证处（章）
二〇一一年十一月一日于××市

【评析】

这是一篇抵押借款合同。合同标题写明合同种类名称和标的名称。当事人写明双方当事人的姓名、代称和住所。前言简要交代订立合同的原因。备款分条开列双方议定的事项。内容完备，眉目清楚，表述准确。附则写明合同份数和分送情况。合同尾部包括当事人签章、合同的签订日期和地点。从整体上看，这是一份内容完整、格式规范、表述准确的合同书。

二、买卖合同

××商品购销合同

立合同双方：——（甲方）
——（乙方）

为了促进商品流通，繁荣经济，提高产品质量，明确经济责任，根据《合同法》，甲、乙双方本着平等互利、协商一致的原则，签订本合同，以资双方信守执行。

第一条　商品名称、种类、规格、单位、数量（表 8.1）

表 8.1　商品名称、种类、规格、单位、数量

商品名称	种类	规格	单位	数量	备注

第二条　商品质量标准

商品质量可选择下列第(　　)项作为标准:

1. 附商品样本,作为合同附件。

2. 商品技术质量,按照________标准执行。在流通过程中,如发现不符合质量标准,供方应负责保修、保换、保退。如属保管不善,造成商品变质、霉烂、锈蚀及损失的,应由________负责。

3. 商品质量由双方议定。

第三条　商品单价及合同总金额

1. 商品定价。甲、乙双方同意按________定价执行。如因原料、材料、生产条件发生变化需变动价格时,应经甲、乙双方协商,物价管理部门批准。否则,造成损失由违约方承担经济责任。

2. 单价和合同总金额________。

第四条　包装方式及包装品处理

(按照各种商品不同,规定各种包装方式、包装材料及规格。包装品以随货出售为原则;凡须退还对方的包装品,应按铁路规定,订明回厂方法及时间,或另作规定。)

第五条　交货方式

1. 交货时间:

2. 交货地点:

3. 运输方式:

第六条　验收方法

(按照交货地点与时间,根据不同商品种类,规定验收的处理方法。)

第七条　预付货款

(根据不同商品,决定是否付预付款及金额)

第八条　付款日期及结算方式

第九条　运输及保险

第十条　运输费用负担

第十一条　违约责任

1. 需方延付货款或付款后供方无货,使对方造成损失,应偿付对方此货款总价________%的违约金。

2. 供方如提前或延期交货不足数量,供方应偿付需方此批货款________%的违约金。需方如不按期限收货,拒收不合格商品,亦应偿付供方此批货款总值________%的违约金。

3. 供方所交货品有不合规格、质量或霉烂等情况,需方有权拒绝付款(如已付款,应写明退货方法),但须先行办理收货手续,并代为保管和立即通知供方,因此所发生的一切费用损失,由供方负责。如经供方要求代为处理,需方负责迅速处理,以免造成更大损失。其处理方式由双方协商决定。

第十二条　如遇不可抗力情况，________可以全部或部分免除对方的责任。

第十三条　本合同在执行中发生纠纷，签订合同双方不能协商解决时，可于三个月内申请仲裁机构裁决，或向法院提出诉讼。

第十四条　合同执行期间，如因故不能履行或需要修改，必须经双方同意，并互相换文或另订合同，方为有效。

甲方：　　　　（盖章）	乙方：　　　　（盖章）
代表人：　　　（签字盖章）	代表人：　　　（签字盖章）
开户银行及账户：	开户银行及账户：
电话：	电话：
地址：	地址：
年　　月　　日	年　　月　　日

【评析】

这份购销合同由标题、双方当事人名称、正文和尾部4个部分构成。标题标明了合同的性质。开头部分概括说明了订立合同的目的和原则，随后的主体部分详细表述了经双方协议、确定下来的各项条款，主要包括标的、数量和质量、价格标准、履行合同的期限和方式、违约责任等各项内容。合同条款齐全、规范，内容完整合理，双方权利义务明确，语言表述准确、周密。

三、建设工程合同

建筑工程承包合同

甲方：××

乙方：××××××

甲方在××路南华小区31#建房屋一栋，建筑总面积300平方米，由乙方承包施工。经双方协商同意，特签订以下合同。

一、承包方式

采用包工不包料的方式承包。甲方提供建房所需的材料，包括红砖、河砂、碎石、石灰、水泥、钢材、水管、下水管、铁钉、轧丝、水电等。乙方提供劳务、建筑技术、模板、撑树、脚手架用材、码钉及生产生活用具等。

二、承建项目

乙方按照设计图纸或甲方提出的要求承建。甲方房屋主体工程的建筑，包括墙体、梁、柱、楼梯、楼面、装模、拆模、轧钢筋、现浇混凝土及地面、门前台阶砼垫层；装饰室内粗粉刷、前向外墙贴瓷砖，后向墙面粉水泥砂浆，卫生间地面及墙面贴瓷砖，安装瓷盆、大便器、下水管、落水管；顶层层面加浆磨光，同时作好防渗处理。

三、承包价格

每平方米捌拾元,建筑面积按每层楼外墙计算。女儿墙按每平方米壹拾伍元计算,包括水泥砂浆抹面。楼面混凝土捣制另请施工队伍,所需费用甲乙双方各负担50%。

四、付款方式

完成第一层砖砌并捣制好楼面付款叁仟元,完成第二层付款叁仟元,完成第三层付款叁仟元,工程全部完工,经验收合格后一次付清。

五、双方责任

甲方负责水电供给及原材料及时进场。乙方必须保证工程质量,按设计图纸和甲方要求施工,节约材料,并保管好材料,不得丢失。

六、质量要求

乙方应当按照国家规定的房屋质量标准和要求组织施工,不合格由乙方负责返工,返工费由乙方负责。

七、注意安全

文明施工,如果乙方施工人员出现工伤,因施工造成他人损伤等事故,一切由乙方负责,甲方不负担任何责任和费用。文明施工,讲究职业道德,讲究清洁卫生。

八、工期要求

主体工程工期为4个月,从签订合同之日起计算,乙方必须在2011年________月________日前完成主体工程,完工时间不能超过10天,乙方不能因各种原因拖延甲方建房完工时间。乙方所需材料,应在两天前向甲方提出计划,以便迅速筹备。

九、其他未尽事宜,由甲乙双方协商解决。

本合同一式两份,甲乙双方各执一份,从签字之日起生效。

甲方签字(章):××　　　　　　　　乙方签字(章):××

××××年××月××日

【评析】

这是一份建筑工程承包合同,合同体现了双方当事人的利益要求,主要条款详细,承包方式、承建项目、承包价格、付款方式、双方责任、质量要求、工期等内容清楚明白,层次清晰,语言准确规范,对同类合同的订立有一定的参考价值。

综合练习

一、改错题

下面这份合同,在内容和形式上都存在一些问题,请按顺序指出问题,并根据合同写作的规范进行修改。

商铺租赁合同

出租方(以下简称甲方):××××××,承租方(以下简称乙方):××××××

甲乙同意将自己的产权商铺出租给乙方

一、房屋地址

甲方出租的商铺坐落于×街×号,建筑面积××平方米。

二、租赁期限

双方商定房屋租期为××年,自××××年××月××日起至××××年××月××日止。

三、承租方有下列情形之一的,出租方可以终止合同,收回房屋

1. 承租方擅自将房屋转租、转让或转借的;

2. 承租方利用承租房屋进行违法经营及犯罪活动的;

3. 承租方拖欠租金累计达××天的,并赔偿违约金××××元。

合同期满后,如出租方仍继续出租房屋,承租方享有优先权。但租金按当时的物价及周围门市租金涨幅,由双方协商后作适当调整。

四、租金及交纳方式

1. 每年租金为人民币××××元。

2. 承租方以现金形式向出租方支付租金,租金暂定为每年支付一次,并必须提前一个月时间,于××××年××月××日前交至出租方。

3. 承租方必须按照约定时间向甲方缴纳租金,如无故拖欠,甲方将有权向乙方收滞纳金。

五、租赁期间房屋修缮

出租方将房屋交给承租方后,承租方的装修及修缮,出租方概不负责,其经营情况也与出租方无关;租期结束或中途双方协商解除合同,承租方不得破坏已装修部分及房屋架构。

六、各项费用的交纳

1. 物业管理费:乙方自行向物业管理公司交纳。

2. 水电费:由乙方自行交纳(水表底数为××度,电表底数为××度,此度数以后的费用由乙方承担,直至合同期满)。

3. 维修费:租赁期间,由于乙方导致租赁房屋的质量或房屋的内部设施损毁,包括门窗、水电等,维修费由乙方负责。

4. 其他费用:使用该房屋进行商业活动产生的其他各项费用均由乙方交纳,其中包括乙方自己申请安装电话、宽带、有线电视等设备的费用。

七、出租方与承租方的变更

1. 如果出租方将房产所有权转移给第三方,合同对新的房产所有者继续有效。出租方出卖房屋,须提前3个月通知承租人,在同等条件下,承租人有优先购买权。

2. 租赁期间,乙方如因转让或其他原因将房屋转租给第三方使用,必须事先书面向甲方申请,由第三方书面确认,征得甲方的书面同意。取得使用权的第三方即成为本合同的当事

乙方，享有原乙方的权利，承担原乙方的义务。

八、免责条件

若租赁房屋因不可抗力的自然灾害导致损毁或造成承租人损失的，双方互不承担责任。租赁期间，若乙方因不可抗力的自然灾害导致不能使用租赁房屋，乙方需立即书面通知甲方。

九、本合同如有未尽事宜，甲、乙双方应在法律的基础上共同协商，作出补充规定，补充规定与本合同具有同等效力。

十、本合同双方签字盖章后生效，本合同一式两份，甲、乙双方各执一份。

出租方(盖章)：×××　　　　承租方(盖章)：×××

法定代表人(签字)：×××　　　　法定代表人(签字)：×××

联系电话：××××××××　　　　联系电话：××××××××

联系地址：××××××　　　　联系地址：××××××

身份证号码：××××××　　　　身份证号码：××××××

××××年××月××日

二、写作训练

1. ××公司根据公司发展的需要，在大同购买了20吨煤炭。因条件有限无法自行拉回，找到××运输公司。双方欲订立一份煤炭运输合同。请代××公司写一份煤炭运输合同。要求格式规范，条款详细，部分内容自拟。

2. 根据下述内容，写一份买卖合同。

大丰果品商店的代表张××先生，于××××年××月××日与光明园艺厂的代表叶××签订了一份合同。双方在协商中提到：大丰果品商店购买了光明园艺厂出产的水蜜桃4 000千克，鸭梨5 000千克，香蕉、苹果各7 500千克。要求每种水果在八成熟采摘后，一星期内分三批交货，由光明园艺厂负责以柳筐包装并及时运到大丰果品商店；其包装费和运输费均由大丰果品商店负担。各类水果的价格视质量好坏，按国家规定的当地收购牌价折算，货款在每批水果交货当日通过银行托付。如因突发的自然灾害不能如期交货，光明园艺厂应及时通知大丰果品商店，并互相协商修订合同。在正常情况下，如果大丰果品商店拒绝收购，应处以拒收部分价款20%的违约金；光明园艺厂交货量不足，应处以不足部分价款30%的违约金。这份合同一式四份，双方各执一份，各自送上级单位备案一份。

提示：

(1)购买各类水果，可列表表示这一条款(见表8.2)。

(2)本合同各条款项目顺序为：一、产品名称，品种规格，数量；二、交货日期；三、质量要求；四、验收办法；五、交货方法、包装运输方式和费用负担；六、结算方式和期限；七、违约规定；八、其他约定事项。

表 8.2　购买各类水果列表

产品名称	品种规格	计量单位	数量	单价	总额	备注
合计人民币金额(大写)：						

第九章

Chapter 9

招标投标书

【学习目标】

· 了解招标投标书的概念、特点、种类及作用。

· 掌握招标投标书的写法和写作要求。

第一节　招标书

一、招标书概述

(一)招标书的概念及作用

1. 招标书的概念

标(bid),是用比价方式承包工程或买卖货物时各竞争厂商所标出的价格。招标(invite bids),是在兴建工程、合作经营某项业务或大宗商品交易时,按照规定的标准和条件,对外公开邀请符合条件的国内外企业参与竞争报价,选择其中的最佳对象为中标者,订立合同进行交易的经济行为。

广义的招标书又称招标通告、招标启事、招标公告,它是将招标主要事项和要求公告于世,从而使众多的投资者前来投标。一般都通过报刊、广播、电视等公开传播媒介发表。在整个招标过程中,它是属于首次使用的公开性文件,也是唯一具有周知性的文件。它是招标过程中介绍情况、指导工作、履行一定程序所使用的一种实用性文书。所以招标人应十分重视招标书的编制工作,本着公开、公平、公正和诚实信用的原则,使招标书的内容严密周到,格式正确规范。

2. 招标书的作用

(1)公平作用。

招标书的运用,有助于经济活动在公平、公正、公开的良好气氛下有序展开,既有利于经济的发展,也有利于防止腐败现象的发生。

(2)指导作用。

招标书是整个招标活动开始的基础,是参加投标的依据,同时也是评标的重要依据。其作用在于阐明要招标的内容和要求,通报招标程序依据的规则,告知订立合同的标准和条件等。

(3)保护作用。

招标书是签订合同所遵循的依据,招标文件的大部分内容要列入合同之中,所以对招投双方都可起到法律保护作用。

(二)招标书的特点及种类

1.招标书的特点

(1)公告性。

招标书是一种告知性文件,需要对招标的有关事项和要求作出解释和说明,通报招标程序依据的规则,告知订立合同的标准和条件。它一般通过大众传媒公开,因此也称招标广告。

(2)规范性。

招标书的种类、性质及其内容的确定受法律制约,对于招标活动国家有专门的行政法规进行规范,《中华人民共和国招标投标法》已由中华人民共和国第九届全国人民代表大会常务委员会第十一次会议于1999年8月30日通过,自2000年1月1日起施行。同时招标书也受各种标的项目限制。

(3)紧迫性。

因为招标单位和招标者只有在遇到难以完成的任务和解决的问题时,才需要外界协助解决,而且要在短期内尽快解决,如果拖延,势必影响工作任务的完成,这就决定了招标书具有紧迫性的特点。

(4)效益性。

通过公开招标,使众多的投标人竞争,从中选出最能胜任该项工程或项目的人选,以取得最佳的经济效益。

2.招标书的种类

①按时间划分,有长期招标书和短期招标书。

②按对象划分,有公开招标和邀请招标两类。

公开招标又称竞争性招标,是指招标人以招标公告或招标书的方式邀请不确定的法人或者其他组织投标,招标人从中择优选择中标单位的招标方式。招标公告是以书面或网页上公开发售的招标信息,有具体的招标项目、联系方式、报名方式、报名截止时间等。招标书是针对这个项目招标的具体规定,比如开标时间、评标方法、拟确定的合同内容等。

邀请招标也称有限竞争性招标或选择性招标,是招标人以投标邀请书的方式邀请特定的

(最少3个)法人或者其他组织投标,招标人从中择优选择中标单位的招标方式。投标邀请书在邀请招标时发放,只发给那些招标人决定邀请参与该项目投标的单位。

③按内容及性质划分,有企业承包招标书、工程招标书、大宗商品交易招标书、选聘企业经营者招标书、企业承包招标书、企业租赁招标书、劳务招标书、科研课题招标书、技术引进或转让招标书等。

如建筑行业的招标书主要是指业主(招标单位)或招标代理机构向建筑单位所提供的有关此工程的一些基本信息。比如工程的资金来源、建筑规模、开标时间及地点、所要求的资质等级、建筑单位所要提供的相关资料等以便于建筑单位编制投标文件。

④按范围划分,有国际招标书和国内招标书。

国际招标指符合招标文件规定的国内、国外制造供应厂商,单独或联合其他国内外厂商参加投标,并按招标文件规定的币种结算的招标活动。国内招标指允许在中国境内注册、符合招标文件规定的设备制造、供应厂商,单独或联合国内外厂商参加投标,并用人民币结算的招标活动。

⑤按计价方式划分,有固定总价项目招标书、单价不变项目招标书和成本加酬金项目招标书。

二、招标书写作

(一)招标书的写法

1. 招标公告

招标公告是公开招标时发布的一种周知性文书,要公布招标单位、招标项目、招标时间、招标步骤及联系方法等内容以吸引投资者参加投标。其通常由标题、招标号、正文和落款四部分组成。

(1)标题。

招标公告的标题是其中心内容的概括和提炼,形式上可分为单标题和双标题 。

①单标题。有三种写法:一是完整式标题,由招标单位名称、招标项目和文种组成,如《××财经学院工程招标公告》。二是省略式标题,可省略招标单位名称或招标项目或者二者均略去,只留下文种名称,如《××商场招标公告》《招标公告》等。三是广告性标题,以生动吸引人的语言激发人们投标的欲望,如《给您一个大展身手的机会,请君租赁××营业厅》等。

②双标题。正标题标明招标单位和文种的名称,副题点明招标项目。如《××进出口公司国际招标公告——××配套工程》。

(2)招标号。

通常由招标公司制作的招标公告,都需在标题下一行的右侧标明公告文书的编号,以便归档备查。编号一般由招标单位名称的英文编写、年度和招标公告的顺序号组成。如

ITCC－42503或【2012】02 号 。另外，内部招标或其他一些情况则不需要填写招标号。

(3)正文。

招标公告的正文应当写明招标单位名称、地址，招标项目的性质、数量，实施地点和时间，以及获取招标文件的办法等各项内容，其写作结构一般由开头和主体两部分组成。

①开头部分，也叫前言或引言。简要写明招标的缘由、目的或依据，招标项目或商品的名称、规模和批号、招标范围以及资金来源等内容。

②主体部分，是招标公告的核心部分，通常采用条文式或分段式结构，要写明以下内容：

a. 招标项目的情况。具体写明招标项目的名称以及项目的主要情况。如工程名称或要采购的商品的名称、工程概况、规模、质量要求或大宗商品的型号、数额、规格等。

b. 招标范围。写明投标人应具备的条件，使潜在的投标人明确自己是否能成为投标人。

c. 招标步骤。写明招标的起止日期，投标人购买招标文件的时间、价格和方式，开标的时间和地点，有的还要写明签约的时间和期限，项目开工的时间或时限等。

(4)落款。

在招标公告正文的末尾写明招标单位的名称、招标公告发布的日期，如果是刊发在报纸上，也可不署日期。还要写明招标单位的地址、电话、电报挂号、传真、邮政编码及联系人等，以便投标人与招标人联系。

有的招标公告还带有附件，将一些繁杂的内容，如项目数量、工期、设计勘察资料等作为附件列于文后或作为另发的招标文件。

2. 招标书

狭义招标书即招标说明书，是对招标公告或招标邀请书内容的扩展，用来对有关招标事项作出具体的说明。一般由标题、正文和落款三部分组成。

(1)标题。

①由招标单位名称、招标项目名称和文种三部分构成，如《××大学修建图书馆楼的招标书》。

②由招标单位名称和招标文种构成，如《××集团招标书》。

③只写招标文种，如《招标书》。

(2)正文。

一般用条文式，有的也可用表格式。

①引言：应写明招标目的、依据以及招标项目的名称。

如《××住宅小区建筑安装工程施工招标书》："本公司负责组织建设的××住宅小区工程的施工任务，经××市城乡建设委员会批准，实行公开招标，择优选定承包单位，现将招标有关事项通告如下："。

②主体：这是招标书的核心。要详细写明招标的内容、要求及有关事项。一般采用横式并列结构，将有关要求逐项说明，有的还需要列表。具体包括了如下几个方面：

a. 招标方式,说明是公开招标还是邀请招标。

b. 招标范围,说明是国际范围还是国内、省内、市内或是其他范围。

c. 招标内容及具体要求:

(a)招标项目的性质、数量、技术规格或技术要求;

(b)投标价格的要求及其计算方式;

(c)交货、竣工或提供服务的时间;

(d)投标人应当提供的有关资格和资信证明文件;

(e)投标保证金的数额或其他形式的担保;

(f)投标文件的编制要求;

(g)提供投标文件的方式、地点和截止日期。

d. 招标程序,写明招标、议标、开标、定标的方法和步骤,时间,地点。

e. 双方签定合同的原则,明确双方的权利和义务。

(3)附件。

附件是为了使正文简洁,而把繁复的专门内容作为附件列于文后或作为另发的文件,如项目的具体内容数量、工程一览表、设计勘察资料及有关的说明书等。

(4)落款。

包括落款、日期和印章。

由于招标的项目不同,招标的条件不同,招标书的写法也不尽相同,但一般应具备上述三部分的内容及结构形式。

3. 投标邀请书

投标邀请书是指由招标人根据供应商或承包商的资信和业绩,选择一定数目的法人或其他组织(不能少于三家),向其发出一种招标文体,邀请他们参加投标竞争,从中选定中标的供应商。招标单位若采取邀请招标的方式,邀请有关对象参加投标,则需写投标邀请书。投标邀请书是书信体文书,由标题、称谓、正文、落款四部分组成,有的还需附件。

(1)标题。

有的只需写明文种名称,如《投标邀请书》《投标邀请函》,有的在前面加有"××建设项目"等限定语,如《工贸大厦建设项目施工投标邀请书》。

(2)称谓。

顶格写邀请单位的名称,如"黑龙江融德建筑技术开发公司:"。

(3)正文。

写明招标的目的、依据及招标的事项:招标单位、招标性质、资金来源、项目简况、分标情况、主要工程量、工期要求;投标人为完成本工程所需提供的服务内容,如施工、设备和材料采购、劳务等;发售招标文件的时间、地点、售价;投标书送交的地点、份数、截止日期;提交投标保证金的规定额度和时间;开标的日期、时间、地点;现场考察和召开标前会议的具体时间和地点。如另有招标公告,则不需就招标事项进行详细说明,只需说明随函邮寄即可。

(4)落款。

写明招标单位的名称、地址、电话号码、传真、E－mail 地址、联系人等。

(5)附件。

附件是对招标邀请书正文进行补充说明的文字和数字材料。

(二)招标书的写作要求

1. 周密严谨

这里的周密与严谨,一是内容,二是措辞。招标书不但是一种“广告”,而且是签订合同的依据,是一种具有法律效应的文件。招标书的要求和应知事项,要符合国家有关法律、法规、政策的规定;技术质量标准要注明国际标准、国家标准、部颁标准或是企业标准;招标方案既要科学先进,又要适度可行。

2. 清晰明确

招标书没有必要长篇大论,只要把所要讲的内容简要介绍,突出重点即可,切忌没完没了地胡乱罗列、堆砌。招标项目(即标的)是招标书的核心内容,对其有关情况、招标范围、具体要求都要写清楚。如建设项目,应写明工程名称、数量、技术质量要求、进度要求,甚至建筑材料的要求等。无论是定性还是定量说明,都应该准确无误,没有歧义,尽可能使用精确语言而少用模糊语言。

三、招标书例文及评析

(一)交通工程招标公告

××地区交通工程施工专业承包招标公告

根据×发改函【2010】26 号批准,并且本工程具有施工图审查证明文件及资金证明,××市政建设管理所现对××地区交通工程施工进行施工专业承包公开招标,选定承包人。

一、工程名称:××地区交通工程施工专业承包

二、招标单位:××市××区市政建设管理所

联系人:徐主任 联系电话:××××××

招标代理机构:广州市财贸建设开发监理有限公司

联系人:梁工 联系电话:××××××

招标监督机构:××市××区建设工程招标管理办公室

投诉电话:××××××

三、建设地点:芳村区东沙大道以西,北起芳村大道南,南接南环高速,包括环翠北路、紫禁道、荷景路、荷景南路及玉兰路五条道路。

四、项目概况:本工程主要对芳村区东沙大道以西,北起芳村大道南,南接南环高速,包括

环翠北路、紫禁道、荷景路、荷景南路及玉兰路五条道路(其中芳村大道南至环翠北路交叉口不属于本项目范围)进行道路交通设施施工。

五、标段划分及各标段招标内容、规模和预计发包价

1. 本工程划分为一个标段。

2. 招标内容、规模和预计发包价:本工程主要对芳村区东沙大道以西,北起芳村大道南,南接南环高速,包括环翠北路、紫禁道、荷景路、荷景南路及玉兰路五条道路(其中芳村大道南至环翠北路交叉口不属于本项目范围)进行道路交通设施施工,具体包括安装交通标志、交通指示牌、交通信号灯、交通控制系统、交通划线以及视频监控系统等项目,具体以本工程工程量清单为准。预计发包价为350万元。

六、资金来源:财政拨款。

七、发布招标公告时间

从2010年5月18日至2010年5月28日9时00分。

注:发布招标公告的时间为招标公告发出之日起至投标截止时间止。

八、递交投标文件时间与开标时间

1. 递交投标文件时间(投标文件提交截止时间当天):2010年5月28日9时00分至10时30分。

2. 开标时间:2010年5月31日9时30分。

3. 投标截止时间与开标时间是否有变化,请密切留意招标答疑中的相关信息。

九、办理投标登记手续

投标人在投标截止当天的截止时间前,到××建设工程交易中心(××市××区××路333号)××楼××室办理投标登记手续。

1. 投标人应凭以下资料递交投标文件:

(1)法定代表人证明书原件、法定代表人授权委托证明书原件(非法定代表人参加时提供)、本人身份证原件;

(2)《××建设工程投标信息表》;

(3)缩短备标时间承诺书,见招标公告附件一。

2. 投标担保及投标报名费:

(1)投标担保7万元,投标担保可在递交投标文件时现场缴纳,也可通过“网银”方式缴纳或年度保证金的方式缴纳,投标担保须在开标前完成缴纳。

(2)投标报名费为100元/标段,报名费须在投标截止前完成缴纳。

3. 项目负责人的使用状态按投标文件提交截止时间,在××建设工程交易中心企业库记录的信息为准,如出现拟报项目负责人不能被使用而造成投标信息无法录入××建设工程交易中心交易服务系统的,其投标文件由招标人作废标处理。

十、资格审查方式

本工程采用资格后审方式，实行电子化资格审查。

十一、投标人合格条件

1. 投标人参加投标的意愿表达清楚，投标人代表被授权有效。

2. 投标人均具有独立法人资格，持有工商行政管理部门核发的法人营业执照，按国家法律经营。

3. 投标人均持有建设行政主管部门颁发的企业资质证书及安全生产许可证。

4. 投标人具有承接本工程所需的公路交通工程专业承包交通安全设施及监控系统工程分项资质。

5. 投标人拟担任本工程项目负责人的人员为市政公用工程专业二级或以上级别的注册建造师，或具备符合穗建筑[2008]309号文规定的小型项目负责人资质，并持有项目经理安全培训考核合格证(B类)。

6. 明确工地余泥渣土运输与排放管理员由施工专业承包单位专职安全员(具有施工安全考核证书C类)兼任。

十二、本工程依法根据《关于转发〈××省建设厅关于房屋建筑和市政基础设施工程施工招标投标设立最高报价值办法〉的通知》(穗建筑[2006]539号)及中华人民共和国国家标准GB 50500—2008《建设工程工程量清单计价规范》设置招标控制价。

附件：(略)

业主名称：××市××区市政建设管理所

招标代理名称：××市财贸建设开发监理有限公司

日期：二○一○年五月十八日

【评析】

这是一份关于公路交通建设工程的招标书。标题采用招标项目加文种的形式；正文为条文式，并标有序码，这些条款对招标项目、投标时间及地点、投标技术指标及质量要求、承包方式、招标书发放、资格审查、开标、定标等都有明确的要求；落款写明了业主及招标单位名称。全文思路清晰，内容表达准确，符合招标书的格式与内容要求。

(二)设备采购招标公告

招标公告

特尔招标代理有限公司受××学校的委托，现对××学校计算机采购项目进行公开招标。

1. 招标条件：该项目招标已经××市政府采购管理办公室核准、备案，建设资金来源为政府投资(或自筹)，采购人为××学校，项目已具备招标条件，欢迎符合招标条件的公司参与投标。

2. 本次招标项目概况与招标范围：

(1)项目名称：××学校计算机采购项目。

(2)项目地点：××学校内。

(3)项目工期:2012年8月1日至2012年9月1日。

(4)招标范围:设备的供应、运输、安装、调试、使用培训及售后服务(附所需计算机的配置)。

(5)质量要求:符合国家规范、行业标准。

3. 投标人资格要求及资格审查方式：

(1)参与投标的生产厂家、代理供应商必须符合《中华人民共和国政府采购法》第二十二条的规定,并有良好的售后服务能力。

(2)生产厂家或代理供应商均需提供营业执照(经营范围包括本次采购内容的经营许可,注册资金在100万以上)。

(3)生产厂家或代理供应商均需提供税务登记及组织机构代码证原件。

(4)具有本次采购项目的生产或经营范围,有能力提供本次采购项目及所要求的服务。

(5)本项目不允许联合体投标,成交供应商不得分包或转包。

(6)资格审查采用资格后审方式。

4. 招标文件的获取：

(1)时间:2012年6月1日至2012年7月1日,每日(工作日)上午8时至11时,下午13时至17时(北京时间)。

(2)地点：××学校会议室。

(3)售价:10元/份,文件售后不退。

(4)购买招标文件时,请携带“企业法人授权委托书”。

(5) 投标文件的递交及投标保证金。

5. 投标文件递交截止时间:2012年7月15日17时(北京时间),在此时间之后送达的投标文件恕不接受。

6. 投标文件递交地点：××学校会议室,届时举行开标会议,请竞标人的法定代表人或其授权代表按时参加。逾期送达的或者未送达指定地点的投标文件,采购人不予受理。

7. 投标保证金人民币壹万元整(RMB10 000.00元),采取现金形式,在递交投标文件时送达特尔招标代理有限公司。

业主名称：××市××学校
招标代理名称：××市招标代理公司
日期:二〇一二年五月十八日

【评析】

这是一份关于设备购买的招标公告。标题采用招标文种的形式;正文为条文式,并标有序码,这些条款对招标项目、投标时间及地点、招标项目及质量要求、资格审查、招标书获取、投标保证金等都有明确的要求；落款写明了业主及招标单位名称。全文内容完备，格式规范，符合招标公告的格式与内容要求。

（三）建筑安装工程招标书

××大厦建筑安装工程招标书

为了提高建筑安装工程的建设速度，提高经济效益，经市建工局批准，××公司对天地大厦建筑安装工程的全部工程进行招标。

一、招标准备条件

本工程的以下招标条件已经具备：

1. 本工程已列入北京市年度计划；

2. 已有经国家批准的设计单位出具的施工图和概算；

3. 建设用地已经征用，障碍物已全部拆迁；现场施工的水、电、路和通讯条件已经落实；

4. 资金、材料、设备分配计划和协作配套条件均已分别落实，能够保证供应，使拟建工程能在预定的建设工期内，连续施工；

5. 已有当地建设主管部门颁发的建筑许可证；

6. 本工程的标底已报建设主管部门和建设银行复核；

7. 工程内容、范围、工程量、工期、地质勘察单位和工程设计单位见附表；

8. 工程可供使用的场地、水、电、道路等情况（略）；

9. 工程质量等级，技术要求，对工程材料和投标单位的特殊要求，工程验收标准（略）；

10. 工程供料方式和主要材料价格，工程材料和投标单位的特殊要求，工程验收标准（略）；

11. 组织投标单位进行现场勘察，说明和招标文件交底的时间、地点（略）。

二、报名，投标日期，招标文件发送方式

1. 报名日期：2011年5月4日；

2. 投标期限：2011年5月10日起至2011年5月30日止；

3. 招标文件发送方式（略）；

三、开标、评标时间及方式，中标依据和通知

开标时间：2011年6月10日；

评标结束时间：2011年6月30日；

开标、评标方式：建设单位邀请建设主管部门，建设银行和公证处参与。

中标依据及通知：本工程评定中标单位的依据是工程质量优良，工期适当，标价合理，社会信誉好，最低标价的投报单位不一定中标。所有投标企业的标价都高于标底时，如属标底计算错误，应按实况予以调整；如标底无误，通过评标剔除不合理的部分，确定合理标价和中标企业。评定结束后五日内，招标单位通过邮寄（或专人送达）方式将中标通知书送发给中标单位，并与中标单位在一月内签订××大厦建筑安装工程承包合同。

本招标方承诺,本招标书一经发出,不得改变原定招标文件内容。否则,将赔偿由此给投标单位造成的损失。招标单位按照招标文件要求,自费参加投标准备工作和投标,投标书(即标函)应按规定的格式填写,字迹必须清楚,必须加盖单位和代表人的印鉴。招标书必须密封,不得逾期寄达。投标书一经发出,不得以任何理由要求收回或更改。在招标过程中发生争议,如双方自行协商不成,由负责招标管理工作部门调解仲裁,对仲裁不服,可诉诸法律。

附:施工图纸,勘察、设计资料和设计说明书等(略)

建设单位:××公司
地址:××区××路×号
联系人:高×
联系方式:(010)××××××××
二〇一一年三月二十日

【评析】

这是一份建筑安装工程招标书。标题写明招标单位名称、招标项目和文种;正文分三部分:前言简明扼要说明招标的目的、依据以及公开招标的意义;主体部分从三个方面详细、具体、明确说明招标项目的主要条款;结尾写明招标单位名称、地址、电话、联系人姓名等;尾部写清楚附件名称、成文日期及附件原文,内容齐全。该招标书格式规范,语言简洁。

(四)软件系统招标书

××经贸职业学院精品课程制作系统招标书

××经贸职业学院精品课程制作系统,面向社会公开招标,诚邀具有实力的投标人前来我院投标。

一、招标物资名称 :精品课程制作系统。

二、招标物资主要用途:精品课程制作,包括精品课程教学计划、教学大纲、课件等。系统能够直接生成 web 页,关键是自动生成精品课程的视频课件,并提供完备的后期制作功能。要求符合省教育厅规定的制作标准。

三、投标物资技术指标及质量要求:

1. 录播机实现人工/远程两种方式录播课件,且可以直接采集任意操作系统下的任意格式音视频或文本的计算机画面。

2. 录播机在录制的同时既可通过 IP 以网页格式进行网络广播,又可通过课程管理平台进行网络组播。

3. 录播结束后,录播机可自动生成带视频窗口和计算机画面的 http 视窗文件和文件目录,并自动硬盘备份或刻成光盘。

4. 点播时通过分级目录或游标,可实现想看哪一部分就看哪一部分的目的。

5. 经过管理员同意,录成的课程资源可通过网络自动上传到管理平台。经授权的多个老师可同时使用管理平台自带的编辑功能对自己的课件进行添加分级标题和知识点、剪接和添加内容等编辑修改工作。

6. 管理平台具有分类、权限管理网络课程点播、关键字查找、视频索引、快速跳转收看功能。

7. 通过以上系统功能，可形成日常教学网络直播，共享优秀的教学资源，自动生成网络课程库，支持学生自主学习等的教学环境。

四、招标书发放：招标书在网上公布后，投标人即可报名登记，于2012年10月30日前到本院购买标书，开始准备投标书和投标样品。并交2 000元(现金)投标保证金。

五、投标时间、地点：12月1日上午10:00前到××经贸职业学院现场投标。

六、交货及付款方式：招标物资于×月×日前全部到货。物资验收合格后付购货总款85%，退还保证金，留15%质量保证金，一年后无质量问题付清。

联系电话：××××××

联系人：×××

××经贸职业学院

二〇一二年十月一日

【评析】

这是一份关于精品课程制作系统的招标书。标题采用招标单位、招标项目加文种的形式；正文为条文式，并标有序码，这些条款对招标物资主要用途、投标物资技术指标及质量要求、招标书发放、投标时间及地点、交货及付款方式都有明确的要求；落款写明了招标单位名称、联系人、联系电话，便于投标者报送投标书。全文符合招标书的格式与内容要求。

(五)项目推广投标邀请书

投标邀请书

××广告策划公司：

××集团拟对新品上市的广告合作单位进行招标，对项目所需服务进行国内竞争性招标。兹邀请合格投标人前来投标。

一、主要工作项目

本次招标的主要内容为项目策划、创意设计和整合推广，主要工作项目见表9.1。

表9.1　主要工作项目

工作项目	内容	频次	备注
市场信息调研与分析	1. 搜集行业有关信息、市场状况信息 2. 定期进行目标客户群的调研，了解区域市场的消费特性、消费潜力、增长速度等 3. 搜集、了解竞争对手的动态（新产品上市、促销活动、广告宣传、新闻报道等） 4. 根据以上调研资料，对竞争对手和我方的策略进行分析，提出指导性的意见	1次/月	
广告策略建议	项目卖点提炼，客户定位，形象定位，推广主题，媒介策略制订	根据销售需要，不定期	
文案/创意设计	VI系统设计及应用、各种媒体的平面广告、软文、现场包装、销售道具、促销活动配合等	根据销售需要，不定期	
促销活动方案建议	1. 包括促销活动方案、新产品上市方案、整合传播方案建议 2. 针对项目特性和销售进度，策划相应的促销活动。要求活动目标明确，主题有特色，计划性、参与性、可操作性强，有投入产出比分析，有具体措施保证达到预期效果	根据销售需要，3次以上/季	
广告效果分析	结合广告发布进行广告效果的调研、总结分析	1次/月	
其他配合性工作	1. 推荐优秀媒介代理商、广告制作商 2. 广告制作的内容校核和工艺质量监督 3.《绿地会》会刊设计 4. 临时性的紧急工作项目	根据销售需要，不定期	

二、招标程序

（一）递交投标文件时间与开标时间

1. 广告公司领取标书后需在4月15日16:30前以书面形式（加盖公章）明确答复是否参加，过期则视为自动放弃处理。（如不参加则需退还此标书原件）

2. 暂定于5月15日召开提案评审会，具体汇报时间、地点将以书面形式另行通知。

3. 费用方式：月费制

即以上工作项目按要求完成，并经我司认可后，我司于每月15日前支付上月的月费。若有额外增加的广告制作项目费用双方另行协商确定。

（二）投标提案内容及所需资料

1. 公司介绍

（1）贵公司的基本情况简介：组织结构、人力资源、设备配置、公司业绩、服务过的客户。

（2）贵公司对相关行业广告的理解、创意经验及优秀作品展示。

（3）工作流程解释与范例。

(4)项目组人员组成及相关简历。

2. 项目提案

(1)对市场及项目的认识。包括市场分析、项目分析及客户分析。

(2)对××集团及绿地企业文化的理解。

(3)整合推广策略。包括项目命名、形象定位、主题广告语、项目整体推广思路、媒体策略、公关活动策略等。

(4)创意表现。包括项目 VI 系统设计及其延展、报纸广告(开盘系列稿、主力卖点系列稿)、户外广告、现场包装、销售道具。

3. 商务文件

(1)根据上述工作项目,提出贵公司认可的月费制费用最低标准。

(2)营业执照复印件(加盖公章)。

(3)法人代表证明书及委托书。

三. 双方责任

(一)我公司责任

我公司本着公平、公正的态度,以公司和项目利益为第一出发点评审此次参加竞标的方案。

(二)贵公司责任

1. 认真对待此次招标活动,投标文件由公司主要负责人严格把关,并提供合理的报价。

2. 本次招标提供的关于本项目的资料均为商业机密,各广告公司在未经允许的情况下不得私自向外泄露本项目资料,否则将承担法律责任。

附:招标文件须知(略)

××集团
二○一三年一月十二日

【评析】

这是一份关于新品上市的广告投标邀请书。标题采用招标文种的形式;正文为条文式,并标有序码,这些条款对招标项目、招标范围、投标提案等都有明确的要求,特别是招标项目以表格形式清晰明了;落款写明了业主及招标单位名称。全文内容详尽,格式正确,符合招标邀请书的格式与内容要求。

第二节 投标书

一、投标书概述

(一)投标书的概念及作用

1. 投标书的概念

投标(enter a bid),是对招标的响应,指承包者按招标的标准和条件,报出自己愿意承担的价格和要求,投送给招标单位,力争成为中标者的一种经济行为。

投标书是指投标单位按照招标书的条件和要求,向招标单位提交的报价并填具标单的文书。它要求密封后邮寄或派专人送到招标单位,故又称标函。它是投标单位在充分领会招标文件,进行现场实地考察和调查的基础上所编制的投标文书,是对招标公告提出的要求的响应和承诺,并同时提出具体的标价及有关事项来竞争中标。

2. 投标书的作用

(1)承诺作用。

投标书是对招标书提出要约的承诺,又是对招标单位的要约。投标书是招标、投标活动的中心文书,是招标人选择中标者的直接依据,也是中标后签订合同的基础。

(2)反馈作用。

投标书应当对招标书提出的实质性要求和条件作出响应。向招标人告知投标人的有关情况。如组织机构、技术力量、商业信誉等,以取得招标人信任。

(3)竞争作用。

在众多的竞争对手中,充分显示自己的优势和实力,为招标人提供选择的条件。同时也有利于投标者大开眼界、改进管理、改进技术、提高商品质量、加强经济核算等,给企业增加了压力和动力。

(二)投标书的特点及种类

1. 投标书的特点

(1)针对性。

投标书的内容必须针对招标书提出的项目、条件和要求来作出承诺,并针对自己的情况进行有理有据的分析。

(2)求实性。

投标方必须对投标的项目和自己的条件作出客观公正的分析和介绍,对拟采取的举措和承诺要以实事求是的态度对待。

(3)竞争性。

投标书通过对自我优越条件的分析,表明自己的竞争实力,有能力按照投标书提出的要约按时按量的完成标的。

(4)简明性。

投标书的语言应准确、简洁、明了,特别是填写其中的表格式文书时,文字更须简明扼要,一目了然。

2. 投标书的分类

①按范围划分,有国际投标书和国内投标书。国际投标书要求两种版本,按国际惯例以英文版本为准。一般是以建设采购方所在地的语言为准。如国外的企业进行国际招标,一般是以英语(或当地语言)为准。如果是中国单位进行国际招标,招标文件中一般注明,投标书当中英文版本产生差异时以中文为准。

②按投标的内容和性质划分,有企业承包投标书、工程投标书、大宗商品交易投标书、选聘企业经营者投标书、企业承包投标书、企业租赁投标书、劳务投标书、科研课题投标书、技术引进或转让投标书等。

③按计价方式分,有固定总价项目投标书、单价不变项目投标书和成本加酬金项目投标书。

二、投标书写作

(一)投标书的写法

投标书也称“投标函”“投标申请书”,是投标人为了中标而按照招标人的要求,具体地向招标单位提出订立合同的建议,是提供给招标人的备选方案的文本。

1. 标题

①由项目名称和文种构成 ,如《承租××印染厂投标书》。

②由投标单位名称和文种构成 ,如《××公司投标书》。

③只写文种名称,如《投标书》。

2. 主送单位

主送单位即对招标单位的称呼。在标题下隔行顶格写。

3. 正文

①开头,简要介绍投标人的基本情况,并表明投标的意愿。

②主体,主体是投标书正文的核心,也是决定投标者能否中标的关键部分。主要包括三个方面的内容:一是具体写明投标项目的指标;二是实现各项指标、完成任务的具体措施;三是对招标单位提出希望配合与支持的要求。

如果投标大宗货物，应该写明保证按合同履行责任义务等；如果投标承包企业，就要写明生产指标、利润指标、税金指标、费用率、周转资金等经济指标；如果投标建筑工程，就要写明工程总造价及对价格组成的分析，计划开工和竣工日期，主要材料指标，施工组织和进度安排，保证达到工程质量标准，投标单位技术力量和设备力量等。该部分需要表明投标者的态度，保证事项，一般来说都必须写清投标的项目名称、数量、投标单位的技术设备力量、实施项目的人员、技术措施、工期安排、经费预算、标书有效期等。从某种意义上说，这一部分内容直接关系着投标人是否能中标。需要注意的是，这里所引用的一些数据和论据必须是真实准确的。

4. 附件

附件是对投标书正文进行补充说明的文字和数字材料。

5. 落款

写清投标者的部门名称（加盖印章）、地址、电话、邮编等。

（二）投标书的写作要求

1. 实事求是

投标方必须在认真研究招标书的基础上，客观估计自己的技术、经济实力和相应的赔偿能力，经过专家充分论证后，再决定是否投标，并实事求是地填写标单和撰写投标书，切不可妄加许诺，不可徇私舞弊、弄虚作假、害人害己。因为中标后，就要在规定期限内与招标方签订合同，按合同办事。如不实事求是，将导致国家、招标单位的重大经济损失，或违约或毁约而承担法律责任。

2. 具体明确

对于投标书的内容，如目标、造价、技术、设备、质量等级、安全措施、进度等，都要详细写明，力求具体明确，一目了然。要充分体现出投标方案的科学性和可行性，投标人的综合实力。如果交代不清、笼统含糊，无法得到招标单位认可，难以中标。

3. 讲究时效

招标单位之所以招标，旨在利用投标人之间的竞争来达到优先买主或承包、租赁、合作的目的。招标书中规定了明确的时限，过期不候。所以，投标要讲究时效性，要在规定的时限内写好并送出投标书，才有中标的可能。

三、投标书例文及评析

（一）建筑安装工程投标书

××大厦建筑安装工程投标书

××公司招标办公室：

在研究了××大厦建筑安装工程的招标条件和勘察、设计、施工图纸，以及参观了建筑安装工地以后，经我们认真研究核算，愿意承担上述全部工程的施工任务。我们的投标书如下：

一、标函内容（略）

包括工程名称、建筑地点、建筑面积、建筑层数、结构形式、设计单位、工程内容、包干形式等。

二、标价

总造价：100 万元（直接费、间接费、材料差价）

每平方米造价：100 元（直接费、间接费、材料差价）

其他（略）

三、工期

包括开工日期、竣工日期、合计天数等。（略）

四、质量

达到等级、保证质量主要措施、施工方法和选用施工机械等。

五、投标企业概况

（一）企业名称、地址、所有制类别、审定企业施工级别、平均人数（略）

（二）企业简历（略）

（三）技术力量

（四）工程师以上人数、助理工程师人数、技术员人数、五级以上人数、平均技术等级（略）

（五）施工机械装备情况（略）

（六）营业执照、批准机关、执照号码（略）

我们特此同意，在本投标书发出后的 30 天之内，都接受本投标书的约束，愿在这一期间（即从 2011 年 5 月 10 日起至 2011 年 6 月 9 日止）的任何时候接受贵单位的中标通知。一旦我们的投标被接纳，我们将与贵单位共同协商，按招标书所列条款的内容正式签署××大厦建筑安装工程施工合同，并切实按照合同的要求进行施工，保证按质、按量、按时完工。

我们承诺，本投标书（标函）一经寄出，不得以任何理由更改，中标后不得拒绝签订施工合同和施工；一旦本投标书中标，在签订正式合同之前，本投标书连同贵单位的中标通知，将成为我们与贵单位之间有法律约束力的协议文件。

投标单位：××建筑公司（公章）

企业负责人：万××（盖章）

联系人：杨×（盖章）

电话：(010)××××××××

地址：××路××号

日期：二〇一一年五月十日

【评析】

这是对应于《××大厦建筑安装工程招标书》而写的投标书。标题采用“投资项目名称+文种”的形式;正文分四部分:一是写明送达单位名称:“××公司招标办公室”。二是引言部分,简洁明了说明投标的依据和态度,用“我们投标书内容如下:”带起下文。三是主体部分,从标函内容、标价、工期、质量、投标企业概况、技术力量等九个方面说明该工程公司符合招标书提出的目标和要求,并对招标单位作出诚恳的承诺。四是结尾部分,写明投标书发出日期、投标单位名称、企业负责人、联系人、电话等,内容齐全,条款完备。该投标书说明详尽,格式规范,语言简洁明确。

(二)土地使用权投标书

投 标 书

××市国土资源和房产管理局:

经过实地踏勘招标地块,并认真审阅贵局招标文件后,我公司愿意按照招标文件有关规定参加本次土地使用权招标,接受招标文件的全部条款及要求。

我公司愿意以人民币贰亿叁仟叁佰陆拾零万零仟零佰零拾零元的投标价参与××村地块的土地使用权招标竞投。

上述投标价即为该幅土地的地价款总额,包括土地使用权出让金、土地开发与市政配套设施金。

本投标书如被接纳,我公司愿意在接到《××市土地使用权招标中标通知书》五日后到贵局签订《××市土地使用权出让合同书》。我公司在提交本投标书的同时,提交×××银行开具的金额为人民币壹佰万元的(支票/汇票)作为履约保证金,(支票/汇票)编号为××××××。

我公司承诺已交履约保证金人民币壹佰万元的银行支票或汇票在中标时能全部兑现,并保证于出让合同签订后五日内一次性付清全部中标价(即地价款总额)。如我公司开出的银行支票或汇票在有效期内不能兑现或全部兑现,以及不能在规定的时间签订《××市土地使用权出让合同书》,均可被视为违约。××市国土资源和房产管理局可取消我公司的中标资格,没收履约保证金。我公司同意按中标价的20%向贵局支付违约金。贵局另行出让该幅土地的价格低于中标价的,投标人同意按实际差额支付赔偿金。

我公司愿意从投标之日起三十日内保留本标书及附件,此期限届满前的任何时间,投标人受本投标书的约束。

在正式出让合同签订及执行前,本投标书将作为贵局与我公司之间具有法律约束力的文件。

我公司理解贵局不一定接纳最高标价或任何标书。对于《××市土地使用权投标须知》第七条:“××市国土资源和房产管理局认为需要对招标文件作出修改、补充时,必须于投标截止日七日前在《××特区报》或《××商报》上公告,不作另行通知",和第八条:"××市国土资源和房产管理局发出的修改、补充公告与原招标文件具有同等效力,如与原招标文件有矛盾时,以日期在后者为准",我们表示理解并接受。

本投标书同时附上以下附件(略)

投标人盖章:××××

法定代表人签名(盖章):××××

委托代理人签名(盖章):××××

地址:××××

电话:××××

邮政编码:××××

日期:二〇××年××月××日

【评析】

这是一份关于土地使用的投标书。该文书标题只写明文种。正文以投标函件的形式书写,主送单位署全称,前言部分明确表示接受招标文件的全部条款和要求;主体部分分别从投标价格、合同签订、履约保证金、违约金、投标书的法律约束力等方面表明了投标方的态度,并对招标方在标价或标书的接受以及必要时按规定程序对招标书的修改和补充等方面表示理解;有关投标方的资料以附件形式附在正文的后面。落款主要是写明投标方的名称、地址、法人代表姓名、委托代理人姓名、联系方式及发文时间等。

(三)物流项目投标书

××物流有限责任公司投标书

××公司投标管理办公室:

我公司根据现有物流经营能力,决定参加××项目物流投标,我方保证达到招标文件的有关要求,遵守其各项规定。

一、公司情况介绍

××物流有限责任公司成立于2010年,注册资金500万元,2011年我司通过ISO:9001—2000质量管理体系认证。

我司以重庆市为总部基地,以长江流域为发展重心,是一家物流配送的专业化第三方物流公司,沃尔玛超市、万嘉超市、世纪华联超市、蓝天超市、兴福兴超市、永辉超市等知名连锁超市主要的物流合作伙伴,物流服务保障体系深得社会各界和广大客户的广泛认可和信赖。我司始终奉行"诚实守信、安全准时、为客户创造价值"的服务宗旨,以标准化、个性化的物流解决方案,为广大客户提供仓储、流通加工、运输、配送等综合物流服务。

(二)人员构成

我司现有员工500多名,下设业务部、信息管理部、仓储部、配送部、行政人事部、财务部,其中本科、专科学历以上员工超过30%,技术人员占50%,拥有朝气蓬勃、勇于创新的管理团队和员工队伍。

(三)硬件设施

我公司整个配送中心占地面积12 000平方米,主仓库占地面积大约为10 640平方米,设有配送中心主仓库、退货仓库、停车场及办公楼等建筑。配送中心仓库采用现代化的设置装卸平台,前进后出。装卸平台可以自动或手动调节高度,适合不同的车型并同时停靠15台车辆,满足每天进出100多辆车的需要。主仓库设置大面积的敞开式作业区域,可同时处理1 200吨的货物,仓库地面均作防尘硬化处理。我司自有车辆46辆,3吨级的10辆、5吨级的10辆、8吨级的10辆、10吨级10辆、冷藏车5吨级6辆。

(四)运输网络

我公司的物流配送中心地处重庆市两江新区物流港内,地理位置优越,周边道路交通四通八达。配送中心辐射半径大约为90公里。

(五)信息系统建设

我公司物流配送信息管理系统包括仓储管理子系统、库存管理子系统、运输管理子系统、配送加工子系统、网上物流子系统、报表子系统等。

(六)我公司优势

1.投标人具有法人资格;

2.我司自有车队46辆,车种齐全;

3.我司具备良好的信息管理系统,能够保证各个工作环节不脱节;

4.我司具有很好的商业信誉。

二、××贸易有限公司的服务需求分析

(一)贵公司对我司高标准的需求

1.提供24小时的全天候准时服务。主要包括:保证操作人员及双方有关负责人通信联络24小时畅通,保证配送车辆24小时运转,保证配送中心24小时可以提货,门到门服务运输。

2.服务速度要快。贵公司对提货、操作、配送都有明确的规定,时间以小时计算。

3.服务项目要多。根据贵公司的需要,通过发挥公司系统运输网络的优势,提供仓储、配送、流通加工等全方位的物流服务。

4.信息反馈要快。贵公司要求与我司联网,做到对货物的随时跟踪、查询,掌握货物运输的全过程。

(二)个性化物流服务的具体做法

1.制定科学规范的操作流程。我司自成立以来开始设计并不断完善业务操作规范,并纳入了公司的程序化管理。对所有业务操作都按照服务标准设定的工作和管理程序进行,先后制定了仓储、配送、流通加工等工作程序,每位员工、每个工作环节都按照设定的工作程序进行,使整个操作过程井然有序,提高服务质量,减少了差错,杜绝事故的发生。

2. 降低成本的服务。设身处地为贵公司设计最低成本的物流服务方案，在竞争激烈的市场上才能占有一定市场份额，获得更大的经济效益，同时满足贵公司最优质的服务。

3. 提供24小时的全天服务。针对贵公司24小时服务的需求，实行全年365天的全天候工作制度，周六、周日（包括节假日）均视为正常工作日，对操作人员进行必要的调整，合理安排车辆，确保全天候的运转。

4. 充分发挥我司运输网络及信息系统的优势。经过10年的建设，我司拥有了比较齐全的仓储、配送、流通加工的设施设备及信息系统，实现了辐射范围内的计算机联网，这是我司发展物流服务的最大优势。

5. 满足贵公司对信息的需求。通过运输网络及系统的优势，实现了对贵公司提货、发运所要求的规定时间，积极主动协助贵公司解决，满足贵公司对信息的跟踪。

三、配送方案

我司利用配送车辆把贵公司订购的物品从配送中心，送到贵公司手中，我司配送通常是以一种短距离、小批量、高频率的运输，以服务为目标，以尽可能满足贵公司需求为宗旨。

在各阶段的操作过程中，我司将会注意的要点有：

明确订单内容、掌握货物的性质、明确具体配送地点、适当选择配送车辆、选择最优的配送线路及充分考虑各作业点装卸货时间。我司将在最短时间内为贵公司配送最低成本、最准确的货物。

我司配送作业的一般业务流程（略）：

四、物流服务报价（略）

五、服务承诺（略）

附件（略）

投标人盖章：××××
地址：××××
电话：××××
日期：二〇××年×月×日

【评析】

这是一份关于物流服务的投标书。该文书采用标题项目名称＋文种形式；正文由公司情况介绍、服务需求分析、配送方案、物流服务报价、服务承诺几部分组成，分条列项，简洁明了；附件及落款内容齐全。全文态度明朗，格式规范，符合投标书的写作要求。

（四）电脑采购及服务投标书

投　标　书

××商学院工商管理学院采购招标委员会：

根据贵方为××商学院电脑招标项目招标采购货物及服务的招标书 GDSXY20091022

(招标编号),我方投标人联想集团有限公司提交下述文件正本一份和副本一式贰份。

一、投标设备数量价格表(见表9.2)

表9.2　投标设备数量价标表

序号	设备名称		设备价			详细参数
			数量/台	单价/元	总价/元	
1	联想启天M6900	台式	50	3 200	160 000	AMD Athlon 64 X2 4800 + (2.5G)/2G/160G/DVD/NV9300 256M 独显/19LCD
2	联想家悦E R100	台式	50	2 698	134 900	AMD Sempron LE - 1200(2.1G)/1G/160G/DVD/DOS/17"纯平
3	联想天逸Y系列	手提	50	3 900	195 000	P8600(酷睿双核 2.4G)/2G DDR3/320G/DVD 刻录/ATI HD3450 256M 独显(支持热切换)/VP/130 万摄像头/HDMI 高清/13.3LED/VB/蓝牙/多媒体遥控器/无边墨晶屏/包和鼠标

附注:(1)报价包含运输费、安装费、调试费等所有费用。

(2)笔记本电脑附赠配套的多媒体遥控器、无边墨晶屏、鼠标和键盘。

二、据投标报价表中规定的应交付货物投标总价为人民币489 900元。

据此函,签字代表宣布同意如下:

(一)投标人在开标前向招标人交纳投标保证金5 000元。

(二)投标人将按招标文件的规定履行合同责任和义务。

(三)投标人已详细审查全部招标文件,包括修改文件(如需要修改)以及全部参考资料和有关附件。我们完全理解并同意放弃对这方面有不明及误解的权利。

(四)其投标自开标日期有效期为8个日历日。

(五)如果在规定的开标日期后,投标人在投标有效期内撤回投标,其投标保证金将被贵方没收。

(六)投标人同意提供按照贵方可能要求的与其投标有关的一切数据或资料,完全理解不一定要接受最低价格的投标。

(七)与本投标有关的一切正式往来通讯请寄至××××。

附件(略)

投标人代表姓名:李××

投标人名称(公章):

日期:二〇一一年十月二十九日

【评析】

这是一份关于大宗物品购买的的投标书。该文书标题为文种形式；正文开门见山说明投标价格及商品性能；然后分条列项阐明投标承诺；附件及落款内容齐全。全文简洁清晰，格式规范，符合投标书的写作要求。

综合练习

一、改错题

1. 指出下列文书的错误之处，并根据写作要求改写。

××省机电设备招标公司招标公告

××省机电设备公司受××区政府采购中心委托就电教设备项目进行国内公开招标，邀请有兴趣的合格投标人参加投标。

招标编号：0612c2005011

招标名称及数量：投影机 13 台，电动银幕 13 张，电脑 13 台。详细技术规格参阅招标文件中的用户需求。

交货时间：所购设备合同签订后 10 日内交付。

购买标书时间：2012 年 2 月 27 日至 2012 年 3 月 7 日。

购买标书地点：××大厦 10 楼。

投标截止及开标时间：2012 年 3 月 10 日上午 10 点。

联系方式：有关此次招标事宜，可按下列联系方式向招标机构查询。

地址：西城区

电话：6243258

传真：××××××

网址：××××××

联系人：张先生

开户银行：××××××

账号：×××××××××

××××××公司

2012 年 2 月 17 日

2. 指出下列文书的错误之处，并根据写作要求改写。

投　标　书

×××集团公司：

感谢×××集团公司对我公司的信任，邀请我公司参加×××项目的投标。我们对此项目有极大的兴趣，并与建设单位的合作充满诚挚的意愿。接到招标函文件后，成立了研标小组，认真研读了招标文件，经过严密的分析与研究，根据项目要求及我方的实际能力，编写了此投标书。我们一定会按期、保质、保量。

现将我方投标书一式×份送达贵公司，正本×份、副本×份，诚邀各评委审议。

其他文件附后。

投标人：××××

法定代表人：××××

单位地址：××××

电话：××××

电子邮箱：××××

二、写作训练

1. 根据下述材料，拟写一份招标公告。

××职业技术学院对南校区学生公寓物业管理权进行公开招标，选定物业管理单位对南区学生公寓物业进行管理。管理范围包括：学生公寓（3～14 层）287 76.5 平方米；周边道路、运动场 6 704 平方米；绿化面积 1 171 平方米。招标内容按招标单位提供的《招标文件》。凡达到××市物业管理三级以上资质的物业管理公司或高校后勤服务公司（集团）均可参加投标。

2. 根据下述材料，拟写一份招标邀请函。

××移动通信公司为加快 GSM 十三期扩容工程建设，按照上级领导指示精神，将对××旅游码头铁塔基础土建工程进行招标。××单位已通过资格预审，因此特邀请该单位按标书要求对工程的施工费进行投标。具体事项如下：

1）请××单位于 8 月 16 日 16 时前到××移动通信公司采购中心报名并索购领取招标文件，逾期按弃权处理。

2）招标会议定于 8 月 17 日 16 时在××移动分公司六楼会议室召开。请在此之前将编制好的投标和密封的投标价格书（第一标报价）及两份签字盖章后的"廉政协议书"递交网络部，并届时参加招标会议，逾期弃权处理。

3）招标单位：中国移动集团河北有限公司××分公司

4）招标地点：中国移动集团河北有限公司××分公司六楼会议室

招标时间：××年××月××日

联系人：刘××

电话：136××××××

传真：03××××××

3. 请根据提供的写作材料拟写投标文书。

××公司经认真阅读××县老城区朝阳路北侧原船舶运输区段旧城改造项目与国有建

设用地使用权出让文件，完全接受并愿意遵守招标文件中的规定和要求，对所有文件均无异议。

××公司正式申请参加××局于2008年8月19日在××县国土资源局二楼交易服务大厅举行的旧城改造项目与国有建设用地使用权出让招标合同××公司愿意按招标文件规定缴纳投标保证金人民币贰万元。

若能中标，××公司保证按照旧城改造项目与土地出让招标文件的规定和要求履行全部义务。

若××公司在此次旧城改造项目与土地出让使用权招标活动中，出现不能按期付款或其他违约行为，××公司愿意承担全部法律责任，并赔偿由此产生的损失。

联系人：××

联系电话：×××××

申请日期：二〇〇九年××月××日

4. 请根据下面的招标公告拟写投标申请书。

××大学修建计算机大楼招标公告

经上级主管部门同意，我校将修建一栋教学大楼，由××市城市建设委员会批准，建筑工程实行公开招标，现将招标有关事项公告如下：

工程名称：××大学计算机大楼

施工地点：××市××区××路××号

建筑面积：××××平方米

设计及要求：见附件

承包方式：实行全部包工包料

投标条件：凡有投标意向的具备法人资格且具有一、二级施工执照并有其主管部门和开户银行认可的企业，均可投标。

招标要求：投标人请于2009年6月5日前来人或来函索取招标文书，收取成本费30元，逾期不予办理。

投标人请将投标文书及上级主管部门的有关签证等，密封投寄或派人员直接送我校几件处。收件至2009年7月5日截止。开标日期定于2009年×月×日，在××市公证处公证下启封开标，地点在我校第一会议室。

招标单位地址：××市××路××号

第十章

Chapter 10

经济简报

【学习目标】

· 了解经济简报的概念、特点、种类及作用。

· 掌握经济简报的写作内容、格式要求和写作方法。

第一节　经济简报概述

一、经济简报的概念及作用

（一）经济简报的概念

简报是指党政机关、企事业单位、团体等用来汇报工作、反映情况、传递信息、交流经验的一种事务性文书。简报不是文章的一种体裁，因为在一份简报上可以只登一篇文章，也可以刊登几篇文章。简报上所刊登的文章，可以是专题、报告、讲稿、消息等。

经济简报是简报的一个分支，在与经济相关的工作中起着十分重要的作用。经济简报是以反映一个企业或一个地区的经济形势、经济动态为主的一种重要的简报。

（二）经济简报的作用

经济简报在经济活动中起着非常重要的作用，很多大企业都把经济简报当成是实施管理的有效途径，通过经济简报宣布公司决定、沟通内部信息、展示工作进展等。还有越来越多的小企业也学习大企业，使用经济简报推动内部工作。而普通单位编发经济简报，也能够迅速向上级反映经济工作和业务活动，便于上下级之间或平级之间沟通单位财经信息，交流财经工作经验，开展并推动一个单位经济活动的发展。

可见，简报对于一个单位开展经济工作来说是非常重要的。总体来看，其作用主要体现在以下三方面：

1. 汇报作用

简报不是公文,但它同样可以起到很重要的汇报作用。通过简报可以向上级汇报本单位、本部门、本系统的工作情况和重要动态,使上级能够及时了解下情。通过简报向领导汇报工作,不但能够使上级有针对性地指导下级工作,而且便于领导进行相关决策时参考。

2. 交流作用

简报不但可以向上级汇报工作,还可以向本单位或平级单位传递信息,交流工作中所遇到的问题,增进了解和相互学习,促进工作的共同提高。

3. 指导作用

简报还有一项非常重要的作用就是用于向下级单位宣传相应的方针、政策,传达最新的工作精神,交流推广相关的工作经验。在实际工作中,上级对下级的工作指导,有时候就是以简报的形式实现的。因此简报也经常被看作是上级开展工作、传达指示的重要工具。

二、经济简报的特点及种类

(一)经济简报的特点

结合经济工作的性质,经济简报的特点主要有以下几点:

1. 新颖性

经济简报最重要的目的就是就经济工作内容向上级单位汇报工作、对下级工作进行指导,并和同级单位通报情况、交流讯息,从所反映的新情况、新经验、新动态中获得新的认识,因此经济简报必须具有新颖性,否则就失去了参考价值。

2. 简明性

经济简报应简明扼要、短小精悍,篇幅不宜过长。只要概括出事实的重要内涵,不必面面俱到。

3. 快捷性

经济简报用于传达经济工作信息,只有迅速及时地反映经济工作动态,发现情况快、编印制发快,才有时效性。

4. 规范性

从形式上看经济简报要求有规范的格式,由报头、目录、编者按、正文、报尾等部分组成。其中报头、报核、报尾是必不可少的,而且报头和报尾都有固定的格式。

(二)经济简报的种类

从不同的角度划分,简报可以有很多种分类方法。常见的简报是以内容的性质来划分的。下面介绍几种较为常见的简报形式。

1. 动态简报

动态简报多以报道动态信息为主,这类简报可以迅速又及时地反映新近发生的新问题、新情况。这类简报最大的优势在于可以让人们及时了解新近发生的情况,其新闻性较强,具有较强的参考价值。

2. 工作简报

工作简报顾名思义就是以反映本部分或本单位日常工作或阶段性工作为主,主要目的就是推动日常工作。工作简报的主要内容包括反映工作开展情况、介绍工作经验以及工作中出现的问题等。

3. 会议简报

会议简报主要是及时报道某种会议的概况,包括会议上交流的情况及探讨、研究的问题等。会议简报不能单纯地反映报道会议的基本过程,而是要将要点突出,为上级领导和有关部门提供重要内容和信息。在编发会议简报时,要力求准确、如实、全面地反映会议的基本观点和思想倾向。

第二节　经济简报写作

一、经济简报的写法

(一)经济简报的格式

经济简报从格式上来讲,分为报头、报核、报尾三部分。

1. 报头

报头应设置在第一页的上方,大概占全页 1/3 的篇幅,报头与报核之间应用横线分隔。通常在报头中应体现五方面的内容:

①名称。名称应用大号字体书写在报头正中的位置,如“金融简报”“财经动态”等。名称所使用文字应以印刷体或书写体为主,以示正式,一般不用艺术字。简报的名称可套红,也可以不套红。

②期号。期号应位于简报名称下面居中位置,写明期号并用括号括起来,可写成“第 1 期”,也可以用“(1)”表示。

③主编单位。主编单位的名称应在期号之下,顶格写于间隔横线的左上方。

④印发日期。印发日期同样位于期号之下,位于间隔横线的右上方。

⑤密级和急缓程度。此项非必须书写,如该简报有这方面的需要,可在简报名称的左上

方标明。

2. 报核

报核是经济简报的主体部分，包括目录、按语和简报文章三部分。而简报文章则以开头、主体和结尾三部分组成。

3. 报尾

报尾应位于简报末尾的下方，与报头一样，报尾与报核之间也应用横线分隔。报尾包括两项基本内容：一是发送范围，写在报尾的左侧；二是该简报印发的份数，写在报尾的右下方。

（二）经济简报报核的结构

报核是经济简报的主体部分，那么报核部分的结构是否合理就决定了一份简报的整体水平。下面我们从按语、标题和正文三部分来具体分析一下报核的结构。

1. 按语

并不是每份简报都要添加按语，但是简报的按语有的时候对于简报本身而言却有着重要的意义。所谓按语指的就是简报的编者针对简报的某些内容所写的说明性或评论性文字。按语一般出现在正文标题之前，按语的开头处有“编者按”“按语”“按”等字样。简报的按语经常是根据领导的意见起草的，但它不是命令和指示，不具备指示性公文。按语最大的特点就是将简报主体内容与现实工作联系起来，帮助阅读者加深对领导意见的认识，并正确把握工作的方向。由此看来，简报最大的作用就是督促和指导。从类别上来讲，简报的按语一般分为两类：一种是说明性按语。这类按语常常是对简报内容、作用等做出的一些说明，通常很短，有的时候只有一句话，例如，编者按：根据中央领导同志的意见，现将中国人民银行关于亚太地区金融风暴的报告刊登如下，供各单位参考阅读。另一种是批示性的按语，这类按语经常是针对一些有典型意义的事件和反映当前工作中存在的问题作出的评论和批示，主要表达领导机关对下级的看法、意见和要求。

2. 标题

一份简报的标题是需要反复推敲、认真编写的。一个好的标题能够简明扼要地概括出全文的内容，类似于新闻标题的写作，如“科研工作今年重点抓好的三件事”。简报标题不必像很多新闻标题那样引题、正题、副题一应俱全，但必要时可采用正、副标题的写法，通过正标题揭示正文的思想意义，副标题对正标题进行事件和范围等方面的补充说明。如：“再接再厉创全国一流商场——××商场荣获省荣誉市场称号”。

3. 正文

经济简报的正文部分写法较为灵活，一般由开头（或称导语）、主体和结语三部分组成。

（1）开头。

简报的开头，常见的有三种形式：一是叙述式，就是开门见山地把要写的内容的时间、地点、人物、起因和结果在开头部分就直接写出，这样的写法最大的优点就是可以使读者一目了然；第二种是结论式，先写出整个事情的结果或结论，然后再阐明得出该结论的理由；三是提问式，所谓提问式就是在一开始就用一个或者多个问题把主要事实提出来，然后再在后文中用回答的语气对前文所述问题作具体的阐述。这种方法最大的好处在于能够在全文一开篇就充分吸引读者的注意力。当然，具体应用什么方法开头，还要根据具体的内容需要活学活用。

(2)主体。

如果说报核是简报的核心，那么主体就是一份简报核心的核心，可谓是简报最为重要的部分。简报的主体部分一定要写得充实、有力，利用最有说服力的材料来阐明简报所得出的结论。关于主体部分的写法，主要有以下几种：一是按照时间顺序来写，即按照事件发生、发展和结束的自然顺序来写，这种写法适用于报道一个完整的事件；二是按空间转换顺序来写，这种写法适用于报道一个事件的多个场面，或者围绕一个主题来综合报道几方面的情况；三是归纳分类表述，即把所有材料归纳成几个部分并标上序号或小标题，然后逐条阐述；四是夹叙夹议法，就是将叙述、评论有机地结合起来，边叙边议，这种方法适用于反应具有某种倾向性问题的内容；五是对比法，即在对比中展开叙述，既可以横向对比，同时又可以进行优劣、正反等各种对比。

(3)结语。

简报结尾的写作方法，应该因内容而定。如果所报道的事件较为单一、报道篇幅较短的，结尾可以不用单写，主体部分写完就直接收尾，干净利落。如果报道的事情较为复杂或内容较多时，可以把结尾单列出来，对全文做一个小结，来加深读者对全文的印象。而对于有些带有连续性的简报，为了引起人们对事态发展情况的注意，可用一句交代性的语句作为结语，如“对事件的发展我们将继续报道”等。

二、经济简报的写作要求

经济简报的写作不同于普通的新闻写作，在经济简报的写作过程中有如下几项要求是需要特别注意的。

(一)实事求是原则

这是在进行经济简报写作时所要遵守的一条基本原则。简报的内容必须从实际出发，如实地反应情况。这就要求我们在写作过程中，慎重把握所使用材料的真实性和准确性。

(二)认真选择内容适当的材料

选好材料是写好简报的基础，应选择新鲜、真实、最具有代表性和说服力最强的材料，只有这种材料才具有较高的实用价值，才可能更好地揭示简报的主旨。

(三)观点和材料要统一

简报内容无论是先阐明观点还是后阐明观点,都要注意所使用的论据一定要与所要阐述的观点相统一。

(四)速度快

简报类似于新闻中的消息,因此简报一定要具备“快”的特点。这就要求我们在写作过程中,不但要善于发现新情况、新问题,同时还要做到反应敏捷及时。因为只有报道速度快,简报的内容才具有活力。

(五)语言简洁、内容简短

一篇简报通常是1 000字左右,因此简报一定要突出一个“简”字,无论多重要的事件,切忌连篇累牍。在写作过程中不但要对字句反复推敲,对于所选材料也要进行梳理概括,这样形成的简报才能做到真正意义上的简单明了,言之有物。

第三节　经济简报例文及评析

一、经济动态简报

1~2月份玉屏县重点投资项目简报

第7期

(总第26期)

玉屏县发改委投资科　　　　2010年03月25日

2010年我县共安排千万元以上投资项目7类160项,其中续建项目59项,新开工项目76项,前期工作项目25项,项目总投资302.98亿元,2010年度计划投资57.81亿元,占全社会固定资产投资的57.2%,同比增长(以下简称增长)20.6%。

1~2月份重点项目建设开局良好,共有62个项目形成了投资量,完成投资4.3亿元,增长22%,占年度计划的7.4%,同比下降0.6个百分点。其主要特点是:

一是续建项目投资增势强劲。截至2月底,续建项目共在建43项,完成投资2.86亿元,占重点项目完成投资的66.5%,增长74.7%;新开工项目19项,完成投资1.44亿元,同比下降19%。在25项前期工作项目中,已有孝直热源厂、阿胶工业园等3个项目开展了前期规划、论证工作。

二是工业项目投资依然是主体。1~2月份工业项目完成投资3.7亿元,占重点项目投资完成总额的85.9%,增长43.2%,增幅提高14.7个百分点。丞华新型建材生产项目,18 000平方米钢构车间主体建成,完成7 650万元。天元伟业模板生产,轻钢车间建设基本完成,职工公寓投入使用,完成投资7 030万元。丰源炭素、万方炭素、华阳炭素建设钢构车间,分别完成3 000万元、2 000万元、1 400万元。机床数控机床及机加工项目,7座钢构车间完工,办公楼正在建设。汉岳天然气输气管站,开始铺设长清(归德)至平阴(安城)输气管道。奥润建材混凝土搅拌站、济南众诚铸件加工、济南一锻重工机床制造等项目加速推进,泰德包装、迪生电子、信通铸塑生产、东岳恒星铝材生产等项目也取得积极进展。

三是社会事业项目投资增幅最大。截至2月底社会事业项目在建5项,完成投资727万元,增长57%,增幅居七类项目之首。县看守所办公楼、武警办公楼主体施工,提审室基础回填完毕。青少年学生校外活动中心,一区主体框架基本完成。中小学校舍安全工程,中央投资的孔村中学校舍安全加固施工招标,即将开工。县医院外科综合楼已经省发改委批复立项,1 700万元调控资金全部到位。供电公司生产调度中心,主楼混凝土浇筑至10层,南群楼混凝土浇筑完毕。质量检测中心,主体完工,正在外装。平阴镇荣军院,综合楼主体完工,进行餐厅主体建设。

四是基础设施和房地产、旧村改造项目进展平稳。1~2月份基础设施项目完成投资1 626万元。国道220拓宽改线工程,路基、小桥涵二合同段基本完工,一、三合同段完成50%,四、五合同段及大中桥工程招标;县污水处理厂工艺升级改造,设备安装基本完毕,进行道路及附属设施建设;生活垃圾无害化处理场,污水处理设施基础施工;县城道路建设改造,玫苑路绿化工程招标,路基施工并埋设供热、供气管道。1~2月份房地产、旧村改造分别完成投资1 089万元、1 500万元。

五是农业、服务业项目尚未全面展开,新开工项目明显不足。受季节、工期等因素影响,1~2月份农业、服务业项目分别仅完成投资990万元、150万元。1~2月份新开工项目19项,只占安排新开工项目总数的25%,同比减少22.5个百分点。

注:千万元以上投资项目七大类是指农业、工业、服务业、基础设施、社会事业、旧村改造与片区开发、房地产。

【评析】

动态简报,顾名思义应该是以报道动态信息为主,这类简报应该做到及时反映新近发生的新问题、新情况,该例文中所引用的这份简报就是一篇典型的动态简报。首先,该简报在题目中直接点明了时间和内容,具有很强的针对性和时效性;其二,从内容上来看,这份简报有一个最大的特点,就是"用事实说话"。该简报一共从五方面阐述了一、二月份该县重点投资项目的情况,每一项都引用了大量翔实的数据,正是这些数据的引用大大增加了这份简报的参考价值。

可见,动态简报具有较强的新闻性,其最大的优势就在于让人们及时了解新近发生的情况,只有掌握了充足的材料和数据,才能体现出这类简报的参考价值。

二、经济工作简报

8月份开发区工业经济运行简报

第5期

(总第35期)

丽水开发区公开网 2011年09月15日

8月份,丽水开发区工业经济运行呈平稳较快增长,增幅较大,但受宏观经济形势低迷,主要产品市场价格下滑,企业经营效益持续下行,部分工矿企业因持续降雨导致生产不正常等因素影响,企业生产积极性不高,部分企业出现停产限产,经济运行中不稳定、不确定因素增多,运行形势十分严峻。

一、工业经济运行特点

(一)总量指标增速进一步加快,但效益指标持续下行,经济运行下行压力增大

到8月末,全区累计实现全部工业总产值24.2亿元,同比增长23.77%,增幅较上月降低9.37个百分点。其中规模以上工业总产值18.7亿元,同比增长13.63%,增幅较上月提高3.66个百分点。效益持续下滑,严重影响了工业企业的生产积极性,加大了工业经济运行下行的压力。

(二)8月份主要产品市场低迷,我区主要工业产品市场价格持续走低,导致全区工业经济效益持续下滑。

(三)工业投资大幅回升,工业领域投资呈大幅回升态势,1~8月全区工业领域完成投资287 271万元,同比增长45%,增幅较上月提高35个百分点。

二、存在的重点问题

年初以来,受国际国内经济运行持续下行影响,制造业经济景气度持续走低,8月份,中国制造业采购经理指数下滑到49.2%,比上月下降0.9个百分点,低于临界点,并成为近8个月来的最低点。

三、政策建议

针对年初以来我区工业经济运行出现的困难和问题,工业经济运行简报已多次提出了应对政策建议,具体政策建议如下:

(一)进一步加强工业经济运行监测分析工作,以规模以上工业企业为重点,切实加强全区工业经济运行监测预警工作,准确研判和把握发展形势。

(二)进一步加强工业生产要素保障工作,进一步加强区工业经济运行协调领导小组及办公室工作力度,以电力保障为重点,加大对煤、电、油、运、水、资金等生产要素的协调保障工作。

(三)实施重要工业品临时收储制度,为应对今年以来工业产品价格下跌并持续低位徘徊对我区工业企业的冲击,提升企业生产积极性,帮助企业渡过当前难关。

（四）推进电价改革，切实贯彻落实《关于切实做好当前经济工作努力保持经济平稳较快发展的意见》文件关于电价改革的优惠政策。

（五）实施产品促销政策，为促进我区重点工业产品销售，提高重点产品产销率，建议实施产品促销政策。

【评析】

工作简报主要用于反映某单位或某一区域日常工作或阶段性工作的情况。由于工作简报具有总结性，因此在写作工作简报时，要注意以下两方面特点：一是要有宏观视角。所谓宏观视角，就是说对于所汇报的工作要有一个整体的把握，不必巨细无遗，对于一些不是很重要的细节和数据可以不用体现在简报中。从该例文中我们可以看出来，虽然文中也列举了一系列数据，但主要还是以对当前工作情况的整体分析为主；第二点需要注意的是，工作简报不仅仅是对当前工作情况的简单汇报，更多的是要通过对当前工作情况的分析提出相应的解决方案和对策。从该例文我们可以看出来，这份简报用了将近一半的笔墨来提出应对当前情况的解决对策，可见这是工作简报的一个非常重要的组成部分。如果没有这一部分，工作简报就会流于形式化。可见，要想写作一份合格的工作简报，必须对所汇报工作有一个总体的把握，并能够提出相应的、及时有效的对策。只有这样才能通过工作简报有效地推动日常工作，把工作简报的作用发挥到最大。

三、会议简报

石药集团 2012 年上半年经济工作分析会议简报

第 7 期

（总第 55 期）

石药集团党委　　　　2012 年 07 月 15 日

为全面总结石药集团在上半年的经营情况，石药集团于 2012 年 7 月 10 日下午在集团公司后座礼堂召开了 2012 年上半年的经济工作分析会。对“百分制”竞赛活动中脱颖而出的 25 家优胜单位予以表彰。本次大会以视频会议的形式召开，由石药集团副书记陈力主持，集团公司以及各司属公司高层与中层管理人员参加了会议。

在会上，石药集团总经理、副董事长、委副书记陈峰对上半年整个集团各项工作进行了全面、系统、细致的回顾和总结，对存在的问题进行了深入浅出的剖析，同时对下半年的工作提出了十分具体而又可操作性强的要求。

他指出，2012 年上半年，石药集团紧紧围绕“转型超越 28 工程”，组织和发动广大员工，按照广药集团提出的 2012 年经济目标，创新拼搏冲击五百亿，转型超越冲刺一百分，广大干部职工面对宏观经济下行的压力，树立全心全意争创一流的竞争意识，完成任务不计得失的协作观念和不畏艰难实现目标的拼搏精神，开展“冲击 500 亿百分制”竞赛活动，形成了你追我赶的良好局面。

对于2012年下半年的工作，李总提出了十项要求，即抓好发展大健康产业、加快人才建设、推进GMP改造、培育奶牛产品、完成整体上市、打造石药名片、建设文化强企、实施资本运营、推动产业升级、强化科学管理等"十大工程"。此外，石药集团董事长、委书记杨荣明对本次大会务实高效取得的成果给予充分的肯定。

这次经济工作分析会议的顺利召开，对上半年的集团公司经营状况进行了分析与总结，为下半年集团的整体发展指明了道路，部署了几个重大方向的工作。集团公司希望属下企业全体员工继续发扬自身不断进取的精神，完满完成各项任务，为实现公司2012年的销售目标而努力奋斗。

【评析】

会议简报的作用就在于及时报道某种会议的概况，包括会议上交流的情况、探讨、研究的问题等。需要注意的一点是，会议简报不同于一般的会议记录，会议记录一般只是记录会议的过程，而会议简报除了对会议过程作简单的记录外，更重要的是将要点突出，为上级领导和有关部门提供重要内容和信息。在该例文中我们可以看出来，该简报对于整个会议过程的记述很简单，大量的笔墨都着重于对于会议精神的传达。可见，如何才能更准确地传达会议的核心思想才是写作会议简报的第一要素。

综合练习

一、改错题

下列简报在格式上是否恰当，如有不妥，请修改。

××××简报

×年×月×日　　　　第×期　　　　×××编

标题

按语

正文

发送：×××

共印×××份

二、写作训练

1. 写作一份动态经济简报。
2. 写作一份会议简报。

第十一章

Chapter 11

策划书

【学习目标】

· 了解策划书的概念、作用、特点及种类。

· 掌握策划书的基本格式和写作要求。

第一节　策划书概述

一、策划书的概念及作用

（一）策划书的概念

“策划”，是计划、打算的意思。策划书是专用于策划目的的一种应用文体。策划人员通过对某一项目或活动进行系统分析，对项目或活动开展的整体战略和策略进行全面筹划、设计后，为项目或活动的顺利开展提供行动依据而撰写的书面文案，称为策划书。

策划书与计划书不同。计划书是具体常规的实施细则，一般先有明确的目标，然后围绕目标的实现，制定具体的方法、步骤、措施及时间进程，计划书描述的是目标实现的过程；策划书是具有创新性的实施方案，目标是根据现实情况和未来发展的理想有创意地提出来的，策划书要描述的是全新的内容。

（二）策划书的作用

1. 策划是实践活动取得成功的保证

策划的过程，就是认识、分析客观现实，发挥人的主观能动性的过程。建立在科学基础上的策划，能使人的主观意志更加符合客观现实，同时，为人们的行动提供一个指南和纲领，使人们的行动不再是盲目的、紊乱的，而是有计划、有步骤、有方法的。“凡事预则立，不预则废”。策划提供的纲领能指引人们的实践行为，从而走向成功。

2. 策划可以增强竞争力

在策划过程中,人们要对事物的发展趋势、自身的主观条件等进行分析,明确自己的努力方向和目标;既要符合客观实际,又要有所创新,对各种不利因素进行回避和克服,对各种有利因素、有利资源进行优化组合,使这些因素、资源发挥更大的效用,从而增强自身的竞争力。

3. 策划可以改善管理

一个好的策划,对改善内部管理,起着积极的作用。策划的过程,是发现问题、寻找对策的过程,行动目标、战略、策略、途径、方法等都在这一过程中被提了出来,这些对加强和改善内部管理是很有帮助的。

二、策划书的特点及种类

(一)策划书的特点

1. 独创性

策划方案必须言他人所未言,发现他人所未发现,提出自己的独到见解。独创性是策划方案的灵魂,与科技创新、通过实验发明创造不同的是,策划的创新主要表现在观念创新、理念创新方面,强调通过资源整合进行创新。

2. 可操作性

撰写策划方案必须充分考虑到项目或活动的实际情况,以及各个执行部门的运作实际,如果执行部门难以操作,将影响到策划方案的执行效果。

3. 科学性

策划方案的撰写必须建立在充分的调查分析基础上,策划效果的评估必须用数据表达,用事实说话。

4. 目标性

策划必须要达到预期的目标,目标性强是策划的重要特点,达到相应的目标,是策划的目的。

(二)策划书的种类

在当今社会,策划被广泛运用于社会生活的各个领域,不仅各种经济商贸活动需要策划并撰写策划方案,其他领域和场合,如举办大型的节日庆典活动、文化艺术活动、体育比赛活动、募集筹资活动和社会公益活动等都需要事先进行周密的策划,形成策划方案,为活动的顺利开展打下坚实的基础。因此,策划方案有多种多样的类型。

策划书按不同的标准,可分为不同的种类。有政治策划、文化策划,军事策划、企业策划等。其中各类又可分为若干小项,如文化策划又可以分为影视策划、图书出版策划、文艺演出策划、旅游活动策划、联欢会策划等。企业策划又可分为产品策划、广告策划、企业形象策划、营销策划等小项。

第二节　策划书写作

一、活动策划书的写法

活动策划是策划人员为达到一定的目标,经过调查分析、研究后,依据实际情况和信息,判断事物的发展变化,识别并创造需求,借助一定的科学方法、手段、技术对活动的整体战略和策划运筹进行创造性规划的全过程。

活动策划书:是人们为了实现一定的活动目的,对准备实施的活动事先做出筹划、谋略而写成的针对性很强的活动执行方案。

活动策划书因其具体内容而千变万化。但是其基本的结构仍然是有章可循的。一般而言,活动策划书包含以下几个部分内容。

(一)策划主题

策划书的主题具有高度的概括性和浓缩性;简单明了,新颖突出;一般是对仗的两句话或者四句话,有文采有诗意;能概括主要思想,体现活动的意义。

一般以标题的形式表现,比如说仅仅写“培训策划书”是远远不够的,还必须要清楚地写出“2016 年 8 月公司全体营销人员第二期培训策划书”。也可以把名称简单写为“公司第二期营销培训策划书”,但一定要加上副标题:“于 2016 年 8 月以全体营销人员为对象”。又如:××啤酒公司“××啤酒节酬知己”活动策划书。

(二)策划者(小组名称、成员姓名)

写明策划者所属部门、职务、姓名;若是小组形式,就写出小组的名称、负责人,成员的姓名(包括所属部门、职务)。如果有外界人员参与的话,也应明白写出。

(三)策划制作时间

通常都以评审日或前三日为准。如果完成时间已久的话,可以写为某年某月某日编制,某月某日修正。因为策划越接近评审日期,则给人的印象越深刻。

(四)策划目的

要很精炼地写出策划目的,突出策划所预期的目标。要写出该活动的核心构成或策划的独到之处及由此产生的意义(经济效益、社会利益、媒体效应等)。注意不要夸大。

简单来说就是要达到的效果和具有的价值。

（五）策划活动方案

(1)作为策划的重点部分，表现方式要简洁明了，让人容易理解，但表述方面要力求详尽，写出每一点能够想到的东西。

(2)在此部分中，不仅仅局限于文字表述，也可适当加入统计图表等。

(3)对策划的各工作项目，应按照时间的先后顺序排列，绘制实施时间表有助于方案核查。

可根据具体部门或者社团的具体情况成立宣传组、节目组、后勤组、机动组等，这样有助于工作具体化。

（六）实施步骤

包括活动的时间、人员、费用、操作等内容。策划的实施操作步骤、程序都应做成计划。相关的费用计划、人员计划、作业计划、对外委托部分，也都要进行计划。可分为三部分：

1. 活动前期（准备）

(1)宣传准备：海报制作、广告制作、广播、微博、展板、宣传单、视频等。

(2)场地准备：报告厅、教室或其他场地。

(3)物质准备：相关的纸质材料、水、水果、活动的器材、道具等。

(4)人员需要：按部门或分组安排。

2. 活动中期（活动开展）

(1)按照时间顺序或活动板块进行分割，逐项列出，安排任务。

(2)注意把工作具体到个人（人员的组织配置、活动对象、相应权责及时间地点也应在这部分加以说明，执行的应变程序也应该在这部分加以考虑）。

(3)现场布置、器材调试等。

3. 活动后期（收尾）

(1)合影。

(2)物品清点。

(3)场地清理。

(4)后续报道和联系。

(5)活动总结。

（七）效果预测

即对活动所期待达到的效果进行预评估，以展现策划活动与其预期目标之间的关系。对于该策划实行之后所能期待的效果和预测可得到的效果，应尽可能通过足以信赖的根据表述出来。

（八）经费预算

(1)活动各项费用在根据实际情况进行具体、周密的计算后，用清晰明了的形式列出。

(2)最好用表格形式体现,一般包括项目、单价、数量、金额、总计、备注等内容。

(3)部分经费可适当放大,但要注意合理性。

(九)问题及难点

即对本策划中可能遇到的问题和难点进行预期,并提出相应对策。因为无论何种策划,要达到十全十美是很困难的。因此,在策划书中应尽可能预先估计其不足,找到问题的症结,做到不回避,不否认,积极应对。

(十)参考与备忘

最后,在策划书中要列出参考的策划方案、文献及相关案例等。有时还需要做好第二、第三套备选方案,列出其主要内容。

二、营销策划书写作

营销策划是为了实现营销目标,借助科学方法与创新思维,分析研究创新设计并制定营销方案的理性思维活动。

营销策划书,就是这些思维活动的书面表现形式。一般而言,营销策划书包含以下几部分内容:

(一)封面(表页)和标题

表页和标题是策划书的脸,人们对策划书的第一印象多半是由其表页和标题而形成的。

1. 规范的封面一般包含以下信息

策划书的名称;委托策划的客户;策划机构(策划人)的名称、策划负责人及联系方式;策划完成日期、策划执行的时间段及策划书密级、编号。

表页并不是非要不可。有的策划书只有一页纸,因其篇幅短,表页常被省去。在需要用表页的时候,表页的表现形式通常有以下几种:只用文字表现;将文字用格子框起来,使其更醒目;配上与策划内容相呼应的照片、插图等,加深人们的印象。

2. 标题的两种形式

(1)提问式:采用的是向阅读者提问的方式,如:××产品如何进入××地区市场。

(2)解说式:是将策划书所含内容概括出来的一种方法,如:××产品进入××地区市场需采用整合的营销手段。

要想使策划内容更显得生动积极一些,不妨使用提问式;要进行一般性陈述,不妨使用解说式。

(二)概要

用简短的文字简明扼要地阐述整个营销方案的要点,使阅读者在最短的时间内能抓住核心。相当于一般书籍的序,主要是对策划的项目进行的概要说明,包括策划的目的、意义,创意形成的过程、相关策划的介绍，以及策划书包括的内容等，概要应简明扼要。

（三）目录

目录是提取情报所不可缺少的检索系统，编写目录是检查策划书结构有无错误的绝好机会。

（四）前言

前言一方面是对内容的高度概括性表述，另一方面在于引起读者的注意和兴趣。当读者看过前言后，要使其产生急于看正文的强烈欲望。

前言中应写的内容：

（1）项目背景。

（2）对接受此策划案的认识。

（3）表明策划者的态度。

（4）明确委托方所委托的策划的内容。

（五）环境分析

环境分析是营销策划书中最重要的部分。此部分不仅限于文字表现，应尽可能地使用流程图、图解法、插图等手段。

环境分析的内容包括市场状况、竞争状况、分销状况、宏观环境状况等。

1. 市场状况

目前产品市场/规模/广告宣传/市场价格/利润空间等。列出近期目标市场的数据。通过年度相对指标对比，得出分析结果。

2. 竞争状况

对主要的竞争者进行辨认，并逐项描述他们的规模、目标、市场份额、产品质量、营销战略和其他特征，从而恰如其分地了解他们的意图和行为。

3. 分销状况

列出在各个分销渠道上的销售数量资料和重要程度。

4. 宏观环境状况

描述宏观环境的主要趋势（如人文的、经济的、技术的、政治法律的、社会文化的），阐述他们与本企业产品的某种联系。

（六）机会与问题分析（SWOT分析）

（1）优势/劣势。

（2）机会/威胁。

（3）SWOT综合分析。

（七）营销目标

无论是哪个方面的营销策划书，其主体内容都应当明确企业具体要达到的营销目标，如市场占有率、销售增长率、分销网点数、营业额及利润目标等。

1. 营销目标要满足的条件

（1）目标必须按轻重缓急有层次地安排。

（2）在可能的条件下，目标应该用数量表示。如营销策划方案执行期间，经济效益目标达到：总销售量为×××万件，预计毛利×××万元，市场占有率实现××%。

（3）目标必须切实可行。

（4）各项营销目标之间应该协调一致。

（八）营销战略

在营销策划书中的"营销战略"部分，要清楚地表述企业所要实行的具体战略，即 STP。市场细分，其目的在于帮助企业发现和评价市场机会，以正确选择和确定目标市场。目标市场，根据企业资源状况及实力，找准目标市场。市场定位，是指企业为在目标顾客心目中寻求和确定最佳位置而设计产品和经营特色的活动。营销策略包括：广告宣传策略、销售渠道策略、价格策略、促销活动策略、公关活动策略。

（九）行动方案

在行动方案中，要确定以下内容：要做什么作业？何时开始？何时完成？其中的个别作业为多少天？个别作业的关联性怎样？在何地？需要何种方式的协助？需要什么样的布置？要建立什么样的组织机构？由谁来负责？实施怎样的奖酬制度？需要哪些资源？各项作业收支预算为多少？

（十）费用预算

这一部分是整个营销方案推进过程中的费用投入，包括营销过程中的总费用、阶段费用、项目费用等，其原则是以较少的投入获得最优效果。策划预算的构成要素包括：总额的预算、个别策划的预算、不同项目内容的预算、固定费用与可变费用的区别。

1. 策划预算的写法

（1）只写总额，适用以下情况：

策划项目主要依靠策划者的脑力劳动实现；策划项目内容明确，无须也无法细化。如体现原则和思路的策划、企业战略规划、CIS 中的 MI 部分、企业文化建设等。

（2）列出分项明细预算，适用以下情况：

项目中硬性费用所占比例较大；项目包含多项具体内容，如：印刷费用、媒体发布费用、差旅费用、办公费用等。

2. **通过策划预算的技巧**

对于只提出费用总额的项目,必须让委托方明确,策划者能够将问题研究到什么深度,也即委托方在项目完成后将会得到哪些可用的成果。

（十一）结束语

对整个策划的要点进行归纳和总结:

(1)突出要点。

(2)与前言遥相呼应。

（十二）附录

附录是策划案的附件,对策划案起补充说明的作用,也可以为营销策划提供有力的佐证。

在突出重点的基础上,凡是有助于阅读者理解营销策划内容和增强阅读者对营销策划信任的资料都可以考虑列入附录。如引用的权威数据资料、消费者问卷的样本、座谈会记录等等。列出附录,既能补充说明一些正文内容的问题,又显示了策划者负责任,同时也能增加策划案的可信度。作为附录也要标明顺序,以便查找。

三、广告策划书写作

广告策划,就是在市场调查的基础上,根据广告主的营销计划和目标,对一定时期和一定范围内的广告活动的战略和策略进行系统的整体筹划。

广告策划书,是由广告策划者根据广告策划的结果撰写,提供给广告客户审核、认可,作为广告运动(活动)提供策略指导和具体实施计划的一种应用性文件。一般而言,广告策划书包含以下几部分内容:

（一）封面

一般来讲,广告策划书的内容相对较多,需要独立成册,所以必须有一个印制精美、要素完备的封面,通常应包括以下信息:策划单位名称、客户名称、策划小组名单、策划完成时间等。

（二）目录

目录是为了方便阅读者了解策划书的内容,对策划案有一个整体的把握,是策划的提纲。

（三）前言

有些策划书将这一部分算作内容摘要,在这一部分,要简要概括策划的缘由、意义、目标、主要内容、预期效果等,力求迅速给阅读者留下印象,引导其阅读正文。

（四）市场分析

1. **市场营销环境分析**

企业市场营销环境中宏观的制约因素、市场营销环境中的微观制约因素、市场概况、营销环境分析总结。

2. 消费者分析

其中对现有消费群体的构成及消费行为、潜在消费者的特征及消费能力都要做详细的分析。具体如下：

(1)消费者的总体消费态势。

(2)现有消费者分析：现有消费群体的构成；现有消费者的消费行为；现有消费者的态度。

(3)潜在消费者：潜在消费者的特性；潜在消费者现有购买行为；潜在消费者被本品牌吸引的可能性。

(4)消费者分析的总结：现有消费者；潜在消费者；目标消费者。

3. 产品分析

分析产品是为了找出产品的优势，在同类市场上的地位，并从中引申、挖掘出独特的诉求点和竞争力。具体包括：

(1)产品特征分析：产品的性能、产品的质量、产品的价格、产品的材质、生产工艺、产品的外观与包装、与同类产品的比较。

(2)产品生命周期分析：产品生命周期的主要标志、产品处于什么样的生命周期、企业对产品生命周期的认知。

(3)产品的品牌形象分析。

(4)产品定位分析。

(5)产品分析的总结。

4. 企业和竞争对手分析

分析主要的竞争对手、竞争对手的基本情况。具体包括：

(1)企业在竞争中的地位、市场占有率、消费者认识、企业自身的资源和目标。

(2)企业的竞争对手：主要的竞争对手是谁？竞争对手的基本情况、竞争对手的优势与劣势、竞争对手的策略。

(3)企业与竞争对手的比较。

(4)机会与威胁、优势与劣势、主要问题点。

5. 企业和竞争对手的广告分析

分析主要竞争对手的广告策略、行业竞争的状况。具体包括：

(1)企业和竞争对手以往广告活动的概况。

(2)企业和竞争对手以往广告的目标市场策略。

(3)企业和竞争对手的产品定位策略。

(4)企业和竞争对手以往的广告诉求策略。

(5)企业和竞争对手以往的广告表现策略。

(6)企业和竞争对手以往的广告媒介策略。

(五)广告策略

1. 广告的目标市场策略

企业原来市场观点的分析与评价、市场细分、企业的目标市场策略。

2. 产品定位策略

(1)对企业以往的定位策略的分析与评价:企业以往的产品定位、定位的效果、对以往定位的评价。

(2)产品定位策略:进行新的产品定位的必要性、从消费者需求的角度、从产品竞争的角度、从营销效果的角度。

(3)对产品定位的表述。

(4)新的定位的依据与优势。

3. 广告诉求策略

(1)广告的诉求对象:诉求对象的表述、诉求对象的特性与需求。

(2)广告的诉求重点:对诉求对象需求的分析、对所有广告信息的分析、对广告诉求重点的表述。

(3)诉求方法策略:诉求方法的表述、诉求方法的依据。

4. 广告表现策略

广告表现策略要通过广告创作来实现。广告创作主要包括广告主题的确定、创意和表现形式的采用、文稿的撰写,以及广告视觉作品的创作。

(1)广告主题策略:对广告主题的表述;对广告主题的依据。

(2)广告创意策略:广告创意的核心内容;广告创意的说明。

(3)广告表现的其他内容:广告表现的风格;各种媒介的广告表现;广告表现的材质 。

(六)广告实施计划

广告目标、广告运动(活动)的时间、广告运动(活动)的地点、广告表现(草图、故事版)、广告媒介计划、广告费用预算。

(七)广告活动的效果评价和监控

效果预测要分阶段、分步骤、分重点、科学、有序地进行,效果评价监控工作要求客观公正,有时也会委托专门机构来完成。具体包括:广告主题测试、广告创意测试、广告文案测试、广告作品测试、广告媒介发布的监控、广告效果的测定。

(八)附录

一些需要提供给客户的项目资料、基础材料及相关图表需要以附录的形式列出,如市场调查问卷、市场调查访谈提纲、市场调查报告等,也可以将封底附于其后,与封面、内容形成统一的整体。

四、策划书的写作要求

(一)全面细致

策划书因其需要做出详细的预案,因此特别需要全面、细致、周到地考虑,不可有半点疏忽与遗漏。这对策划书的制作者提出了相当高的要求。在制作策划书时,必须对所策划的对象有详尽的掌握,对所策划的活动紧紧围绕其预期的目标进行细化和分解,能够统筹安排所涉及的各个环节和所可能碰到的各种不确定因素。

(二)可操作性强

在策划书中,事无巨细地罗列细节有时会造成淹没主旨的不良后果。这对于审查者和执行者来说,都会产生不知所云的印象,从而使策划书缺乏"执行力"。一份优秀的策划书一定不可贪心,应该浓缩具体的构想,一切与主题无关的内容都应毫不犹豫地删除。对策划效果预测的描述,既不能好高骛远,做出不切实际的估计,也不能过于谨慎,把目标设定得过低。不具备可操作性的方案,创意再好也没有任何价值。

(三)创意新颖

无论是公关策划方案,还是营销策划方案,都要求活动的主题鲜明,策划的点子新、内容新、活动的方式新,给人以全新的感受。创意新颖是策划书的灵魂。

(四)逻辑性强

策划的目的在于解决企业经营管理中的问题,因此,策划书应具有较强的逻辑性。首先是预设情况,交代背景,分析现状,提出策划目的;其次是详细阐述具体的策划内容;最后明确提出解决问题的策略和行动方案。

(五)语言准确

为了让评审者或执行者能够准确地把握其精髓,策划内容必须简单明了。不能用一些似是而非的表达方式,如"如果""可能""大概""也许"之类,而应该在对行动方案的描述中,采用肯定式的、尽可能准确的表达方式。

第三节　策划书例文及评析

一、活动策划书

××啤酒公司“××啤酒节酬知己”活动策划书

一、活动主题

××啤酒酬知己

二、活动目的

通过凌晨6点在市区沿街放置3 000瓶××牌啤酒供行人捡取，并散发有关“××啤酒酬知己”活动的宣传品，制造新闻。并通过当天在×××、×××等地举行啤酒免费品尝服务及100名大学生组成的宣传车队的活动，以此提高××啤酒品牌的知名度。

三、活动时间与地点

定于××××年×月×日（周六）。3 000瓶啤酒于周六凌晨6时同时投放；免费品尝服务及大学生车队宣传当日上午9时开始，下午3时结束。地点在上述×××、×××两处。

四、参加人员

在以上两处每处由本公司组成2组共4支投放队伍，每支队伍20人。

五、活动必备物品

印制宣传品，内容为××啤酒简介、本次免费品尝介绍。

六、借助媒体

活动开展前与市内主要媒体联系，并介绍活动专题及基本设想，争取活动结束后由市电视台和《××晚报》《××时报》发出消息。

七、费用核算

1. 啤酒3 000瓶，约4 500元。
2. 免费品尝点共两处，耗酒约价值2 000元。
3. 大学生车队，按每人25元计，约2 500元。
4. 媒体联络，2 000元。
5. 印刷品、宣传品及员工劳务，1 500元。

共计12 500元。

总策划：云飞扬

××××年×月×日

【评析】

活动策划是提高市场占有率的有效行为，创意突出且具有可操作性的活动策划书将能推动销售，提升品牌。这份活动策划书目的明确，实施的步骤也很具体，策划细致全面，活动各项费用在根据实际情况进行具体、周密的计算后，用清晰明了的形式列出，具有较强的针对性和可操作性，是一篇不错的活动策划方案。

兴隆山旅游活动策划书

一、活动背景

（一）开展原因

春暖花开，正是一年一度出游的好时机。校园里，集体春游、自费旅游已成了大学生们多彩生活的一部分，可以丰富同学们的课余生活，也可以通过旅游了解不同地区的风景和气候。

（二）基本情况

兴隆山国家自然保护区位于兰州市东南45里的榆中县境内，是国家"AAAA"旅游胜地。它海拔高，气温寒冷湿润。山里雨量充沛，植被丰富，深林茂密，峰峦叠翠。其主要景点如下：

天然雪场：位于兴隆山山脚，由于气温低，一进入冬天就会结冰，形成天然的雪场。可供同学们免费玩耍。

云龙桥：云龙桥是兴隆山古建筑之一，也是兴隆山的标志之一，列入省级文物保护单位。它是一座画廊式木拱桥，桥身为木体拱形，精巧玲珑，似彩虹跨越山涧。桥身长155米，宽3米，桥上设廊7间，桥的两头各有一阁。桥头篆刻着一副醒目的对联："云比泰山多，霖雨苍生仙人悦；龙入沧海外，扑峦翠霭灵气来"。

太佛殿：大佛殿中间有大殿三间，两旁各有配殿两间。斗拱重檐，雕梁画栋，均以蓝、绿、红三色相间彩绘，庄严肃目。殿前三株云杉挺拔高大，院内有蒙古包五顶。

刘一明与自在窝：在兴隆山西峰雷祖殿南侧的山湾中，有上、中、下三台组合而成共计106.73平方米的建筑群，系刘一明"修真"处，称"自在窝"。自在窝前系舍身崖。舍身崖原称炼真崖，其险处通往自在窝的羊肠小道，宽不盈尺，下为百米山崖，行其路稍有疏忽，便会"一失足成千古恨"。

（三）执行对象

广告二班的全体同学。

（四）社会影响

促进榆中县兴隆山的旅游收入；从一定程度上促进兰州旅游业的发展。

二、活动目的及意义

旅游，既可以丰富我们的课外生活，又能够陶冶的情操。春天是一年中最美的季节，是学生踏青春游的好季节。通过踏青春游活动，让学生亲密接触大自然，欣赏春天美景，拓展学生的视野，进一步感受兴隆山的美丽景色。同时通过爬山活动，进一步培养我们的环保意识、集体意识，加强同学之间的交流和沟通，促进集体的团结协作，增强班级的集体荣誉感，同时也能增进师生之间的相互了解，让彼此的感情得以升华。

三、资源需求

(一)人力资源

参加对象:广告二班全体学生(身体不适者可以不参加)。

组织领导:班级建立的春游活动领导小组。

成员:全体同学及老师。

(二)物力资源

活动场所:兰州市榆中县兴隆山西峰。

四、活动开展

(一)时间:2013年3月14日08:30起程;2013年3月14日18:30返程。

(二)地点:兰州市榆中县兴隆山西峰

(三)活动单位:广告二班全体同学,诚请各科老师。

(四)管理方面:以班委会为核心,并由班干、团干所组成的领导小组进行统一管理,全班同学分为四组,每小组10人左右,便于领导管理。

(五)饮食及其他方面:由于本次活动的人数比较多,食物和自身用品皆由同学们自带。如:带合适的干粮,如面包、饼干等;带1~2瓶饮料,带小零食1~3种,不宜太多;有相机的同学,可以自带相机,不过要注意保管好;每人自带一个塑料袋,以便装垃圾,同时自备一块塑料布或者一张报纸,以便休息;身穿舒适的运动鞋,以便爬山。还要准备游戏时的用品。每个同学要记得带上学生证。

(六)活动流程:

(1)预定的时间(08:30)提前15分钟在校门口集合,由班长清点好人数,然后再乘车到达兴隆山脚下。

(2)预计09:30能够到达兴隆山脚,由班长收好学生证,统一购买门票。

(3)在爬山之前观赏云龙桥。云龙桥是兴隆山的古建筑之一,也是兴隆山的标志之一。同学们可以在此欣赏兴隆山的古建筑,了解古代劳动人民的建筑成就。在桥上,可以拍纪念照片,但是不能破坏周围的环境。

(4)爬山途中观赏太佛殿。在太佛殿内,同学们可以自由选择参观的地方。参观完毕,继续向山顶前进。

(5)真正进入兴隆山后,各小组可以欣赏风景的同时举行爬山比赛。为调动大家爬山的积极性,可为最先爬到山顶的优胜者及小组颁发小礼品。在爬山的过程中,一定要注意安全,每个小组的人都要紧密的团结在一起,不能私自行动,也不要随意到处乱跑,有特殊情况的需征求班长和小组长的同意。在险峻的地方,大家要互相帮助。

(6)到达山顶,预计13:00左右,全班休息、吃午饭、玩游戏。各小组清查人数,确保每个同学都安全到达。午餐后产生的垃圾一定要自己收好,不能随处乱扔。游戏由文体委员组织大家进行,班长为最先到达山顶的人或小组发送小礼品,同学们也可以玩自己喜欢的游戏,比如扑克之类的，但是严禁赌博。

(7)15:00 开始下山，下山途经刘一明自在窝，同学们可以自由参观。

(8)17:00 所有同学到达山脚。兴隆山脚下有一块天然的滑雪场，爱好滑雪的同学，可以去体验一下。不喜欢的同学可以再去看看兴隆山附近的一些景点。

(9)18:00 所有同学在山脚集合，乘车返校。

五、经费预算

经过初步预算活动费用(车票+门票)为950元。每个同学收取25元作为门票和车票费用。

门票:15元/人×40人=600元

车票:学校到榆中县往返,2×2.5元/人×40人=200元;从榆中县到兴隆山,15元/辆×5辆×2=150元

注:另外从班费里拿出100元用来应对临时出现的情况。

六、活动中应注意的问题和细节

(1)在活动前加强对学生的安全教育，告诉学生一切行动听从组织者指挥，不准随意离开队伍单独行动。

(2)往返前认真清点人数。每个小组由班干部担任组长，以负责小组的相关事宜，小组成员要互相记住各自的电话号码，以备需要保持通话；每个同学都要听从班长和小组长的统一安排，登山时注意行路安全，切勿过分嬉戏打闹，队伍要有序地行进，同学间做到互相照应。

(3)在购买食品时一定要注意看食品信息，确保食品安全。

(4)审查学生的身体状况，对身体不适或患有疾病的同学劝其不参加此次活动。

(5)文明行事，不得随意破坏公共设施；保护环境，严禁学生攀摘花草树木和乱扔垃圾；自己的垃圾袋一定要仍在指定位置，返回时清理好环境卫生。

(6)带上一些必要的应急物品。还需带上创可贴、晕车药等常用药；女生记得带遮阳伞或者遮阳帽，须多带水。

(7)定点返回，离开时必须集合人员，各组组长一定要清点本组人数，确保大家都安全后坐车返回。

七、安全应急预案

(一)发生车辆交通事故怎么办?

(1)要维持好队伍秩序，不要慌乱，互相检查是否有成员受伤。

(2)如果有成员受轻伤的，则应及时地予以正当处理(如用创可贴进行伤口包扎等)；如果伤势比较严重的，负责人要立即通知就近的医疗卫生单位，请求派出救护车和救护人员。

(3)保护现场，立即报案。事故发生后，应尽一切努力保护现场，并尽快报公安110或交通事故122报警台，请求特派员赶赴现场调查处理。

(4)立即联系调动其他车辆，终止本次出游活动，组织成员安全回校。

（二）发现成员食物中毒了怎么办？

(1)设法催吐并让食物中毒者多喝水以加速排泄，缓解毒性。

(2)立即将患者送医院抢救，请医生开具诊断证明。

(3)留有中毒食物的样品，以作为追究食品销售单位责任的证据。

（三）在旅游活动中，遇到歹徒行凶、诈骗、偷窃、抢劫等怎么办？

(1)保护人身及财产安全。负责人及时将同学们转移到安全地点，在保证人身安全的前提下力争追回钱物；如有成员受伤的，应立即联系院方组织抢救。

(2)进行安全报警。负责人在保证安全的前提下应立即向当地公安部门报案，并积极协助破案。报案时要实事求是报告事故发生的时间、地点、案情和经过，提供犯罪嫌疑人的特征，受害者的姓名、性别、伤势及损失物品的名称、数量、型号、特征等。

(3)负责人要安定同学们的情绪，维护队伍秩序，提高大家的警惕性。力争使活动按行程计划进行，实在不行，则要组织大家安全返校。

（四）若因路滑，同学摔伤了怎么办？

(1)迅速察看摔伤成员的伤势，如果情况轻微的，则可用备用的药品加以处理；如果摔伤严重，应及时把受伤同学送往就近医院进行医治，并配有同学予以照顾。

(2)向大家说明情况，要求大家提高警惕性和注意力，谨防路滑，小心摔倒。

（五）如果登山过程中发生了火灾怎么办？

(1)组织成员有序地就近取水，第一时间内把较小的火源扑灭。

(2)及时报火警119或者可以先向景区管理人员求助。

(3)倘若火势实在很大，无法进行简单扑灭，负责人则要及时组织成员迅速撤退到安全的地点，清点人数和财务确保人身安全。

(4)若有成员受伤的，应视伤势而定，及时做出处理办法，或者进行就地抢救或者送往就近医院。

八、活动负责人及主要参与者

组织者：广告二班班委。

参加者：广告二班全体同学及老师。

【评析】

旅游是日常生活中较为常见的活动。这份旅游活动策划书目的明确，语言简单明了，实施的步骤也很具体，策划细致全面，注重旅游活动中各种细节问题的预想，具有较强的针对性和可操作性，是一篇不错的旅游活动策划方案。

二、企业形象策划

甜心(Honey)果汁饮料有限公司企业形象设计策划书

目录(略)

前言

我们正在进入一个新的时代,“慢生活”将是历史发展的趋势,越来越多的人将会体验“慢生活”。“慢生活”不是支持懒惰,放慢速度不是拖延时间,而是让人们在生活中找到平衡。要慢下来,是因为“快”让人错失了很多美好的事物。在这样的快节奏中,我们更应该懂得如何享受生活。不是只有鲜榨的果汁才能给人带来健康的生活。蜂蜜同样具有养身的功效,而添加了蜂蜜的果汁也是具有养身功效的。

第一部分　企业简介

甜心果汁有限公司成立于2010年,是主营果、蔬汁及果、蔬汁饮料的中小型现代化企业集团。它坐落于山清水秀,风景秀美的常熟。以注册资金300万元成立。截至目前,共有200多名员工,成立了产品开发科研小组。

企业本着健康,自然的产品品质,学习蜜蜂的勤劳、团结、奉献、求实精神。坚持“以造福人类健康为使命”为宗旨;精诚团结、勇于拼搏、学习创新、追求卓越、与时俱进的企业精神;顾客为尊、市场为首、人才为源的企业哲学,恪尽职守、诚信相济的企业道德;精实服务,严谨高效的企业作风。

第二部分　市场现状分析

1. 市场结构

中国果汁饮料竞争日趋激烈,市场上存在三股竞争力量:一支是统一和康师傅,以包装的创新和口味取胜;一支是汇源、娃哈哈等国内知名企业;还有一支是大的跨国公司如可口可乐、百事可乐等。目前市场上集中了娃哈哈、汇源、农夫果园、统一鲜橙多、美汁源果粒橙、酷儿、露露等众多一线饮料品牌。

2. 竞争对手

近年来,国际饮料业的并购活动频繁,百事可乐在1998年并购了纯品康纳,2001年收购了桂格,使百事坐拥世界果汁业的著名品牌,可口可乐与雀巢开始合作开发果汁饮料;海外果汁生产厂商纷纷抢滩中国,如日本的麒麟、英国的亚洲财务集团、原美国施格兰有限公司等均大举进军我国市场。这些大型企业不仅具有生产规模优势,而且在品牌经营方面也有丰富的经验。

3. 供应商

由于甜心果汁有限公司是一个中小型企业,原料进购渠道需采取就近原则,原料之中的葡萄、水蜜桃、苹果等水果原料都来自无锡、苏州等周边地区,与周边地区的特优、A级、无公害水果等水果果园,水果生产基地进行链接。这样原料既得到了品质保证,也控制了原料方面的投资。

4. 优势

果汁市场虽然竞争激烈，但是诸侯纷争，王者未出，并且地域性品牌在这个市场中相当活跃。江苏是一个发展迅速、高校云集、年轻人众多、接受新鲜事物能力较强的省，甜心果汁公司以江苏市场为依托，有利于在此区域打响品牌。甜心果汁公司推出的富含蜂蜜元素的果汁饮料。首先，蜂蜜有很高营养和保健价值，其次，目前市场上做得比较大的富含蜂蜜的饮料只有康师傅的茉莉蜜茶系列这一款，并没有其他果汁饮料有特别说明添加天然蜂蜜，具有新鲜感，可吸引消费者的注意力。

5. 劣势

甜心果汁有限公司是果汁市场上的新晋的品牌，没有财团在背后支持，资金不够雄厚，市场竞争态势和的自身资源能力状况也较薄弱的一个中小型企业。

6. 解决方案

采用适合的集中性经营原则，采取“人无我有，人有我优”的创新政策。甜心公司除了需要得到大财团的支持，整合品牌外，更为重要的是根据市场的变化，不断开发出满足消费者需求的新产品。推出了富含蜂蜜元素的果汁饮料这款系列果汁包括葡萄、水蜜桃、苹果等水果的蜂蜜果汁饮料。其中葡萄，水蜜桃作为主打款果汁。

第三部分　目标设定

（一）目标市场

公司将市场定位在各大高校中。公司之所以选择大学生作为消费群是因为大学生接受新事物的能力比较强，勇于尝试新事物。本公司作为一个新品牌，急需得到消费者的认同，追求时尚潮流的大学生是一个很好的选择。根据市场调查，大学生选择果汁的标准品牌只占到35%，口味才是最重要的，占到62%。这说明公司的竞争者并没有完全控制市场。针对这一情况，相信只要公司的产品具有良好的口感，一定可以吸引消费者，同时培养自己的忠实客户。

（二）市场定位

1. 健康

根据调查，有46%的大学生希望新产品中含有矿物质，而蜂蜜含有大量的矿物质，同时还具有美容的功效。为了体现本公司产品的健康的形象，公司决定在产品中添加蜂蜜。

2. 时尚

公司的商标以红、黄、蓝三色为主，红色体现了热情奔放，黄色体现了华丽灿烂，蓝色体现了优雅大方，这都是当代大学生所具有的精神。公司在选择销售方式时，除了在超市、便利店，食堂等地方进行销售，还准备在大学中安置自动售货机，专卖公司品牌。这一方法还没有被其他果汁产品采用，应该能够引起大学生的兴趣。

3. 甜蜜

公司的名称甜心(honey)给人以温暖甜蜜的感觉,适合处于热恋中的情人。大学生中谈恋爱的人占了大部分,如果给恋人递上一瓶代表着健康的蜂蜜果汁,一定能使对方感到幸福,从而增进双方的感情。

(三)需要解决的问题

1. 公司的目标市场狭小,经营风险较大

公司主要针对的是在校大学生,如果公司不能得到大学生的认同,公司将失去主要市场,从而失去竞争的能力。

针对这一情况,公司应当努力建立产品与大学生的联系,多使用报纸和网络进行宣传,这两者是获得饮料信息的来源中占比率最大的,分别占到26%和28%。同时在宣传时注重与在校大学生的互动。同时在各大学校设立征文比赛,以甜心果汁为主题,编写感人的爱情故事,以此吸引大学生。

2. 公司的产品易于被模仿,不具有竞争性

公司产品的主要特点是添加蜂蜜,这一特点容易被其他竞争者模仿。一旦出现同样类型的产品,公司将不具有竞争性。

针对这一情况,公司应当在初期就进行大规模的宣传。在推出蜂蜜果汁的同时,着重突出自己的品牌名称,在同类产品还没出现时就使消费者相信只有"甜心"牌果汁才是正宗的添加了蜂蜜的果汁。同时在初期公司应当做好保密措施,努力关注其他果汁产品的信息,避免同类型产品一起上市,使公司陷入恶性竞争。

3. 资金不够充裕,容易造成资金紧缺

公司属于中小型企业,而添加蜂蜜的成本较高,根据调查,5 元以上的饮料只有 4%的大学生会选择,公司必须控制销售价格。这一情况容易造成公司的资金紧缺,同时容易使资金链断链。

针对这一情况,公司在初期应努力合理地规划好资金的使用情况,同时预先确定好生产线,保证产品的供应,应做好产品热卖的准备。宁可赔钱,也要保证产品不缺货,这与公司的信誉息息相关,只有拥有良好的信誉,公司才能有长远的发展。

第四部分　产品策划

(一)产品描述

我们公司应广大消费者的要求,主要把葡萄、水蜜桃、苹果这三种口味的果汁作为主打产品推出。

Honey 果汁——(葡萄口味)

采用无锡有名的乒乓葡萄,个大味甜,只选用第一道压榨得到的葡萄汁精华进行果汁的制作,保证消费者喝到最纯正的果汁饮料。

Honey果汁——(水蜜桃口味)

采用无锡有名的阳山水蜜桃,此水蜜桃因得天独厚的自然气候和火山地质条件,使它较其他水蜜桃果形大、色泽美,香气浓郁、汁多味甜。

Honey果汁——(苹果口味)

采用获"中国苹果20强县(市)"荣誉称号的江苏丰县苹果,丰县红富士苹果被"99'昆明世博会"唯一指定无公害苹果。在全国历次果品评比中,连获金奖,曾连续7年夺得第一,两次荣获部优称号。同样的如此优秀的苹果我们也是只用第一道压榨工艺,给消费者最好的营养。

(二)特点

最重要的特点是:所有的果汁饮料都含有天然的蜂蜜精华。营养分析表明,蜂蜜中含有大约35%葡萄糖、40%果糖,这两种糖都可以不经过消化作用而直接被人体所吸收利用。蜂蜜还含有与人体血清浓度相近的多种无机盐,还含有一定数量的维生素B_1、B_2、B_6及铁、钙、铜、锰、磷、钾等矿物质。

其次,我们的果汁饮料原产地都在就近城市,如无锡、苏州、徐州等地,在运送过程中避免了过长的路线,使得水果可以在最新鲜的状态下到达加工基地,进行加工,使得消费者喝的饮料都是最新鲜的。

(三)包装

经市场问卷的调查分析,我们知道了广大消费者喜欢小瓶装(250~330 mL)的果汁饮料。因此,本公司决定为我们的Honey果汁打造一个"小身量"的包装。同时在瓶身印上鲜美的水果,以突出我们品牌果汁的新鲜与甜美。瓶身选用透明塑料作为材料,在瓶子下方印上一些复古花纹,偏上方印上可爱的小蜜蜂商标,以及大红色的甜心字样,给整个包装添加了时尚的元素!

第五部分　CIS策划

(一)理念识别系统

理念识别系统(MI)是甜心(Honey)果汁有限公司企业文化体系的核心部分,主要通过企业的战略、发展与追求,以及为实现这一战略所规定的基本思想、信念和价值取向等来表现的。Honey果汁企业的理念识别系统的存在方式和要求制约了行为识别系统(BI)和视觉识别系统(VI)的最终形成。

1.企业宗旨

坚持"以造福人类健康为使命"的宗旨。

要点释义:

倡导以"健康高于财富"的健康理念,凭借企业的实力,以纯天然、无污染、多营养的蜂蜜为原料,使消费者不仅甜到心里,而且健康。

2.企业共同愿景

在环境、社会、经济等各个方面不断改善周围环境,创造一流产品。

要点释义：

坚持可持续发展，以纯天然、无污染、多营养的蜂蜜为原料，使我们的甜心产品受到广大消费者信赖。

3. 企业使命

立志将Honey果汁公司建成以营养健康为主的饮料消费品公司。

要点释义：

通过以纯天然、无污染、多营养的蜂蜜为原料的独特品牌，将Honey果汁公司建成为首屈一指的主营饮料的消费品公司。

4. 企业主导价值观

以人为本，是时代发展的要求，是企业经营的根本。

要点释义：

"以人为本"，即以人为中心，是Honey果汁企业最基本的价值理念，构成了Honey果汁企业"勇于创新"文化特征的最重要的前提，顺应了时代发展的要求。

5. 企业精神

精诚团结、勇于拼搏、学习创新、追求卓越、与时俱进。

要点释义：

一心一意，团结一致，不甘落后，勇于拼搏，我们无论开创一番事业，还是提高人生境界，都有赖于不断地创新、自我超越，争取做到每天都有新的变化。

6. 企业道德

恪尽职守、诚信相济。

要点释义：

每个员工都做好分内的事，一切经营管理活动，都要符合"诚信"的基本要求，实现道德和信誉的融合，把企业道德和企业信誉当作企业最重要的资产。

（二）行为识别系统

1. 规章制度

公司全体员工必须遵守公司章程，遵守公司的各项规章制度和决定；公司倡导树立"一盘棋"思想，禁止任何部门、个人做有损公司利益、形象、声誉或破坏公司发展的事情。

公司提倡全体员工刻苦学习科学技术和文化知识，为员工提供学习、深造的条件和机会，努力提高员工的整体素质和水平，造就一支思想新、作风硬、业务强、技术精的员工队伍。

公司鼓励员工积极参与公司的决策和管理，鼓励员工发挥才智，提出合理化建议。

公司实行"岗薪制"的分配制度，为员工提供收入和福利保证，并随着经济效益的提高逐步提高员工各方面待遇；公司为员工提供平等的竞争环境和晋升机会；公司推行岗位责任制，实行考勤、考核制度，评先树优，对做出贡献者予以表彰、奖励。

员工必须维护公司纪律，对任何违反公司章程和各项规章制度的行为，都要予以追究。

(三)视觉识别系统

1. 企业名称

甜心(Honey)果汁饮料有限公司。

2. 品牌名称

甜心(Honey)果汁饮料。

3. 标准字

我们根据企业品牌的名称精心设计,对于线条的粗细、笔画的搭配、字距的宽窄和造型的要素均进行周密的规划与严谨的制作,通过标准字与标志配合使用,两者共同推进,通过视觉、听觉同步运作,可强化企业的形象与品牌的诉求力。

4. 标准色

以红色为主,黄色为辅。

红色:热情、喜庆、生机、兴旺、豪迈、吉祥。

黄色:温暖、光亮、华丽、灿烂、辉煌、富贵。

利用合理的色彩设计,给人们带来丰富的联想,固定消费者印象,达到吸引视觉的功能,塑造不同的企业形象。

5. 宣传标语与口号

宣传标语:甜蜜随心,健康随行!

口号:甜蜜你我,源于用心!

6. 象征造型及图案等(图 11.1)

图 11.1 象征造型及图案

我们企业本着健康,自然的产品品质,学习蜜蜂的精神。

勤劳:蜜蜂迎着朝霞出,披着余晖归,既敬业又精业,博采百花之"糖",百树之胶,风雨无阻。公司人都本着这样的勤劳的精神,为公司的发展做出贡献。

团队:蜂群内部机构精细,分工明确,协作高效,文明有序,非常具有团队精神,一旦发现花朵,即呼朋引伴,播粉采蜜;而一旦个体遭受攻击,蜂群相拥而至,上下齐心,用足用够集体的智慧和力量，战胜对方。公司人之间建立起友好、协作、乐群、信任、宽容、适应能力强的特质。

奉献：蜜蜂餐风饮露，采花酿蜜，以苦为乐，乐于奉献，不计个人得失，在面对强大敌人时，攻击对方拔出蜂针，即便自己行将结束生命也毫不犹豫。公司人为了广大人民的健康着想，努力研究出有益于身体健康的饮料，为社会做贡献。

求实：蜜蜂与花为伴，与花为善，不厌其烦，精益求精，认真采撷每一朵花，每一树胶，精选能酿造好蜜的新鲜花粉，甘作月下老，使之花开满树，青果满枝，展现了良好的求实精神。

公司人责任意识强，做事尽责，有始有终，追求完美，一旦答应的事，就必定尽心尽力地做好。因此，我们企业利用小蜜蜂作为我们的形象。

附录一：果汁饮料市场调查问卷（略）

【评析】

这是一份非常完整的企业形象策划书。在结构上具备目录、前言、正文、附录所有要素。其目标是让消费者记住公司品牌，树立公司整体形象，打开新产品销路。策划书全面翔实，策划建立在对市场充分调研的基础上。首先对企业进行简要的介绍，运用多元化的思维综合考虑多方面的市场因素展开分析，然后再依次展开目标设定、产品策划和 CIS 策划等几方面的撰写。此文内容安排详细全面，切合实际，具有较强的针对性和可操作性。

三、广告策划

荷兰喜力啤酒广告策划书

据荷兰拉博银行发表的《世界啤酒市场》报告显示，中国每年的啤酒销量为 2 000 万升，相当于日本销量的 3 倍，其市场规模仅次于美国，居世界第二位。同时，发达国家的啤酒消费量停滞不前。目前外国合资企业产量占中国啤酒市场的 28%，但市场占有率仅为 8%。报告指出，来自低档市场的民间品牌日益激烈的竞争，将迫使西方酿酒公司重新考虑生存和发展的战略。

拥有 13 亿人口的中国是一个庞大的市场，啤酒市场潜力巨大，发展前景十分广阔。根据未来城乡居民生活水平提高对啤酒需求量增长的势头，到 2010 年，啤酒产量将超过 2 400 万吨。那时，我国将成为世界第一啤酒大国，人均消费啤酒将达 18 公斤，这将使我国啤酒行业发展接近世界平均水平。目前市场上，美、欧、中国本土厂商形成三股主流力量，但近年日本、韩国的啤酒企业也已渐渐渗透着市场，如日本的三得利，韩国的真露、OB 等，值得注意的是，他们将目标直指中国的大众消费市场。

事实上，在经济高速发展的今天，啤酒已演变成如今的追求风味奇特或天然、营养、清纯、包装柔和等等“心理消费”，以及“跟着广告走”的“品牌消费”。喜力啤酒是排名第一的国际啤酒品牌，但因其广告定位及产品价格等原因，在中国虽然知名度较高，但消费人群非常有限，相关的广告策划活动只有每年在主要省市举办的喜力节拍夏季音乐节。为了对喜力啤酒进行进一步推广，喜力啤酒将在中国各主要城市进行全新的产品推广活动，本策划案的目的是为北京地区的广告推广活动精心策划。

一、市场情况分析

喜力啤酒在中国啤酒属于中高档产品，其在中国啤酒的中高档市场上销售量良好，独特优质的清淡口味受到中高档消费群的欢迎。但是喜力在中国大陆地区的广告投放量非常少，又由于价格较高，使一部分市场被价格相对较低的国产啤酒所占领，没有达到最理想的销售情况。所以让我们先分析一下现有市场的几个主要品牌的情况，来确定我们的主要竞争对手。

根据AC尼尔森2000年度对啤酒市场最新的调查报告显示：在品牌知名度一栏中，青岛啤酒的品牌知名度为99%；排在第二位的是燕京啤酒，为86%，然后是“百威”和“喜力”，分别是84%和79%。

我国啤酒业目前存在的主要问题是：高档产品市场失控，品牌影响力不强。啤酒品牌营销的一般规律是：全国性品牌抢占中国高档市场，地方性品牌占据低档市场。目前，燕京、青岛珠江、蓝剑、惠泉等国产品牌在中国啤酒中低档市场中占有绝对优势。虽然国外啤酒在中国市场的占有率仅为8%，但在高档啤酒市场的占有率达90%以上。

二、产品分析

荷兰喜力（Heineken）啤酒是排名第一的国际啤酒品牌，世界第二大的啤酒集团，品牌在50个国家中与超过110个啤酒公司联营生产，产品在170多个国家和地区里销售。Heineken属于清淡型的啤酒，符合亚洲人的啤酒消费习惯，而且相对来说不易醉人，可促使人们增加饮用次数。

（一）产品定位

喜力进入中国市场时就宣称自己是国外的高档品牌，将自己产品定位在中高档产品上，拒绝生产低档产品，所以其产品线中没有低档等大众化啤酒。产品以色浅、质优、味纯、气足的特点而著称。喜力啤酒源于荷兰，风靡世界各地，精湛的酿造工艺和清爽口味的特点，深受中国消费者的欢迎，从而也引领了清爽型啤酒的消费潮流。

（二）产品包装

对于啤酒这一类消费品而言，产品不只包括酒的本身，包装的差异化也是一种推销产品的方法。目前中国市场上的啤酒包装除了易拉罐外绝大部分为深绿色或棕色的长颈“B字瓶”。而喜力的啤酒瓶形状独特，质感均匀，晶莹剔透，观感远较目前大部分啤酒瓶好，整个产品系列采用独有的近似淡绿色的基调，给人以清新感。这使得喜力很容易在超市的货架上被区分出来，给人以良好的第一印象，尤其是小巧的330毫升玻璃瓶装，很适合酒吧的环境。

（三）产品特色

从发展的长远性考虑，一般而言，作为啤酒生产企业，由于包装、运输、存储等特点，在销售地投资设厂在成本上是有较大优势的。但因为中国啤酒市场竞争异常激烈，产品多处于中低档，在目前市场情况下，消费者对原装进口产品存在心理上的认同，特别是高档产品。所以喜力啤酒采用原装进口的方式是一个非常高明的营销策略，因为它既可以保证质量，又有利于品牌的宣传。

（四）品牌文化传播。一个优秀的品牌不仅是有良好的品质，更要传递给消费者一种文化和理念，在品牌的宣传与推广中形成自己的特色，使竞争能力大大加强。1999 年喜力在全球市场营销上所投入的费用达到其年收入的 14%，约 8.15 亿美元，并且频繁在各种体育赛事和音乐节上露面，反复向消费者传递一个信息："喜力"不仅仅是一杯冰凉的啤酒。喜力在促销方面的巧妙之处是通过各种活动把娱乐、体育和啤酒挂上钩，有机地结合起来。

三、广告策略

根据上述分析，结合市场及其产品自身发展需要制定如下广告策略。

（一）媒体推广策略主导，以多媒体、单纯信息、中频率、集中与分散轰炸相结合；硬性广告为主，配合一定篇幅的软性文章；以夏季的推广活动为主，配合喜力啤酒形象广告。

（二）建议媒体。

1. 报纸类

第一主打媒体——《北京青年》周二到周五彩色半版或软文。

第二主打媒体——《精品购物指南》周五豪华整版半版和娱乐版软文。

辅助媒体——《北京晚报》豪华半版。

其他尚有《娱乐信报》《中国日报》等多种报纸可供参考。

2. 杂志类

直投杂志（具有高档性、可读性、时尚性），如《印象北京》。

非直投杂志，如《中国民航》（双月刊）《世界经理人》。

其他尚有《三联生活周刊》《时尚先生》等杂志可供选择。

3. 电波媒体

电视：北京四套的《中国娱乐报道》的软性新闻跟踪报道北京七套的《魅力前线》的软性新闻跟踪报道。

广播：《北京音乐台》《北京交通台》《北京文艺台》套播广告。

4. DM 直递广告（分布于高级公寓及写字楼）：略。

5. 其他类

户外 POP 广告（例如酒吧街的灯箱，酒吧的酒桶标志，酒吧内的酒旗等等）。

户外广告牌（分布于酒吧街及包河商业区的主要街道）。

网络广告(以新浪,搜狐,雅虎,ELONG作为主打的网络媒体的游标广告)。

车身广告。

四、广告效果评估

从以下几个方面进行全面评估:

首先,产品知名度,产品使用者比例(使用调查问卷方式);其次,产品销售额是否有所增长;再次,广告是否提高了喜力啤酒的忠诚度(使用对现有使用者的追踪调查);最后,目标人群对喜力啤酒认知情况(包括认同率,使用率的调查和品牌认知情况的调查)。

【评析】

一般的广告策划书正文包含导言、市场分析、广告策略、广告媒体策略、广告预算、广告效果预测等内容。特别是广告媒体策略部分谋划较为充分。这份广告策划书基本涵盖了以上要素,且短小精悍。市场分析部分如能运用图表等手段直观展示以及进行更深入的市场调研效果会更好。

江南布衣

近些年,崇尚自由、追求个性的文化理念,以及在都市生活的快节奏和紧张工作的压力下,人们渴望放松的心态使休闲服装成为一种新兴服装产业。"崇尚自然"的风潮不仅成为国际时尚的重要流派,而且引导了中国市场的服装消费,休闲服装成为热点商品和服装的主流趋势。

从20世纪90年代开始,休闲服装逐渐进入我国。休闲服装的发展给享有世界衣冠王国之称的中国服装产业带来了重大影响。休闲服装专卖店遍布各大城市,改变了人们的着装观念和审美情趣。

我国消费者对于休闲时尚越来越强烈追求,使休闲服装在国内服装市场备受推崇,休闲服装成为服装市场的一个亮点,发展势头良好,销售大幅增长。

由于许多国内外品牌也相继加入市场,尤其大品牌以庞大预算侵夺市场,因此市场竞争将更加激烈,所以在行销策略和广告媒体的应用上要谨慎小心,步步为营,以求开创更佳业绩。国产时尚品牌女装应重视产品的高品质策略,加上品牌的成功命名,健全的销售流通网络,尤其是优秀的广告策略,可以打开企业的品牌知名度,建立品牌信赖度——品牌效应。

一、调查分析

1.消费者研究

(1)受访人数为20人,年龄集中为18到35岁。

女行政人员在服装上的消费额约为3 130元/年,女白领约为2 840元/年,学生约为900元/年。

受访者平均每年购买服装的消费额为约是2 080元人民币，占其个人收入的7.3%。

(2)多数女性购买成衣的渠道主要是专卖店，其次为百货商场，再次为批发市场。

女性行政人员中62%喜欢到百货商场购买服装，白领女性中83%喜欢到服装服装精品店购买，学生中也有50%以上喜欢到专卖店购买。

(3)女性在购买服装时考虑的因素依次为：价格合理88%，质地优良85%，款式时尚76%。其中白领女性，60%以上注重品质，54%注重颜色与款式，38%注重价格。

2. 市场调研

(1)近几年我国的服装业发展走势渐强，品牌渐入佳境，消费市场活跃，据调查显示，居民的衣着类零售额占消费品零售总额的10%。

(2)“崇尚自然”“追求个性”的文化理念引导了中国服装市场的销售，人们在快节奏和紧张工作的压力下，渴望放松。于是，我国的专业休闲装厂家如雨后春笋般发展起来，至今已达万余家，分布于广东、福建、浙江、江苏、山东等地，品牌达2 000多种，休闲服占整个服装业的18%。

(3)消费者对休闲时尚越来越追求，休闲款式也更趋国际化，种类趋向多样化，消费更趋品牌化、个性化。

(4)休闲服装的销售保持增长势头，各大商场的服装经营也在向休闲一族倾斜。

(5)中青年和大中学生是休闲服装的主要消费群体，18～35岁中，青年是服装消费主体，占服装消费总量的50%，35岁以上占19%。

高档、名牌服装消费者占城市人口的0.6%，中档服装消费者占城市人口的70%～75%。(高档价位的休闲装在中青年和收入较高的消费者中流行，中档价位的休闲装更适合工薪阶层和大众消费者)

3. 产品分析

(1)关于休闲装。

休闲服成为服装发展的主流：休闲风格逐渐融入传统服装，传统正装也开始融入休闲设计的理念(样式从严谨走向宽松，搭配趋于自由)

休闲服装产品更丰富多彩，品类趋于系列化，产品结构不断细分，色彩富有个性，面料以纯棉或纯毛为主，穿着舒适洒脱，体现健康、自然的主调。

(2)关于品牌女装。

作为一般的女装品牌，针对产品同质化竞争的现象，已经受到了威胁。作为一般品牌女装品牌制胜的法宝，除了秉承一贯“简约，流畅，利落”休闲职业女装外，应该融入精致的时尚细节设计和亮丽的点缀，使职业装更时装化，更加耐人寻味。

(3)关于“江南布衣”。

江南布衣——JNBY是杭州江南布衣服饰有限公司旗下的主力品牌

推崇：“自然、健康、完美”的生活方式。

品牌理念:Joyful,Natural,Beauteous,Yourself.

品牌设计定位:崇尚这种生活的都市知识女性。

年龄层:20 ~35 岁。

设计风格:浪漫,丰富,自然(以这个群体的生活样态为依据)。

色系与色彩:沉稳,雅致,不盲目流行但始终时尚。

材质:不同肌理、风格的纯天然面料,麻、毛、丝等。

细节手法:手工刺绣、机绣布料造型,手绘,胶印。

装饰纹样:枝叶花草。

设计理念:与自然相触,强调单品之间随意、丰富的可搭配性。

二、调查结论

(1)休闲装是年轻人的天地。20 世纪 90 年代以后,休闲装在年轻的学生群体中广泛流行,他们日益增长的价值观念和生活方式给时尚标注了一种新的符号“酷(COOL)”。于是,个性的自我成了这一代追逐品牌休闲装的先锋。调查显示,全国的消费群体中,青年学生是休闲装的主要购买者,其购买倾向高于其他消费群体。但是,对于还没有经济收入的学生群体来说,虽然对休闲装的品牌注入很大的关注,高档休闲装只能是渴望而不可即,较低的消费水平限制了学生群体的消费能力,但品牌意识已经潜移默化地影响着这一代人。

(2)随着成功女士日益增多,职业女性也提高了社会地位,越来越多的女性进入社会,她们渴望与社会保持接触,行为意识的变化导致着装意识的变化,影响了女性追求新时尚和新式的着装习惯,倾向于质量和品牌的中高档服装。

随着社会文明的不断发展,人们对衣物的要求也不再是遮羞御寒之用,它的功能角色也逐渐发生了变化,慢慢淡化了它的最基本和最原始的功能,装饰功能似乎成了服装的灵魂。

消费者对于各种潮流的判断更趋于理性化,服装消费正呈现出个性化,更多人开始注重体现自我魅力和风格的服装。因此,注重个性的、穿着舒适的服装才是首选的。

(3)在市场竞争日益激烈的今天,品牌的作用越来越强,成功打造自身品牌的服装可以赢得消费者的信任和追随。在追求时尚品位的消费观念占主导的今天,品牌作为一种商品综合品质的体现和代表,品牌知名度越高,其购买人群范围越广。

(4)调查数据显示,在名目繁多的促销活动中,消费者最感兴趣的当属换季打折、逢年过节和大型活动期间打折也颇受消费者欢迎。

(5)在繁多的服装品牌的销售点中,最具市场亲和力的是连锁专卖的品牌经营模式。通过专卖店的形式,一方面扩大了品牌的影响力,另一方面也提高了产品的销售额。

(6)从消费者对品牌女装的广告媒体接触率看,杂志广告影响力最大,对户外精品店广告的信度也较高。名店经销,名厅采用,使品牌服装在人们心目中的优质名牌的地位更快地树立起来。

三、广告策略

1. 广告目标

确保品牌市场地位,巩固市场。

增加品牌美誉度,知名度。

参与市场竞争,确立女性品牌服装时常销售份额和销售地位。

2. 广告对象

主要对象为18到35岁青年学生和职业女性。

3. 推广目标

(1)加深品牌印象,提升品牌在目标受众群的品牌知名度(提供赞助,排除赞助新闻类主持人服装)。

(2)建立企业形象——维护、提升品牌在目标受众群的品牌形象(店面广告与杂志广告的产品展示)。

4. 媒体策略(图11.2)

根据媒体调查,受众的接触率为:杂志广告为43.7%,报纸广告为12.5%,电视广告为14%,店面广告为29.8%。

(1)以杂志广告为主要媒体,户外广告为辅。

(2)杂志广告选择:《时尚》《女友》

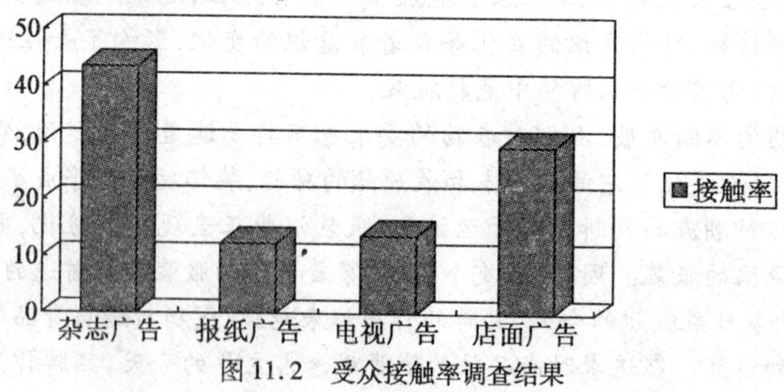

图11.2　受众接触率调查结果

【评析】

撰写广告策划书要求站在客户的立场上,紧抓产品诉求的主题,制定出切实可行、卓有成效的广告策划操作方案。这份广告策划书针对“江南布衣”这个品牌,根据其品牌特色进行广告策划,锁定主要对象为18~35岁青年学生和职业女性;在内容表述清晰准确,在有的放矢的基础上还能做到言简意赅、有理有据,广告策略部分能运用图表等手段直观展示。撰写广告策划书还要有创意、能抓人,在广告创意方面下足功夫,提出新观念、新设想、新思路,力求新颖独创,这份广告策划书这部分还需要加强。

四、营销策划

"富豪"浴室柜营销策划方案

一、总体原则

在汾阳市城区完善营销体系，增建大型的营销网点，稳固经典在市场的份额，大力拓展建材市场，强化市场营销队伍的建设，提高市场的应变能力。树立经典的品牌形象，在山西省汾阳市建材市场营建市场美誉度，实现市场投入和产出的平衡。

二、建材行业状况

近几年来，汾阳市由于大力进行新城市建设，建材市场发展空间巨大，数十万家本土企业激烈厮杀，一大批实力强劲的知名建材企业也看好汾阳市场，开始纷纷进入，竞争异常激烈。整个建材营销处于"诸侯争霸"阶段。和其他行业相比，山西省的建材市场和建材营销品牌林立，市场集中度极低。

首先，建材行业整体营销水平偏低，企业普遍缺乏经济规模，缺少能引领左右市场的强势企业与领导品牌。

其次，流通与梁道模式错综复杂，建材批发市场、建材商城、房地产套司、工程与装饰公司直供、小区拦截等如何选择协调成了建材企业的棘手问题，使建材传统流通模式面临严峻考验。

再次，消费行为谨慎且受设计、施工等中间人员的影响极大，沟通与传播策略难以做出有效安排，品牌建设存在极大障碍。

综上所述，我们得出：建材产品是一类消费计划性强、购买和消费周期长、单次购买金额高、受中间人员（设计、施主人员等）影响大的特殊产品，其消费行为特征既不同于日用消费品，又不同于工业品。所以，应通过对品牌、产品、营销组织、沟通传播、渠道及销售终端等的系统整合，全面提升企业的营销管理与策略水平，打造更多的建材行业知名企业与强势领导品牌。

三、"富豪"浴室柜市场分析

（一）浴室柜源于欧美，20世纪90年代中叶在国内发展起来。以往，浴室一直是瓷砖和洁具的天下。但随着人们对浴室的重视，希望把它装扮得有品位、更时尚。

在此前提下，浴室柜便吸引了人们的视线并进入人们的生活。浴室文化将引导着人们未来的生活方式，浴室柜引领家居消费的时尚。

（二）市场调查表明，汾阳厨卫浴市场有30 000个厨卫市场空间，厨房、浴室产品几乎每年都以30%的比例高速增长，整体浴室的增长率达26%，浴室柜增长率将高达40%以上，发展空间大、潜力大。

（三）浴室柜制作材料有：胶合板、刨花板、纤维板、中密度纤维板、防潮板、细木工板、PVC板、实木，外加烤漆或贴面（包括木皮、水晶板等）。

（四）浴室柜是新兴行业，进入门槛低、发展快、利润高，市场还没有出现全国性知名度的品牌。由于利润的驱使，许多陶瓷洁具大公司瞄准了浴室柜行业，利用已有品牌资源进行品牌延伸，生产浴室柜配套产品；更多并无实力的企业也一哄而上、盲目介入。

2009～2010年，浴室柜行业竞争开始变得更加激烈，且不断有新的厂家介入。由于许多厂家的盲目介入，为寻求利润的最大化，不惜采用劣质材料等来降低生产成本，以达到用很低的价格来进行销售，使得产品质量参差不齐。

（五）国内的厂家及产品类型相互间没形成各自的独特品类和特征优势，而是极其相似，更多的是重复模仿，特别是浴室柜市场消费者类型、层次、特征、心理缺乏了解。

（六）各厂家的扣点、返利大致相近，鲜有突破性的营销策略切入市场。

（七）目前市场上知名陶瓷洁具品牌对浴室柜的品牌延伸多不成功，原因在于知名陶瓷洁具品牌时浴室柜的营销主要是为其他陶瓷洁具产品配套，产品线拉得过长，不能针对这一细分市场进行专项营销，而且生产主要为委托加工，不能保证产品的质量和售后服务，反而模糊了原品牌的定位，伤害了原品牌。自主开发的浴室柜品牌，它们都具有一个共同点：品牌众多，但与众不同的品牌寥寥无几，定位模糊，缺少个性和推广策划；生产规模小。

四、"富豪"品牌规划

现代广告十分强调树立企业的品牌形象，在众多的市场竞争中，能否成为品牌，不仅取决于内在质量，还取决于能否通过广告宣传及企业视觉形象建立起独一无二的品牌形象。为此，我们对"富豪"形象、定位等进行全面设计并赋予其内涵。

（一）品牌的定位

1. 品牌名称。"富豪"易读易记，易于传播，是给人以信心的标志，很具有品牌的彰显力；能与时尚、高档、品位联系，有发展延伸的弹性，简单易读，具有大气风范。

2. 品牌外观。通过调查及测试，在众多的色彩中最为夺目的应为深蓝色、金黄色，它可夺人眼球，给人现代高贵的感觉，以引起消费者的注意力和联想度、关注度；同时，深蓝色、金黄色象征时尚、品位、高贵、丰富的艺术想象力，与"富豪"品牌定位相吻合。

3. 品牌核心竞争力。技术创新、设计创新是"富豪"的核心竞争力。技术创新、设计创新成为产业升级重要的一环。"富豪"将致力于浴室柜产品的时尚化、艺术化，使产品推陈出新，始终保持产品创新，不断应用新材料，以技术领跑，提高产品换代能力，拉开与竞争者、新进入者的差距，领先汾阳市场。

4. 品牌定位。"富豪"在品牌的定位上，将锁定高档形象的策略，直接与众多厂商争夺市场，确立"富豪"高档品牌的强势形象（经销商和消费者都有一个直观的印象："'富豪'浴室柜是好，可是价格有点高！"这个观感有两层含义：一是产品价格对于消费者的购买力偏高，更重要的是性价比的角度，"富豪"作为尖端品牌可以承担高价位；二是这个价格体系成功地实现和维护着"富豪"的品牌定位）；"富豪"同时也推出中、低产品来抢夺大的市场份额。从而达到"经典艺术，国际品质"的品牌定位。

5. 品牌形象定位。时尚,高品位,品质卓越,高贵。

6. 品牌广告词。“富豪”:品质非凡,彰显高贵。

7. 公司宗旨。创造美好新生活。

8. 目标消费者。一般消费群:这一消费群体的认牌率很低,基本在终端市场中,促销人员向他推荐产品及体验式的感受使他临时性决定选择何种品牌;特殊消费群体:年龄在25~40岁的成功人士,他们凡事都会讲究品牌,但相当一部分主要靠促销员的主推荐的产品和体验式的感受(左右他的主要是品牌的知名度、款式)。

(二)品牌目标

1. 长远目标。到2018年成为浴室柜行业一流品牌,拥有高度的品牌知名度、美誉度和消费者满意度。

2. 2014年目标。为实现今年销售目标,进行品牌推广,达到一定阶段的知名度,为汾阳及周边县市消费者所接受。

五、产品策略

(一)产品的包装

产品包装关系到产品的档次。在包装设计方案方面,在考虑成本的同时,更要体现出我们产品的高品质、高品位的内涵。

(二)产品线策略

根据不同的细分市场,不同的产品细分,考虑设计不同的规格、不同的材质、不同的系列的产品,产品的个性化、差别化和系列化,是引导顾客,取得竞争优势的重要手段。所以我们将产品线划分为两类:

第一类:创新系列。定位为市场“占位”产品,树立“富豪”未来的高端产品形象。通过推广创新系列来带动“富豪”的整个产品线,作为企业追求利润的重点获利产品。

第二类:时尚系列。为“富豪”的核心产品,时尚系列则确立为“占量”的角色。

(三)产品的名称

尽管浴室柜的购买形态偏重于理性,但浴室柜的使用却是极其感性的。“富豪”的品牌形象追求的是时尚、高品位、艺术化、品质卓越、尊贵。

“富豪”的发展战略,决定了其清晰的产品组合思路,即致力于创造一个独特的浴室柜高端品牌,成为浴室柜行业的强者。

六、价格策略

(一)价格定位

在价格方面,“富豪”浴室柜高档产品将与同等的响瓷洁具品牌旗鼓相当,相差并不大。“富豪”中低档产品价格与一般品牌的价格相当,极具价格竞争力。

（二）全市实行统一的报价表

七、渠道策略

主推经销制，以省级市场为一个战略单位，以各省级市为各区域市场的中心，网络要达到地级市的市场。

渠道的形式和体系：

（一）进入终端零售市场（包括专业的建材店、大型建材超市、品牌洁具专卖店），以专卖店、专营区的形式，以适宜的终端拉动方式调动终端市场，积极主推"富豪"产品，形成品牌张力。

（二）打入工程市场（包括装饰装修广告公司、建筑公司、房地产公司、设计院等），由于各地市场状况有所不同，"富豪"将采取直接建设和产品总经销的形式共同开发进入市场。

第一，可以利用自营店来树立品牌形象，开发、带动和服务区域市场。

第二，可以促进"富豪"与总经销的资源整合，以达到强势品牌的目的。

第三，"富豪"将总经销作为企业持久发展的战略伙伴，"富豪"与经销商共同分享品牌带来的丰厚利润，"富豪"将专注于品牌的管理经营。

（三）采取四种分销体系：

1. 省级总经销。

2. 地级总经销。

3. 特约经销。

4. 建材超市。

（四）经销商的选择：

根据"富豪"的企业理念、品牌定位和形象，我们在经销商选择上优先考虑各市、区的经销商、代理商，争取同他们合作。

八、推广策略

针对洁具购买地点集中的特点，以建材市场周边的户外广告为主，辅之以车体、报纸等广告形式，个别区域投放电视广告。对经销商、房地产公司、装修公司的拉动主要采取参加建材展览会或销售人员直接开拓等形式。

广告的主要形式有：

（一）户外广告。在城市的交通要道设置巨型户外广告牌。因为露出时间上具有长期性，而受到厂商的青睐。尤其是集中于建材市场内外的广告牌，有吸引顾客到售点的作用。

（二）流动的车体广告。公交车穿行于城市的交通要道，有较高的注目率，露出频次高，有利于提高品牌的知名度。

（三）电视广告。栏目冠名、赞助、角标等。

（四）印刷品广告。此类形式主要是精美的产品画册，内容一般包括企业介绍、产品种类展示、装饰效果等，是在售点促成购买的一种重要媒介，画册的编排、印刷质量、表现风格等会对顾客的即时购买产生有效影响。可向顾客赠送印有企业、产品名称和标识的手提袋等。

5. 店面展示。现场展示通过POP贴画、灯箱、小标签、挂旗、彩色气球、门口落地式广告牌、产品画册、背景音乐、产品摆设的不同组合等渲染不同的格调与气氛，从而满足大多数消费者的心理需求。

6. 报刊广告。一方面是针对专业人士的，主要集中于专业报刊，旨在提升企业形象，同时，把产品信息及时传递给装潢公司、房地产公司、建筑公司等目标受众，引起关注；另一方面是针对个体顾客的，一般选择生活类报纸的家居、房产、装饰等媒体。

九、"富豪"终端制胜

通过调查，发现浴室柜市场的竞争形态为"哑铃型"，一端是为数众多的杂牌产品，低质、低价、以量取利；一端是处于市场高端的名牌，高质、高价、专卖、高利润。部分品牌虽产品质量不错，但形象稍弱，同时价格又高于同档次产品，处于"夹在中间"的状态。消费者在购买浴室柜时，价格成为第一敏感因素，在同等价格下，浴室柜款式又成为第一敏感因素，在价格相差不大的情况下，他们愿意为中意的款式而承受部分购买成本的增加。当消费者来到建材市场后，往往在同质化的产品面前变得无所适从，经过反复比较，进入"临界购买"状态，售点产品展示与销售人员的专业推介，能起到促进成交的作用。并且，在品牌众多的市场上，知名度一般的品牌在终端上很难凸显，最好的形式仍然是专卖店、专营区。因此，根据浴室柜市场的竞争形态、消费心理、购买地点的特性等，"富豪"浴室柜营销行之有效的策略应是"终端辐射，终端制胜"。

（一）终端规划

浴室柜的终端按照建材市场的情况来区分，主要标准是其展示面积，地理位置和人流量、成交量和影响力等。

（二）终端展示规范

1. 店面装修要求。产品展示区的装修必须按照公司的装修设计和符合VI手册要求。

2. 产品展示要求。当前主推产品展示在最醒目处；产品按照统一规格系列摆放，同一系列的产品摆放在一起；样品展示注意规模效应。

（三）终端推荐要求

终端人员要主动推介本品牌浴室柜；能对本品牌浴室柜比较了解，特别是产品优势、特性和主推产品系列；能对前来咨询购买者主动散发本品牌浴室柜的宣传单页。

（四）终端考核

制定终端考核制度，每月由公司上级到各区域进行市场巡视和终端检查，按照标准进行考核打分。

【评析】

这是一份产品营销策划方案。此方案在调查分析建材行业状况和浴室柜市场现状的基础上，对"富豪"品牌进行规划、定位，确立品牌目标，并从产品策略、价格策略、渠道策略、推广策略等方面对“富豪”浴室柜品牌营销进行具体策划，提出了“富豪”浴室柜行之有效的“终端辐射，终端制胜”的品牌营销策略。策划是建立在充分调研的基础上构建的，市场分析较为深入，策划科学合理。

华为手机营销策划书

一、企业介绍

华为技术有限公司是一家生产销售通信设备的民营通信科技公司，总部位于中国广东省深圳市龙岗区坂田华为基地，于1987年在中国深圳正式注册成立。

华为的产品主要涉及通信网络中的交换网络、传输网络、无线及有线固定接入网络和数据通信网络及无线终端产品，为世界各地通信运营商及专业网络拥有者提供硬件设备、软件、服务和解决方案。

华为的产品和解决方案已经应用于全球170多个国家，服务全球运营商50强中的45家及全球1/3的人口。

2014年10月9日，Interbrand在纽约发布的“最佳全球品牌”排行榜中，华为以排名94的成绩出现在榜单之中，这也是中国大陆首个进入Interbrand top100榜单的企业公司。

2015年，评为新浪科技2014年度风云榜年度杰出企业。

二、市场分析

（一）整个智能手机行业分析

据赛迪数据统计，2014年中国市场手机总销量有望达到4亿部，其中智能手机占比超过92%，份额进一步提高。相比去年，智能手机销量和销售额均实现稳步增长。

人民网调查数据显示，截至目前，安卓仍保持智能手机市场强劲主导地位，出货量持续增长。在中国市场，安卓份额接近84%。Apple iOS、微软Windows Phone和黑莓尾随其后。如图11.3所示。

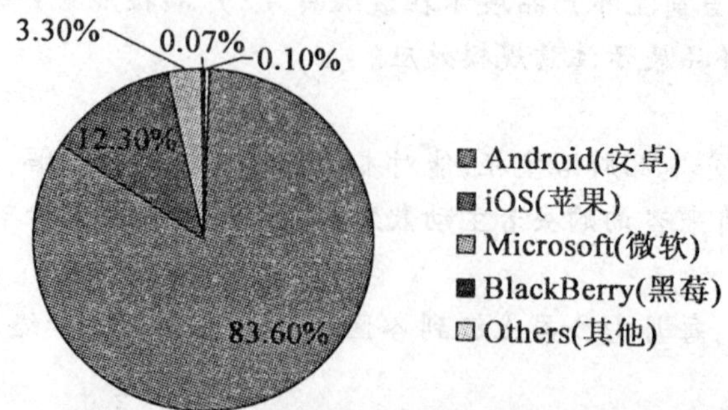

图11.3　2014年智能手机操作系统占有率

2014年，中国本土智能手机企业在产品研发和市场营销投入加大，凭借价格和渠道优势，在产品销量和市场份额上，与国外品牌差距进一步缩小。同时，消费者对于华为、小米等国产品牌认知度明显提升。此外,行业内厂商竞争非常激烈,产业规模继续扩大。国外知名厂商和国内生产厂商形成了市场割据的场面。

(二)本地市场分析

滨城区本地人口达到50.39万人(2010年),潜藏消费者相对较多。并且随着近几年山东省推进黄河三角洲建设的发展,滨州的基础设施建设逐步完善,经济发展潜力很大。再加上随着经济的发展因素,相比较而言,消费者收入也会有所提高,购买力增强,因此该地区市场潜力相对较大。

(三)市场调研结果分析

1.消费者最为看重的是什么

图11.4是对消费者对于手机看中方面的分析。从调查数据可以看出,消费者对于售后服务是最为看重的;款式、性价比、质量这三方面紧随其后。其他方面相比较而言还是偏弱的。因此,如果在售后服务上能够对其进行进一步的努力和发展,应该是提升企业形象和品牌知名度的一个关键点。

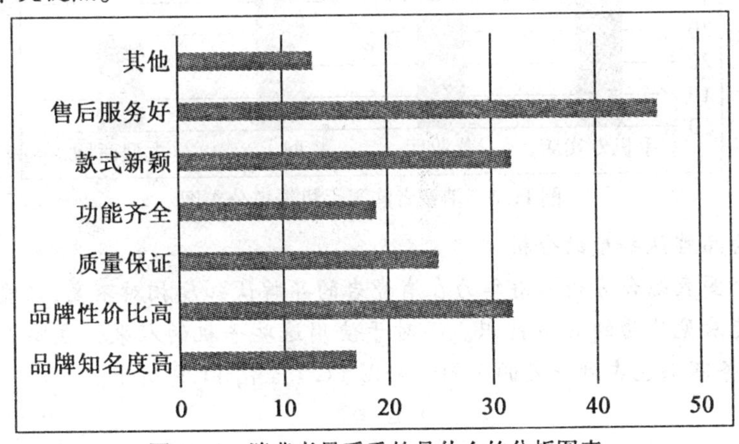

图11.4　消费者最看重的是什么的分析图表

2.消费者换手机的频率

从图11.5可以看出,消费者换一次手机的频率主要集中在半年到两年这一段时间里,可以说明两个方面:一个是消费者对于新手机的猎奇感逐步减弱,甚至直到丢弃换新手机;另一个就是消费者在觉得手机使用上越来越卡,以至于丢掉。很多消费者向小编反映,有些手机用着用着就会变得特别卡,即便是标示着较大内存的手机也会出现这个状况,不得不忍痛割爱。

3.消费者购买手机渠道分析

将近四成的消费者选择在一些手机专卖店里购买手机,主要目的有两个:一个是认为厂家直销,价格相对便宜;另一个就是质量有保障,方便维修服务。此外,网上直营店也是消费者选择购买手机的另一种渠道。如图11.6所示。

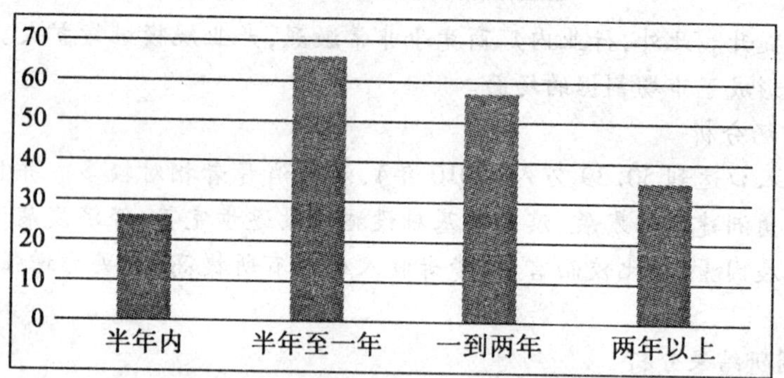

图 11.5　消费者更换手机的频率分析

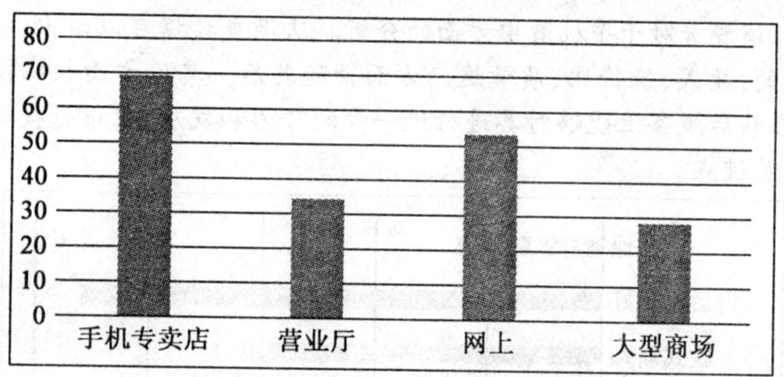

图 11.6　消费者购买手机渠道分布图

4. 对于华为品牌认知度的分析

由上述三个图表综合分析来看华为在消费者的品牌认知度相对不高，只能在与通信运营商定制机上才能看见华为的 logo 标识。而对于使用这些手机的人来说主要看中的是外观和功能，而对于服务不满也占到一定的比例。如图 11.7 至图 11.9 所示。

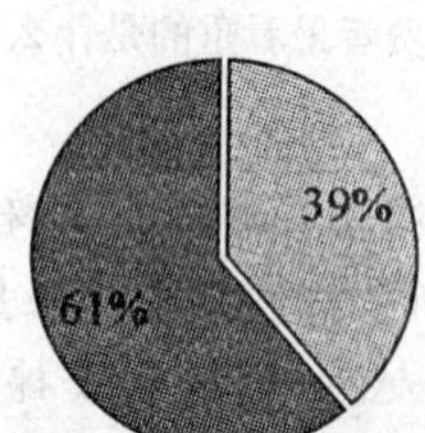

图 11.7　消费者对于华为这个品牌是否知晓的回答

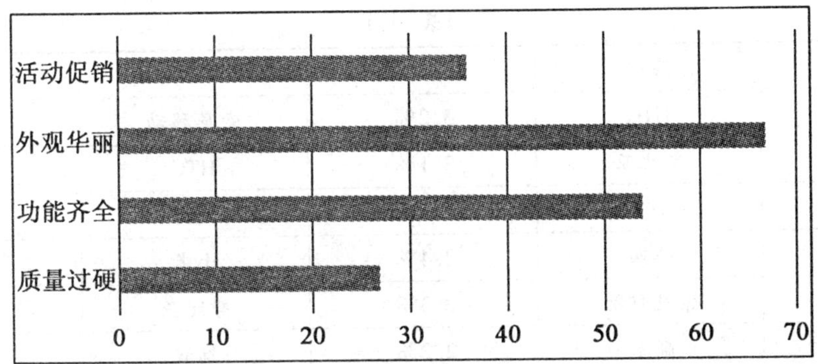

图 11.8　消费者认为华为的优势

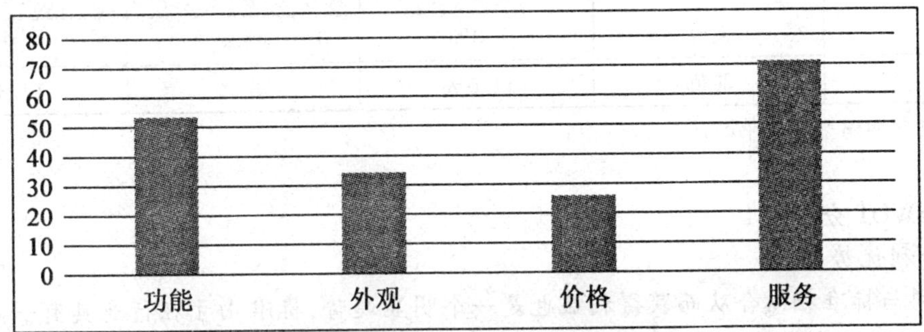

图 11.9　消费者认为华为手机的劣势

三、竞争分析

(一)竞争对手分析

由表 11.1 可以看出,在最近几个月内,华为手机的关注度一直处在榜单前三甲的位置,其主要的竞争对手为三星、苹果、OPPO、小米等等。此外由此看出像联想等企业发展空间较大,像这类潜藏市场企业,也是华为面临的一个竞争难题。

表 11.1　2015 年 7～8 月中国智能手机市场品牌关注比例对比

排名	品牌	7 月	品牌	8 月
1	华为	16.5%	三星	17.4%
2	三星	15.5%	华为	14.3%
3	苹果	12.7%	苹果	13.9%
4	魅族	11.7%	OPPO	4.9%
5	OPPO	5.2%	联想	4.4%
6	联想	3.7%	vivo	4.3%
7	vivo	3.3%	中兴 new	3.0%

续表 11.1

排名	品牌	7月	品牌	8月
8	HTC	3.2%	索尼移动	2.9%
9	努比亚	3.1%	HTC	2.8%
10	小米	2.5%	大神	2.7%
11	华硕	2.4%	小米	2.6%
12	索尼移动	2.3%	努比亚	2.5%
13	酷派	2.2%	魅族	2.4%
14	LG	2.1%	LG	2.2%
15	大神	2.0%	酷派	1.9%
	其他	11.6%	其他	17.8%

数据来源:互联网消费调研中心

(二)SWOT 分析

(1)专利优势。

将专利与标准相结合从而获得利益也是一个明显趋势,标准由于在行业具有一定的强制性,日益被国外厂商用作巩固其知识产权垄断地位的有力工具,已经形成了要做产品必须遵守国际标准,而国际标准又与先行者的专利壁垒密不可分的局面。华为专利数以平均每天申请六个的速度增长,对于中国公司来说,很少有如此高数量的专利申请量,而且质量也比较高,在华为申请的专利中超过85%都为发明类。

(2)产品优势。

从最新发布的2015 年8 月中国智能手机市场产品系列关注排名来看,华为共有3 款机型入选 TOP15,与苹果入选数量相同,由此可见,华为的产品在市场上受到消费者的关注。

(3)消费者反映分析。

据一些消费者和经销商反映,华为手机在消费者的口碑还是不错的,单从性能和价格来看,华为手机系列受到消费者的欢迎。荣耀3c 系列产品受到一些消费者青睐。

(二)W——劣势分析

(1)售后服务。

从消费者反映来看,华为手机售后服务总体评价还可以,但是与海尔等企业相比,华为的售后服务水平还远远不够。

(2)手机性能对比。

一些经销商和消费者认为,虽然华为手机采用的是自主研发的技术和自己的配置,但是与其他的手机相比,性能还是相对一般,尤其是2 000 元以下的手机,"甚至不如一些小企业800 元以下的低端机好用"。而在这一方面,小米的一些1 500 元左右的机型稍占上风。如图 11.10 所示。

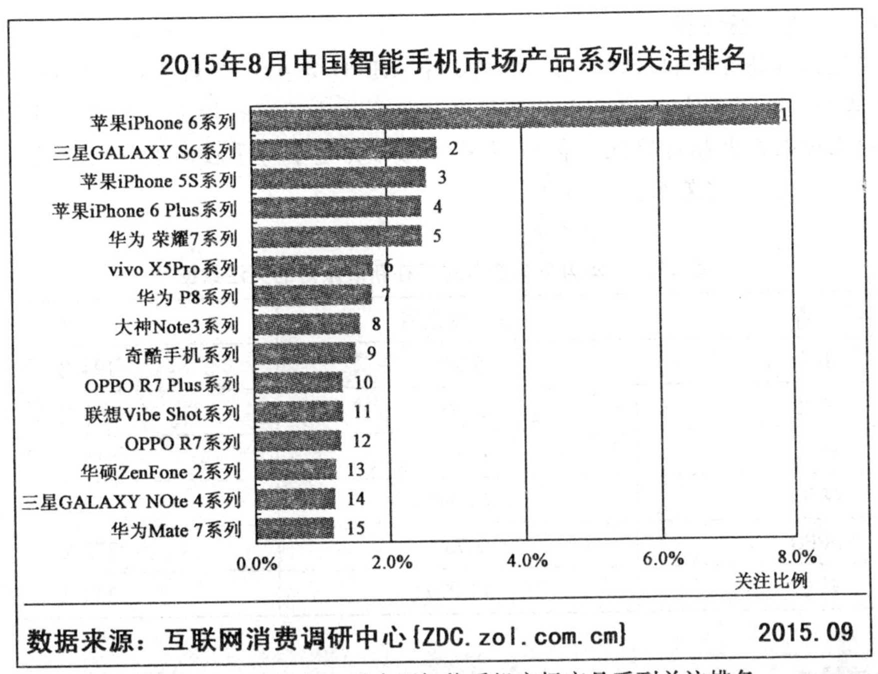

图 11.10 2015 年 8 月中国智能手机市场产品系列关注排名

(3)本地体验店和专卖店。

从数量上来看,滨州市区内华为专卖店的数量相对较少,专业维修店只有两家,且地处离市中心等一系列人员密集场所相对较远。因此人们对于华为这个品牌了解程度相对较低,售后服务也得不到保障。一些消费者觉得路途相对遥远,不愿意跑远路。

(三)O——机会分析

(1)本地市场发展潜力。

由于本地作为山东黄河三角洲开发区的一部分,随着政策的优惠的经济上的支持,滨州在未来的几年中有望得到更快的发展。随着经济的发展带动,消费者有了更高的收入,其购买力也会有所提高,这时才会对一些数码类、通信类产品更加感兴趣。

(2)华为专利优势。

在前面也提到过,华为专利优势相比而言比其他的一些企业要大,根据自身的专利优势带到自身的产品研发生产过程中,这不仅节省了引进专利的费用成本,让企业获得更多收益;又可以打出自主创新这个品牌优势,让国人能够更加关注国产智能手机品牌的建设和发展。

(四)T——威胁分析

(1)竞争对手分析。

华为在市场上主要的竞争对手是三星、小米、苹果等等企业,但是随着市场的发展,像中兴、联想、OPPO 等一些企业也在加快他们的产品步伐,会对华为的市场造成一系列的威胁。因此,华为既要面临大对手的市场对决,又要面临产品研发方面的战争,竞争形势可想而知。

(2)华为自身宣传方面。

华为在媒体宣传方面相对比较少,不及小米、OPPO 等生产厂商。在传统媒体(报纸、电视、广播等媒介)上,华为相关产品出现的频次远不及其他厂商的频次。尤其是对于新媒体互联网宣传相比较而言也相对较低。表 11.2 是华为与其竞争对手在新浪微博的关注数据。从表 11.2 中可以看出一些差距。

表 11.2　华为与其竞争对手在新浪微博的关注数据

厂商	发布信息数	粉丝数
华为	5 949	194 万
三星	2 104	283 万
小米	12 694	515 万
苹果	23 343	1 046 万
OPPO	7 737	775 万
联想	14 090	398 万

四、营销策略

(一)产品战略

当前环境下一定要加强对于产品的研发,利用其独到的专利优势,再加上其科研团队的技术支持,尽快研制出新的产品。在一些节假日或者活动日进行推出,应该会收到一些效果,借以提高其知名度。

(二)价格战略

根据对于本地市场的调查结果来看,消费者更容易接受1 000 ~1 999 元这个价位和1 000 元以下的价位。因此从定价这个层面来看,在产品研发层面上应该偏重于这两个层面价位的研制开发。当然对于2 000 ~2 999 元的机型也应当进行研发,因为在这个层面上,各大销售商竞争依旧十分激烈。

(三)分销策略

由于华为在本地区相对而言建立的直营专卖店相对较少,为了满足消费者需要,建议华为公司在本地区新建几家华为专卖店和一些售后服务网点。同时华为方面也应当提高一下售后服务水平,使得消费者买得放心,用得放心。

(四)促销策略

首先华为公司应当努力拓宽宣传渠道,利用报纸、电视、网络等手段投放产品信息,加大对华为品牌的力度宣传,让更多的消费者了解华为,知道华为。其次,华为方面应当加大产品宣传和促销力度,让更多的消费者来体验华为的产品,由此带来经济效益和社会效益。

五、控制

1. 成本控制

合理规划，精细打算，避免浪费大量资金，把成本控制在计划范围内。

2. 人员控制

安排合理的人员，不要雇用太多人员，以免出现人浮于事的现象。

3. 规模控制

把规模划定在一定区域内，合理分布销售点，避免出现销售点临近或重合现象。

【评析】

这是一份写得非常好的营销策划方案，策划书的内容是比较全面的。语言明确、客观，数据准确、具体，证据材料翔实。能运用数字用图表说明问题，如 SWOT 分析表。并从产品策略、价格策略、分销策略、促销策略等方面对"华为"手机营销进行具体策划。这份营销策划是建立在充分调研的基础上构建的，市场分析较为深入，策划科学合理。

五、会展策划

春煦巴黎　花样人生

——非常艺廊 · 雅居春季嘉年华会展策划方案

会展经济，是通过举办各种形式的展览、展销，带来直接或间接经济效益和社会效益的一种经济现象和经济行为。会展经济是市场经济发展到一定阶段的产物，也是市场经济竞争中对信息交流的迫切要求。

不管你留意未留意，以各种名义诸如房博会、汽车展的会展业已大步走进我们的日常生活。"会展经济"已被视为城市经济增长的"助推器"。

春暖花开，万物复苏，又是一年播种希望的日子，对于企业来说，也是振作精神、一展宏图大志的好时间。现在，万众期待的"五一黄金周"即将来临，人们休闲购物的黄金潮又将再一次涌动，对于大型会展活动的期待与关注的热情将再一次升温。因此，临近五一可以说是各位商家不可错过的机遇，既是举办各类促销活动的黄金时间，也是商家占领市场、扩大份额的最佳时机。

以"春煦巴黎，花样人生"为主题的非常艺廊 · 雅居春季嘉年华，就是借黄金周的东风，探索会展经济的新路子，为花都商家搭建一个可以共享的平台。在这个平台，既可以演出各种精彩的文艺节目，大大丰富人们的业余生活，为各位商家建立一个亲民、爱民的形象，进一步提高商家的美誉度；又可以聚集人气，形成旺盛的卖场，刺激人们的消费，促进销售。

"春煦巴黎，花样人生"——非常艺廊 · 雅居春季嘉年华，将是 2005 年万众期待的花都会展业大事。

一、活动概述

拟由雅居乐集团主办，广州市艺廊装饰有限公司协办，广州市智勇广告有限公司承办的"春煦巴黎，花样人生"——非常艺廊 · 雅居春季嘉年华活动，将于 2005 年 4 月 23 ~ 24 日或 5 月黄金周在雅居乐花样巴黎举行。本次活动设置两大区域：商品展示区和休闲娱乐表演区。商品展示区用于商家商品展示、商品交易;休闲娱乐表演区用于举办各种娱乐活动、抽奖、游戏。

本次活动在新世纪广场设置免费中巴专线,鼓励人们到现场参与活动。

二、活动主题

春煦巴黎,花样人生。

主题解析:

(1)暗含“巴黎”与“花样”,组合而成“花样巴黎”,巧妙地点明活动地点。

(2)“春煦”二字,点明活动时间为春季,迎合活动地点——“花样巴黎”的推广氛围——浪漫主义情调。

(3)能够表达出参展商参与活动的喜悦心情。

(4)格调高雅、抒情、生动,易于传播,影响深远。

三、活动目的

(1)营造雅居乐优雅生活品位。

(2)培育业主身份尊崇的心理。

(3)满足业主日常生活的需求。

(4)传播雅居乐最新动态信息。

(5)树立艺廊装饰良好的企业形象。

四、活动时间与地点

活动时间:2005 年 4 月 23 ~24 日或 5 月黄金周。

活动地点:雅居乐花样巴黎。

五、合作与活动方式

大型嘉年华会,融商品展示与休闲娱乐于一体的大型会展活动。由雅居乐公司审定方案,提供场地,负责报批,提供现场协调和维持秩序的人员,但不投入资金;广州市艺廊装饰投入前期启动资金,确保在现场同类企业的唯一性;广州市智勇广告负责整体方案策划,整体宣传,活动运作。

同时确定主办单位为雅居乐集团、协办单位为广州市艺廊装饰有限公司,承办单位为广州市智勇广告有限公司,联合协办单位为各参展商,诸如家居类——装饰装修、建材、家具销售、窗帘布艺、园林绿化等公司;家电类——家电广场、空调、音响、电脑等公司;生活类——通讯、饮水、学校、车辆、服饰、保险等公司等。

六、推广与招商方案

协调各方关系,总体方案确定以后,由广州市艺廊装饰有限公司全面负责活动的招商工作,广州市智勇广告有限公司提供协作。

1. 招商日程安排

方案确定后至活动举行前一天(拟于 4 月 10 日至 4 月 22 日)。

2. 招商对象

家居类——建材、家具销售、窗帘布艺、园林绿化等公司;

家电类——家电广场、空调、音响、电脑等公司；

生活类——通讯、饮水、学校、车辆、服饰、保险等公司等；

以上招商在执行过程中保持同类企业的唯一性。

3. 参展数量与形式

参展商总量保持在15家左右，参展商可以进行实物展销、形象展示。在参展过程中要体现出现场促销的“实惠性”，确确实实为雅居乐业主和前来参与的活动其他客户提供与其他时间相比的“实惠”，竭力促进现场成交，活跃现场气氛。

促销手段视商家的具体情况而定，但要求每位参展商必须提供50份价值50元的礼品，以便现场活动免费赠送给业主和观众。

七、活动安排

活动内容及安排表（见表11.3，可视具体情况进行调整）

表11.3　活动内容及安排表

日期	活动时间	活动内容
4月23日	9:30～9:35	主持人宣布参展名单，介绍活动内容
	9:35～9:45	参展商讲话，推介产品及服务
	9:45～12:00	大型舞蹈
	12:00～14:50	节目演出，包括房模、车模表演，烧烤，小吃、互动游戏、钢琴演奏、大型舞蹈、男女声独唱与合唱
	14:50～15:15	互动游戏
	15:15～15:30	与您有礼大抽奖活动
	15:30	产品拍卖
4月24日	9:30～9:35	宣传活动开始
	9:35～9:40	参展商讲话，推介产品及服务
	9:40～11:40	节目演出，包括房模、车模表演，烧烤，小吃、互动游戏、钢琴演奏、大型舞蹈、男女声独唱与合唱
	11:40～12:00	产品拍卖
	13:00～13:05	互动游戏
	13:05～15:10	节目演出，包括房模、车模表演，烧烤，小吃、互动游戏、钢琴演奏、大型舞蹈、男女声独唱与合唱
	15:50～16:00	与您有礼大抽奖活动

节目、活动说明：

(1)产品推介：每位参展商规定5分钟中心舞台产品或服务介绍，说明优惠措施；

(2)产品拍卖：每位参展商提供一件产品，一元起拍，按最高价成交；

(3)互动游戏：对对碰、夹汽球、成语接龙，送礼品，由参展商提供，奖励参与者；

(4)现场游戏：飞镖、寻宝；

(5)烧烤与小吃：免费提供烧烤和美食，供观众享用；

(6)与您有礼大抽奖：统一制作认购、定购产品书，按编号抽奖，设置奖励视情况而定。

(7)表演活动：以上只是界定表演方向，即基本内容，待方案确定以后，再提供详细节目单，供主办方和协办方确认。每场节目、每天节目内容不同，演出演员不同。

八、活动现场布置

活动现场由三大区域组成，一是表演区，一是展销区，一是游玩区。表演区设置中心舞台，含舞台、双拱、背景板、音响、地毯；展销区分列表演区左右，每展区按标准设置3×3米规格，提供间隔屏障和配套桌椅一套；游玩区设置烧烤、小吃品尝区和自助游乐区，规格按3×3米。周围环境渲染安排8个空飘。具体现场效果图待整体方案确定以后另行提供，此处从略。

九、可行性分析

1. 感召力空前

本次活动由雅居乐集团主办，决定了本次会展活动的影响力与感召力必定会达到一个最高峰，同时，也为众商家提供了一个提升档次与品位，增进可信度、美誉度的绝佳机会。

2. 十多个相关行业联展

本次活动整合了房地产、装饰装修、建材、汽车、家电等10多个行业，组成产业优势资源联合参展。这样，既避免了单个行业促销冷场的局面，又不会造成相关目标消费群的流失。

3. 会展传播影响力久远

本次活动的举办，整合各行业优势，启动房地产、汽车消费市场，拉动内需，促进经济增长。凡参展商均可共享这一传播效应，达到推广企业形象宣传之目的。

4. 群星荟萃，精彩无限

为期2天的会展活动，不仅有歌舞的精彩演绎，还有有趣的各种游戏，另外还专门邀请了乐队、劲舞组合，让观众的激情得到无限升温。一系列丰富多彩的节目，让人们看得开心，玩得开心。除此之外，还为每一个参赛者准备了丰富的奖品及精美的纪念品，互动参与性强。

十、活动经费预算

1. 经费组成

(1)宣传费用(包括花都电视台、花都新闻、《潮流》、《潮流商讯》、富都车载、《潮流网》)总共约5万元。

(2)现场布置费用(包括舞台、空飘、音响、背景板、展位布置等)约3万元。

(3)演出费用,每天预计1万元,2天合计约2万元。

总计约:10万元

2.费用分摊

(1)艺廊装饰投入3万元,用作活动启动资金。

(2)其他参展位按15个展位预计,每展位收取6 000~10 000元的展位费。

(3)雅居乐投入活动审批、场地及展位、负责业主邀请。

【评析】

会展经济本身能够创造出巨大的经济效益。这是一份会展活动的策划方案,方案在前言对本次会展活动举办背景进行简要介绍的基础上,从活动概述、活动主题、活动目的、活动时间与地点、合作与活动方式、推广与招商方案、活动安排、活动现场布置、可行性分析和活动经费预算等十个方面进行策划,并做出具体安排,切合当时、当地的实际,具有较强的针对性和可操作性。

综合练习

一、改错题

下面是某品牌化妆品的策划书,请仔细分析该策划书在语言表达、结构内容等方面存在的问题,并加以修改。

××××化妆品策划书

××××是世界化妆品行业的领先者,它的销售业绩在全球范围内稳步增长。迄今为止,××××在亚洲国家的发展势头依然迅猛,其最大动力正是来源于它把亚洲市场作为今后数年扩展的目标。××××的中国之行始于香港,早在1966年就通过一家名为Scental Ltd的经销办事处销售产品。当时,这个公司的主要业务是将××和××品牌的产品推销到化妆品专卖店、百货商场和各类免税商店。1979年,××成为其全资子公司,同时,将其业务拓展到护发产品,并建立了广泛的市场渠道。1993年初,×××向进军中国广阔市场迈出了重要一步,一支由中国人组成的致力于开拓大陆市场的队伍正式在香港成立,为尽快了解和把握中国市场,××又首先在广州、上海、北京三大城市设立了形象柜台。在成功收购了×××品牌之后,×××不仅扩大了它全球市场的产品线,还取得了全面进入中国市场的机会。通过×××的销售渠道,×××迅速渗透了中国化妆品市场。至2000年,×××在中国50多个大城市成立了870家专卖店,聘用了2 000名专业美容顾问,并成功推广了×××等四个品牌。在此之后,×××又耗资3千万美元在苏州新加坡工业园区建造了分厂。专门生产大众化妆品的苏州工厂于1999年4月正式投产。新工厂将从事染发剂、粉底、睫毛膏和指甲油的生产,其生产能力将达到2 000万套,并向全球市场供货。

一、在中国的产品策略

研究数据表明，×××产品卓尔不凡的高品质是它博得中国消费者青睐的主要原因。此外，产品的多样化也是造就良好销售业绩不可忽视的重要原因。产品线的拓展全面满足了消费者的不同需求，并为欧莱雅赢得了市场份额。尽管售价颇高，但消费者更愿意获得××××的承诺。

就中国市场而言，×××的四大产品类型各具特色，它们分别是：专业美发品；大众化妆品；高档化妆品（香水和美容品）；特殊化妆品。如今，×××在中国市场推出的品牌有：巴黎×××、纽约×××等。×××更多的产品将逐步走近中国消费者，×××相信更多的产品将扎根于中国市场，其中不仅包括大众化妆品，也包括高档化妆品。

1996年，×××与中国最负盛名的医学院之一：苏州医学院共同成立了苏州×××化妆品股份有限公司。在与苏州医学院的长期合作下，×××充分了解中国顾客并获得了大量权威而及时的信息，使得其研发部门能生产出符合中国顾客需要的化妆品。1992年2月，×××中国总部正式在上海成立。从那时起，×××成功地推出多种产品，包括皮肤护理产品、美发产品、彩妆、香水等。

二、在中国市场的广告策略

广告策略是×××进军中国市场的又一重要手段。×××对于不同的产品采用不同的广告策略，根据不同的目标顾客×××采取了行之有效的促销方法。同一产品，×××拥有多个广告版本，这一策略的关键在于产品推广市场的需求与广告传播概念的吻合。这里有两个实例，其一是×××，它以大众消费者为目标顾客。×××是×××于1992年收购的一个美国品牌。先于×××进入中国市场，早在X年之前就已在苏州建立自己的工厂。×××将其定位为一个大众化的品牌，每一个中国妇女都应该拥有一件×××的产品。中国消费者把×××当作时尚的代表，所以×××在大陆投放的是由美国影星为模特的国际版广告。（下略）

三、在中国市场的销售策略

（一）广泛的销售区域

×××的产品遍布整个中国，在立足于大城市的同时，×××越来越注重深入中小城市的销售。通过过去几年销售记录的统计，×××总结到：

1. 中国人对现代美的追求愈显迫切，它们在美容产品上的花销越来越多。

2. 新产品很容易在中国市场流行，中国消费者乐于接受高品质新概念的全新产品。×××正准备逐步向中国消费者介绍在世界市场上畅销的产品。

近年来，×××的覆盖区域日益增多。早在1997年，当×××第一次出现在中国市场时，它的产品主要集中在大城市周边，而如今更多的销售增长则来自零碎的市场，因为这些市场里的消费者的购买力与日俱增。

(二)独特的销售渠道

面对不同的顾客,×××为其产品设计并建立了最佳的销售渠道。

专业美发品:美发产品部是这一领域的领导者,它向专业发型师或通过美发沙龙单一渠道直接向消费者提供一系列美发产品。

大众化妆品:大众化妆品部通过集中的市场分销和媒体广告,使×××的产品进入了普通消费者的生活。

特殊化妆品:特殊化妆品部通过指定药房及其他专门渠道销售皮肤护理产品。

四、在中国市场的包装定价策略

为了更好地服务于中国顾客,更好地参与竞争,×××注重产品对中国消费者的适应性,并致力于以下几方面的努力:

(一)与苏州医学院联合成立了化妆品研究中心。通过设立研究项目帮助×××了解中国消费者的特点,以生产出专门适用于他们的产品,与此同时,充分掌握当地消费者的需求能促使×××及时调整产品以适应不断变化的中国市场。

(二)由当地的市场部门全面负责产品的包装和标签。对当地消费者而言,这保证了产品外观的方便实用,"区域化"外包装对中国顾客更具吸引力。

(三)由当地市场部门决定产品的价格,尽管销售以盈利为目标,但是灵活的价格体系更有利于×××在中国开拓新市场,对不同层次的市场采取不同的营销策略。×××的销售业绩证明该决策的正确性。

(四)几类产品的价差幅度由总部控制。这避免了内部竞争,也保证了售价在全球市场和当地市场的平衡。

二、写作训练

1. 结合日常生活中的经济见闻,选择自己感兴趣的策划书类型,依据教学中的写作要求、写作格式,撰写一份完整深入的策划书。

2. 为温州某品牌或商场的圣诞节或春节活动设计策划书。

第十二章

Chapter 12

综合理财规划建议书

【学习目标】

· 了解综合理财规划建议书的概念、作用及特点。

· 掌握综合理财规划建议书的写法和写作要求。

第一节　综合理财规划建议书概述

一、综合理财规划建议书的概念及作用

(一)综合理财规划建议书的概念

综合理财规划建议书是通过与理财客户的充分沟通,在详尽了解客户的家庭情况、财务状况、理财目标及风险偏好的基础上,运用科学的方法,通过财务指标、统计资料、核算分析等多种手段,对客户的财务现状进行描述、分析和评价,进而对客户未来财务提出规划方案和建议的一种书面报告。

(二)综合理财规划建议书的作用

1. 认识当前财务状况

综合理财规划建议书能够帮助客户用科学的方法认识当前自身的财务状况。由于大多数客户很少审视自己的财务状况,因此,理财规划师通过条理清晰的分析,可以使客户认清自己的财务状况,便于将来进行调整。

2. 明确现有财务问题

综合理财规划建议书中的内容包含有对客户财务现状的分析及评价。理财规划师用专业的眼光分析评价客户财务状况,帮助客户了解家庭财务中存在的问题。

3. 改进财务不足之处

理财规划师通过分析客户的财务问题,提出意见及建议,使客户能尽快调整财务行为与财务计划,选择最优方案,最终实现理财规划效益最大化。

二、综合理财规划建议书的特点

(一)操作的专业性

综合理财规划建议书的撰写要求极强的专业能力,需要撰写者具备财务、金融、税务等多方面的专业知识,因此,必须由经国家认证的职业理财规划师来进行操作。

(二)分析的量化性

综合理财规划建议书需要对客户的资产状况、现金流状况、投资状况等多个指标进行量化,通过数字来分析和表达。数量化分析和数量化对比是理财规划的操作方法,同时也体现了综合理财规划建议书的专业性特点。

(三)目标的指向性

综合理财规划建议书写作的目标是指向未来的。分析客户一定时期的财务状况属于回顾,但这种回顾并不是它的目的,而是为了分析这一时期内的问题,以便得到及时的解决和改正,为今后更好地进行理财规划获得充分、真实的决策依据。

第二节　综合理财规划建议书写作

一、综合理财规划建议书的写法

综合理财规划建议书一般包括封面、目录、前言、假设前提、正文、附件及相关资料等几个部分。

(一)封面

封面一般由标题、执行该理财规划的单位、出具报告的日期三部分组成。

1. 标题

标题通常包括理财规划的对象名称及文种名称两部分,如《××家庭理财规划建议书》。

2. 执行该理财规划的单位

封面应标明理财规划师所在单位的全称。依照《理财规划师工作要求》的规定,理财规划师不得单独从业,而必须以所在机构的名义接受客户的委托。因此封面上务必注明受委托单位名称,也可注明具体设定该项理财规划的理财规划师的名字,但不可仅注明理财规划师姓名,而缺少单位名称。

3. 出具报告的日期

日期应以最后定稿，并经由理财规划师所在机构决策人员审核并签章，同意向客户发布的日期为准。

(二)目录

目录由理财规划建议书中主要组成部分的序号、名称和页码组成。

(三)前言

1. 致谢

致谢词是对客户信任本公司并选择本公司的服务表示谢意。先写抬头，抬头内容是"敬语+客户的称谓"，如"尊敬的××先生/女士"。接下来换行并空两格开始写致谢词，在致谢词中可简要介绍公司概况，如执业年限与经历、下属的理财规划师的资历，表达对客户信任本公司的感谢，最后可以提出与客户保持长期合作关系的愿望。

2. 理财规划建议书的由来

这部分内容需写明接受客户委托的时间，并简要告知客户本建议书的作用。

3. 理财规划建议书所用资料的来源

建议书的撰写必然需要依托各种资料，这些资料包括客户自己提供的资料、理财规划师通过其他途径搜集到的客户资料(如直接通过银行得到的资料)以及相关的市场、政策资料。列举出这些资料的来源，目的在于让客户知晓理财规划的最终方案是可信的，而不是规划师凭空创造出来的。

4. 公司义务

这部分内容需要写明诸如公司指定的理财规划师具有相应的胜任能力，公司及指定的理财规划师将勤勉尽责地处理客户委托的事务，保证对在业务过程中知悉的客户的隐私或商业秘密不向任何个人或机构披露等内容。具体内容可根据各公司的相应情况增加或删减。

5. 客户义务

客户的义务一般包括:按照合同的约定及时缴纳理财服务费;向理财规划师及其所属公司提供与理财规划的制订相关的一切信息;提供的全部信息内容必须真实准确;如在理财规划的制订及执行过程中，客户的家庭或财务状况发生重大变化，有义务及时告知理财规划师及其公司，便于调整方案;公司对制订的理财规划建议书拥有知识产权，未经本公司许可，客户不得许可给任何第三方使用，或在报纸、杂志、网络或其他载体予以发表或披露;客户需为协助理财规划师执行理财规划提供必要的便利。

6. 免责条款

免责条款是指双方当事人事前约定的，为免除或者限制一方或者双方当事人未来责任的条款。理财规划师需周密考虑可能发生的各种情况,划分己方与客户方的责任。

7. 费用标准

这部分应写明公司各项理财规划的收费情况,让顾客做到心中有数,从而能够及时缴纳足额的费用。各种理财产品的收费是以客户金融或实物资产的多少为依据的,因此会有不同数量级别的划分。在这部分内容中,应清晰地告诉客户每一级相对应的费用是多少。此外,还应具体说明各品种的服务年限及服务内容,以免客户误解。

(四)假设前提

理财规划方案是基于多个假设前提的,包括未来平均每年通货膨胀率、客户收入的年增长率、定期及活期存款的年利率、股票型基金投资平均年回报率、债券型基金投资平均年回报率、货币型基金投资平均年回报率等。理财规划师需在充分分析市场状况的基础上,一一列出这些项目的预期数值,便于在接下来的具体理财规划中运用。

(五)正文

正文部分是整个理财规划建议书的核心部分,它记录了理财规划师的调查与分析结果。这部分是客户最关心的部分,任何数据都可能会给客户未来的决策和行为产生影响。因此,这部分的撰写必须要考虑周全,确保内容准确。正文一般包括以下几个部分:

1. 客户财务状况分析

(1)客户家庭成员基本情况及分析。

①基本情况介绍。建议书中应对家庭成员加以介绍,需具体到家庭每一个成员的姓名、年龄、职业、收入,可用文字或表格的形式进行说明。

②客户本人的性格分析。客户本人往往是家庭中的决策者,他的决策和行为直接影响整个家庭的财务状况,因此对其性格分析尤为重要。可以采取调查问卷的形式分析客户的性格,判断其在理财活动中的态度。

③客户投资偏好分析。按照对待风险的态度可将人们分为风险偏好型、风险中立型和风险规避型三种。通过调查问卷分析得出客户对待风险的态度,为理财规划师制订理财规划提供重要参考。

④家庭重要成员性格分析。家庭重要成员对于一个家庭收入和支出的决策同样具有相当重要的作用。因此可以采取与分析客户本人同样的方式,即问卷调查的形式,分析重要成员的性格特征。

⑤家庭重要成员投资偏好分析。家庭重要成员的投资偏好分析对理财规划方案的制订同样十分重要。通过事先设计好的调查问卷能够得出客户家庭重要成员对待风险的态度。

⑥客户及家庭理财观念、习惯分析。理财规划师可以从客户及其家庭成员的工作性质、投资行为(投资于高、中、低风险资产的比例情况)、对金融产品的日常使用状况、处理日常财务的行为等方面了解客户的理财观念和习惯。根据所搜集到的全部相关资料进行写作。

(2)家庭资产负债表的编制及分析。

家庭资产负债表反映的是客户家庭资产和负债在某一时点上的基本情况。

在理财规划活动中,由于客户情况千差万别,需要关注的重点也各不相同,所以一般不对家庭资产负债表的格式做具体规定,理财规划师可根据客户的家庭情况和工作习惯进行具体的格式设计。

借鉴企业的资产负债表,可以编制出家庭资产负债表。其格式可采用报告式,也可采用账户式。报告式即将资产项目放在上方,负债项目放在下方。账户式即将表分为左右两个部分,左边是资产项目,右边是负债项目。在资产项目下,包括家庭现有的金融资产、实物资产。金融资产项目应具体到现金及银行存款、股票、债券、基金等的市场价值。实物资产项目应具体到房产、汽车、首饰、收藏品等的市场价值。负债项目应包括房贷、车贷及其他负债。编制好资产负债表后,应对其各项目数值进行具体分析,并提出修改建议。资产负债表见表14.1。

表14.1 客户家庭资产负债表

单位:元

姓名:		日期:	
资产	金额	负债与净资产	金额
一、金融资产		一、负债	
(一)现金与现金等价物		1.信用卡透支	
1.现金		2.消费贷款(含助学贷款)	
2.活期存款		3.创业贷款	
3.定期存款		4.汽车贷款	
4.其他类型银行存款		5.住房贷款	
5.货币市场基金		6.其他负债	
6.人寿保险现金收入		负债总计	
现金与现金等价物小计			
(二)其他金融资产			
1.债券			
2.股票及权证			
3.基金			
4.期货			
5.外汇实盘投资			
6.人民币(美元、港币)理财产品			
7.保险理财产品			
8.证券理财产品			
9.信托理财产品			
10.其他			
其他金融资产小计			
金融资产小计			

续表 14.1

资产	金额	负债与净资产	金额
二、实物资产		二、净资产(总资产－总负债)	
1. 自住房			
2. 投资的房地产			
3. 机动车			
4. 家具和家用电器类			
5. 珠宝和收藏品类			
6. 其他家庭资产			
实物资产小计			
资产总计		负债与净资产总计	

(3)家庭现金流量表的编制及分析。

家庭现金流量表同样是一个重要的财务分析工具。通过现金流量表的编制,理财规划师可以对客户在某一时期的收入和支出进行归纳汇总,为进一步的财务现状分析与理财目标设计提供基础资料。

家庭现金流量表同样可借鉴企业的现金流量表形式,按照客户家庭的收入和支出所产生的现金流量进行编制。现金流量表通常没有固定格式,具体的项目名称根据不同客户的情况会有所不同。一般将表分为三栏:收入、支出和结余,以 12 个月为一个编制周期。对于不经常发生的特殊项目,如意外损失、保险赔款、对外捐赠等,应在现金流量表中归并到相关类别中,并单独反映。理财规划师需分析客户家庭现金流量表的合理性,给出适当建议。现金流量表见表 14.2。

表 14.2　客户家庭现金流量表　　单位:元

姓名:				日期:		
收入		金额	百分比	支出	金额	百分比
1. 工资和薪金	姓名			1. 房子		
	姓名					
2. 自雇收入(稿费及其他非薪金收入)				①租金/抵押贷款支付(包括保险和纳税)		
3. 奖金和佣金				②修理、维护和装饰		
4. 养老金和年金				2. 家电、家具和其他大件消费		
5. 投资收入				3. 汽车		
①利息和分红				①贷款支付		
②资本利得				②汽油及维护费用		
③租金收入				③保险费、养路费、车船税等		
④其他				④过路与停车费等		

续表 14.2

收入	金额	百分比	支出	金额	百分比
6. 其他收入			4. 日常生活开支		
			①水电气等费用		
			②通信费		
			③交通费		
			④日常生活用品		
			⑤外出就餐		
			⑥其他		
			5. 购买衣物开支		
			6. 美容护理支出		
			7. 休闲和娱乐		
			①度假		
			②其他娱乐和休闲		
			8. 商业保险费用		
			①人身保险		
			②财产保险		
			③责任保险		
			9. 医疗费用		
			10. 其他项目		
总收入			总支出		
现金结余					

(4)财务比率分析。

在这部分中,理财规划师应对客户家庭的财务比率数值,如资产负债率、负债收入比率、结余比率、流动性比率等进行计算和列示,并列明通用的数值范围进行比较,从而分析客户现有财务状况是否合理,对不合理的状况应该怎样改进。客户财务比率表见表 14.3。

表 14.3　客户财务比率表

财务比率名称	计算公式	参考值	说明
结余比率	结余 ÷ 税后收入	10%	比率的参考数值一般是 10%左右
投资与净资产比率	投资资产 ÷ 净资产	50%	比率保持在 50%或稍高是较为适宜的水平
清偿比率	净资产 ÷ 总资产	50%	比率应高于 50%,保持在 60% ~70%较为适宜
负债比率	负债总额 ÷ 总资产	50%	比率控制在 50%以下,但也不应低至接近 0
即付比率	流动资产 ÷ 负债总额	70%	比率应保持在 70%左右
负债收入比率	负债 ÷ 税后收入	40%	比率的临界点是 40%,过高则易发生财务危机
流动性比率	流动资产 ÷ 每月支出	3	流动资产应保持在每月支出的 3 倍左右

(5)客户未来财务状况预测。

在对客户的财务现状的分析基础之上,还应对客户的未来财务状况进行预测。预测的内容包括客户未来收入情况预测、未来支出情况预测和资产负债情况预测。

在财务状况分析的最后,还可以对客户的财务现状进行总体评价,作为本部分分析的小结。

2. 客户的理财目标

理财目标是指客户通过理财规划所要实现的目标或满足的期望。一个合理的理财目标是理财规划师根据客户的财务状况,综合客户的投资偏好、风险偏好和其他信息形成的。

国际上对个人理财目标的具体划分有以下两种:一种是按理财目标的重要性划分,可分为必须实现的理财目标和期望实现的理财目标。前者主要指保证日常的衣食住行等与客户生存密切相关的支出;后者指在保证正常生活水平的前提下,客户希望实现的目标,如环球旅游等。一种是按实现时间划分,可分为短期目标(一般5年左右)、中期目标(6~10年)、长期目标(10年以上)。需要说明的是,这三种目标之间的界限并不是绝对的。

由于理财规划可分为全面理财规划和专项理财规划两种,因此不同品种的理财规划其目标也是不同的。在撰写理财规划建议书时,理财规划师应根据不同类型的理财规划制订不同指向的理财目标。

在全面理财规划中,由于客户关心的是家庭整体财务状况达到最优水平,因此理财目标需要包括诸如养老、保险、子女教育、投资、遗产等多方面因素。在这种规划中,理财目标可以分为几个阶段性目标。首先是短期目标,如5年内的目标,应写明5年内客户希望实现的财务任务,如购买新房新车等。接下来是中期目标,10年或20年内希望实现的任务,如子女教育规划、双方父母养老安排等。长期目标为20~30年内考虑的理财任务,如夫妻双方的养老规划等。

在专项理财规划中,由于客户只关心在某一特定方面实现最优,因此只需考虑与该项理财规划相关的因素即可,不要求全面分析。

3. 分项理财规划方案的制订

当假设前提、预期目标、优先次序三个条件都设计完成后,就可以设计各分项理财规划方案了。

(1)现金规划。

现金规划是一项活动,它是进行家庭或个人日常的、日复一日的现金及现金等价物的管理。

在现金规划中,首先应列举出家庭现金储备的种类,即可能用到现金的各方面。一般包括日常生活开支、意外事项开支等。接着应详细列明现金储备的来源,如定期存款、股票套现、信用卡额度等。然后需说明现金储备的使用和管理,如将其转化为活期存款、期限较短的定期存款和货币市场基金等。

(2)家庭消费支出规划。

家庭消费支出规划主要是基于一定的财务资源下,对家庭消费水平和消费结构进行规划,以达到适度消费、稳步提高生活质量的目标。

家庭消费支出规划主要包括住房消费规划、汽车消费规划以及信用卡与个人信贷消费规划等。在购房规划部分,主要分析购买一套新房所需的费用、申请贷款的类型、旧房出租等问题。购车规划部分与购房规划部分写法相似,即包括购车费用、申请贷款的类型等内容。

(3)教育规划。

教育规划在中国家庭中主要是准备子女接受高等教育的费用。

在教育规划中需列明客户子女将来所需的各项教育费用。如希望子女出国留学,则应列出国外学校每年的学费、生活费等的年上涨率、汇率风险等项目。如希望子女在国内深造,则应写明国内学校每年的学费、生活费及学费的年上涨率等项目。分别汇总出每种方案的不同支出总额,设定教育储备计划。教育储备计划则应包括储备基金的投向及数额、收益率、投资年限等。这一部分还应涉及不同地域学校选择问题。理财规划师应分析不同地区学校的教育水平及费用情况,给客户以合理的建议。

(4)风险管理和保险规划。

“天有不测风云”,所以人们需要对自己的家庭及个人进行风险管理规划,如购买保险来满足自己的安全需要。理财规划师应通过对客户经济状况和保障需求的深入分析,帮助客户选择最合适的风险管理措施来规避风险。

在这部分中,可以先将客户家庭已有的保险种类列举出来,再对每个家庭成员所需的保险种类进行具体分析,并与现有的保险品种进行对比,得出应补充购买的保险品种。除此之外,还应告诉客户如何节约保险保障中的财务成本,以及如何控制保险保障规划中的风险,便于在将来的执行过程中,达到较好的效果。对于未选择商业保险的家庭成员,进行其他如风险自保等风险管理规划。

(5)投资规划。

合理的投资规划是为不同客户或同一客户不同时期的理财目标而设计的,不同的理财目标要借助于不同的投资产品来实现。

投资规划包括金融资产规划和实物资产规划两方面。应分别说明金融资产和实物资产包括哪些内容,对包括股票、债券、基金在内的金融产品,住房、首饰、收藏品等实物资产的风险和收益进行评估,并给出合理的投资组合计划。由于客户家庭已拥有一定数量的金融资产和实物资产,理财规划师应对其结构进行分析,并提出调整意见。

(6)税收筹划。

税收筹划是帮助纳税人在法律允许的范围内,通过对经营、投资、理财等经济活动的事先筹划和安排,充分利用税法提供的优惠和差别待遇,以减轻税负,达到整体税后利润最大化的过程。

在这部分中,可以先说明税收筹划的作用。然后分析客户在日常生活、投资活动等行为中涉及的税种,如个人所得税、消费税、营业税、关税等。可以表格的形式按各税种的税率、征税范围、计算方法等列示。接下来可分别从金融投资、实物投资等方面说明不同活动中涉及的税种,并分析在此类活动中的合理避税空间及方法。

(7)退休养老规划。

退休养老规划是为保证客户在将来有一个自立、尊严、高品质的退休生活,而从现在开始积极实施的规划方案。

在这部分中,首先应列示客户的预计退休年龄,退休后每月的退休金数额,每年的生活开支、医疗费用等条件。理财规划师通过计算得出客户退休后的支出总额及可从社保基金处得到的退休金总额,二者差额则是客户从现在开始需建立的养老储备基金。为了帮助客户储备足额的养老基金,理财规划师需通过计算分析得出一个投资方案,并应写明这一投资方案的月供款、年回报率、投资时限等,便于客户充分掌握并较好操作。

(8)财产分配与传承规划。

财产分配规划是指为了使家庭财产及其所产生的收益在家庭成员之间实现合理的分配而作的财务规划。理财规划师要协助客户对财产进行合理分配,以满足家庭成员在家庭发展的不同阶段产生的各种需要。财产传承规划是为了保证家庭财产实现代际相传、安全让渡而设计的财务方案。理财规划师在进行财产传承规划时,主要是帮助客户设计遗产传承的方式,以及在必要时帮助客户管理遗产,并将遗产顺利地传承到受益人的手中。

4. 理财方案预期效果分析

将调整后的财务状况编制的资产负债表、现金流量表列示于该部分,此表中可同时列示调整前的数字,使客户能够直观地看到理财规划给其财务状况带来的巨大改进。

在这部分中,还应给出调整后的财务比率数值,如资产负债率、负债收入比率、储蓄比率、流动性比率等,并同时列出国际通用的这些比率的合理数值范围以及调整前的比率,使客户得知通过调整,自身财务状况将达到怎样的水平。

5. 理财规划方案的执行与调整

这部分理财规划师应对具体执行工作按轻重缓急进行排序,即编制一个具体执行的时间计划,明确各项工作的先后顺序,以提高方案实施的效率,并应一一列明参加方案实施的人员。如对一个退休客户的方案,则可能需要配备保险专家或者税收专家。

在理财规划建议书中还应向客户说明:公司将如何对执行人员进行分工和协作;如何依照设计好的理财规划方案,协助其购买合适的理财产品;如果客户的家庭及财务状况出现变动,影响理财规划方案的正确性,则应按怎样的程序进行调整;方案调整的注意事项等。

（六）附件及相关资料

这部分应包括：

1. 投资风险偏好测试卷及表格

此处应附上公司自行设计、经客户填写的调查问卷。

2. 配套理财产品的详细介绍

此处可附上各大银行、基金公司、保险公司、证券公司等金融机构推出的适合本理财规划方案的理财产品目录及详细介绍。

二、综合理财规划建议书的写作要求

（一）全面

涉及理财规划的家庭状况因素有很多，要从诸多因素中寻找其相互关系，并分析出前因后果，则需要有广阔的视野，有总揽全局的视角。搜集资料要宁多毋缺，全面掌握客户的情况，为撰写建议书提供必要的材料支持。

（二）有条理

条理性是撰写理财规划建议书的基本要求。无论前面工作做得多么好，都必须要通过条理清晰的建议书将理财规划师的分析思路和结论表述出来，这样客户才能理解、明确理财规划师的建议，避免因理解不当而造成执行有误。

第三节　综合理财规划建议书例文及评析

前言

尊敬的马先生：

××公司是专业从事理财规划、财经咨询、金融培训的服务性机构。我们拥有国内金融理财领域的众多资深专业人士和国内一流的金融理财专家与顾问团队。非常荣幸能为您和您的家庭设计一套完整的理财规划方案。对您给予我们的信任和支持，我们表示十分感谢，并衷心希望我们能长期保持良好的合作关系。

一、本建议书的由来

本建议书是根据您2007年1月6日的委托，由我公司为您量身定制的理财规划建议书。

本建议书能够协助您全面了解自己的财务状况，明确财务需求及目标，并提供充分利用您财务资源的建议，是一份指导您达成理财目标的手册，供您在管理资产的决策中有所参考，但并不能代替其他专业分析报告。

二、本建议书所用资料的来源

本建议书的资料来源包括以下几个方面：

1.您提供给我们的有关您的财务状况及家庭情况的相关资料文件，包括您近期和过去几年的财务资料；

……

三、本公司义务

根据理财规划师工作要求及职业道德要求，本公司具有如下义务：

1.本公司为您指定的具体承办理财规划事务的理财规划师具有相应的胜任能力，已经通过国家理财规划师职业资格考试，取得执业证书，并具有一定的工作经验；

……

四、客户方义务（略）

五、免责条款

1.本理财规划建议书是在您提供的资料基础上，并基于通常可接受的假设、合理的估计，综合考虑您的资产负债状况、理财目标、现金收支以及理财对策而制订的。推算出的结果可能与您真实情况存有一定的误差，您提供信息的完整性、真实性将有利于我们为您更好地量身定制个人理财计划，提供更好的个人理财服务。

……

理财规划建议书的假设前提

本理财规划建议书的计算均基于以下假设条件：

一、年通货膨胀率为3%（略）

二、活期储蓄存款利率0.81%，一年期定期存款的年利率为3.60%（略）

三、货币市场基金年收益率为2.5%（略）

……

一、客户财务状况分析

客户家庭成员基本情况及分析。（略）

（一）资产负债表（见表14.4）

表14.4　资产负债表

客户：马先生与马太太家庭　　日期：2007年12月31日　　单位：元

资产	金额	负债与净资产	金额
金融资产		负债	
现金与现金等价物		信用卡透支	0
现金		住房贷款	100 000
活期存款	250 000	负债合计	100 000

续表 14.4

资产	金额	负债与净资产	金额
现金与现金等价物小计	250 000		
其他金融资产			
股票	700 000		
保险理财产品	8 280		
其他金融资产小计	708 280		
金融资产小计	958 280	净资产	2 358 280
实物资产			
自住房	900 000		
投资的房地产	600 000		
实物资产小计	1 500 000		
资产总计	2 458 280	负债与净资产总计	2 458 280

(二)现金流量表(见表 14.5)

表 14.5 现金流量表

客户:马先生与马太太家庭　　日期:2007 年 1 月 1 日至 2007 年 12 月 31 日　　单位:元

年收入	金额	百分比	年支出	金额	百分比
工资和薪金			房屋按揭还贷	24000	19.28%
马先生	300 000	68.62%	日常生活支出	60 000	48.19%
马太太	72 000	16.47%	商业保险费用	4 500	3.61%
奖金和佣金	42 625	9.75%	休闲和娱乐	12 000	9.64%
投资收入			其他支出	24 000	19.28%
租金收入	22 560	5.16%			
收入总计	437 185	100%	支出总计	124 500	100%
年结余	312 685				

(三)家庭收入分析(图略)

我们认为您的家庭收入主要来自于税后工资,收入过于单一。万一出现失业或意外,您的家庭抗风险的能力较低,将会对您的家庭产生不良影响。

(四)家庭开支分析(图略)

您目前提供的家庭开支中,家庭的日常消费开支确实不是很大,这说明您的家庭生活非常传统,储蓄意识也很强。但是您的日常支出并没有具体罗列各项开支,您的支出水平相比较于北京市同等消费支出水平偏低。

(五)客户财务状况的比率分析(见表 14.6)

表 14.6　客户财务比率表

项目	参考值	实际数值
结余比率	30%	71.52%
投资与净资产比率	50%	55%
清偿比率	50%	96%
负债比率	50%	4%
即付比率	70%	2.5%
负债收入比率	40%	5.49%
流动性比率	3	27

……

总体分析您的各项指标，说明您的财务结构不尽合理。您很关注资产的流动性，流动性资产完全可以应付负债，结余比率过高，应适当增加投资，充分利用杠杆效应提高资产的整体收益性。

（六）客户财务状况预测

客户现在处于事业的黄金阶段，预期收入会有稳定的增长，投资收入的比例会逐渐加大。同时，现有的支出也会增加，随着年龄的增长，保险医疗的费用会有所增加。另外，购车后，每年会有一笔较大的开销。目前只有按揭贷款一项负债，随着时间的推移，这笔负债会越来越小。

（七）客户财务状况总体评价

总体看来，客户偿债能力较强，结余比例较高，财务状况较好。其缺陷在于活期存款占总资产的比例过高，投资结构不太合理。该客户的资产投资和消费结构可进一步提高。

二、客户理财目标

根据您的期望和我们之间的多次协商，我们认为您与您太太的理财目标是：

1. 现金规划：保持家庭资产适当的流动性。

2. 保险规划：增加适当的保险投入进行风险管理。（短期）

3. 消费支出规划——购车：近期内购买一辆总价为 30 万元的车。（短期）

4. 消费支出规划——购房：在未来 5 年购买第三套住房的家庭计划（总价格预计为 80 万元）。（中期）

5. 子女教育规划：十年后（2015 年）送孩子出国念书，每年各种支出需要 10 万元，大约 6 年（本科加硕士研究生），共需 60 万元。（长期）

6. 马先生和马太太夫妇的退休养老规划。（长期）

三、分项理财规划

（一）现金规划

您目前的流动资金有 250 000 元，占到您总资产 10%。您目前每月的生活费大约为9 120

元,现金/活期存款额度偏高,对于马先生马太太夫妇这样收入比较稳定的家庭来说,保持3个月的消费支出额度即可,建议保留30 000元的家庭备用金,以保障家庭资产适当的流动性。这30 000元的家庭备用金从现有活期存款中提取,其中10 000元可以续存活期,另外,20 000元购买货币市场基金。货币市场基金本身流动性很强,同时收益高于活期存款,大约为每年1.9%左右,免征利息税,是理想的现金规划工具。

……

(二)消费支出规划

……

从您的理财目标可以看出,您的家庭还打算近期购买一辆汽车,5年内购买另一套住房。我们分别对您的购车和购房计划进行规划。

1. 购车规划

……

首先来看买车的费用:购车费:250 000元;购置税:25 000元左右;保险费(全险)7 000元左右;养路费:110元/月;车船税200元;上牌等杂费500元;这样总共是284 020元。

从您的家庭经济状况看,我们建议您在半年内买车,可以从存款中支取220 000元,另外70 000元从半年的收入结余中支取。

……

2. 购房规划(略)

(三)教育规划

您为您的儿子投保了××险种,该险种的保险责任中明确,在您儿子18、19、20、21岁四年每年给付教育资金10 000元。您的意向是送孩子出国读大学和硕士,这样看来,孩子的教育保险更多的还是对孩子健康、平安的一个保障,6年的教育基金预留为60万元。但是经过我们的精确测算,出国读书每年的费用基本在18万元左右,您的教育基金预留额估计过低。我们按每年18万元进行测算,静态计算6年为108万元。对于您的家庭来说,教育基金的筹集还是要靠投资来完成。同时,考虑到保险的分红,到孩子18岁时,您的教育基金缺口为104万元。目前距离他18岁成人还有10年,假设年投资收益率为10%,您需要每年为他投资约6.5万元(根据财务计算器计算得出),10年后,即可得到104万元的留学基金。建议您对教育基金进行××基金管理公司的××平稳股票基金投资,每年操作1~2次,年收益率在5%~15%之间。

(四)风险管理和保险规划

……

马先生家庭的财产和成员都缺少风险保障。马先生本人以及马太太和儿子马腾的风险保障可以通过商业保险完成。考虑到马先生家庭的收入水平,其家庭各项风险保障费用加总不宜超过31 000元,即家庭年度结余的10%,这样在形成家庭保障的同时不会造成家庭过重的财务负担。具体风险保障规划现按家庭各成员和家庭财产分别陈述如下：

1. 首先我们对马先生您个人的保险规划提出以下建议：

……

(1)人寿保险建议——针对您的生命风险进行的规划。(略)

(2)健康保险建议——针对您的身体健康进行的规划。(略)

2. 意外伤害保险建议(略)

3. 我们对马太太的保险规划提出以下建议(略)

4. 我们对马腾的保险规划提出以下建议(略)

5. 对您不动产的保险规划建议(略)

(五)投资规划

1. 房产投资分析(略)

2. 股票投资分析(略)

3. 基金投资分析(略)

(六)税收筹划(略)

(七)退休养老规划

……

以目前的生活水平，且每年通货膨胀率为5%计算，您的目标是退休后前20年，日常消费和旅游费用年9万元，后15年，年消费6万元，这需要准备多少钱呢?

根据财务计算器计算，您55岁退休前要准备174万元生活费。

您未来工作10年间可以为退休前准备多少钱呢？在接下来的5年半里，除最初的半年付购车款外，每年会有45 850元现金结余，如果选择偏股型基金进行长期投资，则期初的700 000元金融资产及每年的45 000元持续投入在10年之后会有2 000 740元的资金(预期未来10年股票类资产的收益率为7%)，5年后，按揭贷款付清，第三套住房已买入，每年会有174 000元闲置资金，可以将它再投资于平衡型基金(预期收益率为5%)，在5年后会有961 460元的资金。那么10年后，您退休时可以拥有2 962 200元资产。

……

(八)财产分配与传承规划

这在国内可能比较避讳，但在国外是非常普遍的事情，一旦出现意外，可以避免出现没有必要的家庭纷争。使用的主要工具将为遗嘱和个人信托。这方面您如果有进一步的需求，请您在后续服务中跟我们联系，我们可以安排您在相关法律人士和信托专家的帮助下设立个人遗嘱或遗嘱信托。

四、理财方案的预期效果分析

2007年现金流量表(略)

表 14.7　2008 年现金流量表

客户:马先生与马太太家庭　　　　日期:2008 年 1 月 1 日至 2008 年 12 月 31 日

年收入	金额/元	百分比	年支出	金额/元	百分比
工资和薪金			房屋按揭还贷	24000	6.02%
马先生	300 000	67.48%	日常生活开支	60 000	15.05%
马太太	72 000	16.20%	汽车费用支出	21 855	5.48%
奖金	50 000	11.25%	商业保险费用	34 480	8.65%
投资收入			休闲和娱乐	12000	3.01%
租金收入	22 560	5.07%	其他支出	24 000	6.02%
			个人所得税(奖金)	7 375	1.85%
				65 000 + 150 000	53.92%
			支出总计	398 710	100%
年收入总计	444 560	100%			
年结余(元)	45 850				

资产负债表

客户:马先生与马太太家庭　　　　日期:2008 年 12 月 31 日

资产	金额/元	负债与净资产	金额/元
金融资产		负债	
现金及现金等价物		信用卡透支	0
现金		住房贷款	76 000
活期存款	10 000	负债总计	76 000
货币市场基金	20 000		
现金及现金等价物小计	30 000		
其他金融资产		净资产	2 667 350
股票	765 000		
其他基金投资	150 000		
保险理财产品	8 350		
其他金融资产小计	923 350		
实物资产			
自住房	900 000		
投资的房地产	600 000		
机动车	290 000		
实物资产小计	1 790 000		
资产总计	2 743 350	负债与净资产总计	2 743 350

财务状况的综合评价:

通过以上规划的执行,客户的理财目标基本可以得到实现,财务安全得到保障的同时,整体资产的收益率在客户的风险承受范围内也比较理想。如果客户财务状况稳定,客户可于一年后对本理财规划建议进行调整。

五、理财方案的执行和调整(略)

六、持续理财服务(略)

附件及相关资料(略)

【评析】

这篇综合理财规划建议书的前言部分主要明确了双方的责任与义务,全面而清晰。理财规划方案的假设前提包括未来平均每年通货膨胀率、定期及活期存款的年利率等多个假设前提,方便在接下来的具体理财规划中运用。正文部分首先分析了客户的财务状况,"图文并茂",具体而详细。在此基础上确定了客户的理财目标,目标合理、现实。之后以二者为依托,制订了各分项理财规划方案,建议"量体裁衣",有理有据。最后对方案的预期效果进行分析,使客户知晓方案执行后的财务状况。整篇规划结构合理,要素齐全,论述充分,语言通俗。

综合练习

根据下面所给材料,为唐先生拟写一篇综合理财规划建议书。

唐勇先生现年35岁,研究生毕业,在一家知名外资企业做行业主管,目前年薪20万元(唐先生每月税前收入1万元 ,年终效益收入8万元),公司为每个员工统一按规定缴纳社保金及住房公积金,其中包含基本的医疗保险、养老保险及失业保险,"三险一金"为工资总额的10%且均可以在税前扣除。此外,唐先生本人未购买任何商业保险。

唐太太冯瑶现年35岁,研究生毕业,某事业单位财务主管,每月税前工资4 000元,每月按照工资的8%缴存住房公积金。冯瑶年末一次性取得年终奖5 000元。由于在事业单位工作比较有保障,因此冯瑶没有购买任何商业保险。

唐先生夫妇有一个正在读小学三年级的儿子唐韬,今年九岁。唐韬活泼好动,日常生活中难免有些磕磕碰碰,但身体比较健康。因此,除学校统一购买的人身意外保险外,二人也没有为儿子单独购买其他保险。

唐先生夫妇有如下问题想向理财规划师咨询:尽管夫妻二人都有社保,儿子有意外险,但唐先生夫妇不知道一家三口是否还需要额外保障,如需要,应投保哪些险种?目前唐先生一家居住的房子是两室一厅,属于老式结构,小区环境也一般,他们很想换一套面积大一点、小区环境更优雅一些的新房。目前他们看中了一套面积为100平米的新房,价格为7 000元/平米。如果换新房,目前居住的这套房产是要出售还是要出租?儿子唐韬是家庭的重心,夫妇二人希望儿子至少读到硕士毕业,二人估算了一下,暂不考虑让儿子出国留学。从考入大学到硕士研究毕业生,综合考虑各种因素大概需要35万元。如9年后唐韬上大学时准备好这笔费用,则这笔支出该如何筹集?此外,夫妇二人都打算55岁退休,希望退休时能筹集200

万元的退休费用,以安享晚年。夫妇二人已经开始考虑百年之后的财产传承问题,他们希望现在居住的老式房子等他们夫妻俩去世之后能进行拍卖,并且将拍卖所得的二分之一捐赠给慈善机构,剩余的二分之一就留给儿子唐韬。其他的财产按照法定继承处理。

家庭资产负债情况:

一家人现在所住老式住宅的房贷已经还清。此房如出租,每月租金为 2 000 元;如出售,可卖 60 万元。

尽管夫妇二人工作繁忙,对理财也不在行,但最近看到身边的人都通过炒股、买基金赚了钱,二人也决定拿出部分资金投入到股市、基金中去。虽然唐先生对外汇投资也很感兴趣,但由于知之甚少,因此没有在这方面投入。目前夫妇二人投资在股票、基金中的资金各为 5 万元。其中股票投资账面基本持平,未获益;基金小有收获,获利 3 000 元。此外,家中还有 25 万元的定期存款和 5 万元的活期存款,活期存款获得的利息扣税后账面上为 365 元。

除上述资产外,唐先生家还有一辆去年购置的小轿车,买价 16 万元,现价 15 万元左右。

家庭支出情况:

儿子的开支占家庭支出比重较大,包括学杂费每年约 4 000 元,每年参加各种兴趣班开支 2 000 元。家庭日常生活开支每月平均 3 000 元(含水电煤气费、电话费、物业管理费、上网费、外出就餐费等)。此外,养车费用每月 2 000 元,车险费用为全年 4 600 元,每年缴纳的车船使用税 200 元。全家服装休闲等开支每年约 5 000 元,外出旅游开支每年约 1 万元。由于夫妇二人的父母均不在北京,每年全家探亲交通费约 5 000 元。另外,还要给双方二老各 5 000元以表孝心。

性格分析与投资偏好分析:

唐先生的性格与投资偏好分析:唐先生性格沉稳,工作生活中规中矩,但也并不保守,愿意尝试新鲜事物。唐先生非常热爱运动与旅游,对家人有着非常强烈的责任感。通过对唐先生进行投资偏好的问卷测试,结合对唐先生风险承受能力与承受态度的主客观分析,再结合理财规划师与唐先生沟通过程中的了解与判断,基本上可以确定唐先生的投资偏好属于稳健偏进取型,即投资比较稳健但不保守,能接受一些新的投资工具与理财理念,并且能够承受一定投资损失的风险。

冯瑶的性格与投资偏好分析:冯瑶性格开朗,但多年事业单位的财务工作使她在理财方面更显谨慎。冯瑶的投资偏好属于典型的稳健型,没有唐先生那么进取,虽然投资很有心得和想法,但是她的风险承受能力并不强,所以她进行投资时一般都会认真思考、反复论证,只有当她觉得很有把握时才会投资。

第十三章

Chapter 13

计　划

【学习目标】

· 了解计划的概念、作用、特点及种类。

· 掌握计划的写法和写作要求。

第一节　计划概述

一、计划的概念及作用

（一）计划的概念

《礼记·中庸》云："凡事豫则立，不豫则废。""豫"即"预"，就是事先有了准备。这个准备就是"计划"。计划是一种常见的事务性文书，是机关、团体、企事业单位或个人对未来一定时期内所要完成的工作或所要完成的任务作出的具体的构思和安排。

（二）计划的作用

制订计划是日常工作、生产、学习中不可缺少的重要环节，也是一种科学的工作方法。概括起来讲，计划具有以下几个方面的作用。

1. 明确目标，减少盲目

目标是主体期望达到的成就和结果，也是行为的导向。制订计划的主要目的就在于明确奋斗的目标，确定行动的方向。这样就可以增强自觉性，减少工作的盲目性，使工作有条不紊地进行，从而实现预定目标。

2. 调控资源，协调行动

对于一个部门或单位的领导者而言，有了计划，就可以随时根据计划的执行情况，适时调整进度,合理地安排人力、财力和物力,使各部门密切配合,协调行动,形成整体结构的最优化,充分发挥群体效应。这样不仅可以减少资源浪费,而且可以有效提高工作的效率和质量。

3. 预测困难,制订预案

制订计划时,不只要部署未来工作,还要对工作中可能出现的各种困难和问题进行预测,并制订出有针对性、切实可行的方案。这样的预案,有助于人们应对突发情况,结合实际情况予以调整。

4. 监督检查,提供依据

计划一旦形成,各个时期的目标就已明确,工作进度和质量也有了衡量标准,计划的执行情况便可一目了然。因此,计划既是领导监督检查工作进程及效果的依据,也是执行者自检自查的依据。

二、计划的特点及种类

(一)计划的特点

1. 预见性

预见性是计划最显著的特点,也是计划的本质表现。计划是对未来工作的目标、措施、步骤和可能发生的问题的一种预先判断。但是这种预见并非主观臆断,而是以党和国家的方针政策为指导,从本单位、本部门的实际情况出发,在总结以往经验的基础上,充分分析各种因素而得出的科学认识。

2. 目的性

计划具有明确的目的性,即在一定时期内要完成什么任务,解决什么问题,取得什么样的效果,都必须明确。这是制订计划时首先要考虑的,是计划制订的最初动力,也是制订具体措施的依据。如果目的不明确,计划也将毫无意义。

3. 可行性

计划是未来一定时期内工作的依据,制订后是要付诸实施的。这就要求计划提出的目标和措施必须是切实可行的,要一切从实际出发,确定目标既不能过高,也不能过低。目标过高,脱离实际,计划会成为一纸空文,很难实现;目标过低,会造成人力、财力、物力上的不必要浪费,不能充分发挥主观能动性。有了可行的目标,措施和方法也应可行得当,切合实际情况,保证目标的实现。

4. 约束性

计划虽然不属于正式的公文,但同样具有约束力。计划一经通过或批准,在计划制订的单位、部门管辖的范围内,就有了一定的规定性和权威性,要求所属人员必须认真执行,不得随意更改,不得违背和拖延。但这不等于计划完全不可更改,因为在计划的实施过程中,可能出现一些预想不到的问题阻碍计划的执行,这就需要根据情况对计划进行修改、调整和补充,但调整后的目标和措施依然制约着所有成员的行动。

5. 专业性

计划属于专业性很强的文书。专业和分工不同,制订计划的术语也不同,内容也就有了很大的差别。因此,不熟悉本专业的人,很难制订出一份科学的计划。

(二)计划的种类

计划是计划类文书的统称。我们在日常工作中所常见的"规划""方案""安排""设想""打算""要点"等,都是人们对今后工作或活动作出的部署和安排,因而也都属于计划这个范畴。它们的区别主要体现在目标的远近、内容的详略和时限的长短上。

"规划"是计划类文书中最宏大的一种,是比较全面的、长远的、有战略性的、内容较为概括的计划,如《××公司十年发展规划》。"要点"是用于上级对下级布置主要任务,交代政策,提出原则要求的粗线条计划,如《国家人力资源和社会保障部20××年继续教育工作要点》。"方案"是针对某项工作从目的、要求、方式、方法、具体措施等方面都作出全面的部署与安排的计划,如《××公司机构改革实施方案》。"设想"是一种粗线条的、初步的、不太成熟的非正式计划,还有待进一步修订和完善,如《关于我校进行"数字化校园"建设的设想》。"打算"也是一种内容比较粗略的非正式计划,与设想的区别在于它的内容范围不大、时间较短,如《关于××大街商业网点设置的打算》。"安排"是对短期内工作进行具体布置的计划,内容单一,往往侧重于实施步骤和时间分配,如《××学院第九周教学口工作安排》。拟写计划,要注意根据不同的情况,选取不同的名称,做到名实相符。

计划还可以从不同角度进行分类,种类多元。

按效力分,可分为指令性计划和指导性计划。指令性计划是国家下达的具有行政约束力的计划,计划任务按部门、企业逐级分解下达,一般情况下要求必须严格执行。其主要用于有关国计民生的重要商品和关系经济全局的骨干企业。指导性计划是国家根据国民经济发展的需要下达给企业的参考性计划指标,不是强制性的。它适用于一般经济活动,既可以发挥国家宏观调控作用,又给企业留有较大的机动余地,发挥它们的灵活自主性。

按内容分,可分为工作计划、学习计划、生产计划、科研计划、销售计划、分配计划、财务计划、经营计划、军事计划、基本建设计划等。

按时间分,五年以上的叫长期计划,三年以上、五年以下的叫中期计划,三年以下的叫短期计划。短期计划还可分为年度计划、季度计划、月计划等。时间大多数标注在标题里。

按范围分,可分为国家计划、地区计划、部门计划、单位计划、科室或班组计划、个人计划等。

按性质分,可分为综合性计划和专题性计划。前者往往涉及一个单位工作的许多个方面,如社会发展计划、机关单位的总体工作计划等;后者则只涉及某一方面的工作,如工程监理计划、质量检查计划等。

按表现形式分，可分为条文式计划、表格式计划、条文兼表格式计划。

第二节　计划写作

一、计划的写法

计划的写法比较灵活、自由，没有一种固定不变的写法，应视具体内容而定，以表述清楚为宜，一般都由标题、正文、落款三部分组成。常见的体式有条文式、表格式和条文兼表格式。

（一）条文式计划的写法

条文式计划常常把计划内容分成若干部分或若干条款，按照一定的逻辑顺序进行排列，主要以文字表述为主，具有条理清楚、逻辑性强等特点，应用范围较为广泛。

1. 标题

标题又叫计划的名称。完整的计划标题包括四个要素：制订计划的单位名称、时限、内容和文种。如《××市教育局20××年人事改革方案》、《××大学20××—20××学年寒假工作安排》。标题的要素并非都要齐全，可根据具体情况有所省略，如《××技术学院校园建设规划》就省略了时限，《20××年第四季度生产计划》省略了单位名称，还有的标题同时省略了时限和单位名称，如《科研工作计划》。越是基层单位的计划，省略要素的情况越普遍，因为涉及范围小，有些要素不说大家也明白。越是大单位的正规的计划，要素越不可省略。

如果计划还未经正式讨论通过或尚待执行一段时间后方可确定，应在标题后面或下方用括号注明“初稿”“讨论稿”“征求意见稿”或“草案”等字样，以区别于定稿的文件，如《××购物中心第四季度销售方案（草案）》。有些重要的计划须经一定的会议通过或批准，则应在标题之下用括号注明通过或批准的会议名称与日期。

2. 正文

正文是计划的内容，也是计划的主体。一般由前言、主体、结尾组成。

（1）前言。

前言是计划的纲领部分，主要说明制订计划的指导思想和依据，即说明“为什么做”“依据什么做”“能不能做”的问题。主要内容有：说明依据党和国家的有关方针政策和上级的指示精神、当前的形势及本单位的实际情况等；概述今后工作的总任务、总目标；对基本情况的分析等。段末常常用承前启后语“特制订计划如下”或“为此，本年度要抓好以下几项工作”等过渡到主体部分。前言应简明扼要，不宜过多论述。如果是普通的、简要的计划，前言部分也可以省略。

(2)主体。

主体是计划的核心部分,主要阐释计划的具体内容,具体回答"做什么""怎么做""何时完成"的问题。要求写得周密清楚,简洁而有条理。计划的主体主要包括三个部分,即目标和任务(做什么)、措施和方法(怎么做)、步骤和时限(几步完成)。

①目标和任务。

这部分要明确提出计划要达到的预期目的和基本要求。一般都分条来写,要分清主次,突出重点。计划中表示数量、质量、时间进度等内容,要少用"左右""尽量""在一定范围内"等模糊限制语,这样会使任务和目标不具体,弹性过大而落空。所以,凡是任务指标可以量化的都要予以量化,对于那些不能用具体数字要求的任务,如思想道德建设、素质教育等,也要有明确的要求,如从哪几方面做,做到什么程度等。

②措施和方法。

措施和方法是实现目标的具体做法,是完成计划任务的有力保证,包括思想工作,组织分工,人力、财力、物力的安排,后勤保障,并估计实施过程中遇到的问题及采取的应对措施等。措施要明确得力,方法要切实可行。

③步骤和时限。

步骤和时限是计划的进度安排和时间要求。计划的实施有一个完成先后问题,因此制订计划时要把计划完成的日程安排出来,先做什么,后做什么,哪个是重点,哪个是一般,都应该有明确的认识,分清轻重缓急。科学合理的时间安排既可以使执行者有紧迫感,又可以有条不紊地开展工作,如期完成计划。

(3)结尾。

计划的结尾没有固定的格式,可根据实际需要而定。可以补充说明执行要求、注意事项;也可以提出希望、发出号召,鼓舞人心;还可以在主体结束之后就自然结束全文,结尾略去不写。

3. 落款

落款通常包括制订计划的单位名称和制订日期两部分。如果标题已经有了单位名称,则可不署名。具体标注位置是在计划正文的右下方,日期写在署名下面。如果以文件形式下发,还要加盖公章。

(二)表格式计划的写法

表格式计划行文较为直观、简洁,标题与落款的写法和条文式计划相同,正文采用表格表述计划的内容,一目了然。它往往应用于内容较为简单、范围较小、时间较短、方式变化不大的计划,对照检查较为方便,如生产计划、工作安排、月计划等。

(三)条文兼表格式计划的写法

条文表格结合的计划既有文字表述,又有表格说明。计划的依据、目的等内容可以用文字表述，大量的数字、数据可以用表格，增加计划的可感性与明确性，这样的结合往往适合于较为复杂的计划。

二、计划的写作要求

（一）要顾全大局

制订计划的目的是为了更好地贯彻和执行党和国家的方针、政策，把上级政策和本单位、本部门的实际相结合，顺利地完成各项任务。因此，在撰写计划时必须要从整体利益出发，贯彻下级服从上级、局部服从整体的原则，把自己的小计划纳入到国家和上级机构的大计划之中，要处理好全局与局部、长远与目前之间的关系，处理好国家、集体、个人三者之间的利益关系。这样，计划才能指导今后一个时期的工作沿着正确的方向前进和发展。

（二）要从实际出发

制订计划要切合实际，从本单位、本部门的实际出发定目标、定任务、定标准，既要尽力而行，又要量力而为，留有余地。因此，在撰写计划前一定要广泛收集信息，科学分析现状及各种相关因素，把计划建立在主客观条件允许的基础上。切忌闭门造车，简单照搬照抄上级主管部门的计划，致使计划内容与本部门实际严重脱节。由于计划是事前制订的，随着客观情况的变化，可能要进行一定的修改，所以制订时还要注意留有余地。

（三）要具体明确，突出重点

计划的目的、任务、指标、措施、办法、步骤等，都应写得具体、明确，不能笼统，含糊其辞，责任不明，让人无所适从。要注意根据一个时期任务的轻重缓急来安排工作的程序，重要的、紧迫的工作应安排在前面，一般的、可缓的工作安排在后面。要突出工作重点，不能眉毛胡子一把抓。同时，要兼顾一般，围绕中心工作进行合理安排。这样写，计划的操作性才更强，更便于执行。

（四）要简明扼要

计划一般采取条文式来写，以叙述和说明为主，语言要简洁明了，朴实自然，不能铺陈花哨。因为计划的内容都是要求人们未来做的，只有理解明白，才能执行完成。同时，要注意行文内容之间的逻辑关系，条理要清晰。

第三节 计划例文及评析

一、营销计划

20××年上海地区“维维利乐包豆奶”营销计划

一、上海豆奶市场营销环境分析

(一)市场需求分析

上海市的人口为1 300万,是我国最重要的商业城市,市场潜力大,竞争品牌多。近年来,豆奶类饮品在居民心中不断上升的消费地位和上海独特的快节奏生活方式,给营养绿色饮料带来巨大的商业机遇。仅香港维他豆奶2000年在上海的销售额就高达6 000万元人民币。

(二)竞争品牌占有率分析

目前,利乐包豆奶在上海市场同类产品众多,其中尤以香港维他奶销量最为看好。该产品占有豆奶利乐包市场实际销售额的60%以上,月均销售在500万元以上。同时,该产品是成熟期的品牌产品,其营销广告方式很专业,营销渠道成熟,市场上柜率极高,售点形象气氛设计好,是上海豆奶利乐包的主导品牌。

……

(三)竞争产品价格及容量分析(略)

(四)竞争品牌广告促销历史资料(略)

(五)从竞争环境分析营销机会点

综合以上营销环境分析,维维利乐包豆奶要想迅速在上海市场上推广,必须以上乘品质、同等价位渗透市场,利用维维品牌的知名度,通过有针对性的广告宣传,引发消费者的首次购买欲望。通过大面积的铺市和有吸引力的营销策略及售点营销氛围来推广产品。

二、市场机会与缺陷分析

维维豆奶在上海市场有发达的销售网络,经过半年多的直销实践,目前豆奶销售基本分为5种直销体系,即与6家大型卖场、8家连锁超市公司、4家便利店配送公司、几十家百货商场、交易市场主要批发商建立业务关系。这种营销渠道的建立,对维维利乐包迅速进入上海市场非常有利,能在短时间内使产品迅速摆上1 000家以上大中型售点的柜台。

这种营销体系对豆奶饮料而言,缺乏街头冰点销售体系,对豆奶饮料的推广是一个障碍。

三、企业优劣势的综合分析

(一)优势的分析

1. 交易市场、大卖场、连锁超市、百货店、便利店渠道畅通。

2. 企业知名度高。

3. 新产品有第一次购买机会。

4. 企业有推广实力。

(二)劣势的分析

1. 产品价格高,同类产品的零售价仅在1.3元左右。

2. 无冰点销售网络。

3. 产品无知。

4. 竞争环境激烈。

5. 营销费用大,产品单位成本高。

6. 无针对上海市场的重点广告宣传。

四、"维维利乐包豆奶"上海市场的营销目标

总公司20××年企业经营目标要求上海地区的"维维利乐包豆奶"营销目标为1 500万,利润目标为150万。为了完成总公司的这一经营目标,维维(上海)销售公司特制订以下的营销目标:

1. 市场占有率:10%。

2. 售点覆盖率:大卖场100%,连锁超市80%以上,连锁便利店80%以上,百货商店60%以上,冰点50%以上。

3. 广告宣传目标:产品尝试率30%,品牌知名度40%。

4. 顾客服务目标:产品售后服务满意率达到90%%以上(含90%)。

5. 企业的形象目标:维持企业市场领导地位,提升企业的绿色营销形象。

五、"维维利乐包豆奶"上海市场的营销策略

(一)产品策略

1. 提高豆奶的质量

豆奶富含蛋白质、氨基酸、维生素等成分,是营养价值极高的食品,它对于人体的多种疾病有很大的疗效,国家也已投入亿元支持"豆奶计划"。但由于长期以来人们的普遍习惯是更愿意选择牛奶,豆奶的市场一直处于低迷状态,因此作为第一批获得"优秀豆奶企业评定"的江苏维维集团旗下的产品更应该在以下几方面进行改进及完善:

(1)原料方面:由大豆制作豆奶,曾被营养学家誉为"绿色牛奶",因此需要选择优质、新鲜、饱满、大颗,无论从颜色还是从大小或是质感都是上乘的大豆作为原材料,真正让豆奶成为"绿色中的绿色"食品。

(2)生产技术设备方面:拥有一套具备世界先进水平的生产线,并配用与之相符的管理理念和掌握操作的技术人员,以便保证先进的生产设备能正常运行,生产出优质的豆奶,并且在一定程度上改善豆奶特有的一股豆腥的味道。与此同时,由于科技水平可谓是日新月异,虽然维维集团是一家生产豆奶的企业,但也应时刻关注与自己本行业相关的其他行业的动态,

尤其是生产设备,必须紧跟国际步伐,否则即使国内拥有大量的和高质量的原材料,也难以生产出符合消费者所需的产品。

(3)卫生方面:豆奶是一种食品,而食品最主要的就是卫生问题,这与人的健康紧密相关。因此,在整个生产过程中一定要确保密封性和严谨性,前者指的是生产环境,后者指的是生产者的观念。出入生产区,要换上特制的工作服,工作人员若是生病了,要隔离,诸如此类的,一定要明文规定。

(4)运输方面:在这个方面,要注意豆奶的特质。它是一种容易变质,容易腐败的饮品,在运输过程中需避光、防热。装载豆奶的车辆最好是具有温控设备的,使它一直处于最合适的温度,零售商和中间商也需要配有合适的储存设备。除此之外,还应留意到豆奶包装的完整性,以免造成额外的损失。

(5)保质期(略)

2. 不断开发新品种

新品种的开发是企业生命力的重要保证,也是有效占据市场份额的手段。下面我们从营养成分、口味、特殊人群、独特功效、饮食方式与生活情调这几个方面来细说豆奶新品种的开发。

(1)营养成分(略)

(2)口味(略)

(3)特殊人群(略)

(4)豆奶的独特功效(略)

(5)饮食方式与生活情调(略)

3. 改进包装

产品的包装是导致消费者产生购买行为的最直接因素。维维豆奶过去的外包装,多半是塑料瓶和袋装,颜色和图案都比较单一,无法瞬间吸引消费者的目光,并唤起他们的购买欲,无形中给销售造成了巨大损失。因此,在推出新产品的同时,借机对包装做一系列的改进实属必要。以下分别从包装的材料、形状、颜色、图案、容量等方面提出几项参考的建议。

(1)材料(略)。

(2)形状(略)。

(3)颜色:这一点做文章的空间最大,我们可以从不同角度对颜色进行改变。

①季节:随着季节的不同,人的心情也会随之发生变化。在春和夏两季,由于天气逐渐转热,人会觉得比较浮躁,因此对于豆奶的外包装,最好采用冷色调;相对的,在秋和冬两季,用暖色调会比较合适。

②购买者(略)

③潮流(略)

(4)图案:可爱的小动物(配上上文提到的添加动物特征的方案)——针对孩子;花卉、西方的著名建筑(配上上文提到的流行色的方案)——针对追求另类、时尚的年轻人;新鲜的大豆或是豆奶的其他成分(从视觉上给人一种营养、健康的感觉)——针对老年人和主妇们。这几种不同的外包装的图案,也可以跟不同口味的豆奶相配合。

(5)容量:据调查最好是两种,一是250 ml的——供随机购买;另一种是1 000 ml的——供家庭饮用。前者设计要考虑方便消费者饮用,后者则应适合放置在冰箱里,根据冰箱内层的高度和宽度,易于存放。

4. 扩大“维维”的知名度

从长远来看,解决豆奶现状问题首先要加大宣传力度,提高全社会对豆奶产品的认识水平,大力提倡饮用豆奶,尤其应该积极支持“国家大豆行动计划”中的学生奶工作,通过多种途径向中小学生宣传推广豆奶,使全社会真正认识到喝豆奶的重要性。这些工作要真正取得实效,在一定程度的确有赖于更多企业的大力协助。维维集团正可以借此来扬名,更可以为自己今后的发展埋下伏笔。

5. 及时交货

维维集团从原料到生产、成品、运输、中间商、零售商这一整个流程都要保持畅通无阻,寻找合适的物流中心合作配送,及时补货。

6. 提供售后服务

虽然豆奶单价不高,但它是消费者会经常并且长期购买的商品,它的售后服务也不应掉以轻心。我们可以提供以下几种售后服务:

(1)对于买批量豆奶的顾客,我们提供送货上门。

(2)对于长期购买豆奶的顾客,我们定期把豆奶送上门。

……

(二)价格策略

根据财务部门提供的成本信息,我们按照不同的目的制订了如下的四套方案,并加以分析,仅供参考。

方案一:成本加成法定价(略)

方案二:考虑市场需求,实现目标利润的价格(略)

方案三:具有竞争力的价格,即保本价~市场价格(略)

方案四:面对严峻市场形势的价格→边际贡献价格法(略)

以上是所制订出的四套价格方案,综合分析得出方案三是最具有可行性的……

维维(上海)销售公司

二〇××年××月××日

【评析】

这则营销计划写得较为详细。从全文的结构上看,分条叙述使行文层次分明,条理清晰;从内容上看,计划制订背景分析透彻,目标细化具体,六项产品措施与四套价格策略很好地回答了“怎么做”的问题,使执行和检查都有所依据。综观全文,结构合理,语言质朴,格式规范,是一篇不错的营销计划。

二、财务工作计划

20××年××信用社财务工作计划

20××年信用社财务工作的指导思想是:以紧紧围绕联社业务经营中心为前提、以扭亏增盈提高经济效益为目标,狠抓会计业务基础工作,强化财务管理,化解会计风险,全面完成市信合办下达的财务目标任务。为此,特制订如下计划:

一、强化制度建设,规范管理,防范会计风险

会计工作是信用社的一项基础性工作,肩负着核算业务、反映经营成果、预测业务发展前景、参加信用社经营决策的重要职责。会计工作的好坏,直接影响信用社的信誉和地位,关系到信用社的生存发展。为此要加大会计内控制度建设,从严治社,化险增效。

(一)要坚持不懈抓好会计规范化管理。从整体上改变会计基础工作状况,对未实现会计达标的信用社要重点检查辅导,严格标准验收,促其达标;对已达标的信用社要定期坚持检查保证质量。力争20××年信用社会计工作达标100%,十个信用社达标升二级,升级面达30%以上。

(二)整章建制,完善内控制度。针对辖区信用社会计的情况,进一步修改《信用社财务管理办法》、《电子联行和微机业务操作规程》等,制定出一套具有自身特点、便于信用社会计操作执行的内部管理制度规范体系,进一步规范财会人员的行为,将各种会计风险控制在规定的范围之内,达到查错防弊、堵塞漏洞、消除隐患,保证业务稳健运行的目的。

(三)确立激励机制,全面提高会计工作质量。一是设立会计风险抵押金。每个会计员交500元作为保证金,实行错账自赔;二是加大对会计工作质量考核力度。对检查发现不合规会计凭证,每张扣工资0.1元,记账不合规的每笔扣0.2元,计息差错的按差错金额退赔补收入账;三是开展会计工作评比,奖优罚劣。对会计工作成绩显著,安全无事故的会计颁发荣誉证书,给予表扬;对会计工作质量差的会计员通报批评,并进行经济处罚。

二、重管理、抓落实、巧理财、创效益

20××年利润计划目标,确定社社盈余,盈余面达××%,盈利额×××万元。综合费用额压缩到××%。财务管理的主题应是加强核算,增收节支,支持业务的发展与创新,进一步提高经济效益。我们将以加快财会管理创新为动力,找准财会工作改革和突破口,实行积极有效的财务措施。

（一）强化成本管理，严格控制费用支出。对信用社实行综合费用率、费用限额“双轨制”管理办法。以收定支“总额控制、单项包干、节约留用、超支自负”。一是以收入为基数，测算确定各社的应控费用额，并对存款、收息任务完成好的信用社奖励费用。二是实行重大费用请示报告制度。信用社凡开支1 000元以上的，无论什么性质，事先写出请示，审批后方可入账。三是坚持财务开支公开制。每月向职工张榜公布财务开支明细账，增加透明度。接受群众监督，把住财务支出的关键性闸门，节支增效。

（二）大力盘活信贷资金，积极收回到期、逾期贷款，努力提高贷款收息率。实行工效工资，切实落实“以包贷、包收、包管理、包效益”内部信贷岗位责任制，增加信贷人员的工作责任心，采取灵活多样的办法，积极清收贷款应收利息，防止人情收息，杜绝“跑、冒、滴、漏”现象。创造一个新颖生动的效益工作局面，贷款收息额力争达到2 000万元，贷款收息率力争超7%。

（三）立足增加存款总量，着力调整负债结构。加大对低息存款的考核力度，积极组织低成本存款，降低存款付息率，资金成本要比上年降低0.4个百分点。

（四）准确调度资金，提高资金运用率。一是充分发挥联社结算融资中心作用，帮助信用社算好资金头寸，控制现金库存和非营业性资金占压。清收应收款项，尽量减少无效资金占用。二是合理运用资金的时间差、地方差、空间差，进行银行业资金调剂和其他债券投资，增加资金盈利。

三、加快电子化建设步伐，提高会计电子化水平

目前我联社营业机构微机覆盖面达95%。20××年实现覆盖面100%，要积极开发贷款记账软件程序，充分体现真实准确、快捷的原则，向网络化发展，实现办公自动化。积极拓展结算渠道，强化结算功能，积极做好全国电子汇兑业务工作，加快资金汇划速度。切实解决信用社结算难问题，促进业务发展，提高农信社的社会知名度，增加社会竞争力。

四、加强财会人员培训，提高会计队伍素质

目前信用社的老会计虽有丰富的实践经验，但缺乏对财会工作的理性认识；年轻会计人员虽有一定的文化知识，但缺乏实际业务能力，特别是微机操作业务不熟，经常因操作慢、乱、错造成人为的机器故障而影响营业。为此，今年会计培训的重点是计算机操作员。举办3期学习班，将会计、出纳、计算机操作员全部轮训一次，培训达300人次。培训的形式：集中学习，以会代训，岗位练兵相结合。培训内容：政治思想教育，电脑知识，会计核算，财务管理等。逐步提高财务会计的政治素质和业务素质，并坚持开展岗位练兵活动，以老带新，学技术、练业务技能，力争在上级举办的业务技术比武中取得优异成绩。

五、抓好会计检查监督，为安全经营保驾护航

检查的形式，常规检查、专项抽查、重点检查三结合的办法，检查面达到100%。重点对印、押、证、机及重要空白凭证的管理，杜绝一切差错事故发生，化解会计风险，坚持季末会计、

账、证、表集中会审四次以上，定期考评，通报奖优罚劣。今年报表强调实事求是，挤干水分，突出“实”字，促进业务稳健经营、健康发展。

六、加强调查研究，提高决策水平

（一）要继续坚持每月财务分析，每季财务工作总结，对信用社的财务状况正确分析评价，总结经验，发现问题及时解决，正确决策。

（二）做好会计研究，深入基层社调查研究，从多方面寻找着力点，写出调查报告，找差距、查原因、想措施、促落实，围绕业务经营目标搞好核算。

（三）加强上下级之间财务工作联系，及时向领导反馈工作信息，为领导决策提供可靠的数字依据。

××信用社

二〇××年××月××日

【评析】

这则计划对下一年工作作了较全面的安排。计划的标题写明制订计划的单位及计划安排的事项。前言明确制订计划的指导思想，末尾处以“为此，特制订计划如下”过渡到主体部分。主体采取条文式写法，将目标、任务与措施一一对应，即把“做什么”和“怎么做”融合在一起，每项任务下面都包含着具体措施，有利于本单位各部门具体实施计划。主体结束后自然收尾。计划条理清楚，结构严谨，语言精练。

三、经营计划

××公司20××年度经营计划

一、20××年的经营方针

在认真审视公司经营的优势和劣势、强项和弱项（SWOT）的基础上，公司发展战略中心对当前行业的竞争形势和趋势作出基本研判，将20××年的经营方针确定为：灵活策略赢市场，扩大规模增实力，加强管理保利润。

经营方针是公司阶段性经营的指导思想。各单位、各部门和各级干部的各项经营、管理活动，包括政策制订、制度设计、日常管理，都必须始终不逾地围绕经营方针展开、贯彻和执行。

二、20××年的经营目标

（一）核心经营目标

20××年，公司的核心经营目标是：年度销售收入6 500万元，增长率93%，保底销售收入5 000万元；年度税后利润780万元，增长率338%，税后利润率12%，资产回报率20%，保底利润360万元。

在核心经营目标中，利润是能够反映公司经营质量的唯一指标，也是评价和考核经营团队的“核心之核”。

（二）销售目标细分

销售目标细分表

计算单位：万元人民币

分类	项目	年度目标	第一季度	第二季度	第三季度	第四季度
按责任中心分解	国际贸易中心	2 500	350	550	750	850
	中国区营销中心	4 000	625	840	1 091	1 444
	合计	6 500	975	1 390	1 841	2 294
	进度比	100%	15.0%	21.3%	28.3%	35.4%
	累计进度比	100%	15.0%	36.3%	64.6%	100%
按责任部门分解	国际贸易部	2 500	350	550	750	850
	渠道发展部	2 870	390	580	820	1 080
	直营发展部	930	185	220	224	301
	广州专卖店	200	50	40	47	63
按市场类型分解	美国市场	1 375	—	—	—	—
	欧/新市场	375	—	—	—	—
	澳洲市场	375	—	—	—	—
	其他国际市场	375	—	—	—	—
	国内渠道市场	2 870	390	580	820	1 080
	国内直营市场	1 130	235	260	271	364

三、主要经营策略

（一）市场策略

要实现销售收入的大幅度增长，扩大市场覆盖面、扩大实质客户群，进而大幅提升订单量，是必然的选择。因此，公司将20××年确定为“市场拓展年”，投入巨大投资开拓市场、发展客户、争取订单。对此，应采取下列措施：

1. 全公司必须以市场为导向，以营销为龙头开展经营和管理活动。公司制订相关政策，鼓励全体员工参与营销工作。

2. 国际贸易中心和中国区营销中心必须整合各项资源，在20××年上半年，采取一切措施，集中精力做好海外客户和国内经销商的开发、签约工作。

……

（二）产品策略

市场策略需要产品策略和价格策略的强力支撑和支持。20××年公司的整体产品策略是“亲民路线”，即：在确保品质的基础上，在设计、选材和价格上，始终围绕客户需求，以客户需求为出发点和归属点，以适销对路为原则，降低单套产品利润，提升总体销量，实现利润总量最大化。为此，应采取下列措施：

1. 国际贸易中心应调整主打产品，从实木产品向现代产品过渡，以做辅助材料为主（如柜身及门板)。

2. 中国区市场的产品策略按产品系列推进

(1)针对橱柜产品,应“加强研发、推陈出新、完善细节”。为满足二、三级市场,适度扩充1、2、3系列,必要调整4、5、6系列,少量改进7、8、9系列,增加低价位烤漆系列、中价位实木系列,新上石英石项目。

……

3. 生产中心应根据上述策略和业务实际需求,制订产品的开发、采购和品质保证的相应计划,采取必要的行政措施,确保产品开发结构和生产结构的调整到位。

(三)品牌与招商策略(略)

四、实现目标的保障措施

(一)生产资源保障

1. 公司新增投资400万元,增加生产设备,扩大生产场地,确保产品生产6 500万元和各项营销策略的实现。

2. 生产中心作为二线部门,理应成为国际贸易中心和中国区营销中心的坚强后盾,必须始终围绕客户要求而非生产要求运转,必须按照一线部门的产品策略规划和实际订单需求,组织设计开发、物料采购、产品生产和品质控制等各项生产管理活动。

3. 按时交付合格产品,始终是生产管理的不容置疑的核心任务。生产中心应订立适宜的品质目标,采取适宜的控制措施,以适宜的品质成本,为经营一线准时提供合格产品。

……

(二)人力资源保障

“服务、支持、指导”是人力资源管理永恒的宗旨。保障一、二线部门的后勤供给,构建体系、理顺管理,指导核心部门改善人力资源管理,是人力资源中心20××年的三大任务。为此,必须从以下四个方面做好人力资源管理工作:

1. 加快人才引进:以《20××年人力配置标准计划》为基础,加快新增人员中的关键职位的引进和流失人力的补充,确保一、二线用人需求;建立人员淘汰和人才储备机制和计划,在20××年6月31日前将应淘汰人员全部淘汰完毕,将储备人才全部引进到位。

2. 加强教育训练:建立培训体系,以素质培训为核心,对公司员工和加盟商进行系统的培训,提升员工和合作伙伴的职业和经营素质。

……

(三)综合管理保障

市场竞争特别是出口贸易竞争的加剧,必然在技术壁垒上体现,客户必将更加关注体系认证等技术性措施;公司将20××年定义成为未来3~5年的经营发展奠定基础的“管理基础年”,高效顺畅的管理是公司核心竞争力的一个核心。

1. 由人力资源总监主导，集合内外资源，自20××年3月1日起，公司推展“建构管理体系，增强公司体质”活动，用6个月时间，建立起包括营销管理、生产管理、技术管理、品质管理、经济管理等在内的顺畅的、高效的管理体系。

管理体系的建构，必须以“理顺脉络、提升效率”为目标，注重先进性与实战性、阶段性与前瞻性的有机结合，为必要时的体系认证打好基础。

2. 按照分权管理的原则，由经营团队成员负责，大力推进管理团队建设、骨干队伍建设、经营目标落实等工作。

（四）财务资源保障

20××年，公司将为一线部门提供优势财务资源，在广告、人力、费用、收益分配等各项投入上向一线倾斜。与此同时，财务中心必须从下列四个方面加大监测和监控力度：

1. 逐步下放费用审批：在已经下放部分权限的基础上，财务中心按“责任中心”和“成本中心”的思路，将各类费用的初审权下放给各业务中心总监（厂长），以便形成权责对等机制；财务中心在费用流向的合理性等方面加强监测。

……

（五）组织管理保障

1. 由董事长（总经理）负责，与经营团队签订《目标经营责任书》，明确各责任中心的目标、责任和相应的权利。

2. 由各责任中心总监（厂长）负责，20××年2月12日前，对各项目标进行层层分解，并与各级干部签订《目标管理责任书》，逐级明确目标、责任、奖惩等。各级干部的《目标管理责任书》统一汇集于人力资源中心，实施归口管理。

……

五、总体要求

公司高层清醒地认识到：20××年的经营目标是在全面权衡和全面分析的基础上制订的，是一个充满机遇和机会的计划，也是一个具有挑战和风险的计划，要将这一理想变为现实，需要全体员工的共同努力。

（一）更新观念，创新管理

公司认为，要达成20××年的经营目标，首先要更新观念。各级干部和全体员工必须彻底摈弃“因循守旧、得过且过、小步前进、作坊经营”的思想观念，在生产管理的流水作业、产品开发的结构系列、采购管理的成本降低、订单评审的菜单管理、后勤保障的服务品质、财务监测的深入一线等等各方面，创新经营思维、创新管理模式，为公司经营从作坊工厂向现代企业的彻底转型奠定良好的基础。

（二）切实负责，重在行动

行动，是一切计划得以实现的首要；执行，是一切目标得以达成的关键。没有行动和执行，一切都是空谈。

公司要求，各级干部和全体员工以“负责任”的态度做好各项工作，特别是经营团队和中层干部，必须以“责任”主管的立场开展各项工作，不得仍有“功在我责在他”的遇事推诿的恶习和恶行。

……

（三）业绩优先，奖惩落实

追求利润最大化，永远是企业经营的灵魂。任何企业的首要社会责任，都是赢得市场，扩大经营，收获利润。

利润是20××年公司经营指标的“核心之核”，销售是实现利润的载体性指标。在这一思想指导下，“业绩定酬，指标量化，逐级捆绑，分层考核”是公司的基本政策取向，也就是说，经营团队以利润为核心指标与公司实施紧密捆绑，中、基层干部和员工以工作业绩指标与上级主管实施紧密捆绑，采用自上而下逐级考核的办法，充分调动全体员工的工作积极性。同时，对于不能胜任本职的干部（包括团队成员）和员工，采取主动让贤、组织调整、公司劝退、末位淘汰等措施，增强造血功能，提升管理体质。

××公司

二〇××年××月××日

【评析】

这则公司年度经营计划体式采用了条文兼表格式，写得非常具体。标题为公文式标题，四项内容俱全。开篇点明经营方针，简洁明了；之后解析经营目标，目标的细化分解有利于执行部门具体实施；然后，在此基础上提出了实现目标的策略与措施，为完成计划任务、达到目的提供有力保障；最后，结尾部分提出总体要求，使计划具有进一步的约束性。从全文的结构上看，行文层次分明，条理清晰；从内容上看，目标明确，措施切实可行。

四、利润分配计划

××公司利润分配计划

××公司实行企业化改革以后，统一上缴利润，统一按国家规定计提利润留成和增长分成。为了促进各企业关心生产、增加盈利，提高经济效益，做好利润留成再分配，在局主管处的指导和大力帮助下，于20××年××月制订了如下方案：

一、盈余公积金

按税后利润10%提取，盈利公积金已达注册资本50%时可不再提取。盈余公积金主要用于保证重点项目、改造和扩大生产，也可用于弥补亏损或用于转增资本金。

二、公益金

主要用于企业的职工集体福利设施支出。公益金在公司分配当年税后利润后，按照利润的5%~8%提取。

三、利润指标的确定和考核

首先由计划科按各厂生产能力,结合大类品种的安排,提供年度品种产量。由财务科根据上年实际百元利润,求出各品种利润和全部产品利润总额,在适当考虑营业外支出的条件下,确定年度利润定额,以此作为奖励基金分配的依据。利润定额确定后,遇有产品结构变化时,如内销品种改出口或安排新品种,影响利润部分,利润定额予以调整,不让企业吃亏。各企业按各类品种单位利润计算出的利润定额,主要是解决安排品种时"挑肥拣瘦"的弊病和"苦乐不均"过大的问题,以促使企业充分挖掘内部潜力,增产适销对路的产品和促进节约,扩大盈利。

四、奖金分配办法

此项在利润分配中计入转作奖金的利润。各厂必须完成公司下达各项指标(产量、质量、品种、利润),按每月每人8元返回企业,以保证生产奖的发放,四项计划指标中,每少完成一项,扣减25%,即按6元返回企业。

公司统一计提的奖励基金,减去每月返回企业的数额后,除留少量作为调剂使用外,结余部分根据企业完成利润定额的情况,半年预分,年终算总账的办法,按照超利润的比例,结合职工人数进行分配,即该厂职工人数,乘以超利润定额比例,变成分数,以各厂分数之和,去除公司结余奖励基金,得出每分的分值,再乘该厂分数,即为该厂应得的奖励基金。计算公式如下:

实现利润-调整后利润定额=超定额利润

超定额利润/调整后利润定额=超额率

超额率×平均职工人数=该厂分数

公司结余奖励基金/各厂分数=每分的分值

该厂分数×分值=该厂应得奖励基金

浮动嘉奖:公司根据上级部门的要求,在不同的时期,有不同的工作重点,结合奖励,确定浮动奖条件。例如,为了奖励巩固提高和创新名牌产品,经主管部门鉴定,凡漏验率在1%以上,符标率在95%以上,每个名牌产品,增加超额利润率2%;银牌加3%,金牌加4%。染纱厂和整理厂制订符标条件,经公司批准后,亦执行上述嘉奖。

五、经济惩罚

1. 重大事故造成死亡、火灾等,使国家财产遭受重大损失的,扣罚奖金。

2. 违犯财经纪律问题较严重的,扣罚奖金。扣罚办法视情节严重程度,由公司领导决定。

××公司

二〇××年××月××日

【评析】

这篇利润分配计划前言简要介绍了制订计划的目的,明确计划的由来。主体详细阐述了利润分配指标及分配办法,运用数字予以说明,措施具体明确,有奖有罚,最后自然收尾。文章语言简洁,条理清晰,措施具体,便于执行。

五、生产计划

××公司20××年第三季度生产计划

继续贯彻×界人大×次会议精神和全国经济工作会议精神,坚持以全面提高经济效益为中心,加强计划管理和生产调度,进一步抓好企业整顿工作,振奋精神,抓紧抓早。在提高质量、增加品种、搞好节约、保证安全的前提下,努力增产适销对路的产品,全公司总产值预计1~9月可达到××××万元,为全年增产指标××××万元的78%。

一、指导思想

企业管理者和全体职工必须认真贯彻提高经济效益的指导思想,全面提高各项技术经济指标,努力增产短线产品,厉行节约,实现增产增收,力争达到一个没有水分的增长速度。为此,必须积极贯彻以下五个原则:

1. 贯彻公司党委和公司职代会关于今年生产实际比上年增长4%的原则,全年总产值一定要达到或超过××××万元;

2. 继续贯彻以质量求生存、生产抓前不靠后的原则;

3. 贯彻设备开足、劳动力用足、生产能力不放空的原则;

4. 贯彻编制计划严肃性、先进性和留有一定余地的原则(超产幅度5%~10%);

5. 贯彻计划综合平衡的原则。

二、要抓好四个方面的工作

1. 加强市场预测,狠抓产品质量和品种,千方百计地生产适销对路的产品。特别是安瓿、玻璃管及青霉素瓶要根据市场需要进行生产。仪器产品、玻璃管瓶要摸清市场变化情况,打开销路,防止库存积压。

2. 大力加强企业整顿,建立和健全各项生产管理制度,把工作转移到提高经济效益上去。要反骄戒满,认真找差距,各项技术经济指标要努力达到本公司最高水平;要克服消极畏难情绪和本位主义、分散主义的倾向,加强车间之间、科室之间的协调,不断提高质量,降低成本,增加收入。

3. 通过狠抓原材料和能源的供应和节约,确保生产稳定增长。根据目前部分原材料供应紧张的情况,必须千方百计、保质保量地供应原材料和辅助材料,搞好能源使用和节约等工作。

4. 搞好安全生产,做好防暑降温和防潮防汛工作,搞好后勤工作,安排好高温人员住宿,搞好清凉饮料供应和食堂卫生等工作。针对本季度高温季节多、台风多、暴雨多的实际情况，根据轻重缓急，采取可行的方法，严防事故，确保安全。

三、各车间生产安排

一车间：

1#、2#、3# 机生产 7cc，日产 72.6 万只，设备利用率 95%，全程合格率 92%。

4#机生产 10cc，日产 13.5 万只。

9 月份 1#、2#机各安排中修一次，1#机扣 10 天，2#机扣 7 天。

7 月份 3#、4#机各安排调泥盆一次，扣 1 天。

（其他车间生产安排略）

四、生产安排中需要注意的问题

1. 根据公司需要，本季度需要增加 7cc，减少 10cc 的青霉素瓶，因此 4#机在 6 月底前要做好调换 7cc 生产的准备工作。

2. 2#炉要加强维护保养，争取年内不修。

3. 1#、2#机的中修要做好备品备件的准备工作。

4. 1#机及 2#炉定额，待整顿办查定后再予调整，现作临时定额。

附件一：总产值计划表（略）

附件二：产量计划表（略）

××公司

二〇××年××月××日

【评析】

这则生产计划开门见山，指导思想明确，目标清晰可行。任务分解和生产进度安排都落到了实处，数据化呈现，清晰明朗，有利于各部门执行和上级领导的检查。结尾提出执行中需要注意的问题，对实践有较强的指导作用。整个计划内容紧凑，安排细致，是一份实用性较强的生产计划。

综合练习

一、改错题

（一）下面这些计划标题是否恰当，如有不妥，请修改。

1. ××公司二〇一二年营销工作规划

2. ××公司七月份销售设想

3. ××企业五年治理环境污染安排

4. ××市实现“三五八十”五年发展的计划

5. ××环保局十一五环境治理规划草案

(二)下面这篇计划在结构、内容等方面存在诸多问题,请改正。

××市轻型汽车生产发展计划

本公司经过30多年的发展,已经形成轻型汽车制造体系。现有骨干企业6个,企业内专业化生产配套能力较强,零部件自配能力在90%以上,有8个专业研究所,职工总人数7 600人,其中工程技术人员420人。2010年末固定资产原值××亿××万元,净值×亿×××万元。主要生产WH213、WH120,新开发的WH122、WH123等车型以及高级旅游车、大小型客车和各类改装车。2010年年生产50 000辆,产值××亿××××万元,实现利润××××万元。

据预测,到2014年,全国对轻型汽车的年需求量约为900万辆,而目前国内汽车产量不足300万辆。轻型汽车较适合我国现阶段经济发展水平,预计10年内,全国轻型汽车的产量不能满足市场需要。

本公司近期规划:

2011年生产轻型汽车6××××辆,实现产值××亿××××万元,税利××××万元;

2012年生产轻型汽车7××××辆,实现产值××亿××××万元,税利××××万元;

2013年生产轻型汽车8××××辆,实现产值××亿××××万元,税利××××万元;

其间,将形成××××××辆的生产能力,“十二五”期间将与二汽联营,引进美国福特公司先进技术,形成××××××辆生产能力。

本市汽车行业大部分工厂是在老企业的基础上发展起来的,历年来投资较少,技术装备不能适应生产发展的需要;经营管理水平较低,产品返修率高,经济效益低于全国同行业先进水平。

为了使本公司生产的轻型汽车在尽可能短的时间内发展为本地市场的“拳头产品”,准备采取如下措施:

一、加快技术改造和产品更新的步伐,尽快实现发动机、冲压、油漆、前后桥、总装线的技术改造,其余小总成和零部件应采取质量攻关和招标的办法,以改进现有车型的性能,提高质量,增强市场竞争能力。

二、加快新产品开发研制工作。本公司前年开始试制的1.5吨(HL120)轻型车,样车已经问世,其动力部分符合设计标准,达到当今国际水平。加快该车型的开发、试制,可作为备用车型,当现有车型一旦滞销,能形成批量生产立即投入市场,以完成×××××××辆规划的衔接过渡。

三、加快与二汽联营实施×××××××辆轻型汽车总装生产的步伐,力争提前投产。根据美国福特公司和二汽的意向,只要本市主动争取,积极联营,提前实施是完全可能的。

二、写作训练

1. 考试临近，请根据自身的具体情况，制订一份迎考计划。

2. ××公司为了适应业务发展的需要，提高公司财务人员的专业知识和业务水平，拟组织财务人员进行业务培训。请你代秘书小张拟写这份培训工作计划。要求提出关于组织领导、培训对象、培训方式、学习实践安排、考核办法等方面的具体意见，格式规范。

第十四章

Chapter 14

总　结

【学习目标】

- 了解总结的类别。
- 理解总结的概念、作用和特点。
- 掌握总结的写法。

第一节　总结概述

一、总结的概念及作用

（一）总结的概念

总结是单位或个人对已完成的一定时期内的工作或其他实践活动进行全面系统的回顾、检查、分析、评价，从中肯定经验、成绩，找出问题，吸取教训，得出规律性认识，用以指导今后工作的一种实用文体。

总结是回顾过去，评估得失以指导未来。在具体工作中总结不仅能起到承前启后的作用，也可为决策部门制定路线、方针、政策提供依据，是不断提高思想认识水平和工作能力的重要途径。

总结同计划一样，是人们生活、学习、工作中不可缺少的一部分。人们只有对社会实践活动不断地总结，才能更好地认识世界，改造世界。诚如毛泽东所言：“人类总得不断地总结经验，有所发现，有所发明，有所创造，有所前进。”

总结与计划有着密切联系。计划是在行动之前对将要开展的活动的打算，总结是在行动结束之后对计划完成情况的鉴定。它是前一阶段计划执行、完成情况的检验，又是制定下一阶段计划的依据。总结与计划相互依赖，互为前提，计划→总结→再计划→再总结，周而复始,循环往复,这就是不断前进、不断提高的过程。

(二)总结的作用

1. 交流信息

总结是一种特别的信息传播、交流的过程,并且有特定的对象和内容。人们通过总结,可以促进部门、单位、个人之间的相互交流和沟通,取人之长、补己之短,不断改进,共同进步。同时,也可以让上级部门及时了解下级工作的情况,为上级提供决策依据。

2. 积累经验

总结是一种经验的积累,它利用已经完成的实践活动,高度集中了人们的各种信息和认识,并将它们进行收集、综合、整理,使之成为先进的、系统性强的经验,有利于人们充分吸收,增长才干,以便在今后工作中再创佳绩。

3. 认识自身

总结可以帮助人们认识客观事物及其规律,可以把人们在实践活动中获得的感性认识加以集中概括,并进一步分析研究,使之条理化、系统化,上升为理性认识,这样才能逐步认识和掌握客观规律,认识自身在工作中存在的问题及优秀的经验,可以说总结是提高人们思想认识水平的重要途径。

二、总结的特点及种类

(一)总结的特点

1. 实践性

总结是对过去实践行为的分析和研究,总结的内容来源于实践,它必须依靠实践活动作为平台来获取经验,吸取教训,揭示本质规律。没有实践,总结就没有存在的价值。

2. 客观性

总结的内容要客观,忠于实践活动。总结的观点应该是从实践活动中抽象出来的认识和规律,因此观点的概括和提炼要防止主观臆断,一定要以实践活动为依据。

3. 指导性

总结是对过去实践的回顾和反思,其目的在于更好地指导今后的工作,通过对以往工作的全面剖析,提高认识,把握客观规律,争取在未来的实践活动中扬长避短,以提高工作质量。

4. 理论性

总结不是对实践活动的简单复制,不是对活动过程和情况的表面反映,而是一种理性的分析,它要对实践中出现的种种情况进行研究,把感性认识上升为理性认识,找出规律性的东西,以便在今后的实践中能正确认识和把握客观规律。所以说,总结的理论性体现在从实践中通过理性分析找到规律性的经验和教训用以指导今后工作的开展。

(二)总结的种类

从不同的角度可以对总结进行不同的分类:

按内容分,可以分为工作总结、生产总结、营销总结、思想总结等。

按范围分,可以分为地区总结、行业总结、单位总结、个人总结等。

按时间分,可以分为年度总结、季度总结、月度总结、阶段总结等。

按性质分,可以分为综合性总结和专题性总结。

1. 综合性总结

综合性总结亦称全面总结,它是单位、部门或个人对一定时期内所做的各项工作的全面回顾。如《××保险公司2011年工作总结》。这类总结,涉及范围广,内容全面,常用于单位或个人的年终总结。

2. 专题性总结

专题性总结就是对在一定时期内完成的某项工作或某一具体问题作出的分析评价,如《××公司2010年人力资源部工作总结》。这类总结往往偏重于总结某一方面的成绩和经验,其他方面可少写或不写,内容相对于综合性总结较单一、集中,分析比较深入透彻且具体,针对性强。

区分以上总结的种类,目的在于明确重心、把握界限,为构思写作提供方便。但上述分类不是绝对的,相互之间可以相容、交叉。分类只是因划分的角度不同而有不同的名称。在具体写作上,各类总结也有总的规律。

第二节　总结写作

一、总结的写法

总结一般由标题、前言、主体、结尾和落款构成。

(一)标题

标题即总结的名称,一般可以将主要内容、性质作为标题,如不能表达出完整的意思,在正标题下可以再拟副标题。

1. 完整式标题

完整式标题类似于行政公文的标题,由单位名称、时间期限、内容提要和文种几部分组成。这种标题通常用于工作总结。如《××公司2011年市场部工作总结》《××市财政局

2010年工作总结》等。

2. 主题式标题

主题式标题是根据总结的内容，简洁地概括出总结的基本观点，揭示总结的主旨。标题拟制比较灵活，大都无“总结”字样，多用于经验总结。如《做好财务预算　提高经营效率》《强化服务理念是搞好运输工作的关键》等。

3. 新闻式标题

新闻式标题包括正标题和副标题两部分。正标题概括出总结的主题，副标题则为正标题的引申，多为总结的单位、内容、文种等。如《改革，迸发出青春的活力——××厂双增双节工作总结》《适应新形势，努力做好销售工作——××公司销售部门2010年工作总结》等。

4. 问题式标题

问题式标题即在题目中提出一个问题，而问题的答案则是某单位或某部门总结工作的重点所在。如《××医院是怎样提高管理水平的》《如何理解银行内部控制工作》等。

在实际写作中，采用什么样的标题形式，可根据具体情况而定，不可一概而论。

(二)前言

前言部分一般介绍写作的依据、背景、基本情况等，它是工作总结的引言，让读者先有一个总体印象，由此而产生进一步了解的兴趣，也便于引出主体部分的内容，力求简洁，开宗明义。

常见的前言写作方式有以下几种：

1. 概述式

简要介绍基本情况，为下文叙述奠定基础。例如：“2005年是人保财险股份制改革上市后的第二个年度。这一年，是我公司面临压力攻坚克难的一年，是面对新变化、落实新机制、执行新规定的一年。我公司在市分公司党委、总经理的正确领导下，在全体员工的奋力拼搏下，取得了一定的经营业绩。”

2. 提问式

以提问的方式将总结的主题直接点明。例如：“党校培训是每一个有志于加入中国共产党的青年学子的必修课。那么通过学习可以得到哪些提高呢？现以我个人的经历，谈几点体会。”

3. 对比式

用前后、新旧或先进与落后进行对比，从而分出优劣，引出下文。例如：“通过强化管理措施，大力清缴欠税，去年保持了国税收入的稳定较快增长。全市全年累计组织税收收入16.41亿元，占年计划的118.06%，比上年增收3.3亿元，增长25.17%。其中，‘两税’完成12.28亿元，占年计划的118.65%，比上年增收3亿元，增长32.33%，全系统提前两个月完成了全年各项税收收入任务。税收收入总额、入库进度、增收额、增长率均创历史新高。”

4. 结论式

开门见山提出总结的结论，引出下文。例如："在全体同事的共同努力下，在公司领导的全面关心、支持下，本着一切为客户服务的宗旨，围绕优化服务，拓展×××和×××的宣传和信息功能，从客户的利益角度出发，加强业务管理，提高企业的知名度，争取公司利益最大化，通过扎扎实实的努力，圆满地完成了2006年的工作。"

5. 提示式

开头对工作内容做提示性、概括性的介绍，不介绍经验，只提示工作的内容和范围。例如："近两年来，我们按上级对干部培训的要求，在搞好干部培训工作方面做了以下工作。"

（三）主体

主体部分是总结的核心，要对前言所述的基本情况具体展开，主要写所做的具体工作，主要成绩与经验，问题与教训等内容。

1. 工作情况

主体应首先介绍工作开展情况，即使前言部分已有概括，这里也应该具体展开。工作情况包括做了哪些工作，采取了哪些措施、方法和步骤（即工作是怎样做的），取得了什么成绩或效果等，可以总体介绍，也可以分项说明。

2. 成绩经验

这部分一方面要回顾做了哪些主要的工作，取得了哪些主要的成绩；另一方面要着重分析取得成绩的根本原因所在，采取的措施或方法。这是对工作的理性认识，是具有指导意义的规律性的东西，是总结写作的重点所在，因此要写得有理有据，令人信服。

3. 问题教训

任何工作都不可能十全十美，有时成绩多些，有时问题多些，但只要存在问题，都是应该总结的，如哪些工作未完成，哪些做得不够；造成哪些损失，产生哪些影响等。随后寻找问题根源，分析其中原因，是客观的，还是主观的；是人为的，还是意外的；是管理不当，还是决策失误等。同样只有知其所以然，才能总结出教训，提高认识，改进工作，避免在今后的工作中犯同样的错误。

4. 努力方向

针对存在问题，提出今后解决问题、改进工作的打算。这部分内容大都比较简略。

主体部分的写作，切忌事无巨细，而是要做到重点突出、条理清楚。因此在写作中应该采用各种方式来安排结构和形态。

主体的结构形态有以下三种：

(1)纵式结构。

纵式结构就是按照事物或实践活动的过程安排内容。写作时，把总结所包括的实践划分为几个阶段，按时间顺序分别叙述每个阶段的成绩、做法、经验、体会。这种写法的好处是使事物发展或社会活动的全过程清楚明白。如：一、所作的工作；二、取得的成绩；三、经验和教训。

(2)横式结构。

横式结构是按事实性质和规律的不同，分门别类地依次展开内容，使各层之间呈现相互并列的态势。这种写法的优点是各层次的内容鲜明集中。如：一、主要经济指标层层落实，生产经营成果及时测算分析；二、支持技术改造，提高经济效益；三、严格财经纪律，维护国家利益；四、加强会计基础工作，充分发挥反映作用。

(3)纵横式结构。

安排内容时，既考虑到时间的先后顺序，体现事物的发展过程，又要注意内容的逻辑联系，从几个方面总结经验教训。这种写法，多数是先采用纵式结构，写事物发展各个阶段的情况或问题，然后用横式结构总结经验或教训。

主体的外部形式有以下三种：

(1)贯通式结构。

这种形式适用于篇幅短小、内容单纯的总结。它像一篇短文，全文之中不用外部标志来显示层次。

(2)小标题式结构。这种形式将主体部分分为若干层次，每层加一个概括核心内容的小标题，重心突出，条理清楚。

(3)序数式结构。

这种形式也是将主体分为若干层次，各层用“一、二、三……”的序号排列，层次一目了然。

(四)结尾

工作总结的结尾通常是自然收尾，即正文写完后自然结束，不需再加结尾部分，但也有用独立结尾的，用独立结尾的情况主要有如下两种。

①介绍经验的总结，最好有个谦虚式的结尾，如：“我们虽然取得了一些成绩和经验，但工作中还存在不少问题，和先进单位相比，还有不小差距，今后我们要向兄弟单位学习，进一步改进工作，争取做出更大的成绩。”

②报告性总结，面向大会或群众宣读，可以加个号召式结尾。

(五)落款

在正文的右下方，署上单位名称或个人姓名与成文日期。单位的总结若标题中没有体现单位名称，则应在正文右下方署名，署名要写全称。成文日期要写在单位名称的下面，年、月、日要齐全。

二、总结写作要求

(一)要坚持实事求是原则

写总结必须以实践性工作为基础,要坚持"五真"的原则,即事实真实、内容真实、总结的过程真实、受众者反映的真实、评价的真实。具体来说,一要分析准确恰当;二要阐述实事求是,不夸大成绩,不缩小缺点,不简单堆砌和有意罗列。要从实际出发,把握事物的内在联系,突出其规律性,用以指导自己的写作。

(二)要体现整体价值

总结的整体价值表现在总结过去必须全面、准确。说现在,成绩具体,教训实在;谈未来,有前瞻性、可比性和可信性,达到教训可说可鉴,过程可评可判,未来可想可看。总之,要从全局入手,抓大放小,注意以完整性、典型性来提升总结的整体价值和整体形象。

(三)要注意共性,把握个性

作为概括性的事务文书,总结很难突出个性特色。总结虽然不是文学作品,无需刻意追求个性,但千篇一律的文章是不会有独到价值的,因而也是不受人欢迎的。要写出特色,就要在注意共性的同时,突出个性。这就要求总结要有独到的发现、独特的体会、新鲜的材料和新颖的视角。

(四)要详略得当,突出重点

总结的选材不能求全贪多、主次不分,而是要根据实际情况和总结的目的,把那些既能显示本单位、本地区特点,又有一定普遍性的材料作为重点选用,写得详细、具体;而一般性的材料则要略写或舍弃,写作时要去粗取精。

总结中的问题也要有主次、详略之分,该详的要详,该略的要略,而不应该面面俱到,没有重点。这样会使文章显得臃肿拖沓,没有起伏,不能给人留下深刻印象。

(五)抓住本质,揭示规律

总结的目的就是将工作过程中大量的感性材料加以科学分析、综合、抽象、概括,从中归纳出事物内在的、本质的联系,并使之系统化、条理化,上升到理性的高度,揭示出事物的本质和规律,从而指导人们的实践活动。因此,抓住本质、揭示规律是总结写作的重要要求。

第三节　总结例文及评析

一、银行信贷工作总结

加快发展，提高资产质量

——城西支行上半年信贷工作总结

2006年上半年，我城西支行的信贷工作在行领导和信贷处的统一安排部署下，全行上下齐心协力，以加快发展为主题，以扩增存贷规模、提高资产质量为核心，以加强信贷管理为重点，以各项信贷制度的落实为基础，经过"非常奉献"等竞赛活动，各项经营业绩稳步增长，截至6月末，支行各项存款余额21 307万元，较年初增加2 145万元；各项贷款余额11 344万元，较年初增加了2 527万元，存贷比例53%；不良贷款余额1.6万元，较年初下降了0.9万元；办理银行承兑汇票金额8 849万元；办理贴现金额5 507万元；利息收入584万元，半年实现利润377万元，全面完成了上级下达的目标任务，信贷管理也逐步向规范化、制度化迈进。

一、认真执行上级政策，严格按照规范化管理要求，切实加强信贷基础工作，确保各项指标圆满完成

在贷款投放上，我支行狠抓贷款投放风险管理，采取的具体措施如下。

(1)严格执行总行下达的《信贷风险控制指导意见》，进一步对信贷风险进行控制，对授信行为进行规范。对贷前调查、审查及审批手续谨慎处理，认真检查信贷人员贷前调查内容，确保信贷调查材料真实有效。

(2)严格控制信贷风险，严格执行信贷风险防范控制管理制度，全面实行审贷分离；规范了贷审会，实行了贷审例会制，严格按照待审会议规程召开会议，明确各环节主责任人的职责。

(3)扎实细致地开展贷后检查工作，定期和不定期地对企业经营状况和抵押物状况进行检查和分析，认真填报贷后管理表。

(4)切实做好贷款五级分类工作，制定了五级分类的具体操作实施细则，对客户进行统一分类，从而提高了信贷管理质量。

(5)流动资金贷款、贴现贷款、承兑汇票在上报审批过程中严格执行总行要求的调查、审查、审批环节的统一格式，切实从源头上控制信贷风险。

(6)积极配合总行信贷处做好信贷检查工作，在检查中没有发现一例违规现象，信贷工作得到肯定和好评。

二、通过信贷杠杆作用，抢占市场份额，壮大资金实力，增强发展后劲

上半年，我行继续围绕开拓信贷业务、开展信贷营销、积极组织存款等方面做文章，切实

做好大户的回访工作,密切关注并掌握贷款单位的资金运行状况和经营情况;大力组织存款,积极开拓业务,挖掘客户。

(1)上半年,我行信贷资金重点投放于优质企业和大中型项目,继续重点扶持信用好、经营好、效益好的优质企业,如中联巨龙水泥有限公司、亿人城建有限公司、利玛置业有限公司等,把这部分贷款投入作为我行调整信贷结构、分散信贷风险、抢占市场份额、维持持续发展的重要战略措施,信贷结构得到进一步优化。而且,通过优化信贷结构,正确投放信贷资金,使我行的优质客户不断增加,既降低了经营风险,同时也取得了良好的社会效益。

(2)上半年,我行坚持业务发展多元化,加快票据贴现业务的发展,重点增加对优质客户的信贷投放量,不仅降低了贷款总体风险度,而且带来了丰厚的利息收入。随着相对独立核算的实行,经济效益显著提高,今年一至六月份实现利息收入 584 万元,超过去年全年收息水平,实现利润 377 万元,有效地壮大了资金实力,增强了发展后劲,呈现出良好的发展势头。

三、加大信贷营销力度,不断开拓业务空间,加快业务发展步伐

(1)上半年,我行在信贷业务发展中取得了一定的突破,特别在汽车消费贷款方面也取得了一定的成效。我行还特别注重加强银企合作,协调处理好银企关系。根据形势发展和工作实际的需要,积极开展调查研究,与企业互通信息,加强理解与配合,共同协商解决问题的途径,加大对企业的支持力度,构筑新型银企关系。三月份,我行与市汽车销售有限公司举办了银企联谊活动,通过活动,加强了银企之间的沟通与了解,建立了深层银企合作关系。

(2)上半年,我行进一步提高对信贷营销的认识,不断推进文明信用工程建设,最大限度地抢占市场份额,建立稳固的客户群体,加大对个体经济、居民个人的营销力度,选择信用好、还贷能力强的个体企业和城镇居民作为我行信贷营销的对象,将信贷营销与绿色文明信用生态工程相结合,通过一系列的社会文明信用创建活动,打造我行独特的信贷营销品牌。

四、建立完善的内部管理机制,业务操作有条不紊,提高办事效率,推进业务发展

我行在不断加强和改善日常信贷工作的同时,还注重加强信贷人员的业务学习,以便在业务操作中得心应手,提高工作质量和工作效率。做好信贷资料归档和各项结转工作,实行一户一档,建立完整系统的客户信息档案,以便及时查阅和调用。信贷台账和报表能够完整、准确地反映数据,及时上报各项报表,做好信贷登记工作,及时提供信息。在搞好管理的同时,我行还不断强化服务意识,改善服务手段,积极开展优质文明服务,树立"窗口"形象,以服务留住储户、以热情吸引存款,始终以客户就是上帝的理念精神,更好地位客户服务,提升我行的社会形象,并以优质的服务促进业务的发展。

五、下半年工作思路

(1)立足当前,抓好各项阶段性工作,在上半年打下的基础上,全面启动下半年工作(略)

(2)做好企业信用等级评定工作,为信贷决策提供科学依据(略)

(3)总结经验,切实加强管理(略)

以上问题将是我行以后工作完善和改进的重点。今后，我们将严格加强管理，不断开拓业务新领域，高标准严要求，在行领导和信贷处的正确指导下不断改进，不断提高，努力完成下半年的各项工作任务。

××银行城西支行

二〇〇六年六月三十日

【评析】

本例文是专题性工作总结。采用双标题形式，两层题目虚实相映，鲜明醒目。正文分前言、主体和结尾三部分，主体采用分条式结构。内容分成五个部分，前四个部分为四方面的经验做法，第五部分为下半年工作思路，层次分明。表达上边叙述做法，边分析总结经验和体会，点面结合，语言朴实、鲜明。

二、企业财务工作总结

××公司企业财务工作年终总结

财务部紧紧围绕集团公司的发展方向，在为全公司提供服务的同时，认真组织会计核算，规范各项财务基础工作。站在财务管理和战略管理的角度，以成本为中心、资金为纽带，不断提高财务服务质量。在2010年做了大量细致的工作：

一、严格遵守财务管理制度和税收法规，认真履行职责，组织会计核算

财务部的主要职责是做好财务核算，进行会计监督。财务部全体人员一直严格遵守国家财务会计制度、税收法规、集团总公司的财务制度及国家其他财经法律法规，认真履行财务部的工作职责。从收费到出纳各项原始收支的操作；从地磅到统计各项基础数据的录入、统计报表的编制；从审核原始凭证、会计记账凭证的录入，到编制财务会计报表；从各项税费的计提到纳税申报、上缴；从资金计划的安排，到各项资金的统一调拨、支付等等，每位财务人员都勤勤恳恳、任劳任怨、努力做好本职工作，认真执行企业会计制度，实现了会计信息收集、处理和传递的及时性、准确性。

二、以实施ERP软件为契机，规范各项财务基础工作用

在经过两个月的ERP项目的筹建和准备工作后，财务部按新企业会计制度的要求、结合集团公司实际情况着手进行了ERP项目销售管理、采购管理、合同管理、库存管理各模块的初始化工作。对供应商、客户、存货、部门等基础资料的设置均根据实际的业务流程，并针对平时统计和销售时发现的问题和不足进行了改进和完善。如：设置"存货调价单"，使油品的销售价格按照即定的流程规范操作；设置普通采购订单和特殊采购订单，规范普通采购业务和特殊采购业务的操作流程；在配合资产部实物管理部门对所有实物资产进行全面清理的基础上，将各项实物资产分为9大类，并在此基础上，完成了ERP系统库存管理模块的初始化工作。在8月初正式运行ERP系统，并于10月初结束了原统计软件同时运行的局面。目前已

将财务会计模块升级到ERP系统中并且运行良好。

三、制订财务成本核算体系，严格控制成本费用

根据集团年初下达的企业经济责任指标，财务部对相关经济责任指标进行了分解，制订了成本核算方案，合理确认各项收入额，统一了成本和费用支出的核算标准，进行了医院的科室成本核算工作，对科室进行了绩效考核。在财务执行过程中，严格控制费用。财务部每月度汇总收入、成本与费用的执行情况，每月中旬到各责任单位分析经营情况和指标的完成情况，协助各责任单位负责人加强经营管理，提高经济效益。

四、资金调控有序，合理控制集团总体资金规模

由于原材料市场的价格不稳定，销售市场也变化不定，在油品生产与销售方面需要占用大量的资金。为此，财务部一方面及时与客户对账，加强销售货款的及时回笼，在资金安排上，做到公正、透明，先急后缓；另一方面，根据集团公司经营方针与计划，合理地配合资金部安排融资进度与额度，通过以资金为纽带的综合调控，促进了整个集团生产经营发展的有序进行。

五、加强财务管理制度建设，提高财务信息质量

财务部根据公司原制定的《财务收支管理细则》的实际执行情况，为进一步规范本集团的财务工作、提高会计信息的质量，财务部比较全面的制定了财务管理制度体系，包括：财务部组织机构和岗位职责、财务核算制度、内部控制制度、ERP管理制度、预算管理制度。通过对财务人员的职责分工，对各公司的会计核算到会计报表从报送时间及时性、数据准确性、报表格式规范化、完整性等方面做了比较系统的规定，从而逐步提高会计信息的质量，为领导决策和管理者进行财务分析提供了可靠、有用的信息。平时财务部通过开展定期或不定期的交流会，解决前期工作中出现的问题，布置后期的主要工作，逐步规范各项财务行为，使财务工作的各个环节按一定的财务规则、程序有效地运行和控制。

六、开展了以涉税业务和执行企业会计制度、会计法及其他财经法律、法规的自查活动

为了规范财务行为，配合年终与明年年初的汇算清缴的稽查与审计工作，财务部组织了在本集团公司内的2010年年终财务决算的财务自查活动，在年终决算之前清理了关联企业的往来款项，检查在建工程未作处理的项目，对已支付的财务利息费用及时追踪开具了发票等等一系列的财务自查活动。聘请了税务师事务所对2007年的帐务处理做了预审，对审计和自查中发现的问题及时地进行了整改，降低了涉税风险。

七、组织财务人员培训，提高团队凝聚力

财务部组织了两批财务人员培训与经验交流会，对整个财务系统做了工作总结和预期的工作计划展望，将财务人员分成会计、出纳和统计、收费两组进行了分组讨论，及时解决实际工作中存的问题。通过南峰会计师事务所对内部控制和税务风险的专题讲座，丰富了财务人员税务知识。邀请了审计部、资金部、资产部和财务人员做了深入的交流。增强了整个财务链各部门工作的协作性，强化了各岗位会计人员的责任感，促进了各岗位的交流、合作与团结。

八、提出了全面预算管理方案,建立集团公司全面预算管理模式

根据2009年经营目标和各项成本核算指标的实现情况,财务部提出了全面预算管理的方案,全面预算管理按照企业制定的经营目标、发展目标,层层分解于企业各个经济责任单位,以一系列预算、控制、协调、考核为内容建立起一整套科学完整的指标管理控制系统。在2009年数据和以前年度各项经营数据的基础上制定了2010年度各单位的成本费用预算、销售额预算、人员预算、目标利润预算等一系列预算指标,希望通过"分散权力,集中监督"来有效配置企业资源,提高管理效果,实现企业目标。

2011年,为实现本集团公司的全面预算管理和总体发展目标,财务部的工作任重而道远。为此,需要在以下几个方面继续做好工作:

1. 做好上半年和第一季度的所得税汇算清缴工作,合理地降低各项税务风险。

2. 根据全面预算管理制度和预算管理指标跟踪预算的执行情况,监控预算费用的执行和超预算费用的初步审核,按月准确及时地提供预算执行情况的汇总分析,为实现本集团和各单位的预算指标提出可行性措施或建议。

××公司财务部

二〇一〇年十二月二十七日

【评析】

本例文是财务工作总结,由前言、主体和结尾三部分组成。主体部分阐述了财务部一年的主要工作,采用横式结构,将主要成绩经验体现在这一部分中。结尾部分提出了今后的努力方向。全篇文章结构紧凑、表述清晰、重点突出。

三、人力资源工作总结

二〇××年人力资源工作总结

实业公司20××年初重组,本人由实业租赁公司人事行政专员调任实业公司人事负责人,至今已近一年。在这一年中有付出有收获,有失误有成果,有学习更有成长。在这一年反复的锤炼,使我的专业知识有了更进一步提升,工作方法和效率有了很大进步。下面我对实业公司××年的人力资源工作简要总结如下:

一、建立健全规范的人力资源管理制度

合法的规范是企业用人留人的起码前提条件,本年度主要工作是建立健全人力资源管理的各项规范及管理制度:《实业公司薪资管理办法》、《实业公司奖金管理办法》、《实业公司绩效考核实施细则》(已草拟完毕并上报至控股人力资源部)、《实业公司培训实施细则》(已上报至控股培训部)、《实业门窗公司薪酬管理办法》(已草拟完毕待上报审批)、《实业装饰公司薪酬管理办法》(已草拟完毕待上报审批)等等。员工从进入公司到岗位变动,从绩效考核到批评处分,从日常考评到离职,人力资源部都按照文件的程序进行操作,采取就事不就人的原

则，对员工提供尽可能的个性化的服务，希望能达到各项工作的合法性、严肃性，能够使员工处处、事事能透过与员工切身利益相关的活动来感受公司的“以人为本”的关心以及制度的严肃氛围。

二、根据组织结构图为企业配置人才

××年年初，随着实业公司重组，实业所属各公司的组织机构也进行了相应调整，由此使实业公司的人员缺口问题加剧。同时实业装饰公司于××年5月组建，由于装饰行业是一个专业性较强的行业，廊坊的装饰市场相对较为年轻，所以实业公司通过多种途径在北京、天津等大型城市招聘了企业的骨干人员。××年年10月装饰公司班子组建工作已基本完成，视项目开展情况陆续补充所需人员。具体招聘情况如下：

在××年的招聘工作中，实业公司到××年10月底招聘到岗员工共计四十二人。其中实业公司招聘到岗员工有行政专员一人、司机一人、保洁一人，共计三人；实业门窗公司招聘到岗员工有经理助理一人、技术员两人、工长一人、驻蚌埠核算员一人、业务主管一人、业务员一人、库管员三人，共计十人；实业租赁公司招聘到岗员工有库管员两人、保安一人、塔司十三人，共计十六人；实业装饰公司招聘到岗员工办公室一人、预算员一人、设计师四人、核算员一人、库管员两人、项目经理两人、水电工程师一人、保安一人，共计十三人。××年年底，在与实业及所属单位负责人、部门负责人充分沟通20××年、20××年经营发展规划的基础上，做好20××年招聘计划，为实业公司的经营发展做好人员储备。

三、根据××年度培训计划组织实施各项培训（略）

尽管每位员工的成功标准各有不同，但追求成功却是每位员工的终极目标。因此，培训不仅是员工追逐的个人目标，是员工梦寐以求的福利享受，也是企业义不容辞的义务和责任，更是企业激励员工的颇为有效的激励手段。给员工成长的空间和发展的机会，是企业挖掘员工潜力，满足员工需求的重要表现。

通过制定《实业公司培训实施细则》，并根据各单位、各部门的培训需求及企业的整体需要建立了年度培训计划，从基础的安全培训、质检培训、质量管理培训、团队合作培训、基管理创新培训、执行力培训、企业文化培训等等来满足企业的发展需要。特别是针对实业装饰公司现状，实业公司人事行政办公室为装饰公司全部管理人员培训了《装饰公司经营发展规划》（实业公司总经理主讲）、《财务制度及流程》（实业公司财务经理主讲）、《考核实施细则及员工职务说明书》（实业公司人事负责人主讲）、《员工日常行为规范》（实业公司行政专员主讲）等。

××年的培训我们是从点滴做起的，按培训流程敲定培训时间、地点、培训内容和培训方式，也会做好培训后的各项相关工作，培训后把培训效果调查汇总及时反馈给讲师，将培训情况与员工意见第一时间解决，虽然繁杂却没有轰轰烈烈的业绩，但欣慰的是员工成长了，从他们的总结中我看到经历一年的培训他们的业务更加熟练。

培训贵在坚持，通过每一节课我也从讲师那里学到很多，每个人身上都有闪光点。在这里也感谢领导的信任和兄弟公司给予的支持。

四、明确岗位说明书(略)

明确实业及所属公司每位员工的岗位职责,让员工清晰地知道自己的岗位责任、工作内容、工作权限、工作条件、必备的岗位技能及与相关岗位的汇报与负责关系等。今年岗位说明书已全部草拟完毕,实业及所属单位的部门负责人岗位说明书已进入年初签定的《业绩责任书》。虽已成文下发,但有些部门只流于形式,未明确告知员工岗位的工作标准以及超越或低于岗位标准的奖罚措施,所以部分员工还未形成明确的工作目标,不了解工作的结果,使员工在公司制度前提下,并没有实现自我激励、自我管理与自我发展,自然而然地把自己成长纳入企业既定的目标轨道中,实现共同发展。

五、20××年工作规划

经过一年的震荡磨合,自××年起,公司已步入正轨,人员配置基本到位。房地产行业升温,竞争企业大量涌入廊坊市场,需要与瞬息万变时代相对应的人力资源管理革新措施,环境需要员工迅速而熟练地处理工作,企业就相应需要能培养出这种人才的领导班子。针对这一阶段的特点,人力资源管理主要集中在建立持续激励和创新的人力资源管理制度以及人员的培训、开发体系。

(一)建立合法、创新的人力资源管理制度(略)

(二)建立员工招聘渠道(略)

(三)合法用工(略)

(四)结合企业战略规划的培训(略)

(五)建立持续激励的管理制度(略)

(六)“以人为本”的企业文化保证企业持续发展(略)

以上是人力资源部一年来的工作总结,以及一些对未来工作的设想,很多不成熟的地方希望领导批评指正。人力资源部将在未来的工作中取得更有价值的成绩,并为此加倍努力、不断进取。

人力资源部

二〇××年×月×日

【评析】

本例文是一篇关于人力资源工作的专题性总结,由前言、主体和结尾三部分组成。主体部分中前三点是对人力资源主要工作进行介绍,第四点则是对之前工作中存在问题所提出的解决办法,最后一点是对未来一年的努力方向。表达上语言简明扼要,用词准确、严谨。整篇文章层次分明,重点突出,达到了总结过去、放眼未来的目的。

四、售后服务工作总结

售后服务是企业的命根子

——光华技术服务中心2011年工作总结

2011年，光华集团技术服务中心全体员工和分布在全国各地维修网点的员工一起，根据何总经理关于“售后服务是企业的命根子”的指示精神，坚持“拥有光华电器，享受一流服务”的宗旨和“一切为了使用户满意”的标准，发扬“同心多奉献，合力创一流”的企业精神，大力开展优质服务活动，扎扎实实地做好各项工作，实现了2011年的总体目标。全年维修合格率达99.8%，比去年上升了30.3%；维修返修率0.2%，比去年下降30.13%；用户来信处理率100%，全年未出现重大的维修质量投诉，赢得了用户和社会各界的好评，促进了光华系列产品的销售，促进了光华售后服务工作向服务质量标准化、服务网络体系化、服务管理规范化、服务方式多样化、服务经营一体化的方向发展。2011年被评为全国优质服务企业。

回顾过去的一年，我们主要做了以下几项工作：

1. 优化网点建设，加强网点管理(略)

(1)开展网点升级达标活动。(略)

(2)开展网点调研考察。(略)

(3)合理调整网点布局，扩大维修服务的覆盖面。(略)

(4)开展用户抽查，优化网点结构。(略)

2. 调整售后服务策略，适应市场和用户需要(略)

(1)增加服务项目，扩展服务范围。(略)

(2)转换服务形式，提高服务水平。(略)

(3)开拓服务经营一体化道路，增强自身实力。(略)

3. 提高员工素质，深化优质服务(略)

4. 开展“光华电器百日维修服务质量无投诉”活动(略)

2012年是光华事业发展的关键一年，也是实现集团中期发展规划的决定性一年。我中心必须进一步贯彻落实何总关于“售后服务是企业的命根子”和汤总关于“服务先于销售”的指示精神，坚持“一切为了使用户满意”的最高标准，把售后服务工作作为首要任务，为维护光华信誉做出更大贡献。

光华集团技术服务中心

二〇一一年×月×日

【评析】

这是一篇企业售后服务的总结。本文标题为正副题式。正题揭示文章的中心内容，副题标示出单位、时间、事由和文种。正文由前言、主体、结尾三部分组成。前言部分概述了基本情况，交代了总结所涉及的时限、单位、背景、工作任务、完成情况，并引以数据，概述了成就，用语精炼，字里行间洋溢着信心和决心，然后用"回顾"一句过渡转入主体部分；主体部分分四大项列举了一年来的主要工作，内容按照逻辑顺序排列，围绕着"命根子"这个中心，充分证明了总结中所提出的各个观点；最后以展望作结，充满了信心，反映了企业的精神面貌，全文层次分明，观点与材料统一，是一篇值得借鉴的商务总结。

综合练习

一、改错题

××食品有限公司上半年工作已告一段落，各方面都取得了令人可喜的成绩，下面是该公司的上半年工作总结，请指出其存在的问题并进行修改。

××食品有限公司上半年工作总结

本公司在精神文明和物质文明方面做了许多工作，取得了很大成绩。半年来，主要做了以下工作：动员组织公司干部和广大群众学习中央文件；安排、落实全年生产计划；推行、落实工作责任制；修建子弟小学校舍；建方便面生产车间厂房；推销果脯、食品、编织产品；解决原材料不足问题；美化环境，栽花种草；办了一期计算机技术培训班；调整了工作人员，开始试行干部招聘制。

半年来，在工作繁杂，头绪多而干部少的情况下，能做这么多工作，主要是：

(1)上下团结。公司领导和一般干部都能同甘共苦，劲往一处使。工作中有不同看法，当面讲、共同协商。互相间有意见能开展批评与自我批评，不犯自由主义。例如，有干部对经理未作商议，擅自更改果脯销售奖励办法，影响产量一事有意见，经当面提出，经理做了自我批评，并共同研究了新的奖励办法，销量又出现增产势头。

(2)不怕困难。本企业刚刚起步，困难很多，技术力量薄弱、原材料不足、产品销路没有打开等。为此，领导干部共同想办法，他们不怕辛苦，放弃自己的休息时间，忍饥挨饿，四处联系，终于解决了今年所需要的原材料，推销了一些产品。

(3)领导带头。公司的几位主要领导带头苦干、实干。他们白天到下边去调查了解情况，解决问题，晚上才开会研究问题，寻找解决的办法。领导干部夜以继日地工作，使公司工作上了台阶。

××食品有限公司

2011 年 7 月 10 日

二、写作训练

当一年年终的时候，请你回顾一年来的工作、学习情况，写一篇个人的年度总结。

第十五章

Chapter 15

实习报告

【学习目标】

· 了解实习报告的概念、作用及特点。

· 掌握实习报告的写法和写作要求。

第一节　实习报告概述

一、实习报告的概念及作用

(一)实习报告的概念

实习是大学生在毕业前夕必须完成的一项实践性作业。实习报告就是学生结合学校的要求以及自己的实习经历,按照实习目的、实习时间、实习地点、实习内容,以及实习体会等用文字将实习过程记录下来而形成的书面材料。

(二)实习报告的作用

实习有利于高校学生将所学的理论知识应用到实际工作中,是高校学生在正式走向工作岗位之前的一项模拟演练。学校要求学生将这种宝贵的人生经历按照相关的要求诉诸于语言文字并形成书面报告,一方面培养学生分析总结的能力,让学生回顾自己的实践经历,总结期间的经验与教训,为日后的工作做好准备;另一方面可以使指导教师较全面、具体地了解学生的实习收获和有关情况,便于检查理论与实践相结合的教学效果。

二、实习报告的特点

(一)专业性

实习报告要求就实习中遇到或解决的与所学专业有关的问题进行报告,其内容具有较强的专业特色。

（二）总结性

实习报告要求全面总结实习情况，并概括出具有规律性的东西，以便教师掌握情况，对学生也是一种促进。

（三）学术性

实习报告是在掌握一手材料的基础上，对材料进行分析、概括和深化，论证充分，逻辑严密，有一定的学术规范。

（四）报告性

实习报告要求写给指导教师或与专业有关的教研室，这是一种上行文，写作时要注意行文用语，努力做到客观准确，用语得体。

第二节　实习报告写作

一、实习报告的写法

高校学生在实习结束后，对自己的实习过程进行回顾和总结，并且按照学校的要求完成实习报告。各个院校对实习报告有特定的要求，但大体上实习报告由标题、署名、正文和结尾四个部分组成。

（一）标题

实习报告题目应该简短、明确、有概括性，把实践活动的内容、特点概况出来。实习报告的标题一般有四种写法：

①可采用文种式，即直接写成“实习报告”。

②由实习地点和文种构成，如《××宾馆实习报告》。

③实习内容或专业课名称加文种式，如“企业管理实习报告”。

④正副标题式，正标题概括实习报告的主题，副标题标明实习的单位和文种，如《质量是企业的命根子——××集团服务公司实习报告》。

（二）署名

在标题下写明作者所在的专业、班级及姓名。以上内容也可按实习报告的写法，即单设封面，按标题、实习单位、实习的起止时间、实习者姓名及指导教师姓名的顺序书写。

（三）正文

一般来说，尽管实习报告的正文因实习的内容和过程的不同相应写法会有些差异，但基本结构和写法包括以下几个方面。

1. 引言

引言又称绪言，是实习报告的开头，如简要阐述实习的目的、意义和要求，扼要介绍相关的知识背景，实习的时间和地点，实习单位和部门，以及自己的实习表现等。

2. 主体

主体内容包括：

(1)实习单位概况。

简要介绍实习单位的基本情况，比如成立的时间、实习单位的隶属关系、实习单位的人员状况、实习单位的性质、实习单位的经营范围、实习单位的机构设置等情况。

(2)实习内容及过程。

实习内容就是实习者介绍自己在实习过程中做了哪些具体的工作，这是实习报告的主要部分。实习内容要求写得具体而明确，因为这部分既是整个实习报告的重要组成部分，也是产生实习收获和体会的基础。在本部分中，学生可以根据学校要求和自己想要报告的内容，例如：实习单位所分配的工作内容、部门工作程序、工作方法、经验体会等，有针对性地对实习单位进行考察，通过对记录资料的整理而撰写。对实习过程作简要交代即可。

(3)实习总结。

总结完成了哪些实习任务、实习结果如何、取得了什么成绩、专业知识与技能是否能与实习的内容相结合、针对存在的问题提出建议或改进措施、未解决的问题、目前学识不能够很好解决的问题等。

(4)实习体会。

实习感受和体会是学生在实习结束后总结期间的经验教训，为自己日后的发展方向做一个规划。这部分的写作应该着重写自己在实习中的感受、体会和看法，总结自己在实习中的表现、对自身的优点和不足都应该有客观的认识和深入的思考，在此基础上，对自己未来的职业方向进行简单的规划。此外，初入社会的学生会发现工作中的人际关系和学校也有很大不同，如何调整自己的心理状态去适应并协调这种人际关系，也是学生日后必然面对的现实。

(四)结尾

可对全文进行总结、概括，得出结论，也可表示决心或致谢，如果正文部分言已叙尽，也可不写结尾。

二、实习报告的写作要求

(一)材料广泛

要想写出质量较高的实习报告必须广泛收集资料，并通过工作日记等形式记录下来。比如专业知识在工作中是如何灵活运用的，周围同事是如何处理问题、解决矛盾的，实习单位如何落实上级指示精神、工作作风如何等。这些都是实习报告的素材，应广泛收集。

（二）内容真实

实习报告必须写明本人真实的实习经历，可适当参考别人的资料，但不能抄袭。文章如有部分引用或别处摘录的内容，应明确标注出处。

（三）重点突出

实习报告不等于工作日记，不能事无巨细，遇事即录，必须对所做过的工作、所见所闻进行有目的的筛选，围绕报告的主旨，突出重点。

（四）语言简练

实习报告的语言虽然对严谨准确的要求不如科技论文严格，但在撰写过程中也应该注意语言规范，文字表述要准确，言简意赅。

第三节　实习报告例文及评析

一、销售实习报告

关于沈阳联营公司销售业务的实习报告

为期5个月的实习结束了，我在这5个月的实习中学到了很多在课堂上根本就学不到的知识。现在我就对这5个月的实习工作做一个小结。

一、实习目的

（一）根据所学专业课程，进一步了解企业的经营与管理。

（二）了解企业发展的现状及其工作流程。

（三）通过实习掌握经营发展成功的一面。

（四）了解企业存在的一些问题及其解决问题的策略。

（五）掌握企业的发展趋势，协调好人际关系。

（六）能够把理论知识与实践紧密结合起来，培养实际工作能力与分析能力，以达到学以致用的目的。

二、实习单位的情况

我的实习单位沈阳联营公司坐落在沈阳繁华的商业区中华路口处，交通十分便利，四通八达。总建筑面积达6万平方米，公司经营50大类4万余种商品；下设12个商场。公司营业大厅装饰典雅豪华、陈列美观和谐，给购物增添了几分温馨的气氛，先进的中央空调和自动扶梯等现代化设施，使您随处感到舒适和方便。就像该公司的广告语“大众购物哪可靠？还是联营老字号！”一样深受广大消费者青睐。

三、实习内容

自实习开始，在这5个月的工作中我参加了该公司的销售实习工作。实习可以分为两个阶段。第一个阶段是安排我在商场工作，主要是一般的销售工作。这一阶段的工作使我知道了一般销售流程。销售分为售前和售后服务两个基本过程。售前就是了解产品，并把产品介绍给消费者使之了解。售后就是产品出现问题使问题得到解决。我负责销售，不要小看这看上去简单的销售，其中还真有学问。以前只是看别人做销售，觉得很简单，自认为不就是卖东西吗？没什么难的，其实不然。刚开始只能跟着同事看他们怎样做销售，从中学经验。这里就要把自己在学校学到的诸如商品学、经济学、市场营销、消费心理学等知识和实践结合起来。例如：为了使产品能够销售出去必须要十分了解产品，还要了解消费者心理，想他们之所想，让他们认可产品并销售出去。但是各大商场都在打价格战就使销售工作有了很大难度。只有价格低廉才能吸引广大消费者。在销售中有很多是课本上学不到的经验，就像销售时要注意语言技巧，分析消费心理。

接下来的第二个阶段我被安排到售后服务工作。这个工作看上去没有什么，但实际上并不是。如果售后服务不好，销售也不会好，这两者有直接关系。对于我这个丝毫没有工作经验的人来说售后确实很难。联营公司的售后服务相当好，他们承诺用户永远是对的，只要用户一个电话，剩下的事由他们来做而且随叫随到，还有升级服务模式，即上门服务时出示"星级服务资格证"；公开出示"统一收费标准"，公开一票到底的服务记录单，服务完毕后请用户签署意见，服务人员为用户提供一个产品的售后服务完毕后，不但要对此产品进行全面的通检、维护，同时主动对用户家中其它家电问寒问暖，对用户提出的需求、建议一票到底地跟踪解决，直到用户满意。产品自售出之日起（以发票日期为准）7日内发生性能故障，消费者可以选择退货、换货或修理；产品自售出之日起（以发票日期为准）15日内发生性能故障，消费者可以选择换货或修理；在包修期内，由于多次维修（两次或两次以上维修）仍不能正常使用，消费者要求退换的，按国家三包法相应规定予以办理；在包修期内，符合换机条件，我方因无同型号同规格产品，消费者不愿调换其他型号、规格产品而要求退货，我方给予退货；在包修期内，符合换机条件，我方有同型号同规格产品，而消费者要求退货，我方给予退货，此时按规定标准向消费者收取折旧费。通过一段时间的努力，我对一些售后基本问题已经能够独立解决。通过一段时间售后实习，我深深地体会到售后的重要性和做好售后服务是一件很辛苦的事，根本不是读书时想象得那样简单。同样也使我深刻体会到学好专业知识固然很重要，但更重要的是把学到的知识灵活运用到实践中去。

四、实习中的体会和提高

在为期5个月的实习中，我像一个真正的员工一样拥有自己的工作卡，感觉自己已经不是一个学生了，每天7点起床，然后像一个真正的上班族一样上班。实习过程中遵守该公司的各项制度，虚心向有经验的同事学习。这几个月的实习使我懂得了很多以前不知道的东西，对联营公司也有了更深的了解。通过了解也发现该公司存在一些问题，问题一：由于各大商场的增多，产品质量不够稳定，使销售工作陷入被动，真接影响到了公司的销售业绩。问题二：销售人员的素质不高，顾客在踏进营业大门的时候，第一感觉也许不是商品，而是企业员工的态度，态度的好坏直接关系到顾客的满意程度。问题三：管理层的管理人才比较少。问题四：售后服务没有所说的那么好，有时不太及时。

实习是每一个大学毕业生必须拥有的一段经历，它使我们在实践中了解社会，让我们学到了很多在课堂上根本就学不到的知识，为我们以后进一步走向社会打下坚实的基础。实习是我们把学到的理论知识应用于实践的一次尝试。衷心感谢沈阳联营公司给我提供实习机会！

【评析】

这是某高校市场营销专业学生的实习报告。第一部分先明确交代参加实习的目的；第二部分概括介绍实习单位的情况；第三部分主要介绍实习内容，从售前和售后两个阶段进行了阐述；在最后的实习体会部分，重点指出了实习单位存在的一些问题，能用所学专业的知识和技能对销售工作进行总结和思考。整篇实习报告结构完整、语言简洁、条理清晰，值得借鉴。

二、财务会计实习报告

财务会计实习报告

一、实习目的

2012 年 3 月 3 日 ~4 月 3 日我在安达文财务管理咨询有限公司进行实地学习与实践，目的是运用所学的专业知识来了解会计的工作流程和工作内容，加深对会计工作的认识，将理论联系于实践，培养实际工作能力和分析解决问题的能力，能够学以致用，为成功走向社会做准备。

二、实习内容

初步接触会计工作和工商注册工作；熟悉会计工作流程；学习报税、缴税、银行外汇开户、外汇许可证申请、代开增值税发票、申购发票及税控机、原始凭证分类及简单凭证的填制等内容；简单了解会计电算化。

2012 年 3 月 3 日，我正式以一个新人的面孔朝气蓬勃地站在安达文财务管理咨询有限公司总经理的面前，开始了我为期一个月的实习。在前一天的电话面试中我表现得很好，表达流利自如，一一陈述了我的学校、班级、专业名称、实习目的以及在校期间取得过的一些成绩，所以当我与总经理面对面进行二次面试时，我一点也没有紧张；相反，我相信我的谦虚与诚恳的态度一定能给总经理留下不错的印象。果然总经理顺利地同意了我的实习要求，并对我说：“在我们公司，你一定能够学到不少东西，好好干！”简短的一句话，给了原本对实际的工作还有些茫然的我很大鼓励。

第一天的实习，我有些拘谨。毕竟第一次坐在开着冷气的办公室里，看到别人进进出出很忙碌的样子，我只能待在一边，一点也插不上手，心想我什么时候才能够融入进去呢。虽然知道实习生应该主动找工作干，要眼里有活，可是大家似乎并没有把我当作一个迫切需要学习的实习生看待，每个人都在忙着自己的工作。这样的处境让我有些尴尬，当即有些气馁地认为，难道我就这样呆坐到实习结束？可是一想到目前大学生的实习情况似乎都是这样时，我马上开始平静自己的心情，告诉自己，不要急，慢慢来。之前在家我在网上曾查了一些资料，我想应该会对我实习有帮助。

过一会总经理拿来两本有关公司注册的书让我学习一下，并对我说公司出于经济原因，一大部分收入来源于工商注册，所以每个员工除了会计工作外还要会公司注册。现在是月初，而会计工作大部分集中于月底，所以我现在的任务是先了解注册工作，11 个步骤，全部记熟练。接下来的几天我一直在努力去学习工商注册的知识，一有空就整理那厚厚的两本书，回家还查阅以前学过的经济法，上下班的车上也不停地背。其余的时间便是帮同事复印，收传真，跑银行缴税、交费。这些工作听起来简单，可对我来说都是新鲜的，把每一次工作都当成锻炼的机会，认真地去完成每件事。每天很早到单位，沏茶倒水，拖地，擦桌子，我都做得井井有条，因为我想得到大家的认可。

注册的工作其实不难，只是较繁琐。没过几天我已经能够流利地回答总经理在午休间歇对我的快速问答，当然也有回答得模棱两可的地方。总经理对我说工作中的问题一定不能马虎大意，绝对不能讲“应该”、“可能”，否则模棱两可的答案可能给客户带来巨大的损失。听了这番话，我很惭愧，想起平时自己在学习时的态度总是马马虎虎，对什么都一知半解，以为只要考试过了 85 分就对这门科目基本掌握了，其实差得太多了。我学的知识在工作中只能打 60 分而已。

几天下来，我对公司的各方面业务渐渐熟悉了，和同事间也有了了解和沟通。我的认真和好学终于得到了大家的认可。总经理开始交给我新的工作，去外勤作报税申请等。虽然每天在路上的时间比在室内的时间长了很多，每天顶着烈日和桑拿天穿梭于各个地税所，可是我依然工作得很开心，毕竟我得到了这么多经验：出现问题时如何与税务局的工作人员沟通，如何独立完成第一次接触的工作。当然了，这些经验除了我自己亲身经历的外，更多的是公司的前辈给予我的指导，有了他们的帮助我才能更顺利、更有信心地完成各种工作。其中给我印象最深的是我在代开增值税发票时，为了 7 分钱，一上午跑了三趟海淀区国税所。那一次是为一个小规模增值税纳税人代开增值税专用发票。尽管以前在税法课上详细地学过增值税，也知道 17％和 4％，6％的税率差别，可是当我到了国税所领到申请表时，依然晕了。拿着表，看着发票，我一下子连购货方与销售方都分不出来了，销售单位应填写不含税单价也忘了，甚至是税率也搞不清了。当时心里急得要命，心想，填不出来就这样回去问他们也太丢脸了。我拿着文件袋一个人在大厅里问来问去，税务局的工作人员态度很差，把我推来推去的，最后也没问出答案。也许我的问题提得太小儿科了。没办法，我找了一个角落坐下来，拿着一堆表心平气和地、反复仔细地看了几遍，回忆了一下脑海里星星点点的知识，再与这些表格上要填写的内容联系起来，终于，又算、又写、又改，总算把它们填好了。把填好的表格交上去，当看到工作人员阴转晴的表情和盖在上面的红章时，我的一颗心才算落了地。

真正的麻烦出现在第二天。我去税务所取开好的增值税发票，交了手续费，领到发票看也没看放进袋子就回去了。到公司把发票交给主管，主管接过发票当即说，不对，数打错了。我一听就傻了，主管怎么一下就能看出数不对呢，我却一点也没注意到，这个数还是我算出来我填的呢。主管说，原来销售的金额是20 790元，它打的是20 789.93元，差了7分钱，拿回去让他重开，不然我们无法做帐。是呀，差一分钱也不行。可怎么会差出这7分钱呢，难道是税务局打错了？我怀着好奇又郁闷的心情重回税务所，可是税务人员重新录入后竟然说计算机打出来的就是这个数，所以没法改。我当即火了，哪有这个道理呀，计算机也是人设计出来的程序，我回去怎么交待！可抱怨有什么用呢，我只能在回去求助同事，当时我的心情只有沮丧这两个字。回到公司，同事吴姐帮我看了一下说可能是由于计算的过程不一样产生的数字误差，只要把单价多保留几位小数就可以了，增值税专用发票可以保留6位小数。这个我还是第一次听说。用吴姐的方法，我把数对上了，于是再一次返回税务所，终于把增值税专用发票准确无误地开出来了。对于我的失误，总经理并没有批评我，只是对我讲，做事一定要细心，对于工作还要讲方法，要学会处理别人处理不了的事情。这件事给了我很深的启示，我在工作日记中写道："今后的工作不只细心还要用心，不要为了完成工作而工作，要站在一个更高的角度去看待工作，提前想到会出现的问题。后来的工作一直很顺利，无论是银行，税务局还是外汇局，我逐渐掌握了办事的技巧，待人处事成熟多了，看上去不再像一个新人。

快到月底时，公司的代理记账业务开始繁忙。总经理对我说，多学，多看，财务公司会接触不同类型企业的账，如外资企业、高新企业、双软企业等。虽然我不能做真实务，但也会学到不少知识。我终于有机会看到真正的会计实务了。我一有时间就泡在一个老会计身边，把握机会要求给她帮忙，于是便有了自己动手的机会。开始的时候我帮忙钉凭证，这个工作不难，但要是钉得漂亮整齐就得下一番功夫了。每次钉完一个凭证我就翻阅一下看看里面的凭证内容，和以前学的知识结合起来，有不懂的地方就问他们，他们不会一一告诉我，但我回家后就把以前的书拿出来查阅，这样既巩固了旧知识又学会了新知识。每天下班我都要对照实习中遇到的问题复习《会计实务》。一段时间下来，果然长进不少。其实会计凭证的填制并不难，难的是分清哪些原始凭证，就是各种各样五花八门的发票。我除了公共汽车票外一个也不认识，什么机打发票、手写发票、商业、餐饮，更别说支票和银行进账单了。连写着礼品的发票我也不知道怎么走账。想到平时我们学习的都是文字叙述的题，然后就写出分录，和实际工作有着天壤之别。大家都很忙，一天做几家帐，没有人有时间教我辨认，于是我就去图书馆找这方面的书，找到一本《发票知识问答》，看完以后，再区分那些票据，思路清晰多了，后来我自己也练习了登记账凭证，做完后让前辈帮我订正，几天下来，我的业务熟练了许多。

学习完制作凭证，学习编制报表，实习单位全部使用的是会计电算化，使用的是用友软件，于是在老会计身边也学了不少会计电算化的内容。如如何建账、制凭证、审核、出报表等一系列流程。为了达到理论联系实践，我还在图书馆借了些鉴辨真假账、筹税、电算化的书，帮助我更容易地理解业务。很遗憾的是一个月的实习很快就结束了，好多东西我还没有学到，比如做所得税报表、填总分类账等等，太多了。其实大学的结束，并不意味着学习的结束，相反，有更多的知识等待着我们去学习。实习结束后，我又有了大把的时间去看书，因为在实习的日子，每天下班回到家已经是8点多，已经疲惫得很难有时间和精力再去学习了。

这一个月的实习给我的感触太深了，仿佛一下子长大成人，懂得了更多地做人与做事的道理，真正懂得了学习的意义，时间的宝贵和人生的真谛。让我更清楚地感到了自己肩上的重任，看到了自己的位置，看清了自己的人生方向。这次的实习经历让我终生受益匪浅。在最后一天，实习单位为我的离开进行欢送聚餐时，大家都对我说了许多祝福与希望，并且每个人都给了我很多的建议，总经理表示由于我的出色表现，他希望我毕业后能继续回来工作。看得出大家对我的关心是那么真诚，没想到一个月的实习会让我们建立这么深厚的友谊。走向社会，人际关系有时真的比工作能力还要重要，良好的人际能给我们的工作带来顺利，带来成功，带来机遇。在工作中把每个人都当作良师益友，那么才有可能在工作中收获更多。

三、实习总结和体会

毕业实习是挑战也是机遇，只有很好地把握，才能够体现它的意义。

下面我从个人实习意义及对会计工作的认识作以下总结。

1. 作为一名会计人员，工作中一定要具有良好的专业素质、职业操守以及敬业态度。会计部门作为现代企业管理的核心机构，对其从业人员，一定要有很高的素质要求。

从知识上讲，会计工作是一门专业性很强的工作，从业人员只有不断地学习才能跟上企业发展的步伐，要不断地充实自己，掌握最新的会计准则、税法细则、法律知识及宏观经济动态。这样才能精通自己的工作内容，对企业的发展方向做出正确的判断，给企业的生产与流通制定出良好的财务计划，为企业和社会创造更多的财富。

从道德素质讲，会计工作的特殊性使其可接触到大量的公有财产，所以作为会计人员一定要把握好自己办事的尺度，首先自己要做到安分守己，其次对于他人的威胁、诱惑和指使要做到坚决不从。朱镕基同志曾经讲过“不做假账”。这四个字代表了他对整个会计界提出的要求和寄予的希望。如何挽救道德的缺失，将个人素质提高到一个新的层面上来，是我们每一个会计人员都要努力思考的问题。只有会计人员自身的道德素质提高，才能够走好职业生涯的每一步，只有会计人员全体道德素质提高，市场经济的优势才能够发挥得更好。

2. 作为一名会计人员要有严谨的工作态度。会计工作是一门很精准的工作，要求会计人员要准确地核算每一项指标，牢记每一条税法，正确使用每一个公式。会计不是一件具有创新意识的工作，它是靠一个又一个精准的数字来反映问题的。所以我们一定要加强自己对数字的敏感度，及时发现问题，解决问题，弥补漏洞。

3. 作为一名会计人员要具备良好的人际交往能力。会计部门是企业管理的核心部门，对下要收集会计信息，对上要汇报会计信息，对内要相互配合整理会计信息，对外要与社会公众和政府部门搞好关系。在与各个部门各种人员打交道时一定要注意沟通方法，协调好相互间的工作关系。工作中要具备正确的心态和良好的心理素质。

4. 作为一个即将工作或刚迈入社会的新人，也要注意以下几点。

(1)有吃苦的决心，平和的心态和不耻下问的精神。作为一个新人，平和的心态很重要，做事不要太过急功近利。

(2)工作中要多看，多观察，多听，少讲，不要讨论与工作无关的内容，多学习别人的语言艺术和办事方法。

(3)除努力工作具有责任心外，要善于经常做工作总结。每天坚持写工作日记，每周做一次工作总结。主要是记录、计划和总结错误。工作中坚决不犯同样的错误，对于工作要未雨绸缪，努力做到更好。

(4)善于把握机会。如果上级把一件超出自己能力范围或工作范围的事情交给自己做，一定不要抱怨并努力完成，因为这也许是上级对自己的能力考验或是一次展示自己工作能力的机会。

(5)坚持学习。不要只学习和会计有关的知识，还要学习与经济相关的知识。因为现代企业的发展不仅在于内部的运作，还要靠外部的推动。要按经济规律和法律规定办事。有一位教育学家说过，当我们把学过的知识忘得一干二净时，最后剩下来的就是教育的本质了。这里我把“教育”改成“知识”，我们在学校里学到的知识也许很快会被淘汰，但那些最基本的学习方法永远是我们掌握最新知识的法宝。这一次的实习虽然时间短暂，虽然接触到的工作很浅，但是依然让我学到了许多知识和经验，这些都是书本上无法得来的。通过实习，我们能够更好地了解自己的不足，了解会计工作的实质，了解这个社会的方方面面，能够让我更早地为自己做好职业规划，设定人生目标，向成功迈进一大步。

【评析】

本文是一篇财务管理专业学生的实习报告，写得比较翔实。报告开头分项式介绍了实习的目的、时间、地点和内容，简洁明了；主体部分用很多生动的事例说明了实习过程中遇到的问题和解决的过程，为下文的实习心得体会做了铺垫；第三部分对实习的意义和认识做了四点总结，并介绍了自己的经验和教训。全文的材料具体、生动、认识深刻，表现出了作者在实习中认真细致、一丝不苟的作风和勇于探求的精神。

综合练习

一、改错题

请分析下面这份实习报告存在的问题，并进行修改。

旅行社实习报告

时光荏苒，瞬间即逝，转眼间大学生活已剩最后半年。然而一切如梦初醒，揉揉眼就面临着离开生活学习了四年的母校，踏入社会接受社会考验的时候了。

为增加实践经验，我利用学校安排的课程实习时间，再根据自身的优势及专业能力，找到了同自己所学专业相关的实习单位及岗位，并在规定的时间内在企业完成相关的实习任务。经朋友的帮助，我有幸在海口通达假日旅行社进行为期两个月的实习生活。我很感谢朋友以及公司给我这样难得的机会，同时由衷地感谢公司同事在此期间对我无微不至的照顾以及帮助。

2008 年 1 月 1 日至 3 月 1 日，我在海南省海口市通达假日旅行社进行了为期两个月的实习活动。在实习期间，我主要以旅游市场调研和办公室文秘类工作为主。在这两个月的实习工作中，我得以亲身体验社会，学到了很多在课堂上学不到的知识，并获得把课堂教学的理论知识与社会实际实践相结合的机会。通过这次实习，我对旅行社的经营、管理及组织结构有了初步的了解，在实践中使我认识到旅游业的一些基本情况，以及对地区乃至国家经济发展的重要性，并补充了自己有限的理论知识，提高了实际的操作能力。

一、实习单位简介

海南通达假日旅行社有限公司位于海南省海口市大英路 69 号嘉茂大厦 3 楼，是经过国家旅游局、海南省旅游局批准，省工商局注册的具有法人资格的私营专业旅游企业，是足额交纳旅游质量保证金的单位，注册资金 50 万元。被评为“海口市十佳国内先进旅行社”，在 2007 年 3 月全国旅游业消费者满意度调查活动中被中国旅游监督管理委员会评为“全国旅游业十佳信誉单位”。

公司拥有一支职业道德良好、业务水平高的业务策划人员及训练有素、熟练各种语言、服务水平高的专业带团队伍，数名导游历年来被评为“海口十佳导游”称号。公司秉承“宾客至上，信誉第一、优质服务”的宗旨，竭诚为旅客提供“食、住、行、游、购、娱”等一条龙最佳服务。

二、实习主要目的

在海南学习生活了四年，对海南省也有个大概的了解。海南省作为一个岛屿，四面环海，气候怡人，具有得天独厚的旅游资源，海南省的旅游业发展前景非常美好。我学的是市场营销专业，平日里上课很少涉及旅游方面的知识，出于对海南旅游发展前景的看好，我平时经常看些有关旅游方面的书。旅行社作为旅游业的承载者，具有极其重要的战略意义。所以，这次毕业实习单位我选择旅行社，希望通过社会实践，能对海南旅游业有实质性的了解。同时，在实习过程中注意培养自己的自学能力、动手能力、理解能力、为人处世能力以及思维能力等。进一步巩固和理解在课堂及书本上所学的知识，培养和提高理论联系实际的能力，更好地为建设社会主义伟大事业而奋斗。

三、对海南旅行社发展的一些想法及建议

虽然第一次进旅行社工作，并且仅有短短的两个月，但通过近期的观察与思考，以及平日在学校里老师悉心的教育，我对海南旅行社的发展也有一些粗浅的想法与建议。

目前，海南旅行社主要面临着三大问题：

第一，同行业激烈的竞争。从海南建省并确定旅游业为海南经济支柱性产业之初到现在，包括大大小小，国内国际的旅行社不下160家，特别是20世纪90年代，海南省经批准注册的国内、国际旅行社达1千多家。面对一个海南，在有限的旅游资源下，共同存在着如此多的竞争者。所以，海南旅行社面临着极为激烈的竞争。

第二，优秀员工流失问题。现在很多企业都面临着一个共同的问题，那就是优秀员工的流失，旅行社作为服务性企业，人员具有高流动性。我在公司实习的短短两个月中，就有一位优秀的导游想离开，但不知道经理用了什么方法留住了她。这不是一个小问题，人才的流失将带来一系列问题，如企业机密泄露、客户流失，成本上涨等。所以，旅行社应该重视这一问题。

第三，旅游市场混乱。相信到海南旅游过的人，都知道海南旅游市场的大致情况。从"12·1"事件，到黑导、宰客现象，海南旅游市场其实处于一种相对混乱的状态。但是近年来，经过政府对市场进行的各种调控，现在稍有好转。不管哪一行业，市场混乱将增加企业许多额外的成本，严重的将导致企业灭亡。

四、总结

通过在通达假日旅行社为期两个月的实习，我对海南旅游市场有了进一步认识，并且对海南旅行社也有了一个大概的了解。同时，在进行理论与实际相结合的过程中，灵活运用了自己的专业知识，展现了自己的能力，也发现了自己存在的许多缺点。

在此，我非常感谢公司及同事对我的关照与帮助，同时也忠心地感谢学校老师对我无私的培养与教育。

二、写作训练

假如你参加过有关课程实习或专业实习，请依据自己的实习经历，撰写一份实习报告。

第十六章

Chapter 16

毕业论文

【学习目标】

· 了解毕业论文的概念、特点、种类。
· 理解毕业论文的写作过程,学会选题及资料的搜集。
· 掌握毕业论文的结构和具体写法。

第一节 毕业论文概述

一、毕业论文的概念

毕业论文是高等学校的毕业生在校学习阶段最后一个学习环节,根据学校要求,在专业教师指导下,毕业前必须完成的,以所学专业领域某一问题为研究和阐述对象,发表自己创造性的见解,能反映其专业综合学习成果的研究论文。

毕业论文旨在通过综合运用所学的理论、知识和方法对所选的课题进行研究,然后独立地把研究成果通过毕业论文显示出来。毕业论文不仅是学校考核学生学习水平的重要方法,而且是学生自我总结的重要手段。

二、毕业论文的特点

(一)科学性

毕业论文作为学术论文的分支,它的科学性是由科学研究的性质决定的。科学研究的任务在于揭示客观事物的本质和规律,探求客观真理,以指导人们改造世界的实践。如果没有严格的科学性,就无法完成自身的任务。

遵循学术论文的科学性,就要求毕业论文要以科学的理论与方法为依据来描述科学研究活动。不同的科学体系有不同的理论与方法，从事某一科学领域的研究，不仅要遵循某些共性的规律，而且要依据该学科的理论与方法来分析问题，透视现象，解释事物的本质与规律。这种专门学科的理论与方法是从专门学科的独有特性中凝练而形成的，具有鲜明的学科个性特点。

（二）理论性

毕业论文不能停留于事实、现象的罗列，它必须探究事物的本质及规律。写毕业论文必须运用理论思维、通过抽象、概括、说理、辨析，揭示事物的本质和规律，必须站在一定的理论高度去审视、评价事实，并将一般现象上升到一定的理论高度。论文的表现形态是由一系列概念、判断、推理所组成的逻辑论证体系。所谓的理论，则是人们概括出来的关于自然科学和社会科学知识的有系统的结论。这一结论来源于实践，又反过来指导实践。理论高度是作者认识世界，能动地发展经济的标志。

（三）创新性

毕业论文不仅要进行专门化的学术研究，而且要报告自己独到的研究成果。作为学术论文分支的毕业论文不同于一般的教育书，它不能重复已有知识，甚至也不同于某些学术专著，因为某些学术专著主要用于专业知识的传播和普及，强调知识的系统性和常规性。毕业论文则必须创造性地解决某一学术问题，因此论文的价值贵在创新，要求作者站在学科以及社会实践的前沿，以远见卓识捕捉有价值的课题，经过扎实的研究提出富有创见的观点和看法，拾人牙慧、步人后尘是撰写论文最忌讳的。

（四）学术性

所谓学术性是指有系统的、专门的学问。论文是学术成果的载体。毕业论文的学术性，是作者就经济领域中某一课题进行研究之后所获得成果的体现。这种研究成果不仅具有系统性、专门性、规律性，还具有该学科的前沿性和新颖性。

三、毕业论文的种类

按照毕业生的不同学科、专业、学位和成果，毕业论文有不同的种类划分。

（一）按科学属性分类

毕业论文按科学属性分类可分为自然科学和社会科学两大类。凡理、工、农、医等内容构成的为自然科学毕业论文，由政治、经济、历史、哲学、文学和管理等内容构成的为社会科学毕业论文。

（二）按申报学位分类

毕业论文按申报学位分类可分为学士、硕士和博士三种论文。

1. 学士论文

学士论文是高校本科学历毕业生毕业前，在教师指导下，根据所学专业要求完成的论文。论文完成后，经答辩评定成绩及格，方能毕业，并授予学士学位。一般来说，本科的毕业论文更重视写作内容的创新、对理论的应用以及对所学知识的总结。

2. 硕士论文

硕士论文是指在高校学习完硕士研究生规定的课程内容后，在导师指导下，根据所学学科的研究课题内容，按规定要求完成论文。经答辩评审及格后，准予毕业，并授予硕士学位。一般来说，硕士毕业生论文作者，都应有较多的独立见解，能反映出硕士生对所掌握的某一专业知识的深度与广度。

3. 博士论文

博士论文是指在高校学习完成博士研究生规定的课程内容后，在导师指导下，并按规定要求撰写的论文经答辩评审合格后，准予毕业，并授予博士学位。一般来说，博士生对某一学科有关领域有深邃而广博的知识，能运用自己的知识对某一学科进行独立深入研究，并取得新的创造性成果，对该学科发展有重要推动作用，或有重要突破。

毕业论文根据所申报的学位等级不同，而分成上述三类，但本书所介绍的则是学士论文的相关知识与写作方法。

（三）按品质及其表现形式的不同特点分类

毕业论文按品质及其表现形式的不同特点分类可分为创造型、评析型、描述型毕业论文。

1. 创造型

对所研究课题以往的理论、学术观点有新的发展和深入开掘，或提出新见解，或证明先前的说法是错误的；或更进一步对学术界尚未认识的事物有新发现，提出新假说、新理论等。

2. 评析型

对社会现象从根源、影响到结果进行透彻的分析；也可以利用自己所掌握的科学理论，对学术界的某种学说或某种思潮进行评价。这种类型的论文写作时要突出“评”和“析”，不能只是机械地、简单地介绍，在选择评析的对象时也要突出一个“新”字。

3. 描述型

从社会科学内容上，重在资料的收集、挖掘、整理、鉴别、描述和说明、解释；从自然科学内容上，重在对某一实验过程如试验前的准备、原料的性质、必备的仪器、配料的方法、获得的数据、试验过程及结果的描述和说明。此外，除描述和说明外，也还是要有论述。

本书主要侧重于经济类本科毕业论文写作的介绍。

第二节　毕业论文写作过程

一、毕业论文的选题

(一)选题的途径

1. 从业务长项和兴趣出发进行选题

术业有专攻,人各有偏好。选择自己感兴趣的方向,产生强烈的研究愿望,就易于钻研取得成果。所以,写作毕业论文首先确定一个自己强项又感兴趣的方向作为论文选题方向,然后在掌握初步资料的基础上,逐步确立论文的具体题目和论文研究阐述的角度。

2. 从实践中发现问题进行选题

关注社会实践中出现的新现象、新业务、新问题,或是注意了解理论界的新观点和新问题,这样才能保证毕业论文具有一定的创新性和现实意义,使研究具有使用价值和科学价值。现实工作或实践中总会遇到应当解决但尚未解决的问题,这就要求我们在平时学习中,不能只满足课堂所学,而应积极深入实践,发现问题,选出适合自己的题目。

3. 从前人研究中发现需要进行补充或纠正的选题

学术问题总在不断修正中,或扩大应用领域,或在与其他知识结合中发现。因此,选题时,同样可以采用这种补充或纠正前说的思路进行研究,而且同样具有学术价值。

(二)选题的原则

1. 注重社会效用和现实意义

一篇论文的价值如何,首先看它对社会生活、社会主义事业有无实用价值和实际影响,有无现实意义。如果所选题目正是当前亟待解决、人们普遍关心的问题,那么论文写成后就具有很高的社会价值。

2. 可行性原则

所谓可行,表现在主客观两个方面,即作者要对研究的题目有浓厚兴趣,还要有足够的可查阅资料,有驾驭论题的知识结构和能力,有足够的时间和精力,或者有这方面一定的工作经验和阅历。

3. 适度性原则

选题的适中性是毕业论文能否成功的重要因素。所谓适中性,是指选题的大小、难易、新老、冷热要适中,避免走向极端。应该小题大做,或选小弃大,切忌大题小作。因为题目过大,材料难找,也难以驾驭。其次,要选新不排老,老题新作,新题深作。再次,要选择难易适中的选题。

二、材料的收集

(一)收集材料的途径

材料主要还是靠日积月累。平时的积累是基础,写作之前有意识地去观察、思考、研究是十分必要的。经济学术论文写作前也要带着任务去调查,去收集材料。不同性质的材料有不同的收集方法:其一,收集静态材料可充分利用图书馆、资料室和书店。查阅文献资料是撰写毕业论文获取材料的一条重要途径,可以了解国内外研究动态,学习、借鉴前人的研究方法和研究成果并为自己积累材料。其二,收集动态材料,主要靠实地观察和调查研究,运用作者的思维,把感性材料上升为理性材料,让“死材料”变活,于是动态材料便水到渠成了。

(二)选取材料的要求

选取的材料要真实、新颖、充分。真实是要求资料要合乎客观事实;新颖,是要求不重复别人的或现有的资料;充分,就要有足够的、必不可少的、能够说明问题的材料。只有按标准去选择资料,才能保证论文的高质量。

(三)材料的整理研究

1. 材料的整理

材料的整理是毕业论文写作中的一项必不可少的基础性环节。整理的主要工作,就是将收集到的材料进行分门别类。即根据材料的性质、内容及其逻辑联系,同一种类型的材料归在一起并加以编号,以便查找。一般采取分类存放法、索引法加以整理,使全部材料系统化。现代电子计算机的产生与运用,为材料的积累与整理提供了便捷的途径和载体。

2. 材料的研究

根据论题,对材料进行必要的整理、分析与研究,这是毕业论文写作中的一项关键性工作。论文写作要认真有效地研究材料,有两个问题应考虑:一是研究的思维方式。即用何种思维方式来思考和探索问题。创造性思维是创新的必要思考方式。二是研究的一般方法。思维方式与研究方法是相互紧密联系的两个概念。所谓思维方式,就是思考问题、产生创见的方式;所谓研究方法,就是证明创见、论证观点的方法。在科研中,只讲思维方式,不讲研究方法是不行的。在经济学术论文写作中,整理研究材料的常见方法有:综合分析、归纳演绎、比较类比、控制论和系统论法、信息论法等。

总之,在毕业论文的材料整理研究工作中,只有同时注意了材料研究的思维方式和研究方法两个方面,才能真正达到整理研究的目的。

三、构思

科学研究本身不可能自然地形成观点鲜明、论证缜密、表达准确的学术论文,它需要研究者对科研的过程与结果进行“再创造”,“再创造”的表现形式就是构思。构思阶段主要解决以下几个问题。

(一)确定论点

在集材后期,对大量资料进行综合、分析之后,研究者的观点逐渐清晰。在构思阶段,研究者应该把最终的见解确定下来,这就是论文的论点。论点是研究者关于课题研究的最终态度与结论,论文的价值、质量的高低主要体现在论点上。论点是论文的灵魂,论文中材料的选择、结构的安排、表达形式的确定乃至标题的拟制等都应该围绕论点的有效阐发来进行。

(二)选定材料

集材阶段收集的资料不可能全部写入论文,研究者肯定要有所选择,选用重要而典型的资料,这是构思阶段的主要工作之一。其实,这种选择在集材后期已经开始并逐渐明朗。构思阶段所做的是集中排查、反复比较,找出并最后确定那些对论点起着最有力支撑的材料。如果发现材料尚不充分,那必须进一步收集资料。

(三)安排结构

结构是论文的具体表达形式。文章的布局涉及诸多方面:问题如何提出,从什么角度切入,论点怎样推出、材料怎样排列,选择哪种文体形式,分几个部分来论述,各部分之间的逻辑关系如何等,这一切在动笔之前必须周密勾画好。安排好论文的结构,也就是选择最佳的组织形式来合理而有效地表达出课题研究的新见解或新成果。

(四)拟制标题

论文的标题有两种形式:论点式(提示论文观点)和论题式(说明课题论述的范围)。根据《GB 编写格式》的规定,无论是论点式还是论题式,论文标题都必须是“以最恰当、最鲜明的词语反映论文中最重要的特定内容的逻辑组合”。论文标题“一般不宜超过 20 个字”。“单标题语意未尽时,可用副题名补充说明论文中的特定内容”。

写文章常用的构思方法有两种:“打腹稿”与编写书面提纲。在学位论文的写作中,常采用编写书面提纲的方法。其原因:一是学位论文结构复杂、论证缜密,要将论文的整个构思固定下来,非编撰书面提纲不可;二是学位论文的写作不太可能“一气呵成”,书面提纲可以保证分几次拟写在内容上的统一、完整性。书面提纲的编写因人而异,但一般是由大到小、由粗到细,一层层构建框架。首先安排全文的大层次,再考虑分论点或小层次,然后确定分论点下的小论点或各个小层次的要点,并列出小论点或要点所需的具体材料。这样梳理下来,论文的整个框架就成形了,各个局部的内容(观点与材料)也得以明确,真正写作起来就得心应手了。书面提纲拟得越细致,论文的完成越顺利。

第三节　毕业论文写作

一、毕业论文的结构

毕业论文即指学位论文，学位论文的编写格式有法定的规范，联合国教科文组织于1968年公布的《关于公开发表的科技论文和科技文摘的撰写指导》中对学术论文的格式作了有关规定，我国国家标准局1987年也公布了学术论文的规范格式，即《科学技术报告、学位论文和学术论文的编写格式》和《文后参考文献著录规范》，因此，自然科学学术论文的格式比较规范、定型。经济学术论文属于社会科学的范畴，而有关社会科学学术论文的规范格式，我国却没有统一的规定，但在人们长期的写作实践过程中，也约定俗成地形成了比较稳定的格式，其要求和所包含的项目与自然科学学术论文大体相同。也就是说，社会科学学术论文的形式，也应参照国家标准局颁发的《科学技术报告、学位论文和学术论文的编写格式》和《文后参考文献著录规范》，只不过没有那么复杂而已。根据自然科学学术论文通用性格式，社会科学学术论文的格式大体上分为前置、主体、附录三大部分，具体项目如图18.1所示。

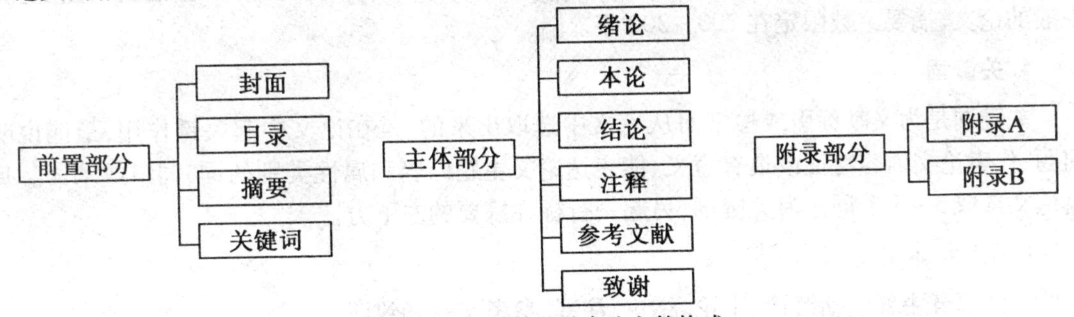

图18.1　社会科学学术论文的格式

（一）前置部分

前置部分主要包括封面（论文类别、标题、署名、专业、论文完成日期）、目录、摘要和关键词。

1. 封面

封面一般应包括以下内容：

（1）论文类别。

论文类别表明论文的类型或级别，如博士学位论文、硕士学位论文、学士学位论文等。

（2）标题。

标题可以说是论文的“眼睛”，是论文内容的高度概括，是以最恰当、最简明的词语反映学术论文中最重要的特定内容的逻辑组合。

(3)署名。

在论文提名之下,通常应标属作者姓名,在校学生写论文,通常应注明作者的年级、学号、姓名。

(4)专业。

专业指学位论文作者主修专业的名称。

(5)论文完成日期。

论文完成日期指论文提交的日期,我国一般要求用汉字书写,如二〇一〇年五月五日。

2. 目录

目录即论文的纲目,标引论文目录的目的是让读者通过目录了解论文的大致内容。目录要标明页码,有小标题的要列清各级标题,并标注相应页码。

3. 摘要

摘要是对论文主要内容准确扼要而不加注释或评论的简略陈述。摘要应写得短而精,包含与论文等量的主要信息。其主要内容包括:本课题研究的前提、背景、目的、任务、重要性、特点;研究的内容、方法、手段;结论及其意义。写作中不必面面俱到,可根据需要有所侧重。一般的论文,摘要字数限定在200~300字。

4. 关键词

关键词是为文献标引或检索而从论文中选取出来的,是在论文中起关键作用,最能说明问题、代表论文内容特征或最有意义、能表达论文主题内容和属性类别的词、词组或术语。每篇论文选取3~5个词作为关键词,另起一行标在摘要的左下方。

(二)主体部分

主体部分主要包括绪论、本论、结论、注释、参考文献和致谢。

1. 绪论

绪论,也称引言、导论、导言、序言,是学术论文正文的开头部分。

2. 本论

本论是详细阐述论文作者的个人研究成果,特别是作者提出的新的、创造性的见解。这是论文的主体内容。

3. 结论

结论是立论在得到证明之后的自然归宿,应与本论部分的立论相一致。它是对本论部分的主要观点作科学的概括,而不应当是重复。

4. 注释

注释是指对论文中的引文出处和对某些词语的说明和解释。注释的方式有尾注、脚注和夹注。

5. 参考文献

参考文献是指给作者提供参考、查阅，被作者引述的记录有知识或情报的一切载体。

6. 致谢

致谢是指对在撰写毕业论文的研究和写作过程中予以帮助、支持的个人和组织表示感谢。

(三)附录部分

附录是论文的补充项目，并非每篇必备。下列内容可以作为论文附录：

①与正文内容密切相关，但由于论文的整体性或篇幅限制，未能放入正文中的重要材料。

②能为论文观点提供佐证，但与论文无密切关系，不便编入正文的重要材料。

③一般读者不必阅读，不易阅读或不感兴趣，但对同行有参考价值的材料。

④某些重要的原始数据、数学推理、计算程序、框图、统计表等。

二、毕业论文的写法

(一)题名

题名，即论文的标题，是文章的眉目，它以最简洁的文字标明论文的主旨，对论文全篇都起着画龙点睛的作用。一个好的论文标题既要准确反映论文的内容，又要突出论文的学术价值。

1. 标题的种类

论文的标题按照形式一般可分为主标题、副标题两种。

(1)主标题。

主标题又叫单标题，其目的是揭示课题的实质、交代论文的内容范围。这种形式的标题要具有一定的概括性，简洁有力。如《试论我国农村的双层经营体制》《战后西方贸易自由化剖析》《关于海峡两岸旅游贸易发展若干问题的探讨》《振兴中华商业，弘扬“老字号”传统》等。

(2)副标题。

为了点明论文的研究对象、研究内容和研究目的，对总标题加以补充、解说，有的论文还可以加副标题；为了强调论文所研究的某一个侧重面，也可以加副标题。如《如何看待现阶段劳动报酬的差别——也谈按劳分配中的资产阶级权利》。

2. 拟标题的要求

①具体明确，能够揭示论题范围和论点，使读者看了标题便知晓文章所论述的主要内容及作者的写作意图，而不能似是而非，藏头露尾，与读者捉迷藏。

②简洁精练，论文的标题不宜过长，过长容易产生烦琐和累赘的感觉，从而影响对文章的

总体评价。一般论文的题目字数以不超过20字为宜。

③质朴实在,题目要突出论文的学术含金量,用字须朴实自然,实事求是,不要使用象征、比喻、夸张等修辞手法,否则会使读者对论文内容捉摸不透,不知所云。

(二)摘要

摘要也就是内容提要,是论文中不可缺少的一部分。论文摘要是一篇具有独立性的短文,有其特别的地方,它是建立在对论文进行总结的基础之上,用简单、明确、易懂、精辟的语言对全文内容加以概括,留主干去枝叶,提取论文的主要信息。作者的观点、论文的主要内容、研究成果、独到的见解,这些都应该在摘要中体现出来。好的摘要便于索引与查找,易于收录到大型资料库中并为他人提供信息。因此摘要在资料交流方面承担着至关重要的作用。

论文摘要分为中文摘要和外文(一般为英文)摘要。通常中文摘要不超过300字,英文摘要不超过250个实词,中英文摘要应一致。毕业论文摘要可适当增加篇幅。其文字要求简明扼要,表达通顺,结构严谨。摘要中不使用特殊字符,也不使用图表和公式,以及由特殊字符组成的数学表达式等。

(三)关键词

关键词可以是看作一组以词语形式来表达的论文摘要,它比摘要更为简明,所摘出来的关键词,必须是最能说明问题和揭示论文主旨、出现频率较高的关键性术语或词语;不要误将新颖词或有吸引力的词作为关键词,不要把不具备检索意义的词作为关键词;不要把一些通用词,如“研究”“方法”“分析”“思考”等作为关键词;不能用口语化的词作关键词;不要对专有名词作不恰当的切分;上位词或下位词要适当。

关键词是把论文起关键作用、最能说明问题、代表论文内容特征或最有意义的单词、术语选出来,以供检索用。关键词不考虑语法结构,不一定表达完整的意思,它所选的是在论文中反复出现的,能揭示论文主旨的关键概念、术语等。一般情况下,一篇论文应选取3~5个词作为关键词。

(四)绪论

论文的前言也叫引言,是正文前面一段短文。前言是论文的开场白,目的是向读者说明本研究的来龙去脉,吸引读者对本篇论文产生兴趣,对正文起到提纲挈领和引导阅读兴趣的作用。

1.绪论包含的内容

绪论作为论文的开头,以简短的篇幅介绍论文的写作背景和目的,缘起和提出研究要求的现实情况,以及相关领域内前人所做的工作和研究的概况,说明本研究与前工作的关系,目前的研究热点、存在的问题及作者的工作意义,引出本文的主题给读者以引导。绪论也可点明本文的理论依据、实验基础和研究方法,简单阐述其研究内容。在论文研究的创新点的表述上,如果研究的项目是别人从未开展过的,这时创新性是显而易见的,要说明研究的创新点。但大部分情况下,研究的项目是前人开展过的,这时一定要说明此研究与前人所研究的不同之处和本质上的区别,而不是单纯地重复前人的工作。

2. 绪论的写作方法

①开门见山,不绕圈子。避免大篇幅地讲述历史渊源和立题研究过程。

②言简意赅,突出重点。在绪论中提示本文的工作和观点时,意思应明确,语言应简练。回顾历史要有重点,内容要紧扣文章标题,围绕标题介绍背景,用几句话概括即可,无需展开讨论,虽可适当引用过去的文献内容,但不要长篇罗列,不能把前言写成该研究的历史发展;不要把前言写成文献小综述,更不要去重复说明那些教科书上已有,或本领域研究人员所共知的常识性内容。

③尊重科学,实事求是。在绪论中,评价论文的价值要恰如其分、实事求是,用词要科学,对本文的创新性最好不要使用"本研究国内首创、首次报道""填补了国内空白""有很高的学术价值""本研究内容国内未见报道"或"本研究处于国内外领先水平"等不恰当的自我评语。

④绪论的内容不应与摘要雷同,注意不用客套话,如"才疏学浅""水平有限""恳请指正""抛砖引玉"之类的语言,绪论最好不分段论述,不要插图、列表,不进行公式的推导与证明。

(五)本论

"本论"是论文的主体,占据了论文的绝大篇幅,是论文的主体部分,是分析问题、论证观点的主要部分,论文的创造性成果或新的研究结果都将在这一部分得到充分的反映。因此,这部分内容要充实,论据要充分、可靠、确凿、有力。从各个不同的角度分别阐述论点的正确性,论述作者的研究成果和创造性的见解、新的理论内容。

1. 论述的结构

本论部分的论述要结合文章的长短和逻辑结构采用不同的写法。根据层次之间的不同关系,可以把本论部分的结构形式划分为递进式、并列式、综合式三种类型。

(1)递进式。

递进式是中心论点和各分论点之间均沿着一个逻辑线索直线移动,先提出一个论点步步深入,层层论述,然后由一个论点转入另一个论点循序论述,一论到底。

(2)并列式。

并列式是把从属于中心论点的几个分论点并列起来,从不同的角度分别进行论述。即类似"总分式"的论述方法,先概括地提出中心论点,再从不同方面分层进行论述,也可以是先具体地从不同方面层层论述,然后归纳得出结论。

(3)综合式。

综合式也称并列递进式或纵横交叉式。有些论文的层次关系特别复杂,不能只用一种单一的结构形式,需要把递进式和并列式结合起来,形成一种混合的结构形式。采用混合式结构又有两种形式:一是在递进的过程中,在每一个递进层次上又展开并列(递进中的并列);二是在并列的过程中,在每一个并列的面上又展开递进(并列中的递进)。这种方法比前两种更复杂,也更难掌握一些。

为了避免由于内容过多而使条理不清,写作本论时,常在各个层次之前加一些外在的标志,这些外在标志的主要形式有小标题、序码、小标题与序码相结合及空行等几种。

2. 论证的方法

本论部分最主要的任务是组织论证,以理服人。作者要千方百计地证明自己的观点是正确的、可信的。为此,必须围绕论点,运用论据展开充分的论证。论证就是要用论据来证明论点的正确性或证明敌对论点错误性的过程和方法。从论题的性质来看,论证又可分为立论和驳论两种。

(1)立论。

正面阐述自己的观点,证明它的正确性,从而把论点确立起来的过程就叫立论,也叫证明。常用的证明方法有:

①例证法。这是一种用事实作为论据,举例说明的论证方法,就是常说的“摆事实”。事实胜于雄辩,让事实说话,这是最常用而有效的论证方法。

②引证法。引用经典作家的言论,权威人士的观点、理论,或科学上的公理、定律,还有其他格言、谚语、名言、警句等来证明自己观点的论证方法,也称“事理论证”。

采用引证法,所引用的言论要忠实于作者原意,不能断章取义;引语要准确无误,最好注明出处;引语要简洁,避免大段引用、喧宾夺主;对引语要作一些阐发说明,不要引完即简单下结论。

③分析法。就是把一个较为复杂庞大的事物或事理解切割成若干部分,然后一一加以考察的论证方法。通过对所论事物或事理的分析、透视,发掘出其中蕴含的道理和规律,从而很好地证明论点。

④推理论证。推理就是从一个或几个已知的判断推出一个新判断的思维过程。议论与逻辑推理是分不开的。从文章的整体来看,完整的论证过程也就是归纳、演绎或类比推理的过程;从文章局部来看,在各个论证环节中,也可采用这些推理形式。立论论证的方法除了以上几种外,还有因果论证、对比论证、比喻论证等,这里不一一介绍。

(2)驳论。

驳论是通过揭示、驳斥错误的、反动的观点,证明它的荒谬性,从而证明自己观点正确性的一种论证方法。驳论可分为驳论点、驳论据和驳论证三种。常用的驳论方法有直接反驳、反证法、归谬法等。

①直接反驳。就是运用论据或推理,直接证明敌对论点是错误的方法。

②反证法。为了证明对方的论点是错误的,可以先证明与其相矛盾的另一论点是正确的,这就是所谓反证法。

③归谬法。先假定对方的论点是正确的,然后以它为前提,推导出一个明显荒谬的结论,从而证明对方论点是错误的。

论证的方法有很多种,究竟使用哪一种或哪几种,要根据论证的实际需要来确定。一般来说,单纯地只用一种论证方法是很少见的,在多数情况下,需要将几种方法结合起来,才能取得好的论证效果。

3. 材料的使用

本论部分的内容由观点和材料构成,写好本论的另一个要求是将观点和材料有机地结合起来,以观点统帅材料,以材料证明观点。从总体上说,材料应按照各自所要证明的观点来安排,即把所有的材料分别划归到各个小观点之下,随着观点间逻辑关系及排列顺序的明确,材料自然也各得其位了。但是,在同一内容层次之中的观点与材料应怎样安排,究竟是先出观点还是先列材料,在起草时不能不斟酌一番。为了避免雷同,应该有所变化。一般是先摆观点,后列材料;有时也可以先列材料,再摆观点;还可以边摆观点边列材料,夹叙夹议,由浅入深。总之,要把材料和观点紧紧地糅合在一起,有机地统一起来,为表现文章的中心服务。

(六)结论

结论的任务是在理论分析和实验验证的基础上通过严密的逻辑推理而得出的富有创造性、指导性、经验性的结果。它又以自身的条理性、明确性、客观性反映了论文或研究成果的价值。结论与引言相呼应,同摘要一样可为读者和二次文献作者提供依据。结论的内容不是对研究结果的简单重复,而是对研究结果更深入的认识,是从正文部分的全部内容出发并涉及引言的部分内容,经过判断、归纳、推理等过程而得到的新的总观点。主要包括:

①本研究结果说明了什么问题、得出了什么规律性的东西、解决了什么理论或实际问题、对论文创新内容的概括,措辞要准确、严谨,不能模棱两可、含糊其辞。不用“大概”“也许”“可能是”这类词,以免使人有似是而非的感觉,从而怀疑论文的真正价值。

②对前人有关问题的看法作了哪些检验,哪些与本研究结果一致,哪些不一致,作者作了哪些修正、补充、发展或否定。

③本研究的不足之处或遗留问题。如是否存在例外情况或本论文尚难以解释或解决的问题,也可提些进一步研究本课题的建议。

结论段具有相对的独立性,应提供明确、具体的定性和定量的信息。对要点要具体表述,不能用抽象和笼统的语言。行文要简短,不再展开论述,不对论文中各段的小结作简单重复。研究成果或论文的真正价值是通过具体“结论”来体现的,所以结论段也不宜用如“本研究具有国际先进水平”“本研究结果属国内首创”“本研究结果填补了国内空白”等语句来作自我评价。

(七)注释

“注释”有两类,一类是对正文内容的补充说明。如对一些有必要向读者解释,但考虑到行文流畅或其他原因,不便在正文中展开的内容,可以用注释来加以说明。另一类是说明资料来源的注释。凡是引用资料或他人的研究成果,无论是直接引用还是间接地转述和参考采用,都要注明出处。

论文注释可分为页注、尾注和夹注三种。页注是将注释写在页最下段,在注释上方划一道横线,和正文隔开。尾注是文章正文之后集中加注。页注和尾注都要在正文中被注释文字的右上角加上序码记号,再在相应的注释内容前面加上同样的序码记号。夹注是接在文中需要注释的文字后面加注,一般用括号将注释的文字括起来,以示和正文的区别。

(八)参考文献

"参考文献"是论文的主要思想资源和材料资源,它从另一个方面表现了作者研究的广度和深度。参考文献的著录次序,应按论文中所引用参考文献的先后顺序列出;所引证的文献资料应是正式出版的报刊、书籍;列出的项目一般包括作者(译者)姓名、标题或书名、出版(期刊)社名称、出版时间、期次。若是专著,还应列出版本、页码。

写"注释"和"参考文献",应按规定完整地列出文献的序号、作者(译者)、文献题名(杂志名称、卷号)、出版地、出版社、出版年月、起止页码。其格式如下:

1. 连续出版物

[序号]主要责任者.文献题名[J]刊名,出版年份,卷号(期号):起止页码.

2. 专著

[序号]主要责任者.文献题名[M].出版地:出版者,出版年:起止页码.

3. 会议论文集

[序号]主要责任者.文献题名[A]主编.论文集名[C],出版地:出版者,出版年:起止页码.

4. 学位论文

[序号]主要责任者.文献题名[D].保存地:保存单位,年份.

5. 报告

[序号]主要责任者.文献题名[R].报告地:报告会主办单位,年份.

6. 专利文献

[序号]专利所有者.专利题名[P].专利国别:专利号,发布日期.

7. 国际、国家标准

[序号]标准代号,标准名称[S].出版地:出版者,出版年.

8. 报纸文章

[序号]主要责任者.文献题名[N].报纸名,出版日期(版次).

9. 电子文献

[序号]主要责任者.电子文献题名[文献类型/载体类型].电子文献的出版或可获得地址,发表或更新日期/引用日期(任选)。

注释与参考文献的格式基本类似,但也存在显著的区别,《中国学术期刊(光盘版)检索与评价数据规范》中十分清楚地规定:"参考文献是作者写作论文著作时所参考的文献书目",一般集中列于文末;注释是对论著正文中某一特定内容的进一步解释或补充说明,一般排印在该页的页脚,也有的在文尾进行集中加注。参考文献序号用方括号标出,而注释用数字加圆圈标注(如①②……)"。可见,参考文献与注释有着显著的区别,作者在撰写论著时应严格将其区分开来标注。

第四节　毕业论文例文及评析

我国地方政府债务风险研究

摘要:在我国4万亿经济刺激计划实施过程中,我国地方政府债务呈明显的增长态势,由此累积了巨大的风险,将会影响我国财政和经济的安全。本文首先介绍了地方政府债务的的研究背景及意义,并对当前国内外的研究情况作了简单介绍。然后主要阐述了地方政府债务的特点及潜在风险,接着对债务风险的成因进行了分析,并给出了关于债务风险的防范对策,最后概况了本文的主要研究成果,并指出研究中的创新点以及不足。

关键词:地方政府;债务风险;风险防范

Research on the risk of Local Government Debts in Our Country

Abstract:(略)

Key words:(略)

1. 绪论

1.1 选题研究的背景及意义

改革开放以来,我国进入了大规模经济建设时期,各地基础设施建设的资金需求也日渐扩大,在巨额的建设支出压力面前,地方政府有限的财政资金难以支撑……

目前,我国许多地方经济发展迟缓,财政实力薄弱,财政管理体制不健全,而地方政府债务规模却逐年增大,地方政府债务问题突出,日益成为我国地方经济事业发展的制约因素,严重影响着地方经济和社会的可持续发展……

1.2 目前国内外研究文献综述

刘尚希从20世纪90年代中期开始一直关注并研究与政府债务有关的财政风险问题,在《财政风险及其防范研究文集》(2000)中提出了"公共风险"的概念……

……Hana Polackova在《政府或有负债:影响财政稳定性的潜在风险》(*Contingent Government Liabilities: A Hidden Risk for Fiscal Stability*)(1998)一文中,对政府债务风险的研究,其从政府债务角度提出了著名的财政风险矩阵(fiscal risk matrix)。

1.3 本文研究思路、主要内容与创新点

本文试图运用政府债务管理理论及经济基础理论，紧密联系实际，在全面分析我国现阶段地方政府债务的定义、特征、现状及潜在风险的基础上，着重研究探讨我国的地方政府债务风险及其防范对策。通过运用政府债务风险理论，探讨一种在我国现阶段政治架构和经济发展水平下，适合地方政府正常举债的制度。

本文的创新点主要有：第一，从风险防范的角度作为研究地方政府债务的切入点来分析和解决问题，避免大而全的泛泛之谈；第二，提出深化政治经济体制改革才是解决地方政府债务风险相关问题的重点。

2. 我国地方政府债务风险的现状及特点

2.1 我国地方政府债务风险的现状

目前，我国尚没有关于全国地方政府债务规模的正式官方统计，但根据相关的调查和研究推断，我国目前地方政府债务总额至少在 100 000 亿元以上，占到 GDP 的 28% ~35%。其中，乡镇政府负债总额在 2 200 亿元左右，平均负债 400 万元。巨额债务已经超过了地方政府的偿债能力，引发了局部性债务风险，有的地方甚至出现支付危机。

……

2.2 我国地方政府债务风险的特点

2.2.1 债务总量巨大，风险较高

（略）

2.2.2 债务构成复杂，隐蔽性强

（略）

2.2.3 缺乏偿还机制，容易发生信用危机

（略）

2.2.4 债务风险危害严重

（略）

3. 我国地方政府债务风险成因分析

3.1 体制性原因

1994 年我国实行分税制改革，在收入层面相对规范了中央和地方之间的分配关系，初步建立了分税制财政体制，但是这一体制在提高了中央财政收入的同时，也挤压了地方财政收入增长空间，再加上中央与地方之间的事权划分不清晰，地方政府面对有限财力和无限责任之间的矛盾不得不负责维持运转。

3.1.1 财税制度还在不断调整中

（略）

3.1.2 国有企业改革不彻底

（略）

3.1.3 金融管理体制改革未完全到位

（略）

3.1.4 投融资体制改革中存在不少问题

（略）

3.2 政策性原因

税收减免等政策、农村税费改革制度及国有经济“抓大放小”等战略性调整政策，使本来经济总量小、收支矛盾突出的地方财政特别是基层财政，不仅无力加大对一些民生项目和重点建设的投入，而且为“保工资、保运转、保稳定”需要，不得不依靠从省里调度资金过日子，为满足日益增长的社会事业和经济发展支出需要，不得不走上举债道路。

3.2.1 政府职能“越位”

（略）

3.2.2 地方政府行为不规范

（略）

3.3 管理层面原因

3.3.1 上级政府政策影响

（略）

3.3.2 地方政府债务管理滞后

（略）

4. 我国地方政府债务风险防范对策

4.1 地方政府自身对于债务风险的防范对策

4.1.1 全面清理地方政府债务，规范债务管理，加强债务风险防范制度的建设

（略）

4.1.2 增强地方政府债务信息透明度，严格控制地方债务规模

（略）

4.1.3 严格限定地方债的使用范围，加强对债券资金使用的监督

（略）

4.1.4 构建政府债务风险预警机制，建立健全政府偿债准备金制度

（略）

4.1.5 发展经济、稳步增加财政收入

（略）

4.1.6 加强中央对地方债的监控，对地方政府发债权进行必要的限制

（略）

4.1.7 适时成立地方政府债券监管委员会，对地方债进行统一监管

（略）

4.2 营造化解地方政府债务风险的外部环境

我国地方政府债务负担沉重,不仅源于地方政府自身因素,更多的是来源于我国经济的某些领域改革的滞后。因此,为了从根本上杜绝地方政府债务产生的途径,我们需要完善现行分税制财政体制与转移支付制度,并且深化金融体制改革、加快国有企业改革、加快粮食流通体制与转移支付制度。

4.2.1 改进现行分税制财政体制

4.2.1.1 合理划分中央与地方政府事权

(略)

4.2.1.2 合理确定财政级次

(略)

4.2.2 完善转移支付制度

4.2.3 加快国有企业改革步伐

4.2.3.1 加快国有企业战略性结构调整

(略)

4.2.3.2 要进一步完善企业法人治理结构

(略)

4.2.4 深化金融体制改革

(略)

4.2.5 健全社会保障制度

(略)

5. 结论

本文对国内外学者关于地方政府债务管理的研究进行了阐述,并对有关地方政府债务的概念、分类、特点、功能等作了具体的介绍,然后分析了我国地方政府债务的现状……

我国地方政府债务出现这些问题的成因主要包括体制性、政策性、管理性三个层面。基于地方政府债务管理理论,我们同样可以从这三个方面来完善我国地方政府债务的管理,主要的措施包括规范地方政府举债条件、构建地方政府债务评价体系、控制地方政府债务风险、建立地方政府债务风险预警机制、建立地方政府偿债基金、建立严格的约束监督机制以及建立债务信息披露制度等……

注释

①王朝才,傅志华. 关于建立地方公债制度的探讨[J]. 北京:中国财经出版社,2001.

②魏加宁. 中国地方政府债务风险与金融危机[J]. 北京:经济科学出版社,2004.

……

参考文献

[1] 中国统计局. 中国统计年鉴(2009)中国统计局网站:http://www. stats - sh. gov. cn.

[2] 刘尚希. 财政风险及其防范研究文集[M]. 北京:经济科学出版社,2000.

……

致谢

（略）

【评析】

本论文为金融学专业的本科毕业论文，从论文的整体结构上看，该论文具备了毕业论文应有的要素，项目齐全。

作为研究选题，较为深入地分析了风险存在的原因，并提出了防范风险的相关建议，选题具有较为重要的现实意义。

在论文的行文过程中，摘要的撰写能清楚地介绍本论阐述的主要内容。绪论也清晰地陈述了本课题的研究的背景及意义、国内外的研究状况、研究方法等内容。论文本论的论述部分形成了提出问题、分析问题、解决问题的写作系统，并突出了研究的重点，分析了我国地方政府债务的现状并提出了我国地方政府债务风险防范对策，文章结构较为合理，论述较为充分。论文的结论部分基本上对论文的研究结果进行了较恰当的阐述。

综合练习

一、改错题

下面为会计专业毕业论文《汽车制造业成本控制问题研究》的摘要，根据撰写摘要的要求，指出此摘要存在的问题，并进行修改。

摘　要

随着汽车市场的发展，汽车制造企业之间的竞争也越来越激烈，越来越多的企业开始意识到成本控制的重要性。近些年，汽车市场产销量迅猛增长，但市场环境的急剧变化，却导致企业利润不断下降。波特认为，在一个竞争非常激烈的市场中，企业想要获得成功，首要便是成本领先。因此，如何选择一个好的成本控制方法，进行合理有效的成本控制，便成为企业生存和发展的关键。文章从研究成本控制的基本理论出发，分析汽车制造业成本控制存在的问题，并且为汽车制造业的成本控制提供了一些建议。

二、写作训练

结合所学专业，通过查阅文献资料，了解学术动态，初选一个自己感兴趣的毕业论文论题，拟出写作提纲。

第十七章

Chapter 17

求职信

【学习目标】

· 了解求职信的概念、作用、特点及种类。

· 掌握求职信的写法和写作要求。

第一节　求职信概述

一、求职信的概念及作用

（一）求职信的概念

求职信是求职者向用人单位推荐自己以谋求工作或职务的一种专业文书。

求职信作为一种专业书信，在我国已有悠久的历史。古代的求职信叫作“行卷”，也称作投献，即把自己的得意之作投诸名流、显宦或是皇帝，以争得声誉或一官半职。西汉东方朔的《上书自荐》可算是最早的求职信，而唐代大诗人李白的《与韩荆州书》则堪称古代求职信的典范。

（二）求职信的作用

1. 展示自我，以求录用

近年来，随着市场经济体制的建立和劳动人事制度的改革，求职者与用人单位之间已经逐渐形成双向选择的机制，而通过求职信谋职则成为一种重要的途径和手段。在求职信中，求职者可以充分展示自己的才能与特长，进行“自我推销”，以优越的自身条件吸引招聘者，使自己在众多竞争者中脱颖而出，从而得以录用，实现自己的理想和抱负。

2. 沟通桥梁，提供依据

求职信是求职者与用人单位之间的桥梁，是求职者能否被聘用的依据。求职信能将求职者形象化、立体化，让求职者从文字背后走出来，与招聘者进行交流。而为了节约时间和人力，提高工作效率，用人单位可以将求职信作为一份初选的依据材料，认真筛选，然后确定面试人员，挑选到真正适合本单位需要的人才。求职信无疑为人才流动，人才走向市场，择优录用提供了前提条件。

二、求职信的特点及种类

（一）求职信的特点

与一般书信相比，求职信具有以下特点：

1. 自荐性

求职信具有强烈的自我推荐性。求职者在用人单位面前就是一张白纸，因此，求职者必须要凭借求职信让用人单位了解自己的学识、才能、经历等情况，让对方相信自己的诚意，以及权衡自己是否适合相应岗位的需要，最终实现被对方录用的目的。

2. 真实性

求职信必须实事求是地介绍自己的基本情况和有关能力，客观地进行自我评价，既不夸大其词，过度包装和粉饰自己，也不故作谦虚，在诚信的基础上实现双赢。

3. 简洁性

求职信的行文以叙述和说明为主，多用短句，少用长句，篇幅不宜太长，以一页纸为宜。根据有关专家的研究成果，求职信如果超过400个单词，其效果会下降到25%，即给读者留下的印象只剩下1/4。所以，在重点突出、内容完整的情况下，要力求简明扼要。

4. 针对性

求职信目的明确、定位清晰，有较强的针对性。求职者要针对本人的专业、特长等实际情况，同时还应针对用人单位的用人需求，在“求”上下功夫：求什么职位，为什么求，凭什么求等。这种针对性鲜明的求职信会为求职成功提供重要的保证。

5. 竞争性

双向选择本身就是竞争。面向社会的招聘，求职者必然会很多，求职者要在竞争中脱颖而出，就必须证明自己的优秀，突出自己的能力，在激烈的角逐中占据优势。

（二）求职信的种类

1. 按求职者的身份分，求职信可分为毕业生求职信和社会成员求职信

毕业生求职信即大中专毕业生向用人单位或相应单位的领导申述自己的专业、能力、特长等，谋求某一岗位的工作或职务而投送的求职信。

社会成员求职信是指失业、下岗待业、停薪留职者或想谋求一个更大的发展空间的在岗人员，以个人名义向有关单位申请应聘某一岗位的工作或职务的求职信。

求职者的身份不同，写作的角度、内容、语气就会有所不同。一般来说，毕业生求职信因为求职人工作经验、业绩成果等方面的缺失，所以应从现有条件、爱好特长、发挥潜能等方面介绍自己；而社会成员求职者往往有一定的工作经历，因此可以着重介绍自己的工作经验及取得的成绩等，求职的针对性更强。

2. 按求职对象的明确性分，求职信可分为有针对性的求职信和通用的求职信

有针对性的求职信指有明确的投向单位或应聘岗位，求职者可根据单位或职位的情况去写作，又称应聘信。

通用的求职信指求职者没有明确的求职单位或岗位，而是根据一般的用人单位通常的用人标准和要求去写作，可以投向不同的单位，又称自荐信。

第二节　求职信写作

一、求职信的写法

求职信是一种书信文体，它的格式与书信基本相同。其结构主要包括标题、称呼、问候语、正文、祝颂语、落款和附件等几个部分。

（一）标题

标题一般由文种构成，在第一行居中位置直接书写“求职信”三个字即可。

（二）称呼

求职信的称呼与一般书信不同，书写时要更为正规些，多用一些尊称、敬称。如果知道用人单位负责人的，可以直接写出负责人的职务、职称，如“尊敬的×处长”“尊敬的×经理”“尊敬的×教授”等，或称呼“尊敬的××先生”“尊敬的××女士”。如果不知道用人单位谁来负责此项工作，可写成“尊敬的××公司领导”。称呼语在标题下一行顶格书写，后面写上冒号。

（三）问候语

在称呼的下一行左空两格书写，通常用“您好”“请恕打扰”等，以示对用人单位负责人的尊敬。

（四）正文

正文是求职信的核心部分，一般包括引言、主体、结尾三部分。

1. 引言

引言的作用在于引导收信对象自然进入所突出的正题而不感到突然，吸引对方看完求职信。引言常用以下几种形式：

（1）概述式。

用一两句话概括本人所具备的最重要的求职资格和工作能力。如“首先感谢您在百忙之中抽出时间给我一个展示自我的机会。我是××学院××系××学专业2012届的一名毕业生……"

(2)应征式。

应聘信多采用这种形式,即在此处说明用人信息的来源渠道,并肯定本人能够满足招聘广告中提出的各项要求。如"很高兴在××招聘网站获悉贵单位招聘员工的启事。我有意应聘其中的××一职。在××方面我已有××年的工作经历和经验,并一直期望能有机会加盟贵公司……"

(3)赞扬式。

赞扬目标单位近期所取得的显著成就或发生的重要变化,表明自己对用人单位的敬慕、热爱,拉近与用人单位的距离。如"我从报纸上获悉,贵公司近几年销售业绩节节攀升,业务经营范围不断扩大,最近又在开设分公司,准备招聘员工……"再如"久闻贵公司实力不凡,声誉卓著,产品畅销全国。据悉贵公司欲开拓海外市场,故冒昧写信自荐,希望加盟贵公司……"

(4)志愿式。

表明本人的理想和抱负,把目标单位称作其用武之地,决心为之奋斗。如"我是一名应届大学毕业生,即将结束自己的大学生活,憧憬能在社会上开拓出一片属于自己的天地,实现自己最大的价值。贵公司的招聘正适合我的发展愿望,我会尽自己最大的努力为公司的发展贡献自己的微薄之力……"

2. 主体

这部分是正文的重点部分,也是用人单位聘用职员的一个主要依据,要求求职者客观真实地写明自身基本情况,尤其应详细介绍自己最适合某项工作的能力,这是求职成功的关键。其主要包括以下几个方面:

①展示自己的求职条件,介绍自己的专业优势、参加过的项目、突出的成绩、以往的工作经验等。如果是应届毕业生,还可以列举几门有特色的、与应聘职位对口或接近的主要专业课程,参加的专业实践活动及在各类竞赛中的获奖情况、实习单位对自己的评价等,凸显自己学习的深度与广度。

②介绍自己的工作能力、性格、爱好特长等,如历任班长、系学生会学习部部长等职务,或擅长排球、乒乓球等体育项目,或擅长文艺演出,或有组织策划大型活动的经验等。这些也是竞争的优势,可以根据实际情况进行适当表达。

③如果用人单位明确,可以谈谈对目标单位的认识、了解,表达自己对本工作的喜爱和迫切心情;指出自己潜在的发展优势,可能对用人单位作出的贡献及产生的影响;录用后的计划等。

主体部分可以不拘于形式,择要说明,重在突出自己的"闪光点"。

3. 结尾

结尾一般内容有:或再次表达求职的愿望,希望对方给予回复及盼望能有一个面谈的机会,如"希望贵公司能给我一个面试的机会""感谢您在百忙之中给予我的关注,殷切期盼您的答复""敬候佳音"等;或再次深化自己的形象,对自己进行总结等。结尾可与主体衔接在一起写，也可另起一段。

（五）祝颂语

最后以表示敬意或祝愿的话作为结束，如"此致敬礼"或"顺祝商安""顺颂大安""顺颂商祺"等。忌过多寒暄，以免画蛇添足。

（六）落款

落款包括求职者的姓名和日期两部分，一般位于正文的右下方。署名用"求职人：××"或"求职人：××谨上"的形式，以示礼貌和谦逊，然后在其下方写上成文日期，要年、月、日俱全。

（七）附件

附件也是求职信的重要组成部分，是求职信以外用以证明或介绍自己具体情况的书面材料。常见的附件材料有：

1. 简历

简要的简历要写明姓名、性别、出生年月、籍贯、民族、婚姻状况、毕业学校、学历、学位、职务职称、通讯地址、联系方式等个人基本情况，还要着重写明受教育的情况、社会实践、工作经历和能力、求职意向等，使用人单位对你有一个全面的了解。

2. 有关证件的复印件

如学历证、学位证、各种获奖证书，外语、计算机等级证，专业资格证书，成绩单（指毕业生求职信）、职称证以及能证明自己优势和才能的有关证件的复印件。

上述这两类材料都不便在正文中出现，故一般在落款的左下方空两格写上"附件"二字，将所有附件名称一一列出。附件本身按顺序装订在求职信之后。附件不需要太多，要"以质取胜"，选择那些能够证明自己才华和能力的佐证材料。这样，求职者最重要的成就和才能就可一目了然，以此加深用人单位的印象。

二、求职信的写作要求

（一）实事求是

求职信是用人单位了解求职者的媒介，是衡量求职者是否具有面试及录用资格的桥梁。因此，客观真实地介绍自己的才能、特长，是对自己负责，同时也是对用人单位负责。所以，写作求职信必须实事求是，不能为谋求自己的理想岗位而随意夸大专业特长及过去取得过的成绩，更不可虚构材料来美化自己。不然，如果用人单位认为你的诚信有问题，就很难录用了。

（二）不卑不亢

求职者不管有无经验，在写求职信时都要充满自信，态度要热切而诚恳，不卑不亢。既不过于谦虚，以免给人一种信心不足、能力不强，不能胜任工作的印象；也不妄自尊大，过分自信，给人一种高傲自大、不听指挥、不容易与同事合作的感觉。只有那些既有真才实学又言辞得体的求职者，才会受到用人单位的欢迎，才容易被录用。

（三）言简意赅

有些求职者为了最大限度地争取求职成功，而在求职信中罗列出自己所有的经历和成绩。这样做的结果往往适得其反，最有价值的信息会被淹没在很多无关紧要的内容之中。过长的篇幅，也容易让阅读者倦怠而失去阅读兴趣。因此，求职者要根据用人单位的需求决定求职信的内容，重点阐释自己的优势和特长，有的放矢，充分展现自己的实力，切忌面面俱到。简明扼要的求职信会给对方以精明练达的好印象，有利于求职的成功。

（四）独具个性

求职信要充分发挥桥梁的作用，还应该写出自己的特色。只有精心策划结构布局，语言新颖独特，才能吸引对方的注意，使自己的求职信显示出与众不同的特点，在激烈的竞争中获得理想的结果。

除上述四点外，还应注意一些细节，在求职信投送之前，一定要认真通读几遍，切忌有错别字、病句等问题的发生。

第三节　求职信例文及评析

一、应聘信

应　聘　信

尊敬的××公司张经理：

您好！

日前于《××晚报》上见到贵公司刊登的招聘启事，得知贵公司“招聘物流单证员一名”。本人对贵公司的良好企业形象钦佩已久，欣闻这一招聘信息，感到自己适合条件，特来应聘，盼望能成为贵公司的一员。我是××××职业学院20××届毕业生，学的是物流管理专业。

在校期间，我系统地学习了物流管理基础、仓储与配送管理理论知识、货运代理等，熟悉应用文写作和公文处理。同时，在校学习期间还选修过股票与投资、黑客防御知识等方面的课程，并较好地掌握了这些方面的知识与技能。我多次参与志愿者活动，是广州亚运会大学生志愿者“小羊羊”、创建文明城市志愿者、演唱会志愿者等，并积极参加学校各类社团活动。我考取了单证员职业资格证（中级），我的中英文打字和计算机操作技术达到中级工水平。在暑假期间，也曾到××××公司做过单证员，了解了一些单证业务，自信能够适应现代化办公的需要。

本人为人诚实热情，办事细致认真，能吃苦，有毅力，热爱单证工作，自信能胜任贵公司的物流单证员工作。如果在张经理手下做一名单证人员，成为贵公司的一员，我一定会尽职尽责，充分发挥自己的特长，认真做好本职工作，为贵公司的繁荣发展作出贡献。静候佳音。

此致

敬礼

应聘人：××

二○××年××月××日

【评析】

这是一封根据招聘启事而写的应聘信。引言为应征式，引据报上的招聘启事，作为写信之缘由，之后直接写出了所求职位。主体着重阐述了自己的专业优势和社会实践，概括了自己在校期间通过努力所具有的优秀的专业素质和多方面的技能。结尾部分再次表明愿意加盟该公司并要努力为其作出贡献。文章能够紧扣公司提出的应聘条件和要求，求职条件充分，具有较强的说服力。全文层次分明，内容充实，态度诚恳，措辞得当。

二、自荐信

自 荐 信

尊敬的领导：

您好！

很荣幸您能在百忙之中翻阅我的求职信，谢谢！

我是××师范学院计算机系计算机科学与技术专业的一名学生，即将毕业。××师范学院是我国著名的教育人才培养基地，素以治学严谨、育人有方而著称。在这样的学习环境下，无论是在知识能力还是在素质修养方面，我都受益匪浅。

四年来，在师友的严格教益及个人的努力下，我具备了扎实的专业基础知识，系统地掌握了计算机专业方面的知识、教师素质修养等有关理论；具备较好的英语听、说、读、写、译等能力；能熟练操作计算机办公软件。同时，我利用课余时间广泛地涉猎了大量书籍，不但充实了自己，也培养了自己多方面的技能。更重要的是，严谨的学风和端正的学习态度塑造了我朴实、稳重、创新的性格特点。

此外，我还积极地参加各种社会活动，抓住每一个机会锻炼自己。大学四年，我深深地感受到，与优秀人才共事，使我在竞争中获益；向实际困难挑战，让我在挫折中成长。祖辈们教我勤奋、尽责、善良、正直，××师范学院培养了我实事求是、开拓进取的作风。我热爱贵单位从事的事业，殷切地期望能够在您的领导下，为这一光荣的事业添砖加瓦，并且在实践中不断学习、进步。

收笔之际，我郑重地提一个小小的要求：无论您是否选择我，尊敬的领导，希望您能够接受我诚恳的谢意！

祝愿贵单位事业蒸蒸日上！

自荐人：××

二○××年××月××日

附件：

1. 个人简历一份

2. 相关证书复印件一份

【评析】

这封求职信格式规范，全面而简明地介绍了自己在校期间收获的知识和能力，表达了自己的求职愿望和决心，自荐中充满对未来职业的美好憧憬和期盼。全文语言通俗，恳切而有礼貌，篇幅适当，是一篇不错的求职信。

三、简历

个 人 简 历

<table>
<tr><td>姓名</td><td>××</td><td>性别</td><td>男</td><td rowspan="5">照
片</td></tr>
<tr><td>民族</td><td>汉</td><td>出生年月</td><td>1988 年 8 月</td></tr>
<tr><td>籍贯</td><td>黑龙江省哈尔滨市</td><td>政治面貌</td><td>中共党员</td></tr>
<tr><td>健康状况</td><td>良好</td><td>学历</td><td>本科</td></tr>
<tr><td>专业</td><td>汉语言文学</td><td>毕业院校</td><td>××大学</td></tr>
<tr><td>教育背景</td><td colspan="4">2004 年 9 月—2007 年 7 月　××市第一中学
2007 年 9 月—2011 年 7 月　××市××大学</td></tr>
<tr><td>计算机水平</td><td colspan="4">通过国家计算机三级考试，能熟练应用基本的办公自动化软件。</td></tr>
<tr><td rowspan="2">语言水平</td><td>英语</td><td colspan="3">四级</td></tr>
<tr><td>普通话测试</td><td colspan="3">二级甲等</td></tr>
<tr><td>获奖情况</td><td colspan="4">2008—2009 年度　获“优秀学生干部”称号
2009—2010 年度　获“三好学生”称号
2010 年 9 月　获院“我的祖国”征文比赛一等奖
2010 年 11 月　获校“生命的意义”演讲比赛一等奖
2010 年 12 月　获“希望杯”外文金曲大赛第三名</td></tr>
<tr><td>社会实践</td><td colspan="4">2009 年 8 月　《××日报》“专题报道”栏目实习记者
2010 年 2 月　《××》杂志“当代大学生”栏目撰稿人
2010 年 8 月　哈尔滨市××中学 实习教师
2010 年 11 月　哈尔滨市××频道 实习编辑</td></tr>
<tr><td>自我评价</td><td colspan="4">本人性格开朗、热情乐观、自信心强，有很好的团队精神和协调合作能力。专业基础知识扎实，动手能力强，有强烈的求知欲及进取心，能不断提高自我。</td></tr>
<tr><td>求职意向</td><td colspan="4">报社、杂志社、电视台、电台的文字工作
办公室文员、学校教师、企事业单位秘书</td></tr>
<tr><td rowspan="2">联系方式</td><td colspan="2">手机：138××××××××</td><td colspan="2">E-mail：×××@163.com</td></tr>
<tr><td colspan="2">地址：哈尔滨市南岗区××路 1 号</td><td colspan="2">邮编：1500××</td></tr>
</table>

【评析】

这是一篇非常典型的简洁性简历。简历结构清晰，栏目分明，对个人基本情况、语言及计算机水平、所获奖励等内容进行了合理的组织与编排，突出了自己的实践经历和获得的成绩，具有很强的针对性和感染力。

综合练习

一、改错题

下面这封求职信在内容、格式等方面存在很多问题，请改正。

求 职 信

××公司：

您好！

我是××大学2008级会计学专业即将毕业的学生。四年大学，转瞬即逝。遥想当年，刚入校门的我意气风发，激昂文字，指点江山，如今都已成为过去。每每想起即将离开生活四年的母校，离开朝夕相处的老师和同学，心中悲伤之情便难以自持，泪湿衣衫。加之就业形势的严峻，更增添了我心中的惆怅。自知才疏学浅，想在激烈的竞争中获取一席之地绝非易事，但坚信“天生我材必有用”的我又怎会自甘认输，遂毛遂自荐，希成就一番大事业。

我是一个农民的儿子，血管里流淌着的是农民的憨厚与朴实。我十分珍惜大学四年的学习生活。在校期间系统学过：会计学原理、统计学、成本会计、管理会计、会计电算化、大学英语、计算机基础等课程，考试成绩均名列前茅。通过不断学习，我在专业知识及个人能力等方面都获益匪浅。学习之余，我参加了大量的社会实践活动，做过家教、商场促销员。我性格随和，善于与人相处，有团队精神。我的英语表达能力很好，精通外贸英语，英语水平考试已达到专业四级和大学英语六级。

我真诚地感谢您在百忙之中阅读我的求职信。这对于一个即将迈出校门的学子而言，无疑是莫大的鼓励与支持。这是一份简单而又朴实的求职信，但它是我多年用心浇灌而成的一次不普通的求职。普通的外表下蕴藏着我的一颗真诚的心。希望贵公司能够给我一个空间，让我开始自己的一个新起点。

现在的社会要求全面发展的复合型人才，正是了解这一点，我在大学努力培养自己在各方面的能力，提高综合素质。在校期间一直担任班长职务，有很好的组织能力和交往能力，多次成功地组织大型活动。

现附上个人简历一份，给你公司看看，请慎重考虑，给予答复。如蒙录用，我将与未来同事精诚合作，为贵单位发展作出贡献。如需其他材料请与我本人电话联系。

此致敬礼

2012年2月

二、写作训练

1. 假如你即将毕业，需要应聘求职，请结合自己所学专业合理虚构自己的个人学业、能力素质等情况，向某公司写一封求职信。

2. 模拟毕业求职的情境，两人为一组，一方为用人单位，一方为求职者，进行模拟演练，然后互换角色演练一次，每次 5 分钟左右。最后根据模拟对话，写一封求职信。

第十八章

Chapter 18

创业计划书

【学习目标】

· 了解创业计划书的概念。

· 掌握创业计划书的写作方法和要求。

第一节　创业计划书概述

一、创业计划书的概念及作用

（一）创业计划书的概念

创业计划书可以意指为商业计划书，是创业者在初创企业之前就某一项具有市场前景的新产品或服务向潜在投资者、风险投资公司、合作伙伴等游说以取得合作支持或风险投资的可行性商业报告。

创业计划书通常是各项职能，如市场营销计划、生产和销售计划、财务计划、人力资源计划等的集成，用来描述创办一个新企业时所有的内部和外部要素，同时也是创业的前三年内所有中期和短期决策执行的指导方针。

创业计划书的编写一般按照相对标准的文本格式进行，是全面介绍公司或项目发展前景，阐述产品、市场、竞争、风险及投资收益和融资要求的书面材料。有了一份详尽的创业计划书，就好像有了一份业务发展的指示图一样，它会时刻提醒创业者应该注意什么问题，规避什么风险，并最大程度地帮助创业者获得来自外界的帮助。

（二）创业计划书的作用

1. 帮助创业者自我评价，理清思路

在创业融资之前，创业计划书首先应该是给创业者自己看的。办企业不是“过家家”，创业者应该以认真的态度对自己所有的资源、已知的市场情况和初步的竞争策略作尽可能详尽的分析，并提出一个初步的行动计划，通过创业计划书做到心中有数。另外，创业计划书还是创业资金准备和风险分析的必要手段。对初创的风险企业来说，创业计划书的作用尤为重要，一个酝酿中的项目，往往很模糊，通过制订创业计划书，把正反理由都书写下来，然后再逐条推敲，创业者就能对这一项目有更加清晰的认识。

2. 帮助创业者凝聚人心，有效管理

一份完美的创业计划书可以增强创业者的自信，使创业者明显感到对企业发展有自信、对经营有把握。因为创业计划书提供了企业全部的现状和未来发展的方向，也为企业提供了良好的效益评价体系和管理监控指标，创业计划书使得创业者在创业实践中有章可循。

创业计划书通过描绘新创企业的发展前景和成长潜力，使管理层和员工对企业及个人的未来发展充满信心，并明确要从事的项目和活动，从而使大家了解将要充当什么角色，完成什么工作，以及自己是否胜任这些工作。因此，创业计划书对于创业者吸引所需要的人力资源，凝聚人心，具有重要作用。

3. 帮助创业者对外宣传，获得融资

创业计划书作为一份全方位的项目计划，它对即将展开的创业项目进行可行性分析，也在向风险投资商、银行、客户和供应商宣传拟建的企业及其经营方式，包括企业的产品、营销、市场及人员、制度、管理等各个方面。在一定程度上也是拟建企业对外进行宣传和包装的文件。

一份完美的创业计划不但会增强创业者自己的信心，也会增强风险投资家、合作伙伴、员工、供应商、分销商对创业者的信心。而这些信心，正是企业走向创业成功的基础。

二、创业计划书的特点

（一）开拓性

创业最鲜明的特点就是创新，这种创新性通过其开拓性表现出来。一般而言，不仅要求提出的是新项目、新技术、新材料、新的营销模式和新的运作思路，更重要的是要把新的东西整合起来，通过一种开拓性的商业模式把想法变成现实，这是创业计划书与项目建议书的根本区别。

（二）客观性

创业者提出的创业设想和创业商业模式是建立在大量的、充分的市场调研和客观分析的基础上的，不是随便臆想出来的，具有实战性和可操作性的基础。

（三）逻辑性

创业计划书要把严密的逻辑思维融汇在客观事实中体现和表达出来。通过市场调研和分析、市场开发和生产安排、组织、运作，全过程接口管理、过程管理和严密的组织去把提出和设计好的商业模式付诸实施，把预想的利益变成切实可行的商业利润，创业计划书的每一部分都是为这个整体目标服务的。

（四）可操作性

创业计划书的商业模式不仅是能够运作的，而且必须是能够进行实战的。只有在实战中，其预测才能够实现。实战性尽管不能设计出每一个细节，但项目运作的整体思路和战略设想是必须要清晰的。

（五）增值性

鲜明的创业增值性表现在以下几个方面：

①创业计划书必须找到明确创收点，这样才能体现出创业项目的高回报性。

②创业计划书具有鲜明的证据链条，组成这个证据链条的大量的、有说服力的数据是经过测算或计算而成的，必须体现出增值空间。

③创业计划书体现的是明显的商业价值观，真正可行的系统思维，应该有投资分析、盈利分析和回报分析，使投资人能够清晰、明了地看到其投资后的商业价值。

第二节　创业计划书写作

一、创业计划书的写法

创业计划书一般包括：摘要、创业组织概述、产品与服务、市场分析、经营策略、管理队伍、路线研究、财务分析、机会和风险、资本需求等。

（一）摘要

摘要作为创业计划的第一部分，是对整个创业计划的浓缩，是整个创业计划的精髓所在。创业计划概要应简洁、清楚地介绍你的商业项目（产品或服务）的机会、商业价值、目标市场的描述和预测、竞争优势、核心的管理手段和资金需求、盈利能力预测、团队概述、预期投资人得到的回报等。

（二）创业组织概述

此处要对创业组织作出介绍，重点是创业组织的理念和战略目标。作者应明确回答下列问题：

①创业组织的业务是什么？想取得一个怎样的市场和产品/服务领域？

②创业组织成立的背景如何？新生的公司将是一个什么性质的合法实体？

③公司的第一步（下一步）要做的工作是什么？

在这部分,重点工作是给公司定位。即战略是什么?关键的制胜因素是什么?什么是公司重要的里程碑?给风险投资家一个清晰的远景规划,使他们知道你打算和正在干什么。描述应该生动,但不能太长。

(三)产品与服务

创业计划中的产品或服务必须具有创新性,所以计划书中一定要在某些细节上作出比较详细的解释。向风险投资家介绍它的优点、价值,把它与竞争对象进行比较,讨论它的发展步骤,并列出初步开发它所需要的条件。只有当一个新的产品/服务优于市场上已有的产品/服务时,它才可能受到顾客的青睐。清楚地解释产品/服务能完成的功能,从而使顾客能够认清它的功能价值。如果市场上存在替代性产品/服务,还应该解释它还具有哪些额外价值。

风险投资家往往很重视自己投资的风险,所以在认真完成产品/服务功能的描述之后,做出一个样品,对证明产品/服务的可实现性无疑是很有意义的。

有必要对公司独立拥有的技术、技术发展的内外部环境和软硬件环境作出简要介绍。

也可以对研究与开发的基础和方向以及将来的产品/服务作出预测。

(四)市场分析

公司价值的巨大增长只有在市场潜力同等巨大时才能取得。对公司将要进入的行业和市场进行分析,可以估计出产品/服务真正具有的潜力。所以创业计划书中必须对可能影响需求和市场策略的因素进行进一步分析,以使潜在的投资者们能够判断公司目标的合理性以及他们将相应承担的风险。

这里有许多可以利用的信息资源:报纸、期刊、市场研究、专论、行业向导、贸易团体和政府机构公开的信息等。当然,还可以向专家请教。

(五)经营策略

创业计划中一项重要的内容就是阐述公司的销售和竞争策略。

所谓销售策略,即公司产品/服务投放市场的理念。比如:公司计划怎样在市场上销售产品/服务以实现公司设定的市场目标?为了实现这个任务和完成这个目标,应当怎样尽可能清楚而完整地介绍产品/服务投放到市场的策略,以及公司的整个市场理念和投放计划等。

所谓竞争策略,是指企业如何应对竞争对手以争取更大的销售收入,实现企业的经营目标的行动准则和方式。企业要在市场竞争中处于不败之地,必须根据企业的具体情况制定适合本企业的竞争策略。要制定企业的竞争策略,必须首先明确企业的竞争环境和竞争形势。企业的竞争策略从总体上可以分为三种类型:低成本策略、产品差异化策略、专营化策略,它们分别与企业的产品生产、产品开发和产品销售相关联。一般涉及如下问题:

(1)营销计划。

选择目标市场;制定产品决策(调整和计划合理的产品数量以适应各个市场的现实和潜在需求,调整和改进产品的式样、品质、功能、包装,开发新产品,优化产品组合,确定产品的品牌和商标、包装策略)；制定价格决策(确定企业的定价目标、定价方法、定价策略，制定产品的价格和价格调整方法)；制定销售渠道策略，选择适当的销售渠道；制定销售促进决策(人员推销，广告，宣传，公共关系，营业推广，组织售前、售中、售后服务等)。

(2)规划和开发计划。

产品/服务开发的规划目标、当前所处的状态以及开发计划，可能遇到的困难和风险预测。

(3)制造和操作计划。

产品/服务使用寿命、生产周期和生产组织，设备条件、技改的必要性和可能性。

(六)管理队伍

管理部分一般是风险投资家在阅读概要部分后首先要关注的内容，他们急于知道管理队伍是否有能力和经验管理好公司的日常运作，所以有必要写一个相当简短甚至可以是粗略的管理计划。

介绍管理队伍时需要注意的是：

①创业者有相关背景的经验和以前成功的经验比很高的学历更有说服力。

②计划书中对管理人员的奖惩制度进行说明，可以使风险投资家更相信公司的管理队伍会以充分的热情来实现预定的目标。

③公司主要领导成员的持股情况也有必要给予介绍。

(七)路线研究

在创业计划书中，要就企业发展战略中的一些关键指标或重要问题的决策及早作出系统的策划。画一个“图”显示公司将要面临的决策点，包括可能采取的替代方案等。

系统而深刻的路线研究将使公司具有充分的灵活性，即使在面临压力时也能应对自如。

(八)财务分析

财务分析的目的是显示公司的财务健康状况。创业计划书中应该把前面几个部分收集的数据整理成一个五年计划。这个计划包括以下三个部分：资金预算、收入预测和项目的资产负债表。项目的现金流量是一个非常重要的信息，因为它展现了计划执行中的资本需求数量。对于资本的评价，可以从收入和利润的预测开始，然后建立相应的资产负债表。在这之前，必须仔细考虑预期的人力资源和资本花费等方面的问题。

1. 资金预算

现金流量计划是必须做的，它可以让风险投资家确信公司不会破产和面临金融崩溃，所以创业计划书中必须计划出所有可能支付的时间和金额。为了让公司现金流量计划更加准确，应该作出第一年的每月计划，第二年的季度计划，第三年的半年计划，第四年、第五年的年度计划。

2. 收入预测

风险投资家需要知道他们在每年年底的预期收入。按照商业计划所预测的标准收入线作出的五年的收入预测，会提供给他们一些重要信息。计算每一年的总收入和总支出从而得到净利润和损失，以每年的实际交付为基础制作收益表。

3. 项目的资产负债表

风险投资家也会对项目资产负债表感兴趣，因为他们想知道资产的预期增长情况。资产的类型和价值放在资产负债表的资产方，而负债和收入则放在另一边。和收益表一样，要用标准的账户格式。资产负债表也应该以每年的实际交付为基础计算。

如果缺乏财务预测方面的经验，可以向有关专业人士请教，也可以考虑把具有这种技巧的人士加入到你的团队里来。

（九）机会和风险

机会与风险总是相伴而生的。对于一个新创的企业，其未来所面临的情况总是未知的，这也正是创业的魅力所在。对于缺乏社会经验和必要的工作经历而又要尝试创业的学生来讲，涉及以下问题：

①公司在市场、竞争和技术方面都有哪些基本的风险？

②公司准备怎样应对这些风险？

③公司还有一些什么样的附加机会？

④如何在资本基础上进行扩展？

⑤在最好和最坏情形下，公司未来五年计划表现如何？

如果可能的话，对公司一些关键性参数作最好和最坏的设定，估计出最好的机会和最大的风险，以便风险投资家更容易估计公司的可行性和他相应的投资安全性，这样获得风险投资的可能性就更大些。

（十）资本需求

现金流量表可以反映出公司资金需求的时间和数量，但却不能反映出它的真正用途。一般来说，公司应该给愿意或能够出借或投资的人每一项具体的资本需求，说明它是用于研究、生产启动投资还是现金存留，等等。

简单地说，资本是一个企业运行的燃料，企业要想获得多大程度的发展，就必须添加多少燃料。大多数初创企业的失败，不是由于缺乏一般意义上的管理技巧或是产品，而是由于缺乏足够的资金。资金来源的渠道包括：

①个人。

②亲属和朋友。

③非正式的私人投资者。

④产品/服务的供应商。

⑤银行。

⑥政府。

⑦投机资本。

⑧风险投资基金。

⑨首次公开上市。

⑩部分附属公司的上市。

对于大学生新创公司来说，利用①、②、③、⑧所述的渠道更现实些。

二、创业计划书写作要求

（一）目标明确，表述准确

创业计划书在时间、数量、质量的规定上要力求准确，目标、任务、产品服务、经营策略、机会风险等方方面面都要具体写明，以便日后在执行过程中有清晰的思路。

（二）内容充实，重点突出

创业过程中要做的事情很多，先做什么，后做什么，再做什么，必须分清轻重缓急，突出重点，不能眉毛胡子一把抓，要有重有轻，点面结合，有条不紊，这样才有利于创业的发展，达到事半功倍的效果。

（三）方法科学，分析规范

创业计划书是为实现某项事业而事先所作的设想、打算与具体安排。所以，它必须根植于实践，用科学的分析方法对具体事项进行规范而清晰的分析，一切从实际出发，加强调查研究，切忌说大话、空话、假话，注意材料的搜集和整理，只有在科学依据的前提下制订出来的计划书才能是科学可行的。

第三节　创业计划书例文及评析

一、咖啡厅创业计划书

咖啡厅创业计划书

一、咖啡行业历史背景及现状分析（略）

咖啡——世界三大饮料之一，一个西方的外来品，在中国却是家喻户晓，有着极为深远的历史背景和现实意义。咖啡、西餐的真正兴起，应该是从20世纪90年代末开始的。其发展速度之快，在短短十年时间内，达到了前所未有的行业繁荣。现在随着改革开放经济蓬勃的发展，有着大批的外商和白领长期处在高节奏、高效率的工作和生活之中，并受西方文化的种种因素，造成了咖啡销量不断上升。故咖啡消费主要群体也就是外商、白领、旅游者和居家百姓。2003年的调查表明：咖啡终端销售市场依次为：咖啡及西式快餐连锁店、星级酒店、西餐厅。其中咖啡馆及西式快餐连锁店主要由上岛咖啡、星巴克咖啡、真锅咖啡，麦当劳、必胜客，这些连锁店平均每月销量在21.18吨，占30.18%，其次星级酒店每月平均销量在16.47吨，占23.47%，西餐厅平均每月销量13.53吨，占19.28%。随着时代的发展和人们生活理念的进一步改变，咖啡业也在以一种迅猛的速度发展。

二、企业说明——大学生群体分析

年龄:18～25

特点:在中国，大部分大学生经济来源主要来自于父母，他们拥有较高的知识文化水平，有区别于其他群体独有的价值观。他们追奇求新，尊重个性，紧跟潮流，渴望独立，寻求刺激，却又带有些许怀旧，希望获得成就感、归属感和安全感。

价格定位(略)

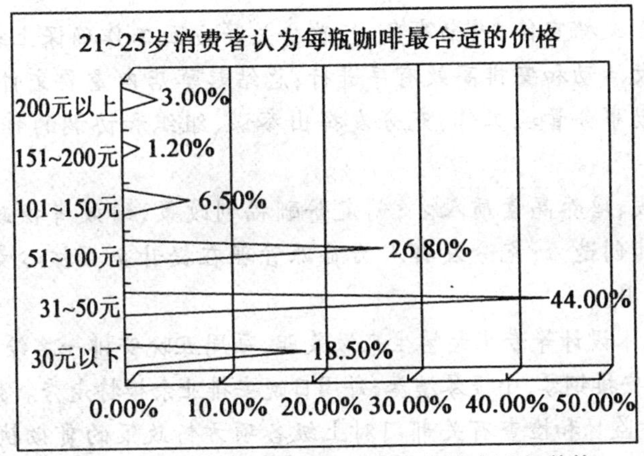

18～25岁消费者认为每瓶咖啡产品最合适的价格

在18～25岁的消费者中，有44.0%的比率认为每瓶咖啡的价格定在31～50元之间是最适合的;认为每瓶咖啡价格定在51～100元最适合的消费者比率为26.8%;认为每瓶咖啡价格定在30元以下最适合的消费者比率为18.5%;其他价格区间的消费者选择较少。

收入越高的消费者对咖啡产品价格的接受程度相对也越高。

价格定位符合消费者需求才是硬道理。

不管是咖啡产品还是其他产品，价格定位的正确方式是根据消费者对该类产品的价格接受程度来定价。比如每瓶咖啡定价多少钱的策略是要先了解消费者认为每瓶咖啡最适合的价格，再根据消费者对每瓶咖啡价格的接受程度来确定每瓶咖啡的容量;而不是根据每瓶咖啡产品的容量来决定产品的价格。咖啡产品的价格定位既不是越高越好，也不是越低越好。价格定位只有符合消费者需求才是硬道理。

三、部门设置与职责

(一) 店长

1. 负责咖啡厅成败责任的经营者。

2. 对外为咖啡厅的代表人。

3. 参与营业活动的执行者。

4. 甄选、训练、激励咖啡厅人员的领导者。

5. 维持咖啡厅营运正常运作的管理者。

6. 了解顾客与竞争者动向的信息收集者。

7. 传递总部和分店之间信息的传播者。

8. 推动组织学习与知识管理的教练。

9. 解决咖啡厅危机与人员冲突的问题处理者。

10. 寻求市场机会与创新的企业家。

(二)行政人事部

1. 部门职责:负责文档宣传、内勤事务、行政公关等方面工作确保上级各项方针政策顺利实施,使店内各项重大活动和安排高效有序进行,总结起草店内重要文件报告,协调好各项公关接待事宜,搞好内勤事务管理工作,充分发挥出参谋、组织和协调的作用,维护店内上下的规范和高效运作。

为本店招募、选拔、培养高素质人才;制定薪酬福利政策、绩效考核政策及其他激励政策挖掘员工潜力,激励其创造力;充分发挥人力资源管理在提升企业核心竞争力和建立学习型组织等方面的重要作用。

活动:安排在校艺术设计等专业大学生来做兼职,每周五晚安排一名绘画专业的学生给客人免费画肖像;每周六晚安排钢琴、小提琴演奏;每周日晚安排业余模特走秀。薪水按小时计算。

2. 部门权限:负责监督和检查有关部门对上级各项方针政策的贯彻执行情况,参与组织和协调全店生产经营工作,统筹店内重大活动及会议安排,起草重要报告和文件,做好文件的传递、落实与内外宣传,统一公司办公用品管理,并负责对消防、保卫、宿舍管理等方面的管理工作。

制定人力资源规划、政策和制度;向店长提呈人事任免意见、薪酬福利方案、绩效考核方案及其他激励政策,监督、指导集团各部门、事业部执行相关人力资源管理制度。

咖啡店机构设置(略)

员工考核及奖惩方法(略)

(三)市场宣传部

我们确定云山水榭咖啡屋主推产品为原味、咖啡冰、特浓,并加大宣传力度。同时目标消费群将集中在月消费水平超过500元的大学生。

1. 店铺个性分析,优势:据在高校的市场抽样调查,云山水榭咖啡屋在高校中拥有一定的知名度,广告语“味道好极了”着重于其功能定位,在追奇求新的大学生消费群中占有一席之地。

分析:首先,根据我们的市场调查,在咖啡屋里除了“提神”这一功效外,大部分人在这里还感觉到了“休闲”。“休闲”不仅是一种生活态度,更是一种生活追求。面对眼花缭乱的大千世界,面对生活节奏不断加快的大背景,大学生有一种身心能够得到歇息的渴望,而云山水榭咖啡屋正是给消费者提供了这样的场所。

2. 活动具体实施(略)

3. 各阶段费用预算(略)

(四)采购部

采购部是咖啡冷饮屋的重要组成部分,是隶属于财务总监的下属部门,负责咖啡冷饮屋所有食品原料和经营物品的采购、验收与进出物品的记录等工作。采购部对原料物品质量和价格的把关直接影响到整个咖啡冷食屋的经营效益。

1. 采购部人员设置及职能

人员设置:采购业务主管1名,采购员若干名,记录员2名。

主要职能如下:

部长:采购业务主管,作为采购部的直接领导人,必须很好地掌握市场信息,开拓新货源,优化进货渠道,降低采购费用。会同库管部、会计部确定合理物资采购量,及时了解存货情况,进行合理采购。并且要详细对待购物品的待购数量进行预测记录,作出价格预算,并将所需款项向咖啡冷食屋财务部汇报以取得采购经费。此外,采购业务主管有责任管理好本部人员的工作,同时加强本部与其他各部门的沟通工作。

采购员:采购员主要负责外出采购,包括进行市场调查,选择、评审、管理供应商,建立供应商档案,与供应商进行谈价,签订买卖合同并负责货品在运输过程中的安全,以及采购过程中的退、换货工作。

记录员:2名记录员要分别负责记录采购部货物和资金的进出情况,记录员必须详细记录货物的名称、规格、数量、进货日期、采购经费、支出数目、余额等,以便月末进行核查。

2. 采购工作流程

采购业务主管根据当月的库存拟定采购清单上报,在接到批示的采购清单后,由采购业务主管负责对待购物品的数量和价格作出预算,将预算款单递交财政部申请购物经费,并由记录员记录在当月收支单上,供月末核查,采购经费将交给采购员外出采购货物,货物采购完成后,由本部门对货物进行验收盘点并详细记录。

3. 采购部的管辖范围

(1)采购部所属员工。

(2)采购部所属办公场所区及卫生责任区。

(3)采购部办公用具、车辆、设备设施。

(五)财务部

1. 财务状况分析

(1)初始阶段的成本主要是:场地租赁费用(3万)、餐饮卫生许可等证件的申领费用、场地装修费用(5 000)、厨房用具购置费用、基本设施费用(5 000)等。

(2)运营阶段的成本主要包括:员工工资、物料采购费用、场地租赁费用、税、水电燃料费、固定资本、折旧费、杂项开支等。

(3)据计算可初步得出餐厅开业启动资金约需12 600元(场地租赁费用5 000元,餐饮卫生许可等证件的申领费用600元,场地装修费用2 400元,厨房用具购置费用1 000元,基本设施费用等2 600元)。资金可由父母提供80%,自己积蓄20%。

(4)每日经营财务预算及分析

据预算分析及调查,可初步确定市场容量,也可以看出每杯31～100元之间的价格最为合适,因此可大致估算出每日总营业额约2 000元,收益率70%,毛利润1 400元。由此可计算出投资回收期约为一个月。

现金流量预测表

收入:	6月	7月	8月
咖啡平均价格/(元·杯$^{-1}$)	40	40	40
咖啡销售量/杯	1 500	1 705	1 860
销售收入/元	60 000	68 200	74 400
资本金/元	18 000	20 460	22 320
总结/元	78 000	88 660	96 720
A:/元	263 380		
支出:	6月	7月	8月
税/元	1 000	1 000	1 000
员工工资/元	800	800	800
电话费/元	300	280	260
差旅费/元	300	260	220
其他费用/元	200	200	200
合计/元	2 600	2 540	2 480
B:/元	7 620		
总现金流量 C=A+B/元	271 000		
三个月累计现金流量 D/元	271 000		

一般问题所采取的行动:

顾客稀少,销售额降低,作出相应价格调整,深入市场,加大宣传力度。若出现竞争者且用不正当手段拉拢顾客,则利用高质量,高效率守信,价格低面对挑战,尊重经商道德,净化市场。

(六)酒水服务部

酒水服务部是咖啡冷饮屋的重要组成部分,它的目标是向顾客提供以咖啡、冷饮、糕点和各种饮料为代表的有形产品,并提供顾客需要的、恰到好处的软性服务,开源节流,为咖啡冷饮屋建造良好的公众形象。

1.人员设置:

设部长1名,服务员、糕点饮品师傅若干。

2. 主要职责分工:

部长:

(1)全面主持本部工作,配合店长安排,协调各部门工作,确保当日任务顺利完成。

(2)确保咖啡、冷饮、糕点和酒水的正常供应,审核采购计划,统筹策划和确定采购内容,检查购进酒水食品的质量,对酒水食品的采购要求和质量有领导责任。

(3)对服务员和糕点饮品师傅的业务培训工作。对刚招收的服务员进行基本素质培训,开展文明礼貌教育。并定时给店内员工进行素质培训,对糕点饮品师傅进行业务培训,鼓励他们有新花样,新创意。

服务员:

(1)迎接客人,引客入座,招待客人。

(2)供应酒水食品,为客人提供热情优质服务,引领客人结账。

(3)清理台面,做好卫生工作,按规定开启单据,保留好以作核查。

(4)客人有其他合理要求时,要热情服务,尽量给予满足。当遇到不合理要求时,要礼貌在先,沉着冷静,并及时报告上级负责人。

糕点饮品师傅:

负责各种点心饮品的设计及制作,不断创新研制新品种。

本部要求:

1. 所招服务员基本素质必须过硬,要有耐心,热情,善于和人打交道,能用英语进行基本对话,一批服务员中必须有一个英语口语好的,方便和留学生等外国顾客交流。

2. 服务员要统一服装,要有良好的精神面貌,体现出当代青年的活力和朝气。

3. 糕点饮品师傅必须要专业,富有创造力,这是咖啡冷饮屋生存的源泉。

本部宗旨:

有限进餐,无限服务。文明礼貌,热情待人。厨艺高超,乐于创新。开源节流,财源广进。

【评析】

本例文是一篇典型的大学生创业计划书,文章从所要从事行业起源开始,通过对顾客群体等方面的分析,将店内机构设置、产品价格定位、服务宗旨等进行了阐释说明。内容充实、方法科学,是一份合格的创业计划书。

二、服装店创业计划书

服装店创业计划书

人为什么会穷,机构为什么会老化?其中最关键的原因:来自心态上的恐惧,一是害怕失败,二是害怕成功,因为要成功就必须付出比别人更多的代价。我们要成功,首先需要付出的就是低下您高昂的头,虚心向别人学习。唯有源头活水来,才能增加抗争苦难的智慧和力量,获得生命与生活的真本事、真知识。

时下有的人一说到做生意就想到百万千万的投资，还要请专业人士作市场调查和商业计划，其实，个人小额投资，小本生意也能赚钱，而且市场风险也较小，关键是要有一股创业热情，量力而行。踏踏实实地从小生意做起，是大多数成功商人的必由之路。在众多从事经营的个体户中，赚钱最快的当属服装个体户。

一、概述

有人说开店的三个关键条件："第一是地点；第二是地点；第三还是地点。"由此可见店铺的开发对于本企业专卖店的成功经营所具有的深远影响。盟主和加盟商之间需要紧密配合，全方位地思考和制定开店的策略，以最有效的方式制定和执行开店规划，包括市场分析、商圈调查、选址、装修、开业筹备和开张等。所有的配备、装置和货品也都应该在规定的时间内备妥，以便争取到最快、最高的经济效益。

二、流程

市场分析→商圈调查→选址→装修→开业筹备→开张。

分析：

1. 考虑服饰店为新店，为减少租金，减少费用，店面积少点可以，因此决定先租 10 平方米左右的店铺即可。

2. 有两处繁华地段，但经营品牌就必须在此品牌一条街。只有在此街找店铺才有商业氛围。

3. 须是经营一家综合店，才适合当地情况，因专卖一品牌风险较大。要含盖二线、三线品牌、配饰等。

选址：

开店，是眼下极受青睐的一种投资理财方式。的确，自己开店当老板，假如经营状况比较理想，不仅可使你的财产得到有效的保值增值，而且能在心理上获得一份成就感。因此眼下关注和涉足开店的人已越来越多。要开店，就不能不考虑选择店面的问题。有关专家曾经指出：找到一个理想的店面，你的开店事业也就等于成功了一半。这话一点都不为过，开店不同于办厂开公司，以零售为主的经营模式决定了其店面的选择是至关重要的，它往往直接决定着事业的成败。那么如何才能选好理想的店面？有开店打算的人不妨参照下列做法：

第一步：选好地段和店面

选择经营地段要把握以下几个关键：

把握"客流"就是"钱流"的原则，在车水马龙、人流熙攘的热闹地段开店，成功的几率往往比普通地段高出许多，因为川流不息的人潮就是潜在的客源，只要你所销售的商品或者提供的服务能够满足消费者的需求，就一定会有良好的业绩。

客流量较大的地段有：①城镇的商业中心（即我们通常所说的"闹市区"）；②车站附近（包括火车站、长途汽车站、客运轮渡码头、公共汽车的起点和终点站）；③医院门口（以带有住院部的大型医院为佳)；④学校门口；⑤人气旺盛的旅游景点；⑥大型批发市场门口。

利用“店多隆市”效应，我们不妨来听一听消费者的说法：某公司的白领陆小姐是鲜花消费的大户，经常要送花篮花束给客户和朋友。她说，除了特别着急时有可能会就近找一家花店买花，绝大多数时候都是赶到体育场路上去买，因为那里花店多，花色品种齐全，选择余地较大；在某高校任教的江女士每次要买服装，也总喜欢到东坡路、武林路等服装店密集的地方去选购，她认为店多除了款式也多之外，可以货比三家，还起价来也比较容易。因此别担心同业竞争，一旦同业商店越开越多，就会产生聚集效应，容易扩大影响，凝聚人气，形成“綦专业街”，生意必定反而比单枪匹马更容易做。

注意因行制宜，营业地点的选择与营业内容及潜在客户群息息相关，各行各业均有不同的特性和消费对象，黄金地段并不就是唯一的选择，有的店铺开在闹市区，生意还不如开在相对偏僻一些的特定区域，例如卖油盐酱醋的小店，开在居民区内生意肯定要比开在闹市区好；又如文具用品店，开在黄金地段也显然不如开在文教区理想。所以一定要根据不同的经营行业和项目来确定开店地点，要选择合适的店面，并不是越热闹的地方越好，关键是要因行制宜。

第二步：作进一步的考察

在初步选定开店的地点后，还应作进一步的全面考察，对相关的情况作一定的调查分析后，方能决定是否最后定点于此。主要考察以下几方面的情况：

店面本身的情况：开音像制品店的小罗不久前从别人手里盘了一个店面下来，这个面积达15平方米的店面位于次繁华地段，每天的人流量也十分的可观，可是租金却非常便宜，每月只要800元，小罗以为捡到了便宜，偷偷直乐。没想到，花了一万多元装修停当，隆重开张还不到一个月，一纸《拆违通知书》把他打了满头晕。原来，上家通过内部关系得知店面迟早要拆，便来了个金蝉脱壳，捞了一票便溜之大吉，剩了个箍儿让小罗来套。所以，在租店面之前，一定要对店面的情况作一番仔细的调查了解。

房东的背景：有的人急于寻找店面，就满大街搜寻，有时还真能被他找到几家正挂着“转让”字样的店面，便迫不及待地与之谈判、交付定金甚至租金。其实这种做法是极其草率的，很容易带来一系列的后遗症。假如你真的看中了店面，最好先从侧面打听到真正的房东(即产权所有者)，对其背景情况基本了解，觉得可靠后再进行接触。一般最好直接与真正的房东谈，假如房东表示已将承包权出租，不愿再插手时，你再与现在的店主谈也不迟。另外，一旦谈成功，也要注意必须正式签订协议并要求到房产所有者那里更改租赁人姓名。

同业竞争情况主要是经营业绩的情况、商品的价格水平。考察同一地段同类商店的经营业绩，可以初步测算出租此店面可能产生的利润状况；而考察他们的商品价格水平，是为了据此确定自己今后的商品价位，这些都是十分必要的。客流状况“客流”就是“钱流”，考察客流状况，不仅能使你对今后的经营状况胸有成竹，而且能为你决定今后的营销重点提供科学的依据。客流状况主要考察这些内容：①附近的单位和住家情况，包括有多少住宅楼群、机关单位、公司、学校甚至其他店家（这些店家极有可能会成为你的常客）；②过往人群的结构特性，包括他们的年龄、性别、职业等结构特性和消费习惯；③客流的淡旺季状况。比如学校附近的店面要考虑寒暑假；机关和公司集中地段的店面就必须掌握他们的上下班时间；车站附近的店面应摸清旅客淡旺季的规律，这些都是你设定营业时间的重要依据。

第三步：尽快拿下看中的店面

一旦找到理想的店面，就要当机立断，出手迅捷，尽快拿下看中的店面，否则夜长梦多，很有可能会因你的片刻迟疑而被别人捷足先登，导致错失良机。如何拿下店面？谈判自然是至关重要的。

谈好房租价格（略）

谈好缴付方式（略）

总之，要尽量争取节省开销。同时，你可以通过谈判要求免付押金。一些黄金地段的门面房押金也往往是比较可观的，虽然这钱最终是要还给你的，但如果你一直经营下去，这笔钱也就等于搁置在那，对于资金紧张的创业者来说，这也是一个不小的"包袱"，如果谈得好，完全是有可能卸掉的。

另外，还可以通过谈判要求延期缴付房租。尽量压低初期的租金，待一段时间生意走上正轨后，再按标准支付，并补足前期的差款。只要你言辞恳切、入情入理地分析给房东听，并能主动限定延期期限，有些通情达理的房东是会答应的，这也可以为创业初期减轻不少经济负担。

三、费用预算

1. 预算：投资额为2 000元左右作市场分析调查（主要是广州、东莞、深圳各地区流行趋势及进货行情）提前预付6个月店租，3 000元/月合计18 000元，总计2万元）

（1）装修：A. 灯具、全身模特×3、半身模特×2，1 000元；B. 店内装饰1 800元（约10平方米左右）。

（2）产品首批调货1.2万元3个档次，其中主要中高档占65%，补充中档占30%，特价品、服装配饰占5%（中高档次进价为40～50元，中档次进价为20～40元，服装配饰进价为5～15元）。

四、经营效果分析

店面的成败在于管理和销售，这两个方面管理好了，那么赢利也为期不远了。

（一）专卖店管理制度

为规范专卖店管理，体现专卖店品牌形象，特别制定本管理制度：

1. 导购需按店规穿着导购服装。

2. 每天两次大扫除，早晚各一次，营业时间内保持店里、店外干净卫生。

3. 每星期二、六模特衣服更换一次，每星期一高柜货物调换一次。

4. 待客须热情、仔细、认真。

5. 请节约用电，白天开室内"外孔灯"和"壁图灯"，阴天时加开"灯光模特"。每天傍晚开室内“内、外孔灯”、“灯光模特”和“室外孔灯”;20:00 至 22:00 开“招牌射灯”;请节约用水。

6. 节约电话费,每次打电话不可超过 5 分钟。每月电话费最高限额 100 元,超过部分由导购共同承担。

7. 每天须盘点货物,若出现货品及促销品欠缺,由导购共同负担,货品按零售价赔偿,导购移交货时需检查金额及真假,若发现欠缺及假币,由导购承担。

8. 若导购辞职,须提前一个月告知,同意后方可辞职。

(二)行为规范、工作积分(10 分为满分)

五、店铺管理和导购培训(略)

六、店铺销存管理

1. 日销单

2. 每日盘点货物记录

3. 每日销存表

4. 进货单

七、促销活动(略)

八、营业证照申请

在开店营业之前,必须先办理相关证照申请,否则就是无照营业。证照的申请分为两种,一种是申请公司执照,由工商局核发;另一种是资本较小的,只须办理营利事业登记,由当地县市工商核发。除此之外,还要向税务机关请领统一发票,除非是获准免用统一发票,否则,都一律要办理。

除了营业证照的申请办理外,如果想要自己店家所挂的招牌不致被别人所滥用,想要能为自己所专用,就还必须向工商局申请服务标章注册。店门口所挂的招牌名称,除了名称文字或图样,可能有自己特殊的设计,这种属于非商品类的文字及图像,称之为服务标章。与自己所申请的公司或商号是两码事,二者名称也可能不同。所以,不想自己将来的金字招牌遭人盗用,就必须先申请服务标章注册,不论是申请公司、行号,或注册服务标章,皆可委托代办公司办理。

【评析】

本例文是一篇较为详尽的创业计划书。文章对创业的心态、产品选择与定位、地址选择、营销策略及创业预算等都进行了深入的分析与策划,可以使读者或潜在投资人看到该店铺的获利价值,有足够的说服力。本文主题明确、结构合理,重点突出,可供借鉴。

综合练习

一、写作训练

请根据你的专业或个人兴趣写一份较详尽的创业计划书。

参考文献

[1] 刘春丹.财经应用文写作[M].2版.北京:北京大学出版社,2012.
[2] 彭德惠.精编财经应用文写作[M].成都:西南财经大学出版社,2010.
[3] 杨文丰.实用经济文书写作[M].4版.北京:中国人民大学出版社,2011.
[4] 霍唤民.财经写作教程[M].北京:高等教育出版社,2010.
[5] 人力资源和社会保障部教材办公室.理财规划师[M].北京:中国劳动社会保障出版社,2012.
[6] 朱锦余,陈红.审计报告理论与范例[M].大连:东北财经大学出版社,2012.
[7] 周小其.财经应用文写作[M].成都:西南财经大学出版社,2012.
[8] 周俊玲.商务文书写作实务[M].北京:机械工业出版社,2012.
[9] 姜楠.资产评估学[M].2版.大连:东北财经大学出版社,2012.
[10] 唐建新,周娟.资产评估教程[M].北京:清华大学出版社,2012.
[11] 熊晴海.资产评估学[M].2版.北京:清华大学出版社,2009.
[12] 蒋国发.资产评估[M].北京:清华大学出版社,2011.
[13] 陈建西.资产评估[M].成都:西南财经大学出版社,2010.
[14] 于翠芳.资产评估学[M].北京:科学出版社,2012.
[15] 杨健知.无师自通制订财务文案范例全书[M].北京:北京工业大学出版社,2012.
[16] 颜华.财经应用文写作教程[M].北京:清华大学出版社,2012.
[17] 吴晓林.人文素养与职业写作[M].北京:高等教育出版社,2012.
[18] 邱飞廉.职场应用写作[M].北京:中国人民大学出版社,2011.
[19] 葛丽娅.应用写作原理与实训[M].北京:清华大学出版社,2011.
[20] 李薇.财经应用文写作[M].北京:高等教育出版社,2012.
[21] 周涛.财经应用文写作[M].北京:北京邮电大学出版社,2012.
[22] 方有林.商务应用文写作[M].上海:同济大学出版社,2010.
[23] 杨润辉.财经写作[M].2版.北京:高等教育出版社,2011.
[24] 崔建远.合同法[M].北京:法律出版社,2010.